पूर्वी उत्तर प्रदेश की भौतिक संस्कृति

प्रागैतिहासिक युग से उत्तर-मुगल युग तक

पूर्वी उत्तर प्रदेश की भौतिक संस्कृति

प्रागैतिहासिक युग से उत्तर-मुगल युग तक

डॉ. रामबिहारी उपाध्याय

लोकभारती प्रकाशन

[इस डॉक्टरोत्तर शोध-प्रबन्ध का प्रकाशन भारतीय इतिहास अनुसन्धान परिषद्, नयी दिल्ली द्वारा प्रदत्त वित्तीय सहायता से हुआ है। इसमें अभिव्यक्त तथ्यों और विचारों के लिए लेखक उत्तरदायी है; न कि भारतीय इतिहास अनुसन्धान परिषद्, नयी दिल्ली]

लोकभारती प्रकाशन
पहली मंजिल, दरबारी बिल्डिंग, महात्मा गाँधी मार्ग
इलाहाबाद-211 001
वेबसाइट : www.lokbhartiprakashan.com
ईमेल : info@lokbhartiprakashan.com
शाखाएँ : 1-बी, नेताजी सुभाष मार्ग, दरियागंज
नयी दिल्ली-110 002
अशोक राजपथ, साइन्स कॉलेज के सामने
पटना-800 006
36-ए, शेक्सपियर सरणी, कोलकाता-700 017

प्रथम संस्करण : 2019

मूल्य : ₹ 600

लेजर टाइपसेटिंग
प्रखर कम्प्यूटर, झलवा प्रयागराज

आस्था पेपर कन्वर्टर
इलाहाबाद द्वारा मुद्रित

Poorvi Uttar Pradesh ki Bhautik Sanskriti

ISBN : 978-93-89742-13-8

प्राक्कथन

अतीतकालीन पूर्वी कोशल, काशी और वत्स महाजनपदों के भौगोलिक कलेवर से निर्मित पूर्वी उत्तर प्रदेश : भौतिक सीमांकन के दृष्टिकोण से उत्तर में विश्व का सर्वोच्च पर्वत हिमालय, दक्षिण में गंगा, पूर्व में विहार, पूर्व दक्षिण में गंगा-सरयू संगम (बलिया), वाराणसी, कैमूर की पहाड़ियों के पूर्वी भाग, पश्चिम में हिन्दू-इस्लामिक संस्कृति का केन्द्र बाराबंकी, मध्य में गंगा, यमुना, सरयू, तमसा, गोमती, सई, मनोरमा, अचिरावती, आमी और गण्डकी जैसी नदियों के जलोढ़ मिट्टी से निर्मित प्राचीन दुनिया का समृद्धिशाली सांस्कृतिक भू-परिदृश्य इन्हीं नदियों के तट, संगम और घाटी में अवस्थित प्रयाग, अयोध्या, श्रावस्ती, कौशाम्बी, कपिलवस्तु, पावा, कुशीनगर, वाराणसी और सारनाथ जैसे प्राचीन तथा सतरिख, बहराइच, सुल्तानपुर, जौनपुर, इलाहाबाद और फैजाबाद जैसे—मध्ययुगीन नगरों के सर्वेक्षण और उत्खनन से मृद्भाण्ड, मूर्तियाँ, सिक्के, शिलालेख, ताम्रलेख, मुहर, सूई, नहन्नी, लौह वस्तुएँ, सोना, चाँदी, मोती, माणिक, हीरा, जवाहरात और स्मारक : मन्दिर विहार, मकबरा, मस्जिद, इमामबाड़ा और राजमहल प्राप्त हुए हैं, जो यहाँ के समृद्धिशाली भौतिक संस्कृति के जीवन्त स्वरूप को उजागर करते हैं। इसी प्रकार इस भू-भाग से जुड़े हुए बुद्ध, प्रसेनजित्, वत्सराज उदयन और अनाथपिण्डक जैसे महापुरुष, राजा और दानियों के उदात्त चरित का सहज अभिचित्रण अजन्ता, भरहुत, साँची स्तूप, बोधगया के उच्चित्रों, कौशाम्बी और श्रावस्ती के मूर्तिशिल्प में मनमोहक ढंग से रूपायित मिलता है। भरहुत स्तूप के उच्चित्रों में; कहीं बौद्धयुगीन एशिया के सुप्रसिद्ध श्रेष्ठि अनाथपिण्डक द्वारा जेतवन क्रय किये जाने का निरूपण मिलता है, कहीं कोशल सम्राट् प्रसेनजित् चार अश्व जुड़े हुए रथ पर बैठकर हाथी घोड़ा और पैदल चलनेवाले जुलूस के साथ में हैं, कहीं हाथी पर सवार हाथ जोड़े हुए राजा अजातशत्रु बुद्ध की वन्दना करते हुए शिल्पांकित हैं, कहीं बुद्ध जन्म के दृश्य, कहीं कपिलवस्तु, कहीं छन्दक विसर्जन के दृश्य उकेरे गये हैं। कौशाम्बी से प्राप्त मृण्फलक पर वत्सराज उदयन द्वारा राजकुमारी वासवदत्ता का अपहरण जैसे दृश्य कालान्तर में भी बौद्धयुगीन पूर्वी उत्तर प्रदेश के राजाओं के राष्ट्रीय चरित्र को उद्भासित करते हैं। आधुनिक खोजों से पता चलता है कि पूर्वी उत्तर प्रदेश

के अयोध्या, वाराणसी, कौशाम्बी, श्रावस्ती और कपिलवस्तु दुर्गीकृत नगर रहे हैं। इस क्षेत्र में उत्तर वैदिक काल से ही लौह संस्कृति विद्यमान थी। अशोक प्रथम भारतीय सम्राट् हैं; जिसने लुम्बिनी, कपिलवस्तु, सारनाथ, कौशाम्बी और कुशीनगर की तीर्थयात्रा कर वहाँ स्तम्भ उत्कीर्ण करवाया। लुम्बिनी स्तम्भ लेख से बुद्ध की जन्मभूमि लुम्बिनी की ऐतिहासिकता प्रमाणित होती है। अयोध्या, श्रावस्ती, सारनाथ, कौशाम्बी और वाराणसी जैसे नगर : व्यापार-उद्योग, धन्धे और कला के महत्त्वपूर्ण केन्द्र थे। पूर्वी उत्तर प्रदेश के कोलडिहवा, सरायनाहरराय, दमदम, महदहा, नरहन, साहगौरा, झूँसी, लोहरादेवा, खैराडीह, चारदा त्रिलोकपुर, पितनिक, राजा नल का टीला, इमलीडीह खुर्द का कोरिया तथा पिपरहवा के उत्खनन से मानव अस्थिपंजर, समाधियाँ, लौह उपकरण, फसलें-फल : आम, महुआ, अनाज, धान, गेहूँ, ईख, सरसों और कपास जैसे फसलों के पुरावशेषों और कोष्ठागारों की प्राप्ति से इस भूभाग में 8000 वर्ष पहले मानव बस्ती और कृषि की पुष्टि होती है। इस क्षेत्र से सोना, चाँदी, ताँबा, कांसा, पाषाण और लोहा जैसी धातुओं पर राजाओं द्वारा जारी सिक्कों, ताम्रपत्रों और पत्थरों पर शासन, धर्म, कला और सामाजिक सहिष्णुता का सन्देश मिलता है। पूर्वी उत्तर प्रदेश के भौतिक संस्कृति का सर्वप्रथम अभिचित्रण अथर्ववेद में अयोध्या और काशी के परिप्रेक्ष्य में निहारा जा सकता है। शतपथ ब्राह्मण में निबद्ध माथव विदेध और गौतम रहूगण के अग्नि प्रज्वलन के माध्यम से गण्डक तक आर्य सभ्यता के प्रसार की कहानी से इस भू-भाग में बस्तियों के आबाद होने की पुष्टि होती है।

वाल्मीकि रामायण, महाभारत, पुराणों, बौद्ध, जैन साहित्य, तुर्की, अरबी, फारसी, साहित्य/फरमान/भोजपत्र/पाण्डुलिपि, प्राचीन कला कृतियों : अभिलेख, सिक्का, शिलालेख, ताम्रलेख, मृण्मूर्ति, भित्तिचित्र विभिन्न धर्म वैष्णव, शैव, बौद्ध और जैन धर्मपरक मूर्ति शिल्प और स्मारकों में यहाँ के गाँवों, नगरों, उद्योग-धन्धे और कला-कौशल जैसे भौतिक संस्कृति के विविध पक्षों को सँजोया गया है। समय-समय पर मेगस्थनीज, एरियन, प्लिनी, टालमी, फह्यान, ह्वेनसांग, इत्सिंग, लामा तारानाथ, अलबेरुनी और इब्नबतूता जैसे विदेशी यात्रियों के यात्रा विवरणों से इस भू-भाग के भौतिक संस्कृति की जानकारी मिलती है। यहाँ के स्मारकः विहार, कोष्ठागार, राजमहल, दुर्ग, मन्दिर, मस्जिद, मकबरा, इमामबाड़ा और दरगाहों पर दृष्टिपात करने से पूर्वी उत्तर प्रदेश में सांस्कृतिक सहिष्णुता और भौतिक प्रगति का सम्यक् उद्‌बोध होता है।

हर्ष का विषय यह है कि स्वतन्त्रता पूर्व और स्वतन्त्रता के पश्चात् इलाहाबाद विश्वविद्यालय, काशी हिन्दू विश्वविद्यालय, गोरखपुर विश्वविद्यालय, लखनऊ विश्वविद्यालय, अवध विश्वविद्यालय, भारतीय पुरातत्त्व सर्वेक्षण विभाग, भारतीय इतिहास अनुसन्धान परिषद्, नयी दिल्ली और विश्वविद्यालय अनुदान आयोग, नयी दिल्ली जैसी उच्च शैक्षणिक संस्थाओं ने क्षेत्रीय इतिहास और पुरातत्त्व पर उच्चस्तरीय अनुसन्धान निमित्त हमें प्रोत्साहित किया है।

इस भू-भाग पर समय-समय पर कनिंघम, कार्लायल, फुहरर, बी.ए. स्मिथ, रीज डेविड्स पार्जिटर, विल्सन, वैशम, फ्लीट, वाटर्स, पर्सी ब्राउन, पेपे, जानटालवायज, वोस्ट, हुई, हंस बाकर जैसे विदेशी तथा लाला सीताराम, बी.सी. ला, डी.सी. सरकार, मुजफ्फर अली, शान्ति कुमार नानूराम व्यास, आर.एल. मेहता, विशुद्धानन्द पाठक, गोवर्द्धन राय शर्मा, मोती चन्द, अनन्त सदाशिव अल्टेकर, डी.एन.झा, टी.एन. राय, बेला लाहिरी, वी. सी. सिन्हा, अजय मित्र शास्त्री, सतीशचन्द्र काला, ए.के. नारायण, के.के.सिन्हा, बी.बी. लाल, आनन्द स्वरूप, आशीर्वादी लाल श्रीवास्तव, निसार अहमद, तकी अहमद, योगेश प्रवीन, सुन्दरलाल, बी.आर. मणि, सुरेन्द्र मोहन, हर्ष नारायण, राम अवध, ठाकुर प्रसाद वर्मा और देशराज उपाध्याय जैसे स्वदेशी इतिहासकारों द्वारा पारम्परिक इतिहास, क्षेत्रीय इतिहास, नगर विशेष का इतिहास, पुरातात्त्विक सर्वेक्षण, उत्खनन और नवाबी शासन के सम्बन्ध में ही प्रकाश डालने का प्रयास किया गया है। किन्तु अभी तक किसी विदेशी अथवा भारतीय विद्वान् ने पूर्वी उत्तर प्रदेश की भौतिक संस्कृति पर शोधात्मक दृष्टिपात नहीं किया है। मुझे इस विषय पर उच्चस्तरीय शोध हेतु विश्वविद्यालय अनुदान आयोग, नयी दिल्ली ने एसोशिएटशिप अवॉर्ड (1989-1994) से पुरस्कृत किया था। कालान्तर में भारतीय इतिहास अनुसन्धान परिषद्, नयी दिल्ली द्वारा पुरस्कृत कोशल का पुरातत्त्व, उत्तर भारत का पुराजैव पर्यावरण और कोशल में सामाजिक परिवर्तन जैसी शोध परियोजनाओं पर शोधकार्य करने के कारण पूर्वी उत्तर प्रदेश की भौतिक संस्कृति के विविध पक्षों से सम्बन्धित ज्ञान में अभिवृद्धि हुई है। समूचा पूर्वी उत्तर प्रदेश पुरातत्त्व के मामले में काफी धनी है। यह शोध-प्रबन्ध 6 अध्यायों में विभक्त है।

पहला– पूर्वी उत्तर प्रदेश : इतिहास के साधन अध्याय में साहित्यिक : संस्कृत/पालि/जैन/अरबी/तुर्की/फारसी साहित्ययात्रा वृत्तान्त और पुरातात्त्विक साक्ष्यः सिक्का, शिलालेख, ताम्रलेख, फरमान और इस भू-भाग के स्मारकों को इतिहास जानने के साधन के रूप में विवेचित किया गया है।

दूसरा– पूर्वी उत्तर प्रदेश का ऐतिहासिक भूगोल अध्याय में इस भू-भाग में प्रवाहित होनेवाली सरयू, गंगा, यमुना, गोमती, गण्डकी और अचिरावती जैसी नदियाँ, इन्हीं नदियों के तट, घाटी और संगम में बसे हुए अयोध्या, काशी, प्रयाग, कौशाम्बी, श्रावस्ती, कपिलवस्तु, पावा और कुशीनगर जैसे नगरों, अंजन, जेतवन, शालवन, पारिलेय्यक और महावन, उपवनों, तालाबों और इतिहास प्रसिद्ध गाँवों का अनुशीलन किया गया है।

तीसरा– पूर्वी उत्तर प्रदेश में बस्तियों का स्वरूप अध्याय में ग्राम्य संरचना, कपिलवस्तु, कौशाम्बी, कुशीनगर और सारनाथ जैसे नगरों के पुरातात्त्विक अनुशीलन से जहाँ प्राचीन बस्तियों और वास्तुशिल्प की अभिचर्चा उभरती है वही यहाँ के बाराबंकी, जौनपुर, फैजाबाद, इलाहाबाद और बहराइच जैसे नगरों में मध्ययुगीन बस्तियों– राजमहल,

दुर्ग, बेगमों के महल, मकबरा, मस्जिद, बाग-बगीचा, इमामबाड़ा, दरगाह और मन्दिर के वास्तु शिल्प का जीता-जागता स्वरूप प्रस्तुत किया गया है।

चौथा– पूर्वी उत्तर प्रदेश में पाषाण मूर्तियाँ अध्याय में इस भू-भाग के प्रयाग, कौशाम्बी, लुम्बिनी, तौलिहवा, गोटिहवा और सारनाथ से प्राप्त अशोक स्तम्भ, स्तूप, विहारों, मन्दिर और विभिन्न धर्म वैष्णव, शैव, बौद्ध और जैन धर्म के महापुरुषों, देवी-देवताओं की मूर्तियों/ कला, विज्ञान, राजनीति, संस्कृति और तकनीकी का प्रतिपादन किया गया है।

पाँचवाँ– पूर्वी उत्तर प्रदेश के अभिलेख अध्याय में पाषाण, मूर्ति, सिक्का, मुहर, ताम्र, कांस्य, ईट, मिट्टी और कतिपय अन्य धातुओं पर उत्कीर्ण आलेखों के माध्यम से नगर, प्रशासन, धर्म, कला, व्यापार और शैक्षिक गतिविधियों के सम्बन्ध में प्रकाश डाला गया है। अशोक, मघों, गुप्तों और गाहड़वालों के इतिहास पर साहित्य की अपेक्षा अभिलेखों से अधिक रोशनी पड़ती है। अभिलेखों में राजाओं के व्यक्तित्व और उनके विजयों के चर्चा के प्रसंग में प्राचीन और मध्यकालीन कवियों जैसी अतिरंजना झलकती है।

छठवाँ– पूर्वी उत्तर प्रदेश की पुरावनस्पतियाँ अध्याय में इस क्षेत्र के खेत, खलिहान, गाँव, नगर, पहाड़, नदी, सरोवर और मैदानी भू-भागों में सोम, कुमुद, कुमुदिनी, लतागुल्म, आम्र, मधु, वन, वाटिका, विटप, चरागाह, कटहल, जामुन, कैथ, आँवला, इमली, धान, मटर, गेहूँ, ईख, जौ, चना, अलसी, उड़द, सरसों, कोदो और अरहर, जैसी फसलें, नाना प्रकार के आराम विहार, पुष्पितवनों में चम्पा, गुलाब और कमल जैसे फूल, अंगूर, केला, और सेब जैसे फल, कदम्ब, शाल, बेत, नारियल, अखरोट, इंगुद, पीपल, नीम, बरगद और पलाश जैसे वृक्षों की लोक-जीवन से लेकर सम्राट् के राज्याभिषेक समारोह में उपयोगिता का शोधात्मक अनुशीलन किया गया है। शोध-प्रबन्ध के अन्त में सन्दर्भ-ग्रन्थ-सूची भी प्रस्तुत की गयी है ताकि भावी शोधकर्त्ताओं को अपेक्षित सहयोग मिल सके। हर्ष का विषय है कि प्राचीन अयोध्या का राजनीतिक एवं सांस्कृतिक अध्ययन शीर्षक डॉक्टर ऑफ फिलासफी की उपाधि हेतु प्रस्तुत शोध-प्रबन्ध ने मुझे क्षेत्रीय इतिहास, पुरातत्त्व एवं संस्कृति में शोधकार्य करने के लिए अभिप्रेरित किया। इस परिप्रेक्ष्य में समय-समय पर मुझे विश्वविद्यालय अनुदान आयोग, नयी दिल्ली ने क्षेत्रीय इतिहास, पुरातत्त्व एवं संस्कृति के क्षेत्र में उच्चस्तरीय शोध के लिए कोशल का राजनीतिक एवं सांस्कृतिक अध्ययन, अवध का इतिहास, पुरातत्त्व एवं संस्कृति और पूर्वी उत्तर प्रदेश की भौतिक संस्कृति जैसी अनुसन्धान परियोजनाओं पर शोधकार्य करने के लिए एसोशिएटशिप अवॉर्ड से पुरस्कृत किया। इसी प्रकार भारतीय इतिहास अनुसन्धान परिषद्, नयी दिल्ली ने कोशल का पुरातत्त्व, उत्तर भारत का पुराजैव पर्यावरण और कोशल में सामाजिक परिवर्तन जैसी क्षेत्रीय इतिहास विषयक परियोजनाओं के सफल क्रियान्वयन के लिए भी मुझे प्रोत्साहित किया है। मैंने विषयवस्तु को अद्यतन बनाने के लिए इधर हाल में हुई पुरातात्त्विक खोजें, जो इस क्षेत्र में सम्पन्न हुई हैं; को भी शामिल करने का प्रयास किया है।

मुझे, इस दिशा में पूर्वी उत्तर प्रदेश की भौतिक संस्कृति (प्रागैतिहासिक युग से उत्तर मुगल युग तक) डॉक्टरोत्तर शोध-प्रबन्धकों, लोकमानस के समक्ष, प्रस्तुत करते हुए अपार प्रसन्नता हो रही है। मैं, शोध प्रबन्ध के ऐतिहासिक सुसज्जीकरण के लिए सुप्रसिद्ध इतिहासकार स्वर्गीय प्रो. रामशरण शर्मा (दिल्ली विश्वविद्यालय), स्वर्गीय प्रो. रामकुमार त्रिपाठी (पूर्व कुलपति, काशी विद्यापीठ) तथा स्वजनों स्वर्गीय पिता पं. सहजराम उपाध्याय, स्वर्गीया माता सन्ध्या कुमारी, अग्रज स्वर्गीय पं. विश्वनाथ उपाध्याय, हेमलता उपाध्याय और उर्मिला उपाध्याय को कैसे भुला सकता हूँ; जिनके द्वारा प्रदत्त सुझाव, आशीर्वाद, प्रशासनिक, पुरातात्त्विक सर्वेक्षण, कतिपय शोधात्मक, व्यक्तिगत सुविधाओं और असीम स्नेह के कारण शोध-प्रबन्ध पूर्ण हो सका है। मैं, लोकभारती प्रकाशन के अधिकारियों के प्रति आभारी हूँ; जिन्होंने त्वरित गति से इस शोध-प्रबन्ध को प्रकाशित किया।

दिनाङ्क—8 जून, 2019

डॉ. रामबिहारी उपाध्याय
अध्यक्ष
कोशल शोध संस्थान, बौराँव
अम्बेदकरनगर (उत्तर प्रदेश)

अनुक्रम

अध्याय-1

पूर्वी उत्तर प्रदेश : इतिहास के साधन

इतिहास के विभिन्न कालों में पूर्वी उत्तर प्रदेश में अनेक राजनीतिक केन्द्र थे। बौद्ध युग तक आते-आते वैदिक जनपद महाजनपद का विशालतम भौगोलिक स्वरूप धारण कर चुके थे।[1] बौद्ध साहित्य में चर्चित मज्झिम[2] देश (मध्यदेश) के आँचल में ही कोशल, काशी और वत्स महाजनपदों की राजनीतिक तथा सांस्कृतिक गतिविधियों के फलस्वरूप सरयू-गंगा मैदान में राजनीति, दर्शन, विज्ञान, कला-कौशल तथा सभ्यता एवं संस्कृति विषयक भौतिक संसाधनों के माध्यम से भौतिक प्रगति में तत्कालीन जनता को नूतन दिशा मिली थी। कोशल तथा काशी के राजाओं में राजलक्ष्मी प्राप्ति निमित्त संघर्ष का परिचय देखने को मिलता है। कोशल सम्राट् प्रसेनजित् तथा काशिराज अजातशत्रु के पारस्परिक युद्धों से पूर्व चर्चित विचारधारा की सम्पुष्टि होती है।[3]

दूसरी ओर प्रयाग क्षेत्र में अवस्थित वत्स राजवंश का अवन्ति से संघर्ष चलता रहा किन्तु मौर्य काल में विशाल मगध साम्राज्य में काशी, कोशल तथा वत्स समाहित हो चुके थे।[4] अब वत्स, काशी तथा कोशल में पौराणिक भारत जैसा ही चक्रवर्ती राजा चन्द्रगुप्त और अशोक का अभ्युदय इतिहास गगन से होता है।[5]

विशाल मौर्य राजवंश के पतन के पश्चात् शुंग, गुप्त, मौखरि, वर्द्धन, भर, प्रतिहार, गाहड़वाल आदि राजवंशों ने भी पूर्वी उत्तर प्रदेश में शासन किया था।

जिनके प्रशासनिक तथा सांस्कृतिक क्रियाकलापों का अवलोकन साहित्य तथा पुरातत्त्व के आईने में किया जा सकता है। सिक्के, शिलालेख, मृद्भाण्ड, ताम्रफल का अभिलेख, पाषाण शिल्प तथा टूटी-फूटी इमारतें हमें अतीत के गलियारे में हजारों साल पीछे की ओर ढकेल देती हैं।

पूर्वी उत्तर प्रदेश के ऐतिहासिक साधनों का अनुशीलन साहित्य तथा पुरातत्त्व के माध्यम से प्रस्तुत किया जाता है।

साहित्यिक स्रोत

जहाँ तक साहित्यिक स्रोतों का प्रश्न है; कोई भी ऐसी प्राचीन पुस्तक नहीं है जिसे सीधे-साधे तौर पर इतिहास का ग्रन्थ कहा जा सके, तथापि कतिपय ऐसे ग्रन्थ हैं, जिनमें

ऐतिहासिक धरोहर बिखरी हुई है।[6] वैदिक साहित्य में यत्र-तत्र कोशल के मनु, भगीरथ, मान्धाता, हरिश्चन्द्र आदि राजाओं का इतिवृत्त पठनीय हैं, वहीं काशिराज धृतराष्ट्र तथा अजातशत्रु अभिचित्रित हैं।[7] पुराणों में काशी, कोशल तथा वत्स राजवंश का रोचक इतिहास पढ़ा जा सकता है। महाकाव्यों में, रामायण में कोशल, काशी और वत्स का साफ-साफ वर्णन मिलता है। रामायण के नायक राम के क्रिया-कलापों की अच्छी खासी जानकारी भी मिलती है।

महाभारत में भी कोशल, काशी, अयोध्या, प्रयाग, प्रतिष्ठान तथा कौशाम्बी आदि का वर्णन पढ़ा जा सकता है। वनपर्व में अयोध्या और प्रयाग, उद्योगपर्व तथा भीष्मपर्व में काशी, सभापर्व में अयोध्या तथा काशी के राजाओं के सम्बन्ध विषयक परिचर्चा उभारी गयी है। पुराणों में सूर्य तथा चन्द्रवंशीय राजाओं का इतिहास निरूपित किया गया है, जिनका क्रिया-कलाप पूर्वी उत्तर प्रदेश का गांगेय मैदान ही रहा है।

पुराणों में वर्णित कलियुग के राजाओं का वंश-वृक्ष और उनकी कर्मभूमि पूर्वी उत्तर प्रदेश रहा है। पुष्यमित्र शुंग उसके उत्तराधिकारियों और गुप्त राजवंश के साम्राज्य-विस्तार का भी परिचय पुराणों से जाना जा सकता है।[8]

बौद्ध पिटकों तथा जातकों के अध्ययन से भी इतिहास की जानकारी मिलती है। पौराणिक मान्यता को चरितार्थ करनेवाली अयोध्या, श्रावस्ती, काशी, रामगाम, कपिलवस्तु, प्रतिष्ठान, झूँसी आदि नगरों का समृद्धिशाली स्वरूप बौद्ध पिटकों में सँवारा गया है।[9]

कौशाम्बी, साकेत, श्रावस्ती, कपिलवस्तु, पावा, कुशीनगर तथा काशी के वाणिज्य, प्रशासन, शिक्षा, धर्म, समाज, विज्ञान तथा कतिपय अन्यान्य भौतिक संस्कृति के आयामों का वर्णन पिटकों में भरा हुआ है।[10] सार्थों, रथों, सार्थवाहों, मार्गों की कठिनाइयाँ, मार्ग में पड़नेवाले वनों का सन्दर्भ भी बार-बार पढ़ा जा सकता है। महावंश, दीपवंश, समन्त पासा दिका,) दिव्यावदान अवदान शतक, ललित विस्तर, बुद्धचरित, सौन्दरनन्द आदि जैसे ग्रन्थों में भी पूर्वी उत्तर प्रदेश के प्रशासन, कला, विज्ञान तथा नागर-सभ्यता आदि का पदे-पदे दर्शन होता है।

जैन साहित्य में भी पूर्वी उत्तर प्रदेश के इतिहास-संस्कृति की अच्छी खासी रूपरेखा पढ़ी जा सकती है। इस दिशा में आचारांग सूत्र, आवसस्क सूत्र, भगवती सूत्र, कल्पसूत्र, निरयावली सूत्र, उत्तराध्ययनसूत्र, आदि पुराण, पद्म पुराण, उत्तर पुराण, रामचन्द्र चरित पुराण, त्रिषष्टिशलाका पुरुष चरित, हरिवंश पुराण, विविध तीर्थकल्प, वास्गादशाव आदि जैन ग्रन्थों में पूर्वी उत्तर प्रदेश के नगर, कृषि व्यवस्था, श्रेणियाँ, शिक्षा, कला, विज्ञान तथा विविध धर्मों का मनमोहक रूप अवलोकनीय है। इस परिप्रेक्ष्य में प्रो. रीज डेविड्स-बुद्धिस्ट इण्डिया, जगदीशचन्द्र जैन-जैन आगम साहित्य में भारतीय समाज आदि कृतियों का अनुशीलन भी इतिहास को नूतन सन्देश देता है।

बौद्ध तथा जैन ग्रन्थों में फसलों तथा पेड़-पौधों का वैसे ही सुन्दर वर्णन मिलता है, जैसा कि वैदिक साहित्य, पुराणों, रामायण तथा महाभारत में, ग्रामवासियों के रहन-सहन, आजीविका, पारस्परिक सम्बन्ध, विभिन्न ग्रामों में भिन्न-भिन्न जातियों की प्रमुखता, खेती के उपकरण, खेती-बाड़ी का स्वरूप आदि सभी चीजें अभी दस-बीस वर्षों पूर्व तक वही थीं; जिनका स्पष्ट परिचय हमें बौद्ध ग्रन्थों से प्राप्त होता है।[11] पूर्वी उत्तर प्रदेश की वनस्पतियों तथा खेती पर सुन्दर शोध किया जा सकता है। विनय पिटक में बुद्ध के चचेरे भाई भद्दिय के अपने खेतों में जाने और कृषि कार्यों के निरीक्षण करने की बात अभिलिखित है। बुद्ध चरित में खेती का अच्छा वर्णन मिलता है। काशी के रेशमी और ऊनी वस्त्र, काठ के खिलौने, पीतल के बर्तन और हाथी दाँत की वस्तुएँ बड़ी प्रसिद्ध थीं।[12] बौद्धयुगीन जनता में राष्ट्रीय चरित्र विद्यमान था; जिसकी आधुनिक भारत में नितान्त आवश्यकता है।

इसी प्रकार कोशल में भी ऊनी, रेशमी और सूती वस्त्रों का निर्माण होता था। महाप्रजापति गौतमी ने बुद्ध को सूती चादर दानस्वरूप दिया था। अलसी की छाल, भाँग की छाल, केले की छाल, पटसन, भेड़ों के ऊन आदि से बननेवाले रेशमी और ऊनी वस्त्रों तथा कम्बलों की चर्चाएँ त्रिपिटकों में भरी पड़ी हुई हैं।[13] लौह शक्ति, वन सम्पदा, शराब उद्योग, पाषाण उद्योग, सोना, चाँदी, जस्ता, पीतल आदि का उद्योग-धन्धा भी पूर्वी उत्तर प्रदेश में काफी प्रसिद्ध था,[14] जिनका स्वरूप पुस्तकों तथा पुरातत्त्व में साफ-साफ दिखायी पड़ता है। संस्कृत साहित्य के ऐतिहासिक-अनैतिहासिक पुस्तकों में भी पूर्वी उत्तर प्रदेश के इतिहास और संस्कृति पर प्रकाश पड़ता है।

भास के प्रतिमा नाटकम् में प्राक्मौर्य कोशल के समाज तथा धर्म पर रोशनी पड़ती है। कौटिलीय अर्थशास्त्र में प्रशासन, शिक्षा, कला, धर्म, विज्ञान आदि जैसे पहलुओं पर विचारधाराएँ सुस्थापित हैं।[15] पतंजलि के महाभाष्य में भूगोल के साथ में पुष्यमित्र शुंग के अश्वमेध का वर्णन पढ़ने को पाते हैं। जिसकी पुष्टि समकालीन कवि कालिदास के मालविकाग्निमित्रम् से भी समीचीन है।[16] कालिदास का रघुवंश जहाँ कोशल के रघुवंशीय राजाओं की यथोगाथा निबद्ध करता है;[17] वहीं शुंगकालीन प्रशासन, शिक्षा तथा कला आदि के देदीप्यमान प्रतिबिम्ब को प्रभासित करता है। भास के स्वप्न वासवदत्ता में वत्सराज उदयन की लोककथा मनमोहक ढंग से प्रस्तुत की गयी है। इस ग्रन्थ में यत्र-तत्र कोशल तथा काशी का भी इतिवृत्त सुरक्षित मिलता है। कैय्यट तथा वामन में भी पूर्वी उत्तर प्रदेश के मौखरियों का वर्णन किया गया है। बाणभट्ट के हर्ष चरित में यद्यपि थानेसर और कन्नौज के राजसी ठाठ-बाट तथा हर्ष के शौर्य का वर्णन मिलता है तथापि पूर्वी उत्तर प्रदेश के समाज और संस्कृति की भी अच्छी खासी जानकारी मिलती है। कवि वाक्पतिराज के गउडवहो के अनुशीलन से विदित होता है कि कन्नौज के शासक यशोवर्मन का आगमन हरिश्चन्द्र की अयोध्या नगरी में हुआ था और उसने वहाँ एक मन्दिर बनवाया था।[18]

यशोवर्मन ने मगधनाथ को भी पराजित किया था। इस मगधनाथ की पहचान अभी तक इतिहासकार नहीं कर पाये हैं महत्त्वपूर्ण शोध चिन्तन है।

क्षेमीश्वर के चण्डकौशिक से विदित होता है कि प्रतिहारकालीन कोशल में आदिवराह की पूजा के साथ-साथ शिवपूजा भी प्रचलित थी।[19] आठवीं सदी के दशकुमार चरित से पता चलता है कि कोशल की श्रावस्ती नगरी में भगवान् शंकर का उत्सव मनाया जाता था।[20] राजशेखर के काव्यमीमांसा में काशी, कोशल तथा वत्स जनपदों के निवासियों के खान-पान, वेशभूषा तथा शृंगारिक वस्तुओं पर प्रकाश डाला गया है। मैथलि कवि विद्यापति ने कीर्तिलता में पूर्वी उत्तरप्रदेश में अवस्थित जौनपुर नगर के मन्दिरों का जीता-जागता स्वरूप जनमानस के समक्ष प्रस्तुत किया है। विद्यापति के पुरुष परीक्षा ग्रन्थ में गोरखनाथ तथा गोरखपुर का अच्छा खासा वर्णन मिलता है। चन्दरबरदाई ने पृथ्वीराज रासो में जयचन्द को काशी कहा है।[21] फक्कड़ सन्त कबीरदास के साखी, सबद, रमैनी में भी यत्र-तत्र प्रयाग में गंगा स्नान, अयोध्या तथा काशी आदि का वर्णन मिलता है।

बलबन के राज्यकाल में कवियों में राजकुमार अमीर खुसरो दो वर्ष तक अवध नगरी में रहे तथा तत्कालीन जनता को मुकरियाँ और कौव्वालियाँ सुनाते रहे।[22] मलिकमुहम्मद जायसी, तुलसीदास आदि की कृतियों में भी ऐतिहासिक सामग्री बिखरी पड़ी हुई है। मध्यकालीन फारसी के कवियों ने भी पूर्वी उत्तर प्रदेश के नगर, नदियों, व्यापार, उद्योग-धन्धों, कला और विज्ञान आदि के सन्दर्भ में रोशनी डाली है। अलबेरुनी ने काशी तथा कोशल के मनु, भगीरथ, रघु तथा राम जैसे राजाओं का इतिहास लिखने के साथ में गोमती, गंगा, सरयू का उल्लेख किया है।[23] इब्नबतूता के विवरण से मसऊद गाजी का अवध आक्रमण, फिरोज शाह तुगलक का गाजी मियाँ के मजार का दर्शन सरयू के माध्यम से व्यापार जैसे तथ्य उजागर होते हैं।[24] मिनहाज सिराज ने तबाकाते नासिरी ग्रन्थ में अवध, प्रयाग, गोरखपुर, काशी आदि स्थानों से सम्बन्धित राजनीतिक घटनाओं का चलचित्र उभारा है।[25] अलबदायूँनी के मुन्तखबुत तवारीख में बलबन के दुष्ट उत्तराधिकारी कैकुबाद तथा बुगराखाँ पुत्र-पिता का सरयू तट पर मिलन जैसी मध्यकालीन इतिहास की अनोखी घटना की अभिचर्चा आयी है।[26] जिसकी पुष्टि अमीर खुसरो भी करता है। अबुल फजल के आइने अकबरी से मुगलकालीन भौतिक संस्कृति का परिचय मिलता है। फतूहाते आलमगीरी ग्रन्थ में अवध, जौनपुर, गोरखपुर, बनारस आदि नगरों के राजनीति तथा संस्कृति का विवरण मिलता है।[27]

विदेशी विवरण— विदेशी विवरणों को भारतीय साहित्य का अनुपूरक बनाया जा सकता है। समय-समय पर अनेक यूनानी, रोमन, चीनी तथा पुर्तगाली पर्यटकों का आवागमन पूर्वी उत्तर प्रदेश के भिन्न-भिन्न नगरियों में कालक्रमानुसार होता रहा है। इस दिशा में मेगस्थनीज का नाम सर्वप्रथम स्मरणीय है। उसकी इण्डिका के अनुशीलन से मौर्यकालीन पूर्वी उत्तर प्रदेश के सामाजिक तथा राजनीतिक पहलुओं पर प्रकाश पड़ता है।

टालमी की ज्योग्राफी[28] और पेरिप्लस आफदी एरिथियनसी नामक यूनानी पुस्तकों में भी प्राचीन भूगोल और वाणिज्य-विषयक सन्दर्भ मिलते हैं। प्लिनी के नेचुरलिस हिस्टोरिका ग्रन्थ से पहली सदी के भारत और इटली के व्यापारिक सम्बन्ध की पुष्टि होती है।

चीनी पर्यटक फाह्यान ने अपने यात्रा विवरण में प्रयाग, साकेत, कपिलवस्तु, श्रावस्ती, टोबई, कुशीनगर आदि का वर्णन प्रस्तुत किया है।[29]

इसी प्रकार ह्वेनसांग ने विशाखा, श्रावस्ती, टोबई, कपिलवस्तु, पावा, कुशीनगर, सारनाथ, सरयू, गण्डकी, अचिरवती आदि नगरों तथा नदियों के वर्णन के साथ में तत्कालीन जलवायु वनस्पतियाँ, प्रशासन, शिक्षा, कला तथा विज्ञान के भौतिक प्रगति पर प्रकाश डाला है।[30]

लामा तारानाथ, वैरोचन ब्रज आदि के बौद्ध ग्रन्थ भी कुछ हद तक उपयोगी हैं। अलबेरुनी, इब्नबतूता, मिनहाज सिराज, वरनी, बाबर, जहाँगीर, आलमगीर आदि के चिटफुट सन्दर्भ भी इतिहास के दृष्टिकोण से प्रेरणादायक हैं। किन्तु विदेशी यात्रियों तथा मुस्लिम इतिहासकारों द्वारा चर्चित विषयवस्तु, ऐतिहासिक घटनाएँ, भौगोलिक वर्णन, समाज आदि से सम्बन्धित विवरणों को आँखें मूँदकर स्वीकार नहीं करना चाहिए जैसे मुस्लिम इतिहासकारों ने हिन्दू-मुस्लिम युद्धों की चर्चा किया है; किन्तु युद्ध का फल क्या हुआ इस दिशा में इतिहासकार मौन हैं। यदि वे युद्ध का फल पेश करते तो मुस्लिम बादशाह उनकी गर्दन कटवा लेते क्योंकि मुस्लिम प्रशासक हिन्दुओं से हारे हैं। सच तो यह है कि यद्यपि मध्यकालीन भारत में मुस्लिम राजवंशों ने शासन किया तथापि उनकी प्रजा में 60 प्रतिशत हिन्दू ही थे। इस काल में सभी संस्कृतियों का अच्छा खासा समन्वयवादी स्वरूप देखने को मिलता है।

पुरातात्त्विक साक्ष्य

हर्ष का विषय है कि पूर्वी उत्तर प्रदेश के निवासियों ने अपने पीछे अगणित भौतिक अवशेषों को हमारे गवेषणा निमित्त छोड़ा है। अयोध्या, श्रावस्ती, कपिलवस्तु, पावा, कुशीनगर, काशी, सारनाथ, जौनपुर, प्रयाग तथा कौशाम्बी आदि जैसे नगरों की परिचर्चा प्राचीन साहित्य में पढ़ने को मिलती है। जिससे पूर्वी उत्तर प्रदेश के वैभवशाली अतीत का उद्बोध होता है। साहित्य में नागर निदर्श की अभिरामता का सजीव रूप भी निरूपित मिलता है; जैसे नगरियों के दुर्ग, राजमहल, मन्त्रियों के आवास, यज्ञ मण्डप से शस्त्रागार, सैनिकों की छावनियाँ तथा भौतिक संस्कृति और सभ्यता के सुपोषक अन्यान्य पहलुओं के विहंगमावलोकन से अनेकानेक जिज्ञासाएँ हमारी अतीतकालीन गौरवमयी नगरियों वन उपवन, पहाड़ आदि के ऐतिहासिक स्वरूप के परिप्रेक्ष्य में मानस पटल पर केन्द्रित होने लगती है।[31] इस दिशा में पुरातत्त्ववेत्ताओं के नूतन प्रयास से भी श्रावस्ती, कपिलवस्तु, पावा, कुशीनगर, सारनाथ, काशी, प्रयाग, तथा कौशाम्बी आदि नगरियों के ऐतिहासिकता पर रोशनी पड़ी है। दयाराम साहनी, कनिंघम, हुई के. के. सिन्हा प्रभृति पुरातत्त्ववेत्ताओं ने

श्रावस्ती के स्मारकों को ढूँढ़ निकाला है। यहाँ के उत्खनन से शुंग-गुप्तकालीन-राजपूतकालीन सिक्के, शिलालेख, मृद्भाण्ड, मनके, नहन्नियाँ, कटोरे, पाषाण शिल्प, औजार, दैनिक जीवन में उपयोग की वस्तुएँ आदि प्राप्त हुई हैं, जो इण्डियन म्यूजियम कलकत्ता तथा राज्य संग्रहालय लखनऊ में सुरक्षित हैं। इनसे भौतिक संस्कृति का अच्छा खासा परिचय मिलता है।[32] इसी प्रकार पिपरहवा के उत्खनन से पाषाण पेटिका प्राप्त है। जिसमें लकड़ी और चाँदी के अनेक पात्र थे। पात्रों में कई सौ बहुमूल्य वस्तुएँ मिली हैं। जिनमें अनेक आकार-प्रकार के स्वर्णाभूषण, दो नारी आकृतियों की छाप, स्वर्ण पात्र में हाथी और सिंह की आकृतियाँ, स्वर्ण तथा रजत के फूल सितारे, ताबीज के आकार की सोने की डिब्बी, स्वर्ण की छड़ें, स्वर्णपात्र, कई आकार के मोती आदि उपलब्ध हुए हैं।[33] जो भारतीय संग्रहालय कलकत्ता में संरक्षित हैं। अस्थिकलश लेख से कपिलवस्तु की ऐतिहासिकता प्रमाणित होती है। लुम्बिनी वन रुम्मिनदेई में विद्यमान अशोक का[34] स्तम्भलेख इतिहास को सन्देश देता है। इसी प्रकार साहगौरा गोरखपुर के उत्खनन से भौतिक संस्कृति को प्रमाणित करनेवाले मृद्भाण्डों से लेकर लौह वस्तुएँ प्राप्त हैं। साहगौरा कांस्य फलक से श्रावस्ती के[35] ऐतिहासिकता की पुष्टि होती है। कसया के उत्खनन में मौर्यकालीन ईंटें, पाषाण मूर्तियाँ, मिट्टी-धातु की मूर्ति, सिक्के-मुहरें, विभिन्न प्रकार के बर्तन, अस्त्र-शस्त्र चित्रित भाण्ड, नक्काशीदार ईंटें, मायादेवी की मूर्ति, विष्णु गरुड़-गणेश की लाल पत्थर की मूर्तियाँ, मृण्मयी मूर्तियाँ, पत्थर की चक्की, शिल-नाद, तश्तरी, धातु-पत्र लोटा-कटोरी, कटोरा-चम्मच-घड़ा घटा धूपदान, चाकू, कीलें, खूटियाँ, अस्त्र, चाँदी तथा जस्ते की मंजूषाएँ, मूँगा-मोती-मणिक, हाथी-दाँत, मुहरें[36] और कौड़ियाँ आदि प्राप्त हैं, जो राज्य संग्रहालय लखनऊ में सुरक्षित हैं। इनके अनुशीलन से पूर्वी उत्तर प्रदेश के भौतिक समृद्धि की अच्छी खासी जानकारी मिलती है। इसी प्रकार सारनाथ के उत्खनन से कुषाण-गुप्त-राजपूत-कालीन स्तूपों मन्दिरों विहारों तथा ताम्रफल अभिलेखों के प्रकाश में आने से कला कौशल की[37] जानकारी प्राप्त होती है। प्रोफेसर ए. के. नारायण के नेतृत्व में काशी के राजघाट में पुरातात्त्विक उत्खनन सम्पादित हुआ। काशी के उत्खनन में मृद्भाण्ड, मूर्तियाँ, कुषाणकालीन शैवपरक मुहरें, कौशल के मित्र[38] राजाओं की मुहरें, गुप्तकालीन सिक्के आदि प्राप्त हैं। बनारस के मुहम्मदाबाद में मुगल शासक मुहम्मद शाह, आलमगीर द्वितीय, शाह[39] आलम द्वितीय आदि के भी सिक्के प्राप्त हुए हैं। काशी का सम्बन्ध गाहड़वाल शासकों से भी जुड़ा था। गाहड़वाल शासक मदनपाल, चन्द्रदेव, गोविन्दचन्द्र तथा जयचन्द के काल के कतिपय शिलालेख, ताम्रफल का अभिलेख, सिक्के आदि काशी क्षेत्र से प्राप्त हुए हैं। वैष्णव, शैव, बौद्ध, जैन, धर्मपरक कतिपय पाषाण मूर्तियाँ भी काशी क्षेत्र से प्राप्त हुई हैं। काशीनरेश का संग्रह, भारत कला भवन, काशी हिन्दू विश्वविद्यालय का प्राचीन इतिहास विभाग, अमेरिकन ओरियण्टल रिसर्च सोसाइटी आदि में भी प्राचीन वस्तुओं का संग्रह किया गया है। न्यूमिस्मेटिक्स सोसाइटी का संग्रह भी काफी धनी है। इनके भाष्य से

निश्चित रूप से शोध को नयी दिशा मिलेगी। भारत सरकार का राष्ट्रीय चिह्न सारनाथ में अवस्थित अशोक की लाट से लिया गया है; जो अकेले ही काशी के समृद्ध इतिहास का जीता-जागता परिचय प्रस्तुत करता है। काशी से सटा हुआ गाजीपुर जनपद है जहाँ गुप्तकालीन (स्कन्दगुप्त का अभिलेख) भीतरी लेख उपलब्ध है। ह्वेनसांग ने इस जनपद के ऐतिहासिक भूगोल को प्रभासित किया[40] है। मसून गाजीपुर के उत्खनन में एन.पी. बी. से लेकर लौह[41] वस्तुएँ प्राप्त हुई हैं। बलिया के लखनेश्वरडीह तथा खैराडीह के उत्खनन से[42] कुषाणकालीन नगर और टेराकोटा प्राप्त हुए हैं। जौनपुर के पुरातात्त्विक सर्वेक्षण से विदित होता है कि जौनपुर जहाँ हिन्दू संस्कृति का केन्द्र था; वहीं मुस्लिम संस्कृति का भी। यहाँ रासमण्डल मुहल्ले में उत्तरी कृष्ण मार्जित मृद्भाण्ड के कतिपय ठीकरे मिले हैं। औड़िहार में आहत प्रकार की मुद्राएँ प्राप्त हुईं हैं; जिनसे जौनपुर की प्राचीनता 600 ई. पू. तक सिद्ध होती है। कुषाण तथा गुप्त राजाओं के[43] कतिपय सिक्के भी मिले हैं। मौखरि शासक ईश्वर वर्मा का एक शिलालेख भी मिला है, जिससे विदित होता है कि पूर्वी उत्तर प्रदेश का ईश्वर वर्मा विजय करते हुए दक्षिण में आन्ध्र तक पहुँच गया था। जौनपुर में जफराबाद में काशी, कोशल तथा कन्नौज के स्वामी जयचन्द का बैठका रहा। उसके उत्तराधिकारी हरिश्चन्द्र का एक शिलालेख मछली शहर से प्राप्त हुआ है। मुस्लिम इतिहास के आईने में शाही किला, जामा मस्जिद, बड़ी मस्जिद, अटाला मस्जिद, झझरी मस्जिद, चार अंगुल की मस्जिद आदि का सुलभ चित्रण प्रतिबिम्बित होता हैं, जिन्हें कलाविदों ने हिन्दू-मुस्लिम संस्कृति के वातायन से निहारा और मुक्त कण्ठ से प्रशंसा किया है। हुमायूँ और अकबर के सिक्के भी जौनपुर से प्राप्त[44] हुए हैं। इस प्रकार जौनपुर का ऐतिहासिक-पुरातात्त्विक अनुशीलन क्षेत्रीय इतिहास को नूतन सन्देश प्रस्तुत करता है। सुल्तानपुर तथा प्रतापगढ़ जनपदों में प्रागैतिहासिक काल से मुगलकाल तक की कलाएँ देखी जा सकती हैं। अन्वेषक के सर्वेक्षण से सुल्तानपुर में वैष्णव, शैव, बौद्ध तथा जैन धर्म की कतिपय प्राचीन मूर्तियाँ देखने को मिलीं। फैजाबाद अम्बेडकरनगर जनपद में अवस्थित अयोध्या, विल्वहरि, नन्दीग्राम, जटाकुण्ड, भरदहन, करमदण्डा, लोरपुर, खासपुर, बिहरोजपुर, चाँडीपुर, राजेसुल्तानपुर, डिहवा, नौरहनी आदि पुरास्थलों में अक्षत पुरातात्त्विक सामग्री भरी पड़ी हुई है। इन जनपदों में अन्वेषक के सर्वेक्षण से आहत प्रकार के सिक्के 600 ई.पूर्व, धनदेव का अयोध्या अभिलेख, उत्तर शुंग शासक मित्र देव दत्त तथा सेन, नामान्तधारी राजागण, गुप्त वर्द्धन गाहड़वालकालीन ताम्रफल का अभिलेख प्राचीन तथा मध्ययुगीन स्थानीय भर प्रशासकों के स्मारक, सल्तनतकालीन, मुगलकालीन तथा नवाबी कला-कौशल का जीता-जागता स्वरूप देखने को मिलता है। गोण्डा, श्रावस्ती और देवीपाटन जनपदों में जहाँ सहेट-महेट, देवीपाटन, हतिला, पचरन अशोक नाथ आदि के भग्नावशेष अतीत को बोल रहे हैं। गोण्डा से सटा हुआ बहराइच पुरातत्त्व के मामले में काफी धनी है। इस क्षेत्र का भर संस्कृति से भी घनिष्ठ सम्बन्ध जुड़ा हुआ दिखायी पड़ता

है। सैय्यदसालार मसूद गाजी की मजार का दर्शन फिरोजशाह तुगलक से लेकर आधुनिक जनता करती चली आ रही है। दो कौनी से सम्राट् अकबर के चाँदी के सिक्के प्राप्त हुए हैं। फैजाबाद के पूर्व में बस्ती, सिद्धार्थनगर, सन्तकबीर नगर जैसे जनपद विद्यमान हैं; जहाँ पुरवा, पटेश्वरनाथ, तमेश्वरनाथ पण्डूरघाट, पालदा देवी, सिंहेश्वरी देवी, सोहरतगढ़, शृंगीनारी, मखौड़ा, दुबौलिया, पिपरहवा, लुम्बिनी उपधौलिया, कोटखास, बराह क्षेत्र, लखनौरा, भुइलाडीह, बखिरा, मझवा पिपरा, ऐनपुरा रामपुर देवरिया, ताँबाबरई इत्यादि स्थलों के पुरातात्त्विक सर्वेक्षण से बौद्ध-मौर्य-मित्र-कुषाण-गुप्त राजवंश तथा दसवीं सदी के बौद्ध विहार, पाषाण शिल्प, शिलालेख, मनके, मृण्मूर्तियाँ, सिक्के, औजार तथा कतिपय अन्यान्य पुरा वस्तुएँ प्राप्त हुई हैं; जो समृद्ध संस्कृति तथा सभ्यता के विविध आयामों को उजागर करती हैं। बस्ती से सटा हुआ सन्त कबीर नगर के लोहरादेवा में हुई खुदाई में आठ हजार वर्ष प्राचीन चावल के अवशेष मिले हैं; जिससे पता चलता है कि पूर्वी उत्तर प्रदेश की जनता चावल खाने की काफी शौकीन थी। इसी प्रकार आजमगढ़-मऊ में सूर्यवंशीय राजाओं से लेकर पूर्वी उत्तर प्रदेश के चकलेदारों से सम्बन्धित इतिहास की जानकारी सुरक्षित मिलती हैं। यहाँ के स्मारकों में वहीरादेव, भैरव स्थान, निधि गाँव, भीरा, विन्दावन, राजा नहुष की कोठी, वैराटपुर, वनदेवी, सुरहट, गायघाट, वसियाराम, सिसवा, अहरौला, देव राष्ट्र आदि पूर्वी उत्तर प्रदेश के ऐतिहासिक अध्ययन में नूतन सन्देश प्रस्तुत करते हैं। मौर्य, शुंग तथा कुषाण राजवंश का भी इस धरती से घनिष्ठ सम्बन्ध जुड़ा हुआ था। आहत प्रकार की मुद्राएँ कुषाणकालीन 110 सिक्के यक्षिणी प्रतिमा आदि भी प्राप्त हैं।[45] गुप्तों के काल के कतिपय बस्तियों के अवशेष, पाषाण मूर्तियाँ, शिलालेख, सिक्के, सोना-चाँदी-ताँबा यहाँ से प्राप्त हुए हैं। देवराष्ट्र के निकट महात्मा बुद्ध की धातु की निर्मित प्रतिमा प्राप्त है। लालगंज तहसील के मौजा किशनपुर में खण्डित मूर्तियाँ हैं। इसी तहसील के डुहरू स्थान पर ब्राह्मी लिपि का शिलालेख अवलोकनीय है। हर्ष का मधुवन ताम्रफल का अभिलेख मऊ के घोसी तहसील से प्राप्त है।[46] जिससे तत्कालीन पूर्वी उत्तर प्रदेश के प्रशासनिक गतिविधियों पर प्रकाश पड़ता है। प्रतिहारकालीन कतिपय चाँदी के सिक्के भी यत्र-तत्र प्राप्त हुए हैं। गोविन्दचन्द्र गाहड़वाल का हथियादाह शिलालेख भी यहाँ से मिला है। लगभग ग्यारहवीं सदी से यहाँ पर मुस्लिम बस्ती के आबाद होने की परिपुष्टि भी तत्कालीन साक्ष्यों में पढ़ी जा सकती है। समूचा भूभाग पुरातात्त्विक दृष्टिकोण से काफी समृद्धिशाली है। उत्तर में गोरखपुर जनपद दिखायी पड़ता है, जहाँ बौद्धकाल से लेकर नवाबी सभ्यता एवं संस्कृति का परिचय देनेवाले स्मारक, शिलालेख, सिक्के, मृद्भाण्ड, पाषाण शिल्प, लौह उपकरण, शृंगारिक प्रसाधन की वस्तुएँ अतीतकालीन वैभव को उजागर करने के लिए अनायास ही सम्मोहित कर रही हैं।

उत्तर प्रदेश के भौमिक मानचित्र में बाराबंकी जनपद पूर्वी तथा पश्चिमी उत्तर प्रदेश के सीमा रेखा पर अवस्थित भौतिक संस्कृति तथा उसके विविध प्रतिमानों को अपने

आंचल में धरोहर के रूप में छिपाये हुए जनजीवन में नूतन सन्देश प्रस्तुत करता रहा है। कोशल के सूर्यवंशीय नृपति, बौद्ध, मौर्य, शुंग, गुप्त, राजपूत, सल्तनतकाल, मुगल काल तथा नवाबी शासन की अक्षत पुरा सम्पदा किसी रूप में यहाँ बिखरी पड़ी हुई है। देवा, सतारिख, कुरसी, रसूलाबाद, रुदौली, दरियाबाद, सिद्धौर, रौनाही, वद्दोसराय, अलियाबाद, सरथाभाव, व्रगवान[47] आदि जैसे स्थलों के पुरातात्त्विक अनुशीलन से कुषाण गुप्त राजपूत तथा मुस्लिम शासनकाल के प्राचीन सिक्के, शिलालेख तथा कतिपय अन्यान्य पुरा धरोहर प्राप्त हुए हैं। शृंगवेरपुर के पुरातात्त्विक उत्खनन से यद्यपि रामायण काल का कोई अवशेष नहीं प्राप्त हुआ है तथापि आहत प्रकार के सिक्के एन.वी.पी., शुंग टेराकोटा से लेकर खड़ी दीवालें निश्चित रूप से इसे प्राचीन नगरी सिद्ध करती हैं।[48] गंगा पार करने के पश्चात् इलाहाबाद जनपद का ऐतिहासिक स्वरूप जनमानस के समक्ष प्रस्तुत होता है। वैदिक प्रयाग नगर की चर्चा रामायण, महाभारत से लेकर मध्यकालीन फारसी साहित्य के इलाहाबाद के रूप में पढ़ी जा सकती है। अकबर के किले में समुद्रगुप्त की प्रशस्ति जड़ी हुई है, जिससे समुद्रगुप्त के विजयों के इतिहास की जानकारी होती है। यहाँ अशोक स्तम्भ भी है। प्रयाग का अक्षयवट वनस्पति विज्ञान के दृष्टिकोण से महत्त्वपूर्ण शोध विषय है। प्रयाग संग्रहालय में शुंग, कुषाण, गुप्त, राजपूत तथा मुगलकाल के अवशेष देखे जा सकते हैं। पातालपुरी मन्दिर में ग्यारहवीं—बारहवीं सदी की प्राचीन मूर्तियाँ अवलोकनीय हैं। इधर सन् 1977-79 में प्रोफेसर बी.बी. लाल तथा के. एन. दीक्षित के निर्देशन में प्रयाग के भारद्वाज आश्रम में खुदाई हुई है, जिससे यहाँ एन.बी.पी. से लेकर लौह शक्तियों की पुरातनता का परिचय मिला है;[49] फिर भी कोशल के राम जो प्रयाग से भी विशेष जुड़े रहे हैं; के काल का कोई भी पुरावशेष ढूँढ़ने में प्रोफेसर लाल असमर्थ रहे हैं। इलाहाबाद विश्वविद्यालय का प्राचीन इतिहास विभाग का संग्रहालय भी काफी हद तक रोचक लगता है। डॉ. जगदीश गुप्त का टेराकोटा संग्रह, विश्वनाथ बनर्जी के सिक्कों का संग्रह, जगदीश टण्डन का पाषाण तथा टेराकोटा का संग्रह, ई.सी.सी. महाविद्यालय के प्राचीन इतिहास विभाग का टेराकोटा संग्रह, श्री सुरेशचन्द्र अग्रवाल का सिक्कों, मनकों, टेराकोटा का संग्रह, स्वर्गीय ज्ञानेश्वर दास का पाषाण प्रतिमाओं का संग्रह, रामचन्द्र व्यास का पाषाण प्रतिमाओं का संग्रह, डॉ. बी. के. कपूर के सिक्कों एवं पाषाण प्रतिमाओं का संग्रह, डॉ. वी. एच. सचदेव की ताम्रमूर्तियाँ, पाषाण प्रतिमाएँ एवं टेराकोटा का संग्रह, श्री बी. के. राय का टेराकोटा और पाषाण प्रतिमाओं का संग्रह, श्री गणेश प्रसाद के पाण्डुलिपि का संग्रह, श्री जलालुद्दीन के मुगल फरमानों का संकलन निश्चित रूप से लघु संग्रहालय की एक वीथिका का निर्माण करने में समर्थ हैं।

इलाहाबाद से थोड़ी दूर पर अवस्थित कौशाम्बी नगरी भी अनायास ही हमारे मन को अपनी ओर आकर्षित कर लेती है। यहाँ के उत्खनन में शुंगकालीन बौद्ध प्रतिमाएँ,

मघ राजाओं के सिक्के, कोशल के मित्र नामधारी राजाओं के सिक्के, मनके, शीशा, लोहा तथा बहुत-सी भौतिक वस्तुएँ प्राप्त हुई हैं;[50] जो एक समृद्ध सभ्यता के निर्माण में काफी सहयोगी हैं। गढवा में गुप्त सम्राटों के शिलालेख प्राप्त हुए हैं। गाहड़वालों का भी एक मन्दिर मिला है। इलाहाबाद में जैन मूर्तियाँ भी पायी गयी हैं, जिससे विदित होता है कि सुदीर्घ काल तक यहाँ जैन धर्म का विकास होता रहा। अभी हाल ही में प्रोफेसर जी.आर. शर्मा ने इलाहाबाद से थोड़ी दूर पर अवस्थित रहे स्थान से यवन आक्रान्ता मिनाण्डर के शिलालेख की खोज किया है। रेह अभिलेख से गंगा घाटी के राजनीतिक इतिहास में एक नया सन्देश मिला है।[51] सामान्यतया टार्न, ए. के. नारायण आदि जैसे इतिहासकारों की अवधारणा है कि पुष्यमित्र शुंग के राज्यकाल में मिनाण्डर ने गंगा घाटी पर आक्रमण किया था। किन्तु अन्वेषक के अभिमत से गंगा घाटी में यवन शक्ति स्थायी रूप से टिक नहीं पायी थी। पुष्यमित्र शुंग ने यवनों को पाकिस्तान के सिन्धु तक खदेड़ा था।[52] इसी प्रकार इलाहाबाद जनपद से सटा हुआ वाराणसी को निहारता हुआ पूर्वी उत्तर प्रदेश का सीमान्त जनपद मिर्जापुर प्रागैतिहासिक काल से लेकर मुगलकालीन अवशेषों को अन्तस्थल में छिपाये हुए है। यहाँ की गुफाओं के भित्ति चित्र, घोड़मंगर का शैलाश्रय-अजन्ता-एलोरा-वाघ से लेकर इटली के चितेरे कलावन्तों के कला-कौशल को, फीका बना देता है। लोक जीवन की चित्र कथा पाषाण शिल्पों में उकेरी गयी है। इस क्षेत्र के उत्खनन से मृद्भाण्ड, पाषाणोपकरण, हड्डियाँ, कब्रें, नरकंकाल, झोंपड़ियाँ, जले चावल के अवशेष, गुप्तकालीन सिक्के-मूर्तियाँ-शिलालेख तथा गाहड़वाल राजाओं के अवशेषों का जीता-जागता स्वरूप अघोरी वास, अहरौरा, वेलखरा, हेतुनपुर, अवैधी, अष्टभुजा, भदोही, चुनार, विजयगढ़, दुर्गाकुण्ड, भीषमपुर, करक्षोटा, सिकन्दरपुर, मुजफ्फरपुर, कोराडीह, शक्तिगढ़ आदि जैसे स्थलों में निहारा जा सकता है। सबसे रोचक तथ्य है कि मिर्जापुर की विन्ध्य पहाड़ी ने वैदिक काल से ही उत्तर तथा दक्षिण भारत के राजाओं, ऋषियों, वैज्ञानिकों, कलाकारों तथा कतिपय अन्यान्य सुधीजनों को इहलौकिक तथा पारलौकिक सुखानुभूति निमित्त अपनी ओर सदियों से आकृष्ट किया था। विन्ध्य क्षेत्र वही भू-भाग है; जिसको लाँघ करके उत्तर भारत के राजाओं की अश्वसेना कावेरी के तट पर पहुँच जाती थी, तो दक्षिण भारत के राजाओं की फौजें तथा अश्व विन्ध्य पार करने के पश्चात् गांगेय मैदान में पहुँचकर गंगाजल में स्नान करने से चूकते नहीं थे।

अन्वेषक द्वारा मिर्जापुर में पुरातात्त्विक सर्वेक्षण से विदित होता है कि मिर्जापुर के आदिवासियों, आर्यजनों, भरों, गाहड़वालों तथा मुगल बादशाहों के राज्यकाल में कतिपय भिन्न-भिन्न सामाजिक-राजनीतिक-आर्थिक तथा कलात्मक परिवर्तन इस धरती ने देखा है। पुस्तकों में वर्णित प्राचीन भूगोल को क्या आधुनिक भौगोलिक परिवेश में दर्शाया जा सकता है। कुछ हद तक पुरातत्त्ववेत्ताओं को आंशिक सफलता भी मिली है। बौद्ध-युग के पश्चात् से लेकर राजपूतकाल-सल्तनत काल-मुगलकाल तक के अवशेष समूचे पूर्वी

उत्तर प्रदेश में बिखरे हुए हैं। कहीं-कहीं फैजाबाद, गोरखपुर वाराणसी मण्डलों का पुरावशेष रजिस्ट्रेशन विभाग का पुरासंग्रह विषयक प्रयास भी सराहनीय है। कम-से-कम आहत प्रकार के सिक्के, एन.वी.पी. लौह वस्तुएँ, मित्रनामधारी राजाओं के सिक्के, मथुरा-गान्धार-पाल कला, मौर्य-गुप्तकालीन-बस्तियाँ, गुप्तों के सिक्के-शिलालेख, प्रतिहार तथा गाहड़वालों के सिक्के-शिलालेख, वैष्णव-शैव-बौद्ध-जैन धर्म-विषयक मूर्तियाँ, पाषाण शिल्प, दैनिक जीवन में प्रयोग की जानेवाली लौह वस्तुएँ, शीशा, घेरदार कुएँ आदि से लेकर कतिपय अन्यान्य भौतिक संस्कृति से जुड़ी हुई वस्तुएँ प्रकाश जगत् में आयी हैं, जिनसे बौद्धकाल से राजपूत काल तक के पूर्वी उत्तर प्रदेश के भौतिक संस्कृति पर रोशनी पड़ती है।

इतिहास का निर्माण

फिलहाल पूर्वी उत्तर प्रदेश के गांगेय मैदान में प्रागैतिहासिक काल और ऐतिहासिक काल के कतिपय स्थलों की खुदाई और खोज की जा चुकी है। किन्तु पूर्वी उत्तर प्रदेश के प्राचीन इतिहास की मुख्यधारा में उसके परिणामों को स्थान नहीं मिल पाया है। इस भूभाग में सामाजिक-आर्थिक-कलात्मक विकास किन-किन अवस्थाओं से गुजरा है; इसका ज्ञान तब तक नहीं हो सकता जब तक प्रागैतिहासिक पुरातत्त्व के प्रतिफलों की ओर अनुचिन्तन नहीं किया जायेगा। खोज की रिपोर्टें अधूरी हैं; उनमें सामाजिक-सांस्कृतिक और आर्थिक प्रवृत्तियों की गवेषणा नहीं की गयी है।

उदाहरणार्थ— काशी, श्रावस्ती, प्रयाग, कौशाम्बी जैसी नगरियों का इतिहास वैदिक साहित्य, पुराणों, रामायण तथा महाभारत आदि में वर्णित है; किन्तु पुरातत्त्ववेत्ताओं ने बौद्धकाल से प्राचीन किसी राजमहल, रथसिंहासन, मन्दिर, छावनी, टकसाल आदि को ढूँढ़ने में सफलता नहीं हासिल की है। भले ही प्रो. डी.डी. कोसम्बी, प्रोफेसर आर. एस. शर्मा, टी. एन. राय, संकालिया, के. के. सिन्हा आदि जैसे भौतिकवादी इतिहासकारों ने इस क्षेत्र के भौतिक प्रगति में लौह शक्ति का प्रमुख योगदान ठहराया है।[53] जैसा कि गंगाघाटी सर्वेक्षण से पूर्वी उत्तर प्रदेश में लौह शक्ति के फैलाव से सम्पुष्टि होती है, किन्तु इस क्षेत्र में कोई तोपखाना नहीं मिल पाया है न तो लौह कारखाना ही मिला है। पुराणों में दी गयी लम्बी-लम्बी वंशावलियों की अपेक्षा पुरातात्त्विक साक्ष्य अधिक मूल्यवान् प्रतीत होते हैं। पौराणिक अनुश्रुति में हस्तिनापुर का गंगा में बह जाना, कुरु वंश द्वारा कौशाम्बी नगरी की स्थापना करना निरूपित है; किन्तु आश्चर्य तब होता है जब कौशाम्बी में महाभारत काल की कोई बस्ती नहीं मिल पाती है। अशोक, पुष्यमित्र, मघों, गुप्तों, राजपूतों तथा मुस्लिम राजवंशों के इतिहास पर साहित्य की अपेक्षा पुरातत्त्व से काफी रोशनी पड़ी है। वनस्पतियों, पशु-पक्षी विज्ञान, विविध फसलों, नर कंकाल, अश्व अथवा हाथी के कंकालों की खोज करना परम आवश्यक है। कुण्डों, पटे हुए कुओं, बावलियों, सुरंगों, प्राचीन धाराओं आदि पर भी शोध आवश्यक प्रतीत होता है।

ऐसे ही अयोध्या, श्रावस्ती, काशी, प्रयाग जैसे नगरों में भी रामायण अथवा महाभारत-काल की कोई बस्ती नहीं मिल पायी है किन्तु ये नगरियाँ कभी निर्जन नहीं रहीं। सरयू, गंगा, गोमती, अचिरावती जैसी धारा परिवर्तित करनेवाली नदियों के बाढ़ के चपेटों में निश्चित रूप से उक्त नगरियाँ और उनके पुरावशेष बह भी गये हैं। ऐसी अवस्था में नदियों के पेटी में उत्खनन किया जाना चाहिए; क्योंकि पृथ्वी पुरातत्त्व की जननी रही है। अभिलेखों तथा सिक्कों से भी इतिहास निर्माण में काफी सहायता मिलती है। इनसे प्रशासन, शिक्षा, धर्म, विज्ञान, कला, समाज तथा वित्तीय गतिविधियों का जीता-जागता परिचय मिलता है। साहित्य तथा पुरातत्त्व के तुलनात्मक अनुशीलन से ही पूर्वी उत्तर प्रदेश के सुबोधगम्य, ठोस तथा वैज्ञानिक इतिहास का निर्माण किया जा सकता है।

सन्दर्भ

1. अंगुत्तर निकाय पाटेसो भाग – 1, पृ. 213, भाग 4, पृ. 252, 256 तथा 260.

2. द्रष्टव्य वर्मा, धीरेन्द्र, मध्यदेश, पृष्ठ 16-18, पाठक, विशुद्धानन्द, हिस्ट्री ऑफ कोशल, पृ. 36 पाद टिप्पणी।

3. जातक, फजबोल संस्करण, जिल्द 3, पृ. 487, 211-13, जातक संख्या 536, जातक फजबोल संस्करण, जिल्द 3, पृ. 115, जातक जिल्द 4, पृ. 315-16, जातक सं. 108, 156, 181, 239, 283, 351, 373, 530, 542, संयुक्त निकाय, सारनाथ हिन्दी संस्करण, भाग 1 पृ. 76-77, राहुल सांकृत्यायन, बुद्धचर्या, पृ. 410.

4. मत्स्यपुराण 50/78-86, स्वप्न वासवदत्ता, पृ. 11-12 कथा सरित्सागर प्रथम खण्ड द्वितीय लम्बक, तरंग 1-8, रत्नावली अंक 1-4 द एज ऑफ इम्पीरियल यूनिटी, के. एम. मुन्शी द्वारा सम्पादित भारती विद्याभवन बम्बई 1968), पृ. 9-10.

5. विष्णुपुराण 1/13/56,4/2/63,4/3/32, महाभारत वनपर्व 108/1, मुद्राराक्षस 3/19, दीघनिकाय जिल्द 3, पृ. 58, थापर, रोमिला, अशोक ऐण्ड डेक्लाइन ऑफ मौर्याज, (दिल्ली 1989) पृ. 146 पार्जिटर, एफ. ए., एनूशॅण्ट इण्डियन हिस्टॉरिकल ट्रेडिशन्स , पृ. 39.

6. ऋग्वेद : 1/80/16,10/60/4,1/112/15,10/2/2,1/112/7,7/19/3/27/1,10/6/2, ऐतरेय ब्राह्मण 7/14.

7. शतपथ ब्राह्मण 13/5/4/19, बृहदारण्यकोपनिषद् 2/1/1,3/8/2.

8. विष्णु पुराण 4/24/32, वायुपुराण 2/58/242, ब्रह्माण्ड पुराण 2/3/74/95, विलसन्स विष्णुपुराण, भाग 4, पृ. 218.

9. संयुक्त निकाय पा टे सी जिल्द 3, पृ. 140, संयुक्त निकाय , जिल्द 4, पृ. 179 दीघनिकाय भाग 2 पृ. 116, संयुक्त निकाय भाग 1, प्रस्तावना पृ. 2, दीघनिकाय भाग 2, पृ. 131.

10. कावेल जातक संख्या 156, 466, 387, अंगुत्तर निकाय भाग 1, पृ. 213, सुत निपात (सारनाथ संस्करण) पृ. 121 13, सुमंगल विलासिनी भाग 2, पृ.399 दिव्यावदान पृ. 67, महावस्तु, जिल्द 1, पृ. 348 दीघनिकाय जिल्द 2, पृ. 116.

11. दीघनिकाय (बम्बई वि. वि. संस्करण) भाग 1 , पृ. 61 मज्झिम निकाय सारनाथ संस्करण पृ. 36,49, विनय पिटक, पृ. 26.

12. मज्झिम निकाय 1. 38.3.13 अंगुत्तर निकाय , प्रथम भाग, पृ. 213 आइने अकबरी , जिल्द 1, पृ. 169.

13. मज्झिम निकाय पृ. 49 , 131, विनय पिटक, पृ. 19, 239, 454.

14. जातक (कावेल आँग्ल संस्करण) जिल्द 5, पृ. 7.

15. अर्थशास्त्र 1/15/3/1/3,3; 10; 6/1/13.
16. महाभाष्य 3.2. 123; मालविकाग्निमित्रम अंक 5.
17. रघुवंश 1. 17.
18. उप्पइयं स तरू सुरालयाये हरियन्द णयरीए सुर पासाओं पहुणा एक्केन दिणेण निम्मवि ओ-गउडहो (भण्डारकर ओरियण्टल रिसर्च इन्स्टीट्यूट, पूना 1917), पृ. 145, गाथा 50.
19. चण्डकौशिक (वाराणसी) 1965 पृ. 215.
महावीरचरित (बम्बई 1924) पृ. 34, 132.
20. दशकुमारचरित (बम्बई 1936), उत्तर पीठिका, पंचम उच्छ्वास पृ. 258.
21. पृथ्वीराज रासो 2.94.99.
22. द्रष्टव्य, ईश्वरी प्रसाद , हिस्ट्री ऑफ मेडिवल इण्डिया, इलाहाबाद 1942, पृ. 572.
23. सचाऊ, अल्बेरुनीज इण्डिया, जिल्द 1, पृ. 159.
24. द रेहल ऑफ इब्नबतूता (मेंहदी हुसेन दिल्ली, 1976), पृ. 104. 110.
25. तबाकाते नासिरी जिल्द 1, पृ. 629-30, वही जिल्द 2, पृ. 763-68.
26. अलबदायूँनी, मुन्तखबुत तवारीख , भाग 1, पृ. 223 , 415, वही जिल्द 2, पृ. 75, 105.
27. ईश्वरदास नागर , फतूहाते आलमगीरी (तसलीम अहमद द्वारा अनूदित दिल्ली , 1978), पृ. 528 530.
28. मैकक्रिण्डल्स एनूशेंण्ट इण्डिया इज डिस्क्राइब्ड बाई टालमी, पृ. 99.
29. लेगे, जेम्स, ट्रेवेल्स ऑफ फाह्यान, पृ. 65-75.
30. वार्टस, टी, आनखान चांग्स ट्रेवेल्स इन इण्डिया, (दिल्ली 1973) जिल्द 2, पृ. 364 , वही , जिल्द 1, पृ. 383-87.
31. उपाध्याय, राम बिहारी, प्राचीन नगरियों की तलाश : पुरातत्त्व की वीथिका में , नवजीवन 18 नवम्बर, 1990 लखनऊ
32. इपि. इ. जिल्द 11, (1911-12), पृ. 20-25, कनिंघम , ए; आ. स. इ. जिल्द 1, पृ. 329-348, सिन्हा के. के., एक्जेवेशन एट श्रावस्ती, 1959, वाराणसी, 1967, पृ. 8-76.
33. ज. रा. ए सो. 1898, पृ. 387, 473.86, 498, ज. रा. ए. सो. 1906, पृ. 53, मुखर्जी , पी. सी. ए रिपोर्ट ऑन ए टूर ऑफ द इक्सप्लोरेशन ऑफ द एण्टीक्वटीज इन द तराई नेपाल दी रीजन ऑफ द कपिलवस्तु (कलकत्ता, 1901), पृ. 43 वही, फलक 13.
34. द्रष्टव्य, इ., हुल्टज, द इन्सक्रिप्शन्स ऑफ अशोक, जिल्द 1, पृ 164.
35. आई.ए. 1961-62, पृ.56, ज.रा.ए.सो. 1907, पृ. 510.
36. आ. स. इ. रि. 1861-62, पृ. 77-83, वही 1875-77, पृ. 55, 1905-6, पृ. 66, 1910-11, पृ 63, 71.
37. इपि. इ. जिल्द 27, पृ. 73.
38. द्रष्टव्य, नारायण, ए. के. एक्जेवेशन्स एट राजघाट : भाग, 1,2,3, 4, काशी हिन्दू विश्वविद्यालय, 1976 , 77, 78, थपलियाल, किरण कुमार, स्टडीज इन एनूशेंण्ट इण्डियन सील्स (अखिल भारतीय संस्कृत परिषद् लखनऊ, 1972), पृ. 137-39.
39. राइट, एच. एन., कैटलाग ऑफ द क्वायन्स इन द कलकत्ता म्यूजियम , जिल्द 3, मुगल इम्परर्स ऑव इण्डिया (वाराणसी , 1972), पृ. 231-51, 261, 281-89.
40. सियुकी, बुद्धिस्ट रिकार्ड्स ऑफ द वेस्टर्न वर्ल्ड (वाराणसी, 1980), जिल्द 3, पृ. 291.
41. द्रष्टव्य, राय , टी. एन. द गंगाज सिविलाइजेशन (दिल्ली 1983), पृ. 48 के सम्मुख मानचित्र।
42. आई. ए., 1956-57, पृ. 29.

43. जे. एन. एस. आई. भाग 1, पृ. 1, संग्रहालय पुरातत्त्व पत्रिका, दिसम्बर 1969, अंक 4, पृ. 27-30, चित्र सं. 1-15 , अल्टेकर, ए. एस. गुप्तकालीन मुद्राएँ (बिहार राष्ट्रभाषा परिषद्, पटना, 1972) पृ. 218 फ्लीट का. इ.इ. जिल्द 3, पृ. 229-30 आ.स.इ.रि.जिल्द 11, पृ. 104.
44. राइट , एन. एच. मुगल इम्परर्स ऑफ इण्डिया, पृ. 24.
45. टी.टी. आर. संख्या 8, 1948-49, पृ. 38.
46. इपि. इ., जिल्द 1 पृ. 72, शर्मा, बी. एन. हर्ष ऐण्ड हिज टाइम्स (वाराणसी, 1978) पृ. 221.
47. फुहरर , ए., मानूमेण्टल एण्टीक्वटीज ऐण्ड इन्सक्रिप्शन्स ऑफ नार्थ – वेस्टर्न प्राविन्सेज ऐण्ड अवध पृ. 227, संग्रहालय पुरातत्त्व पत्रिका, अंक 10, पृ. 68-70.
48. लाल, बी. बी., द टू इण्डियन इपिक्स, एण्टीक्वेटी, 1981, पृ. 34-35.
49. वही, पृ. 32.
50. द्रष्टव्य, एलन, कैटलाग ऑफ द क्वायन्स इन दि ब्रिटिश म्यूजियम, पृ. 157-158 मिराशी , वी.वी., स्टडीज इन इण्डोलोजी, पृ. 138, शास्त्री, अजयमित्र, कौशाम्बी होर्ड ऑफ मघक्वायन्स , पृ. 29, कनिंघम, ए., क्वायन्स ऑफ एनूशॅण्ट इण्डिया (वाराणसी, 1971) पृ. 73-75.
51. शर्मा जी. आर., रेह इन्सक्रिप्शन्स ऑफ मेनाण्डर ऐण्ड द इण्डोग्रीक इनवेजन ऑफ द गंगा वैली (इलाहाबाद, 1980) पृ. 7, 81-74.
52. उपाध्याय , रामबिहारी, अयोध्या की धार्मिक चेलना लेख, अवधी भाषा साहित्य और संस्कृति (आनन्द प्रकाशन, फैजाबाद, 1988) पृ.211.
53. कोसम्बी, डी. डी., द बिगनिंग ऑफ आइरन एज इन इण्डिया, जर्नल ऑव इकोनॉमिक ऐण्ड सोशल हिस्ट्री ऑफ ओरियण्ट जिल्द 6, भाग 3, पृ. 309-11
शर्मा, आर. एस. डिके ऑफ गंगेटिक टाउन्स इन गुप्ता ऐण्ड पोस्ट गुप्ता टाइम्स प्रोसीडिंग्स ऑफ द इण्डियन हिस्ट्री कांग्रेस, 33वाँ सत्र, मुजफ्फरपुर, 1972, पृ. 92-104.

अध्याय-2

पूर्वी उत्तर प्रदेश का ऐतिहासिक भूगोल

उत्तर भारत के मध्य में अवस्थित, अतीतकालीन पूर्वी कोशल, काशी और वत्स महाजनपदों के ऐतिहासिक भूगोल से निर्मित पूर्वी उत्तर प्रदेश की भौतिक सीमा : उत्तर में विश्व का सर्वोच्च पर्वत हिमालय – पर्याप्त खनिज, वन सम्पदा एवं ओषधिपूर्ण वनस्पतियों से युक्त, भावर एवं तराई क्षेत्र, नेपाल राष्ट्र, मध्य में हिमालय से निकलनेवाली गंगा-यमुना-सरयू-अचिरवती-गण्डक जैसी नदियाँ, इन्हीं नदियों के तट, संगम अथवा घाटी में बसी हुई अयोध्या, श्रावस्ती, पावा, कुशीनगर, कपिलवस्तु, कौशाम्बी, प्रयाग, वाराणसी जैसी नगरियाँ राजनीति, संस्कृति, विविध कला-कौशल एवं भौतिक संस्कृति की पालना, दक्षिण में मध्य प्रदेश, छत्तीसगढ़, दक्षिण पूर्व में झारखण्ड, पूर्व में बिहार राज्य और पश्चिम में लखीमपुर, सीतापुर, लखनऊ और उन्नाव जनपद निर्धारित करते हैं।

कोशल, काशी और वत्स की प्राकृतिक संरचना—भौगोलिक सम्पदा ने कालक्रमानुसार इतिहास को सन्देश दिया है। रोचक तथ्य यह है, कि प्राचीन काल में इन महाजनपदों जनपद की सीमाएँ प्राकृतिक सीमाओं के आधार पर निर्धारित थीं जबकि वर्तमान जनपदों की सीमाओं का निर्धारण अधिक प्राकृतिक न होकर राजनैतिक अधिक है।

स्थिति एवं विस्तार

पूर्वी उत्तर प्रदेश (23' 51—28 उ. अक्षांश तथा 81' 50—84 पू. देशान्तर) उत्तर प्रदेश राज्य (भारत) का एक विशिष्ट एवं गौरवमयी सामाजिक, आर्थिक, राजनीतिक इकाई है। (द्रष्टव्य सन्दर्भ मानचित्र) इस भूभाग का कुल भौगोलिक क्षेत्रफल 85,629 वर्ग कि. मी. है। इसके अन्तर्गत प्रदेश के 29 पूर्वी जनपद—बाराबंकी, गोण्डा, श्रावस्ती, बलरामपुर, बहराइच, अम्बेडकरनगर, फैजाबाद, अमेठी, सुल्तानपुर, प्रतापगढ़, आजमगढ़, मऊ, देवरिया, बस्ती, सिद्धार्थनगर, सन्त कबीर नगर, कुशीनगर, महराजगंज, गोरखपुर, वराणसी, जौनपुर, बलिया, गाजीपुर, इलाहाबाद, कौशाम्बी, मिर्जापुर, भदोही, चन्दौली, सोनभद्र सम्मिलित हैं। (द्रष्टव्य, सन्दर्भ मानचित्र)

जलवायु

प्राचीन पूर्वी उत्तर प्रदेश की भूमि संरचना आधुनिक काल जैसी ही थी। ऊबड़-खाबड़, समतल, खेत-खलिहान, गुफाएँ, वन, उपवन, सरोवर, विषम पहाड़ियाँ आदि जैसी

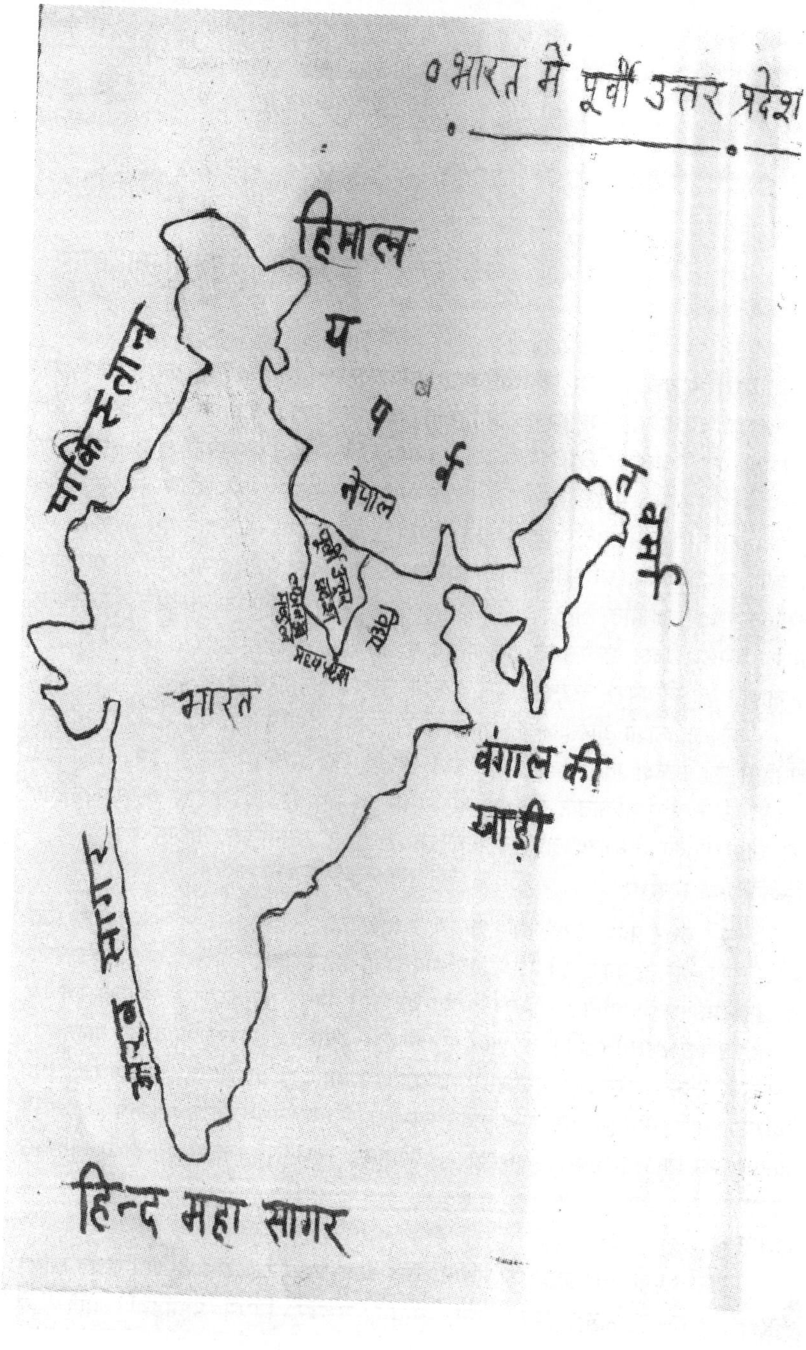
भारत में पूर्वी उत्तर प्रदेश
नेपाल
पाकिस्तान
भारत
बंगाल की खाड़ी
हिन्द महा सागर

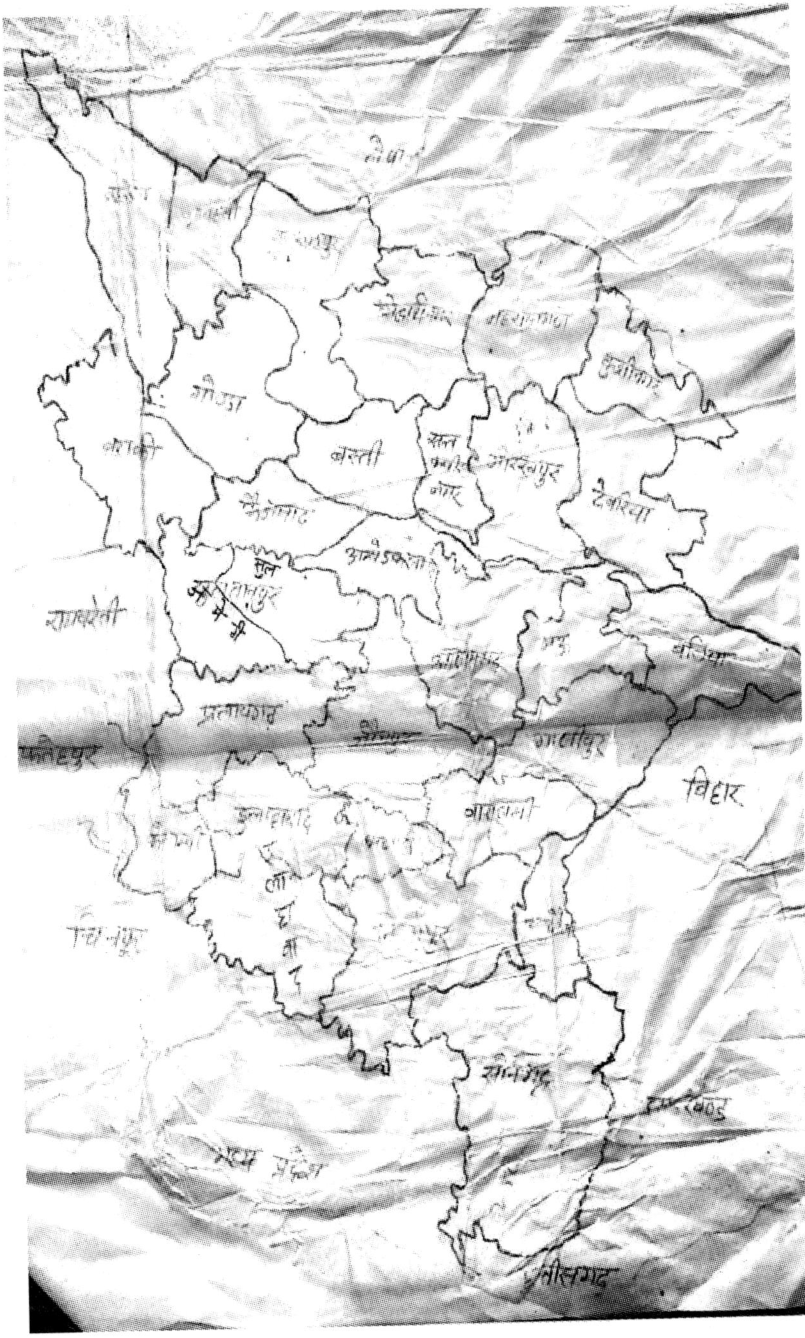

बस्ती
देवरिया
रायबरेली
प्रतापगढ़
बिहार
सोनभद्र

प्राकृतिक शक्तियाँ इसके भौतिक परिवेश को मुखर करती थीं। इसी प्रकार तत्कालीन जलवायु भी वर्तमान काल से सर्वथा अभिन्न थी । मुख्यतः वर्षा, जाड़ा और गर्मी तीन ऋतुएँ थीं।[1]

आर्यों की कर्मभूमि पूर्वी उत्तर प्रदेश में पारम्परिक रूप से 6 ऋतुएँ, 12 माह, शुक्ल पक्ष तथा कृष्ण पक्ष का सन्दर्भ पढ़ने को मिलता है। वर्षा (श्रावण-भाद्र) शरद् (क्वार, कार्तिक) हेमन्त (अगहन-पूस) शिशिर (माघ-फाल्गुन), वसन्त (चैत-बैशाख) तथा ग्रीष्म (ज्येष्ठ-आषाढ़) 6 ऋतुओं की परम्परा जन जीवन में चर्चित तथा पूजित रही है। वैदिक साहित्य, वाल्मीकि रामायण तथा महाभारत में भी इन ऋतुओं का वर्णन मिलता है।

महर्षि वाल्मीकि ने जहाँ कोशल के वन-उपवन और नगरियों का वर्णन उपस्थित किया है; वहीं षड ऋतुओं की यशोगाथा भी कोशल की धरती से निबद्ध किया है।

रोचक तथ्य है, कि इन ऋतुओं का विशद सन्दर्भ, सजीव रूप तथा वैज्ञानिक उपयोगिता पुराणों, बौद्ध, जैन साहित्य[2], महाभाष्य, रघुवंश, मेघदूत, हरहा अभिलेख, गोविन्द गाहड़वाल के श्रावस्ती-कमौली ताम्रफलका अभिलेख, जयचन्द का अयोध्या अभिलेख, आइने अकबरी, तुजुके बाबरी, तुजुके जहाँगीरी[3] जैसे साहित्यिक तथा पुरातात्त्विक साक्ष्यों में निरूपित है। विभिन्न ऋतुओं में जलवायु के कारण होनेवाली आपदाओं का जिक्र भी पठनीय तथा अवलोकनीय है। वर्षा ऋतु के कारण गंगा, अचिरवती, गण्डकी, सरयू, सुन्दरिका, माहि आदि नदियों में आधुनिक काल जैसी ही काफी बाढ़ आ जाती थी, जिससे गाँव, नगर तथा निगमों में पानी भर जाता और कीचड़ फैल जाता था। जन-जीवन (मानव, पशु-पक्षी) अस्त-व्यस्त हो जाता था। उल्लेखनीय है कि अनाथपिण्डक की अट्ठारह करोड़ मुद्राएँ अचिरवती के बाढ़ में बह गयी थीं।[4] ऐसे ही कोशल सम्राट् विडूडभ की फौजें भी उक्त नदी की बाढ़ में बह गयी थीं।[5]

थेरगाथा अट्ठकथा में सरभू नदी (सरयू नदी) में एक ऐसी भयंकर बाढ़ की विवृत्त है; जिसके कारण नदी के तट पर सोये हुए भिक्षुओं में दयनीय खलबली मच गयी थी। अंगुत्तर निकाय में कतिपय बाढ़ों का सन्दर्भ प्राप्त है; जिनमें गाँव, नगर, निवासी, पशु-पक्षी आदि सभी बह जाते थे। अत्यधिक वर्षा होने की परिपुष्टि दीघनिकाय से भी समीचीन है।[6] आज भी पूर्वी उत्तर प्रदेश में वर्षा और उससे होनेवाली बाढ़ सम्बन्धी घटनाओं की बहुलता, पूर्व स्थापित विचारधारा की सम्पुष्टि में, सहायक सिद्ध होती है।

पौराणिक साक्ष्यों में गंगा की बाढ़ में हस्तिनापुर का बह जाना जैसा दृश्य प्रो. बी. बी. लाल पुरातात्त्विक सर्वेक्षण से भी देखते हैं। गण्डकी की बाढ़ में रामगाम स्तूप बह गया था। वर्षा के अभाव में सूखा और अकाल भी पड़ता था। वाल्मीकि रामायण में कोशल-नरेश भगीरथ, हरिश्चन्द्र तथा अनरण्य के राज्यकाल में अकाल की घटना पठनीय है। अंगुत्तर निकाय से ज्ञात होता है कि ग्रीष्म काल में अचिरवती नदी सूख जाती थी, जिसके कारण उसके तट पर स्थित गेहूँ की फसल की सिंचाई में कठिनाइयाँ[7] होती थीं। वीरथ जातक

में काशी में घटित अकाल का वर्णन है। इसी प्रकार कुणाल जातक के अनुशीलन से ग्रीष्म ऋतु में सूखा की परिपुष्टि होती है। जब शाक्यों और कोलियों के ईख के खेत ज्येष्ठ माह में सूखने लगे और रोहिणी नदी के जल प्रयोग समस्या का लेकर दोनों पक्षों में भयंकर कलह[8] हुआ अन्ततोगत्वा बुद्ध के हस्तक्षेप से कलह शान्त हुआ। वास्तव में यह इतना भयंकर सूखा था कि तालाब और कुएँ तो सूख ही गये थे तथा रोहिणी नदी में भी जल इतना कम था कि शाक्य और कोलिय दोनों पक्षों में से कोई भी एक पक्ष अपने ईख के खेत सींचकर उनकी रक्षा कर सकता था। इसी प्रकार खेती के शत्रु के रूप में 6 इतियाँ (अनावृष्टि, चूहा, पक्षी, पाला, टिड्डियाँ, बाढ़, शत्रुओं के आक्रमण) भी प्राकृतिक आपदाएँ थीं। आधुनिक युग की भाँति अन्धड़, तूफान, हिमपात, वर्षा के झोंके आदि जैसी घटनाएँ भी प्राचीन काल में घटती रहती थीं। जाड़े तथा ग्रीष्म ऋतु में वर्षा होने के कारण सिंचाई में सुविधा होती थी।

जलवायु तथा वनस्पतियों का घनिष्ठ सम्बन्ध सदियों से रहा है। आधुनिक युग की भाँति पूर्वी उत्तर प्रदेश में विभिन्न प्रकार के वृक्ष, फल-फूल आदि होते थे।

अयोध्या नगरी के बाग-बगीचों में शाल, ताल, नारियल, कटहल, आँवला, जामुन, कैथ, मल्लिका, मालती, चमेली, नागकेशर, चम्पा, कनेर, केला, नींबू, आम, पलाश, सन, अलसी, कन्दमूल, खैर, पान, इंगुन्दी, बरगद आदि वृक्षों के फल-फूल विद्यमान थे। सरयू का तटवर्ती क्षेत्र; पुष्पित वन एवं वनस्पतियाँ वैदिक काल से लेकर जौनपुर के शर्की-सुल्तान सिकन्दर शाह तथा मुबारक शाह तक को, समय-समय पर लुभाती रहीं।

स्कन्दपुराण के काशी खण्ड में भी वनस्पतियों का अच्छा खासा वर्णन पढ़ने को मिलता है। बौद्ध तथा जैन साहित्य में भी फल-फूलों की अच्छी जानकारी मिलती है। पौराणिक जगत् के नर-नारी भी उद्यान निर्माण में चतुर थे। अयोध्या, वाराणसी, प्रयाग तथा कौशाम्बी जैसी नगरियों का वनस्पतिशास्त्रीय दृष्टिकोण से शोधात्मक अध्ययन से निश्चित रूप से भौतिक संस्कृति के क्षेत्र में नूतन दिशा तथा आलोक मिलेगा। यही नहीं ऋग्वेद से लेकर मध्यकालीन साहित्य तथा पुरातत्त्व के बिम्ब में हाथी, शेर, भेड़िया, खरगोश, गैण्डा, बाघ, मृग, गीदड़, कुत्ते, भैंसें, बन्दर, भालू, बैल, सुअर, हिरण, मैना, तोता, बकरी, गाय, गदहा, साँड़, कुत्ता आदि वन जीवों का ऐतिहासिक स्वरूप निहारा जा सकता है। पक्षियों में हंस, कौआ, तोता, सारस, बाज, हिल्दिया, कपिंजर, तीतर, गौरैया, कोयल, चातक, उल्लू, कुक्कू, चेलावक, चेतक, कुररी, बत्तख, कबूतर, नदीचर, मुर्गा तथा मैना आदि का पालन मानव तथा अरण्य समाज द्वारा किया जाता था। पक्षियों के सम्बन्ध में जरडन, मिस्टर ह्यूम, ब्लेन फोर्ड, स्टुअर्ट बेकर और सलीम अली जैसे विद्वानों ने खोज किया है। इस दिशा में अब भी प्रयास किया जाना चाहिए, ताकि युग-युग में पक्षियों के क्रिया-कलापों का सांगोपांग मूल्यांकन किया जा सके।

खेद का विषय है, कि उत्तम श्रेणी के पशु-पक्षी प्रजाति आज के भौमिक धरातल से धीरे-धीरे लुप्त होते जा रहे हैं, फिर भी पक्षी-समाज प्राचीन पक्षी-समाज की स्मृति को

ताजा कर देता है। कतिपय जलचर जीव यथा मगर, साँप, सोंस, मछलियाँ, गोह, केकड़ा, कच्छप प्राचीन काल से आज तक दर्शनीय हैं।

साहित्य का अनुशीलन काशी, कोशल, वत्स को रत्नधा क्षेत्र घोषित करता है; जिनमें सोना, चाँदी, ताँबा, कासा, जस्ता, शीशा, लोहा आदि सदियों से ही परिगण्य रहे हैं। मूल्यवान् रत्नों में मुक्ता, मणिक, हीरा तथा वैदूर्य का भी स्मरण प्राप्त है। आधुनिक पुरातात्त्विक खोजों से काशी, कौशाम्बी, श्रावस्ती, कपिलवस्तु, अयोध्या, कुशीनगर तथा पावा आदि जैसी नगरियों में धातुओं के उपकरण, आभूषण, सिक्के तथा अन्यान्य वस्तुओं की प्राप्ति से साहित्य में व्याख्यापित नागर सभ्यता की ज्वलन्त पुष्टि होती है। हाँ! पूर्वी उत्तर प्रदेश के भौगोलिक विकास में लोहे ने सदियों से महत्त्वपूर्ण योगदान प्रस्तुत किया है।

गंगा घाटी की लौह शक्ति[9] ने सदैव ही काशी, कोशल और वत्स राजवंशों के मध्य में राजनीति तथा संस्कृति के पृष्ठभूमि को प्रशस्त किया है।

अनायास ही अनेक प्रश्न बिन्दु मानस-पटल पर धातुओं के खोज एवं महत्त्व के सम्बन्ध में केन्द्रित होने लगते हैं। इस दिशा में एन.आर. बनर्जी की कृति मेण्ट्रालाजी इन एन्शॅण्ट इण्डिया का अनुशीलन किया जाना चाहिए।

निवासी

ऐसी गौरवमयी सभ्यता तथा संस्कृति का निर्माण करनेवाली मूल प्रजातियाँ कौन थीं? आर्य कौन थे? हम भारतीयों के पूर्वज सभ्यता के उषाकाल में कैसे थे? आर्यों की आदि भूमि कहाँ? आदि जैसी नृतत्त्वशास्त्र की गुत्थियों के प्रति लगभग डेढ़ शतक से ही पौरस्त्य-पाश्चात्य प्राच्य विद्या विशारद अनुचिन्तन कर रहे हैं; किन्तु विवाद ज्यों-के-त्यों बने हैं।

ऋग्वेद, अथर्ववेद (पृथ्वी सूक्त) शतपथ ब्राह्मण तथा आधुनिक मनीषियों के अनुशीलन से आधुनिक पूर्वी उत्तर प्रदेश मात्र तक आर्य संस्कृति के फैलाव का अनुमान लगाया जा सकता है।[10] पहाड़ियों, घने जंगलों तथा अविकसित क्षेत्रों के प्रसंग में संस्कृत साहित्य जहाँ कोल, भील, शबर, यक्ष, किन्नर, गन्धर्व आदि जैसे जातियों का लेखाचित्र खींचता है; वहीं पौराणिक[11] साक्ष्यों के मनन से विदित होता है कि कोशल, काशी तथा वत्स महाजनपदों में सूर्य वंश तथा चन्द्र वंश के राजाओं ने वैदिक काल से बौद्ध युग तक शासन किया था। ऐतिहासिक युग में मौर्य (क्षत्रिय), शुंग (ब्राह्मण), गुप्त (ब्राह्मण), वर्धन (क्षत्रिय), भर (क्षत्रिय), प्रतिहार, गाहड़वाल (क्षत्रिय) आदि जैसे क्षत्रिय-ब्राह्मण राजवंशों का शासन स्पष्टत ध्वनित होता है। पुरालेखों में ब्राह्मण तथा क्षत्रियों के गोत्रों की भी विशद व्याख्या मिलती है।[12] हाँ! समय-समय पर कोल, भील, किरात, नट, नर्तक, यक्ष, किन्नर आदि प्रजातियों का समावेश भी आर्य वर्ण में हुआ। ऋग्वेद में ही परिवार के भिन्न-भिन्न सदस्यों द्वारा भिन्न-भिन्न कर्म किये जाने का उदात्त चित्रण[13] अवलोकनीय है। पुराणों में वेण[14] के शरीर मन्थन से विभिन्न जातियों की उत्पत्ति का विवरण सुरक्षित मिलता है।

वाल्मीकि[15] से विदित होता है, कि महर्षि वशिष्ठ के कपिला गौ से विभिन्न जातियों की उत्पत्ति हुई, किन्तु इन आख्यानों में जातीय विकास की ऐतिहासिकता दृष्टिगोचर नहीं

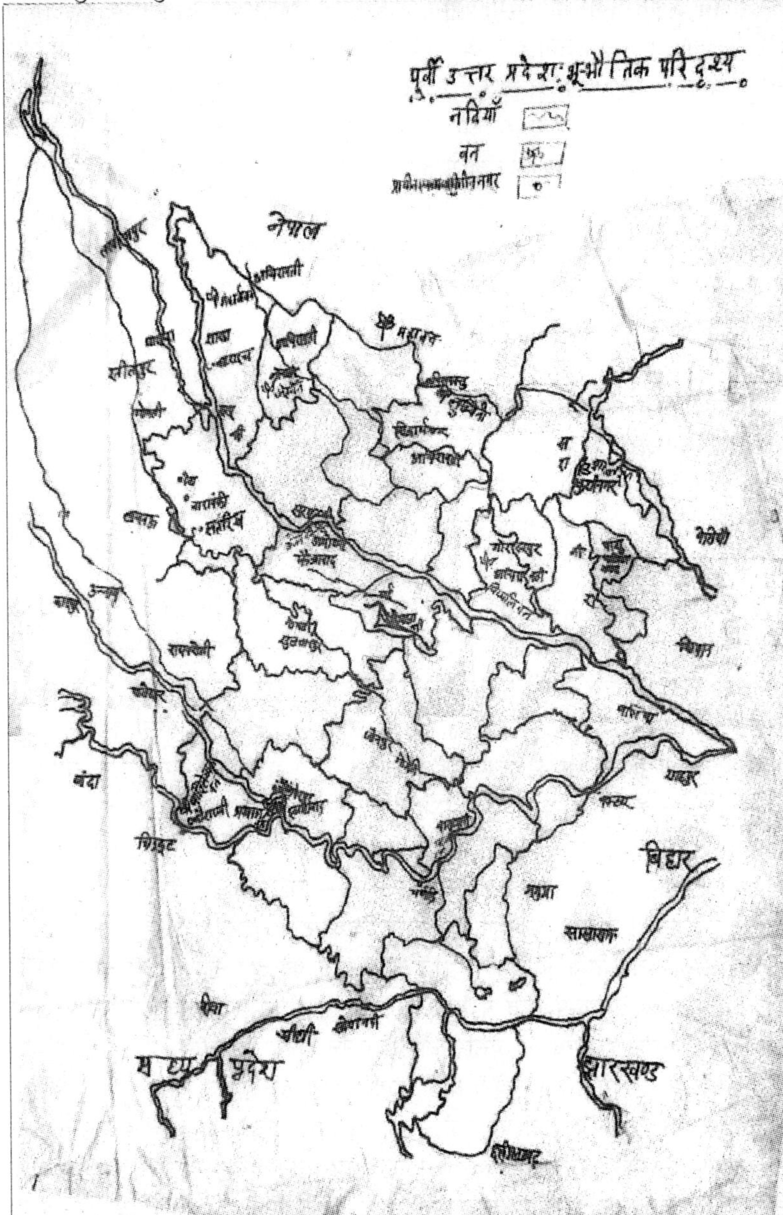

होती है। भले ही वर्णों के आधार पर जातीय व्यवस्था का विकास हुआ हो किन्तु ऐसा प्रतीत होता है कि अयोध्या, काशी, प्रयाग, कपिलवस्तु, कौशाम्बी जैसी नगरियों में विभिन्न देशों के व्यापारी आया जाया करते थे।[16] वे यहाँ के आदिवासियों में घुलमिल गये हों और उन्होंने यहाँ की सामाजिक-व्यवस्था में स्थान प्राप्त किया हो। इसी प्रकार पूर्वी उत्तर प्रदेश के विजिगीषु राजाओं ने अन्य जातियों को पराजित करने के पश्चात् अपने धर्म में दीक्षित कर लिया था।[17] मुस्लिम शासनकाल में तुर्क तथा मंगोलों का रक्त सम्बन्ध भी पूर्वी उत्तर प्रदेश से जुड़ा हुआ होगा।

वस्तुतः उक्त मूल तथ्यों ने पूर्वी उत्तर प्रदेश ही नहीं अपितु सम्पूर्ण भारत में जातीय विकास को प्रभावित किया। इन जातियों के सम्मिलन के कारण ही पिछले 3000 वर्षों से सभी भारतीय एक जाति दिखायी देते हैं।[18] फिर भी यहाँ का राजन्य वर्ग क्षत्रिय-ब्राह्मण से लेकर नाई तक समाज का उपयोगी अंग बन चुका था। जिनके सामाजिक योगदान की विशद व्याख्या साहित्य तथा पुरातात्त्विक लेखों में क्रमिक रूप से प्रस्तुत की गयी है।

नदी एवं जलाशय

यह भू-भाग सदियों से नदी-नद तथा जलाशय से सुशोभित रहा है, जिनकी संक्षिप्त रूप रेखा चर्चित और व्याख्यापित है।

गंगा

गंगा का प्रथम ऐतिहासिक दर्शन ऋग्वेद[19] में सुरक्षित मिलता है। अग्निपुराण, ब्रह्मपुराण, भागवत पुराण, ब्रह्माण्ड, विष्णु, कूर्म और स्कन्द पुराण में गंगा के तट पर अवस्थित नगरियों और उनके ऐतिहासिक गौरव गाथा[20] को सँजोया गया है। वाल्मीकि रामायण से विदित होता है, कि राम सौमित्र के साथ गंगा-यमुना के संगम के पास पहुँचे थे। निषादराज गुह ने राम को गंगा पार कराया था।[21] महाभारत में गंगा-यमुना संगम के महत्त्व का गान प्रमुदित भाव से किया गया है।[22] स्मृतियों, ब्राह्मण ग्रन्थों तथा अष्टाध्यायी में गंगा की परिचर्चा उभारी गयी है। बौद्ध तथा जैन साहित्य में पुलकित भाव से गंगा नदी का विवरण मिलता है। मेगस्थनीज, एरियन, स्ट्रैबो, टालेमी, ह्वेनसांग, अलबेरुनी, इब्नबतूता, गियास लोरेन्ज बरनीनी, राफफिच विथिंगटन, एडमण्ड हिलेरी जैसे यात्रियों, कवियों और पर्वतारोहियों ने प्रमुदित भाव से अमरता की इस नदी का गौरवगान किया है। समुद्रगुप्त की प्रयाग-प्रशस्ति में गंगा का वृत्तान्त चर्चित है। कालिदास ने रघुवंश में प्रयाग में गंगा-यमुना संगम का ऐसा मनोहारी वर्णन किया है, जिससे प्रयाग के सौन्दर्य में चार-चाँद-सा जुड़ गया है।[23] चीनी यात्री फाह्यान तथा ह्वेनसांग के यात्रा-वृत्तान्त में गंगा के तट पर दान दिये जाने की परिचर्चा उभारी गयी है। सम्राट् हर्षवर्द्धन प्रयाग में गंगा के तट पर पधारकर दान-स्नान तथा यज्ञ से सम्बन्धित धार्मिक क्रियाओं का सम्पादन करते थे। उत्तर गुप्त शासक कुमारगुप्त[24] तथा यशोवर्मन के उत्तराधिकारी धंग ने गंगा-यमुना के संगम[25] के पवित्र जल में शिवोपासना करते हुए इहलौकिक लीला समाप्त

की थी। रोचक तथ्य यह है कि कलचुरि शासक गांगेयदेव के पौत्र यशः कर्ण के खैरावल जबलपुर से प्राप्त होनेवाले अभिलेखों से ज्ञात होता है कि गांगेयदेव ने प्रयाग के वटवृक्ष के नीचे गंगा के तटवर्ती भूभाग में अपना स्थायी निवास बना लिया था और वहीं उसने अपनी रानियों के साथ मुक्ति प्राप्त किया।[26] गाहड़वालवंशीय शासकों का गंगा तथा काशी से घनिष्ठ सम्बन्ध जुड़ा हुआ था। काशी के दशाश्वमेध घाट के भौगोलिक स्वरूप पर दृष्टिपात करने से विदित होता है कि गाहड़वाल शासकों ने दशाश्वमेध की स्थापना किया होगा। वास्तव में काशी में गंगा सदियों से ही लोकार्षण विन्दु रही है। मुस्लिम इतिहासकारों ने भी समवेत स्वरों में गंगा-यमुना, काशी के महिमा का गान किया है। 11वीं सदी के अलबेरुनी के अनुसार यमुना एवं गंगा के संगम पर एक विशाल वृक्ष है जो कि एक वटवृक्ष है। ब्राह्मण तथा क्षत्रिय इस वृक्ष पर चढ़कर गंगा में कूदकर आत्महत्या करते हैं।[27] प्राचीन भारतीय कला में भी गंगा-यमुना रूपायित हैं; जैसे देवगढ़, अपसद, नचनाकुठार, एलोरा की कलाएँ। 14वीं सदी के मुस्लिम लेखक अलरशीदुद्दीन ने भी प्रयाग के वटवृक्ष से कूदकर आत्मदाह की पुष्टि की है।

अलरशीदुद्दीन ने पौराणिक आख्यान में अभिचर्चित गंगावतरण की कथा का सजीव तथा मनोहारी चित्रण किया है।[28] 16वीं सदी के मुस्लिम इतिहासकार अब्दुलकादिर की अवधारणा है, कि हिन्दू गंगा-यमुना के संगम को बहुत पवित्र मानते हैं तथा भौतिक बन्धनों से मुक्ति प्राप्त हेतु विभिन्न कष्टों का वरण करते हैं।[29] कुछ व्यक्ति यहाँ पर स्थित वटवृक्ष के शिखर से नदी में कूदकर नरक पहुँचते हैं। तुलसी के रामचरितमानस से भी विदित होता है, कि इस समय अक्षयवट गंगा-यमुना के संगम के सन्निकट था।

मध्ययुगीन मुहम्मद तुगलक और जहाँगीर जैसे शासक प्रतिदिन गंगाजल पान करते थे।[30] मध्यकालीन कतिपय जैन साक्ष्यों में भी इसका स्मरण किया गया है। वस्तुतः प्राचीन भारतीय साहित्य एवं पुरातात्त्विक साक्ष्यों में गंगा के ऐतिहासिक और सांस्कृतिक महत्त्व को सहर्ष स्वीकार किया गया है। गंगाजल की पवित्रता सदियों से चर्चित रही है। यहाँ वनस्पतियाँ, रासायनिक तत्त्व, पशु-पक्षी, उद्योग-धन्धे, भौगोलिक परिस्थितियों के कारण हर काल में ही पुष्पित, पल्लवित तथा विकसित होते रहे, जिससे भारतीय समाज लाभान्वित होता रहा। अब भी हरिद्वार से पश्चिमी बंगाल की खाड़ी जहाँ गंगा समुद्र में विलीन होती है, नागर सभ्यता को प्रस्फुटित करनेवाले विविध रूपों तथा आयामों को निहारा जा सकता है। इस दिशा में प्राच्य विद्या विशारदों को गंगा के सुष्ठु रूप को झाँकना चाहिए, ताकि गंगाघाटी की विलुप्त सभ्यता एवं संस्कृति जनमानस के समक्ष प्रभासित होती रहे।

सरयू

प्राचीन काल से ही सरयू भारत की महत्त्वपूर्ण नदी रही है। इसके तट पर सूर्यवंशी राजाओं की प्रसिद्ध राजधानी अयोध्या स्थित थी। सरयू नदी का सर्वप्रथम उल्लेख ऋग्वेद

में मिलता है। सन्दर्भित मन्त्र में प्रार्थना की गयी है, कि सरयू, यजमान को तेज बल दें तथा मधुमय, धृतवत् जल प्रदान करें।[31] सरस्वती तथा सिन्धु नदियों के साथ उल्लेख होने के कारण ए.सी.दास, पी.एल.भार्गव, रामगोविन्द त्रिवेदी, राहुल सांकृत्यायन[32] जैसे इतिहासकारों ने इसे पंजाब और अफगानिस्तान की नदी स्वीकार किया है। उक्त विद्वानों के अभिमत से ऋग्वैदिक आर्यों को पूर्वी भारत के भूगोल की जानकारी नहीं थी। परन्तु नदियों के क्रमिक के आधार पर पूर्व की सरयू को पश्चिम मे स्थित नहीं माना जा सकता है। ऋग्वेद (1/32/14) में 99 नदियों का उल्लेख मिलता है। क्या ये नदियाँ सप्तसैन्धव में बहती थीं? ऋग्वेद (10/75/5) में गंगा, यमुना, सरस्वती, शुतुद्री, परुष्णी, मरूदवृध, वितस्ता, असिन्की, सुसोमाअर्जी आदि नदियों के वर्णन से स्पष्ट है कि ऋग्वैदिक आर्यों को पूर्वी भारत के भूगोल का अवश्य ही ज्ञान था। यही कारण है कि उन्होंने क्रमिक रूप से पूर्वी भारत के नदियों के वर्णन के पश्चात् पश्चिमी भारत के नदियों का वर्णन किया है। ऐसी अवस्था में उत्तर प्रदेश के घाघरा नदी से प्राचीन सरयू को समीकृत किया जाता है। इस मत की पुष्टि कनिंघम, एन.एल.डे, बी.सी.ला, सी.वी. वैद्य, डी.सी. सरकार, मुजफ्फर अली प्रभृति प्राचीन भूगोलवेत्ताओं के मत से भी की जा सकती है। वाल्मीकि रामायण तथा महाभारत से ज्ञात होता है, कि सरयू की उत्पत्ति मानसरोवर से हुई है। आधुनिक काल में सरयू नदी, कुमायूँनी हिमालय के मिलांग हिमानी से निकलकर बलिया-छपरा सीमा के निकट गंगा में मिल जाती है। कोसल महाजनपद सरयू के दोनों तटों तात्पर्य उत्तर में हिमालय से लेकर[33] दक्षिण में गंगा के उत्तरी तट तक फैला हुआ था।

राजा दशरथ ने इस नदी के उत्तरी काठे पर पुत्रेष्टि यज्ञ किया था। ऋष्यशृंग् के नेतृत्व में कतिपय ब्राह्मणों ने इस यज्ञ में भाग लिया था। राम और लक्ष्मण मिथिला यात्रा के सिलसिले में सरयू-गंगा के संगम पर भी गये थे। दशरथिराम ने वनगमन के समय सरयू के पुष्पित वन को देखकर व्यथित होकर कहा था, "मैं कब पुनः लौटकर माता-पिता से मिलूँगा तथा सरयू के पार्श्ववर्ती पुष्पित वन में शिकार के लिए भ्रमण करूँगा।"[34] महाभारत के वनपर्व 84/70 में सरयू का उल्लेख हुआ है। भागवत पुराण, स्कन्दपुराण, पद्मपुराण, विष्णुधर्मोत्तरपुराण, नृसिंहपुराण से ज्ञात होता है कि सरयू के तट पर अयोध्या नगर बसा हुआ था। सरयू तट पर रघुवंशीय राजाओं के यज्ञ हुआ करते थे। स्मरणीय है कि लंका से लौटते समय राम ने सीता को यज्ञयूपों से सुशोभित सरयू को दिखाया था। कालिकापुराण 24/139 में सरयू की पवित्रता का वर्णन किया है। बौद्धयुगीन भारत की पाँच महानदियों में इसकी गणना की गयी थी। अंगुत्तर निकाय से स्पष्ट है कि पालि साहित्य में सरयू को सरभू कहा गया है।[35]

जैन पुराणों (आदिपुराण, पद्मपुराण, हरिवंशपुराण, रामचन्द्र चरित पुराण) में सरयू और उसकी प्यारी नगरी अयोध्या का गौरवगान किया गया है। शुंगकाल में सरयू की महत्त्वपूर्ण भूमिका रही। सेनापति पुष्यमित्र शुंग के काल का अश्वमेध सरयू तट पर हुआ

होगा। उसके अश्वमेध का उल्लेख हरिवंश पुराण, महाभाष्य, मालविकाग्निमित्रम्, अयोध्या अभिलेख में मिलता है। पुष्यमित्र शुंग के अश्वमेध का सम्पादन उसके पुरोहित पतंजलि के पौरोहित्य में हुआ था। उल्लेखनीय है कि पतंजलि उत्तर प्रदेश के वर्तमान गोण्डा निवासी थे।[36] उन्होंने पुष्यमित्र को अयोध्या जैसी धार्मिक नगरी में अश्वमेध के लिए प्रेरित किया होगा। ध्यातव्य है कि शुंगकालीन कवि कालिदास ने रघुवंश 9/30 में सरयू और तमसा के तटों पर यज्ञयूपों के सुशोभित होने का वर्णन किया है। निश्चित रूप से कालिदास के अन्तश्चेतना में पुष्यमित्र शुंग के अश्वमेध की बात छिपी हुई दिखलायी पड़ती है। टालमी ने सरयू को सरबोस कहा है।[37] 'पेरीप्लस ऑफ दि इरीथियन सी' के अज्ञातनामा लेखक द्वारा प्रस्तुत भूगोल के आधार पर कहा जा सकता है कि 60ई. में सरयू नदी के माध्यम से अवध क्षेत्र का व्यापार होता रहा होगा।[38] साम्राज्यवादी गुप्त सम्राटों के शासनकाल में अयोध्या को गुप्त सम्राटों की राजधानी होने का श्रेय प्राप्त था। समुद्रगुप्त के गया ताम्रफलकाभिलेख से ज्ञात होता है कि अयोध्या नगरी सरयू-तट पर स्थित थी।[39] सम्राट् हर्षवर्द्धन की मृत्यु के पश्चात् उत्तर भारत में अराजकता की स्थिति व्याप्त हो गयी; परन्तु कुछ समय पश्चात् प्रतिहारों का बोलबाला हुआ। प्रतिहार शासक महीपाल के समय कन्नौज की शक्ति नष्ट होने लगी । धीरे-धीरे पूरा साम्राज्य कई भागों में विभक्त हो गया। ऐसी स्थिति में उत्तर कोशल भी छोटे-छोटे भागों में कई सरदारों द्वारा शासित होने लगा।[40] इन सरदारों में अयोध्या के श्रीवास्तवों[40] का बोलबाला था। ये सरयू पार सम्भवतः श्रावस्ती के मूल निवासी थे। ऐसा कहा जाता है, कि उन्होंने अपने नेता त्रिलोकचन्द्र के नेतृत्व में सरयू पार करके अयोध्या पर कब्जा किया और 918 ई. में वहाँ अपना राज्य कायम किया। श्रीवास्तव लोग कभी पूरी स्वतन्त्रता कभी आधी स्वतन्त्रता से ग्यारहवीं सदी के अन्त तक अयोध्या का शासन करते रहे। ऐसा प्रतीत होता है कि इसी मध्यावधि में यहाँ भरों ने भी शासन किया। इस क्षेत्र के अधिकांश भागों में आज भी भर तथा उनके डीह पाये जाते हैं। ऐसा प्रतिभासित होता है कि भरों और श्रीवास्तवों में संघर्ष होता रहता था। फैजाबाद जिले के मिल्कीपुर बाजार के निकट भरदहन नामक गाँव है। उक्त ग्राम के नाम से यह निष्कर्ष निकलता है कि यहाँ श्रीवास्तवों और भरों का संघर्ष हुआ होगा और श्रीवास्तवों ने उन्हें नष्ट कर डाला होगा। इसी दौरान गाहड़वालों की शक्ति विकसित हुई और उन्होंने इस प्रकार की विनाशकारी प्रवृत्ति का दमन किया। यही कारण है कि चन्द्रदेव गाहड़वाल को काशी, कुशिक, उत्तर कोशल (अयोध्या) जैसे तीर्थस्थलों का रक्षक एवं पालक कहा गया है।[41]

चन्द्रदेव के समस्त अभिलेखों से ज्ञात होता है कि काशी और अयोध्या जैसे प्रमुख नगरों सहित गंगा और सरयू नदियों के किनारे के प्रदेश उसके आधिपत्य में हो गये थे। उल्लेखनीय है कि चन्द्रदेव गाहड़वाल के चन्द्रावती ताम्रपत्र से ज्ञात होता है कि अयोध्या में सरयू और घाघरा का संगम होता था।[42] गोविन्दचन्द्र गाहड़वाल ने सरयू पार की विजयें

की थीं। सहेटमहेट (प्राचीन श्रावस्ती) से प्राप्त गोविन्दचन्द्र के ताम्रपत्र से भी ज्ञात होता है कि सरयू के तटवर्ती भू-भाग को सम्मिलित कर हिमालय तक उसका राज्य फैला हुआ था।

मुस्लिम काल में सामरिक, व्यापारिक यातायात के दृष्टिकोण से सरयू का महत्त्वपूर्ण स्थान रहा है। मुस्लिम इतिहासकार अलबेरुनी ने सरयू को सरवा नदी कहा है।[43] इब्नबतूता के विवरण से ज्ञात होता है, कि सरयू बहुत बड़ी और तीव्र वाहिनी नदी थी। इसमें बड़ी-बड़ी नावें चलती थीं जिनमें कम-से-कम 300 यात्री आ सकते थे। कभी-कभी नावें डूब भी जाया करती थीं। इस प्रकार की दुर्घटना इब्नबतूता के बहराइच आगमन के समय हुई थी।[44]

मिनहाज सिराजकृत तबाकाते नासिरी[45] में सरयू नदी को सारू नदी कहा गया है।मुस्लिम-काल में सरयू के तट को तीर्थ स्थली के बदले समर स्थली बनना पड़ा। गुलाम वंश के प्रसिद्ध शासक बलबन का उत्तराधिकारी कैकुबाद, दुष्ट निजामुद्दीन से प्रभावित होने के कारण जुल्मी हो गया। उसके जुल्मों को देखकर उसके पिता बुगरा खाँ (बंगाल का गवर्नर) ने उसे दण्डित करना चाहा। बुगरा खाँ फौज के साथ बंगाल से रवाना हुआ तथा कैकुबाद भी अपनी फौज के साथ दिल्ली से रवाना हुआ। अवध नगरी में सरयू के दायें तट पर कैकुबाद तथा बायें तट पर बुगरा खाँ का सैनिक पड़ाव पड़ा। अन्त में दयालु पिता, सरयू पार करके क्रूर पुत्र के पास ममत्व के कारण पहुँच ही गया, बस फिर क्या था? पुत्र कैकुबाद सिसकते हुए पिता के पैरों पर गिर पड़ा। पिता ने पुत्र को क्षमा कर दिया। उसने पुत्र को प्रचुर मात्रा में उपहार देने के पश्चात् यह शिक्षा दी कि निजामुद्दीन जैसे दुष्ट आदमी से दूर रहना चाहिए। कवि अमीर खुसरो ने पिता-पुत्र के सरयू-तट पर मिलन का मनोहारी वर्णन किया है। इस प्रकार का मिलन मध्यकालीन इतिहास की अनुपम घटना है। खिलजी सम्राटों के शासन में कभी-कभी शाही फौजें सरयू के तटों पर रहती थीं। ऐसा ज्ञात होता है कि अलाउद्दीन खिलजी ने सरयू पार स्थित जलालुद्दीन के अंगरक्षकों को मौत के घाट उतार दिया था।[46] चौदहवीं सदी के जैन कवि जिनप्रभसूरि की रचना विविध तीर्थ कल्प से ज्ञात होता है कि घाघरा और सरयू का संगम स्वर्गद्वार में होता था। बाबरनामा से ज्ञात होता है कि बाबर द्वारा अवध पर अभियान करने से पहले सीरदा नदी के तट पर उसका मुकाबला करने के लिए शत्रु बैठे थे। रज्जब की सातवीं तिथि शनिवार को बाबर सीरदा और गग्गर के संगम पर पहुँचा। उसने सीरदा के तटवर्ती भू-भागों को शिकार खेलने योग्य भूमि कहकर प्रशंसा की थी।[47] सीरदा और गग्गर नदियों की पहचान सरयू और घाघरा से करना न्यायसंगत है।

मुगल सम्राट् अकबर के शासनकाल में अवध एक सूबा के रूप में प्रतिष्ठित हुआ। उस समय सरयू का व्यापारिक दृष्टिकोण से महत्त्व होने के साथ-साथ धार्मिक महत्त्व भी था।

लोकनायक तुलसीदास सरयू और उसकी प्यारी नगरी अयोध्या का गौरवगान करते हुए अघाते नहीं है। काव्य के नायक राम के मुख से सरयू की प्रशंसा का एक रूपक देखिये—

जन्मभूमि मम पुरी सुहावनि। उत्तर दिसि बह सरजू पावनि।।
जा मज्जन ते बिनहिं प्रयासा। मम समीप नर पावहिं बासा।।
(रामचरितमानस, उत्तरकाण्ड 4 क, ख)

सत्रहवीं सदी के कवि रीवा नरेश महाराज विश्वनाथ सिंह द्वारा लिखे गये आनन्द रामायण में सरयू की उपत्ति एवं उसके दो धाराओं में विभक्त होने का उल्लेख मिलता है। ऐसा ज्ञात होता है कि उस समय सरयू और गंगा का संगम बलिया जनपद दद्री क्षेत्र में होता था। किन्तु इस समय सरयू, मिलांग हिमनद – कुमायूँनी पहाड़ी से निकलकर बलिया छपरा (बिहार) के पास गंगा में मिलती है।

हर्ष का विषय है कि स्वतन्त्र भारत में सरयू की महिमा का गान न केवल भारत वरन् विश्व के बहुतेरे देशों में किया जाता है। अवधी लोकगीतों में भी रामकथा में सरयू की महिमा के गीत गाने से भारतवासी अघाते नहीं हैं। अयोध्या की सूनी-सानी गलियों में कभी-कभी भोली बालाएँ चला हो करी स्नानविमल जल सरयू के गीत को समवेत स्वरों में गाती दिखलायी पड़ती हैं; उस समय सरयू के पुरा गौरव की स्मृति ताजी हो जाती है।

गोमती

गोमती का सर्वप्रथम स्मरण ऋग्वेद के बहुलमन्त्रों में पढ़ने को मिलता है।[48] ऋचाओं में प्रयुक्त गोमती ऐसे प्रदेश या क्षेत्र का पर्याय थी, जो असंख्य गायों अथवा पशुओं से सुशोभित होता था। कहीं-कहीं गोमती पृथ्वी, सेना तथा प्रकाश रश्मियों के पर्याय के अर्थ में चर्चित है। ऋग्वेद के अष्टम तथा दशम मण्डल में नदी के पर्यायवाची के रूप में गोमती का वर्णन मिलता है। वैदिक आर्यों की कृषिप्रधान अर्थव्यवस्था में पशुओं की महत्त्वपूर्ण भूमिका देखी जा सकती है। ग्राम्य जीवन में आज भी एक ही वस्तु विविध कार्यों के सम्पादन निमित्त प्रयुक्त होती है। उसके विभिन्न नाम भी हो जाते हैं जैसे पगहा। जब इससे पशुओं को बाँधा जाता है; तो इसे पगहा कहते हैं। जब कुएँ से पानी निकाला जाता है तब उबहन तथा जब इसके माध्यम से कोई भारी सामान उठाते या खींचते हैं तो बरहा की संज्ञा दी जाती है। वैदिक काल में पशुधन का वर्णन साहित्य में प्रसंगतः अभिचर्चित है। ऋग्वेद के मन्त्रों से ऐसा ध्वनित होता है कि पशुओं पर स्वामित्व प्राप्त करने के लिए प्रबल सेना की आवश्यकता पड़ती रही होगी। उदाहरणार्थ इन्द्र ने बल के बाड़े से, युद्ध करते हुए, गायों को मुक्त किया था। पुनः नदियों की घाटी में चरागाह की सुविधा होने के कारण पहले नदियों की उपत्यका गोमती नदी तथा तदन्तर इस शब्द का प्रयोग नदियों के पर्याय के रूप में किया जाने लगा। अष्टम मण्डल में चर्चित गोमती की व्याख्या सायण ने गोमती नदी से किया है। ऋग्वेद में गोमती वृजे का अनेकशः उल्लेख पढ़ने को मिलता है। ब्रज का अर्थ गोहले या बाड़ा से किया जाता है, जहाँ पशु विश्राम करते थे। ब्राह्मणों में यत्र-तत्र गोमती का स्मरण किया गया है। रामायण तथा महाभारत[49] में इसका ऐतिहासिक भूगोल सुरक्षित मिलता है। रामायण से विदित होता है कि राम ने

वन यात्रा के परिप्रेक्ष्य में, गोमती नदी को पार किया था, जिसका जल अत्यन्त शीतल था। इसके कछार में बहुत-सी गायें विचरण करती थीं। महाभारत-काल तक आते-आते गोमती एक विशेष नदी के रूप में जनसामान्य के रूप में चर्चित हो चुकी थी।[50] रामायण से यह ध्वनित होता है कि गोमती कोशल महाजनपद की सीमा-क्षेत्र में पड़ती थी। इस तथ्य की पुष्टि अंगुत्तर निकाय से समीचीन है। उल्लेखनीय है कि महाभारत में गंगा-गोमती संगम का सलोना रूप दर्शाते हुए उसे मार्कण्डेय तीर्थ के रूप में समादृत किया गया है। कतिपय पुराणों[51] में बहुतेरे गोमती का विवरण मिलता है। इस नदी का भौगोलिक अस्तित्व न केवल पूर्वी उत्तर प्रदेश में ही दिखायी पड़ता है; अपितु गोमती नामक सरिता का उल्लेख द्वारिका, गोवा तथा गोदावरी नदी के उद्गम के समीप भी अवलोकनीय है। बौद्ध साहित्य में भी गोमती का वर्णन सुरक्षित मिलता है।[52]

पौराणिक काल से गोमती इतनी पवित्र नदी मानी जा चुकी थी कि स्कन्दपुराण में भगवान् ब्रह्मा भी इसके महत्त्व का गान करते हुए चूकते नहीं हैं।[53] गोमती के समान कोई सरिता नहीं, श्रीकृष्ण के सदृश कोई देवता नहीं तथा द्वारिका के तुल्य कोई पुरी नहीं विद्यमान है। पाणिनी की अष्टाध्यायी, मेगस्थनीज का यात्रा-वृत्तान्त, पतंजलि के महाभाष्य में भी इस नदी का ऐतिहासिक महत्त्व सुरक्षित मिलता है। उत्तर गुप्त शासक जीवित गुप्त द्वितीय के देववर्णाक अभिलेख में गोमती के तट पर अवस्थित गोमती कोट्टक नामक दुर्ग से राजाज्ञा जारी करने का इतिवृत्त सुरक्षित मिलता है।[54] आभिलेखिक साक्ष्यों के द्वारा भी यह सम्पुष्टि होती है कि लगभग छठीं शताब्दी तक आधुनिक गोमती लोक-चेतना के अस्तित्व में स्थान ग्रहण कर चुकी थी। पूर्व मध्यकालीन जैन साहित्य में भी इस नदी का स्मरण किया गया है। 'पेरीपल्स ऑफ दी एरिथियनसी' के अज्ञातनामा लेखक की कृति में भी गोमती का भौगोलिक सन्दर्भ रेखांकित किया गया है। अलबेरुनी[55], इब्नबतूता, अमीर खुसरो, मिनहाज सिराज, जियाउद्दीन वरनी, अलरशीदुद्दीन, अबुल फजल तथा बाबर[56] जैसे मुस्लिम साहित्यकारों तथा इतिहासकारों ने गोमती तथा इसके गोद में सिमटे हुए लखनऊ, सुल्तानपुर तथा जौनपुर जैसे नगरों के ऐतिहासिक गौरव की मुक्तकण्ठ से प्रशंसा की है।

वस्तुतः उपरिचर्चित तथ्यों में जहाँ गोमती के क्रमबद्ध इतिहास तथा इसके गोद में सिमटे हुए नागर सभ्यता एवं भौतिक संस्कृति के सुपोषक अन्यान्य तथ्यों का सम्यक् उद्बोध होता है; वहीं युग-युगीन धारा परिवर्तित करनेवाली इस नदी के किनारे आज भी वैभवशाली खँडहर विद्यमान हैं; जिनके अन्तस्थल में अतीत मुस्करा रहा है। इस दिशा में पुरातत्त्ववेत्ताओं को प्रयास करना चाहिए।

अचिरवती

कोशल महाजनपद की तृतीय राजधानी वैभवशाली श्रावस्ती नगरी, अचिरवती नदी के तट पर स्थित थी। यत्र-तत्र इसे ऐरावती[57], अजिरावती[58] एवं एरावे[59] भी कहा गया है।

चीनी यात्री ह्वेनसांग ने अपने यात्रा वृत्तान्त में इसे अ-चि-लो बतालाया है। सम्बन्धित सन्दर्भ में ज्ञात होता है कि यह नदी श्रावस्ती नगरी से दक्षिण-पूर्व में प्रवाहित होती थी।[60] परन्तु ह्वेनसांग का यह मत सत्य नहीं है। क्योंकि श्रावस्ती नगरी के प्राचीन भूगोल से यह विदित होता है कि श्रावस्ती से दक्षिण में जेतवन विहार पड़ता था। श्रावस्ती से उत्तर-पश्चिम से पूर्व की ओर अचिरवती नदी बहती थी। अचिरवती की पहचान वर्तमान राप्ती नदी से की गयी है।[61] आज भी राप्ती नदी पुरानी धारा को छोड़कर गोण्डा-बहराइच के सीमा पर स्थित सहेत-महेत (श्रावस्ती) से लगभग 6 किमी. उत्तर में प्रवाहित हो रही है। चीनी यात्री इत्सिंग ने अचिरवती नदी को अज नदी के नाम से पुकारा है। उसके अनुसार अज नामक राक्षस के नाम पर इस नदी का नाम पड़ा था। आचार्य दण्डी ने दशकुमारचरित में श्रावस्ती नगरी को किसी नदी के तट पर स्थित बतलाया है परन्तु दण्डी ने भूल से नदी का नाम नहीं दिया है; वह अचिरवती ही रही होगी। अचिरवती सरयू के सहायक नदी के रूप में जानी जाती है। यदि पाल टीकाओं पर कुछ भी विश्वास किया जाये तो पता चलता है कि बौद्धयुगीन भारत की पाँच प्रमुख सरिताओं (गंगा, यमुना, सरयू, माहि, अचिरवती) में अचिरवती की गणना की जाती थी।[62]

अचिरवती की पवित्रता का गान बौद्ध साहित्य में किया गया है।[63] इसका प्रवाह पूर्व दिशा में था।[64] सुत्त निपात टीका से विदित होता है कि इस नदी के तट पर अंजीर के वृक्षों का एक बाग था। अंगुत्तर निकाय से विदित होता है कि ग्रीष्मकाल में अचिरवती नदी सूख जाती थी। किसी समय श्रावस्ती नगरी के दो धार्मिक भिक्षुओं ने इस नदी के तट पर आने के पश्चात् स्नान किया। तदुपरान्त इसके रेत में धूप के सेवन के साथ-साथ वार्त्तालाप किया था। विनय पिटक के अनुसार इसे छोटी-छोटी नौकाओं से पार किया जाता था। आज भी राप्ती की चौड़ाई बहुत कम है। तथागत बुद्ध के प्रिय शिष्य आनन्द ने इस सरिता में स्नान किया था। इसी प्रकार श्रावस्ती नगरी के एक गृहस्थ, जो कालान्तर में संन्यासी हो गया था, ने अचिरवती नदी में स्नान किया तथा वहीं उसने उड़ते हुए दो कलहंसों को देखा था। कभी-कभी चब्बगिय भिक्षु भी इस नदी में तैरते हुए दिखायी पड़ते थे। बुद्ध के प्रिय शिष्य सारिपुत्त ने भी इस नदी में स्नान किया था। इस नदी में वेश्याएँ नग्न होकर स्नान करती थीं। उनके साथ भिक्षुणियाँ भी स्नान करती थीं। इस तथ्य की पुष्टि विनय पिटक के 'इघभन्ते भिक्खुण्यिों अचिरवतीया नदिया वेसियाहि सध्मिनग्ना एकानित्ये नहायन्ति' से की जा सकती है। दीघनिकाय से ज्ञात होता है कि तथागत बुद्ध इस नदी के तट पर स्थित मनसाकट नामक ब्राह्मणों के गाँव के उत्तर में स्थित आम्र उद्यान में रुके हुए थे।[65] इसके तट पर अंजीरों का बाग था।[66] मालूम पड़ता है कि इस नदी के तट पर अच्छी फसल पैदा की जाती थी। गेहूँ के खेतों में सिंचाई इस नदी से होती थी।

अचिरवती में सुतनुनदी मिलती थी।[67] इसके तट पर केवटों के ग्राम भी स्थित रहे होंगे। यह नदी ग्रीष्म ऋतु में सूख जाती थी।[68] जातक की कहानी से विदित होता है कि किसी समय एक देहाती भिक्षु अचिरवती में स्थित नाव के पास आकर मल्लाह से उस पार चलने को कहा। मल्लाह ने बहाना किया और अन्त में उसने उसे अपनी नाव में बैठाया। खराब पतवारों के कारण उसके वस्त्र भीग गये और दूसरे तट पर पहुँचने से पहले रात्रि हो गयी। कोशल सम्राट् प्रसेनजित् के राजमहल से यह नदी स्पष्ट दिखायी पड़ती थी, जिससे अनुमान किया जाता है कि प्रसेनजित् का राजमहल इसके तटवर्ती भू-भाग के समीप ही रहा होगा। इस नदी के तट के निवासी मछली पकड़ने के शौकीन थे। इसके तट पर कछुए भी रहते थे, जैसा कि पाण्डुपुर के किसी मछुआरे ने यहाँ कच्छप अण्डों को देखा था। सरयू नदी के तट की भाँति इस नदी के तट पर भी युद्ध, कुश्ती, मनोरंजन तथा यज्ञीय कर्मकाण्ड भी कभी-कभी होते थे। लोग इसमें स्नान करते समय जलक्रीड़ा करते थे। ध्यातव्य है कि कोशल सम्राट् विरुद्धक की फौजें इसमें जलक्रीड़ा करते समय बह गयी थीं। इस नदी का जल-स्तर कभी-कभी इतना ऊँचा हो जाता था कि इसके तट पर स्थित फसलें बर्बाद हो जाती थीं। जन-जीवन खतरे में पड़ जाता था। ऐसा विदित होता है कि धन की सुरक्षा हेतु श्रावस्ती नगरी के कुछ निवासी इसके तट पर धन गाड़ देते थे। इसकी बाढ़ में अनाथपिण्डक की 18 करोड़ की धनराशि बह गयी थी। इसी प्रकार एक व्यापारी का कोष इसके तट पर गड़ा हुआ था। इसके कगार कट जाने के कारण उसका कोष बह गया था। इसी प्रकार चन्द्रगुप्त प्रथम के राजलक्ष्मी प्रकार के सिक्के मिलते हैं।[71] यह नेपाल के बुटवल के पास से निकलकर बहराइच, गोण्डा और बस्ती जनपदों से होकर बहती है। यह गोरखपुर जनपद में बरहज के पास सरयू अथवा घाघरा से मिलती है। इसके तटवर्ती भू-भागों पर आज भी ऐसे खँडहर दिखायी पड़ते हैं जिनमें अक्षत पुरातात्त्विक सम्पदा छिपी हुई है। पुरातत्त्ववेत्ताओं को इस दिशा में प्रयास करना पड़ेगा।

इसी प्रकार अनोमा[69], बाहुदा[70], देविका, बागमती, हिरण्यवती[71], काकुत्था[72], माहि[73], रोहणी[74], सुन्दरिका[75], सदानीरा[76], सोन, यमुना आदि जैसी नदियों एवं नद्यों का यहाँ की विश्ववारा संस्कृति के उन्नयन में महत्त्वपूर्ण योगदान सदियों से निहारा जा सकता है। यहाँ के पोखरियों तथा सरोवरों को भी नहीं भुलाया जा सकता है; जो लोक-संस्कृति के श्रद्धा बिन्दु रहे हैं; जहाँ ऋचाओं से छठीमाई के पूजा गीत को गाया जाता था।

पहाड़ियों और गुफाओं की भी अनुपम प्राकृतिक सुविधा, प्रकृति ने इस भू भाग को प्रदान की थी।

वन-उपवन

वैदिक आर्यों की कर्मभूमि पूर्वी उत्तर प्रदेश में अरण्य संस्कृति की महत्त्वपूर्ण भूमिका सदियों से ही रही है। सामान्यतया अयोध्या, काशी, प्रयाग, कौशाम्बी, श्रावस्ती, कपिलवस्तु,

पावा, कुशीनगर तथा जौनपुर नगरियों के समीप निश्चित रूप से वैभवशाली वन सम्पदा विद्यमान थी, जो कालान्तर में व्यापार तथा भौतिक सुख सुविधाओं (शाला से राजमहल की वास्तुशिल्प) के लिए वरदान सिद्ध हुई; हिमालय के तलहटी में महावन फैला हुआ था। कोशल की प्यारी राजधानी अयोध्या तथा उसके गोद से लिपटी हुई सरयू का तटवर्ती क्षेत्र सदियों से ही वन धरोहर के लिए प्रसिद्ध रहा है। कोशल के राम को वन-यात्रा के प्रसंग में सहसा सरयू के पुष्पित वनों की याद आ ही जाती है।[77] सई नदी पार करने के पश्चात् भी राम ने सुविस्तृत वनखण्ड को देखा था।[77] गंगा पार होने के पश्चात् सहसा प्रयाग वन का मानचित्र वाल्मीकि रामायण में मुखर हो उठा है। गंगा-यमुना संगम का प्राकृतिक तथा भौगोलिक दृष्टिकोण से महत्त्व रहा है। वाल्मीकि रामायण में चर्चित है कि केवटों की सहायता से भरत की सारी सेना गंगा के पार उतरी।[78] तदन्तर प्रयाग वन की ओर पहुँची। यही नहीं वाल्मीकि रामायण में इस वन में निवास करनेवाले वन्येत्तर जीवों का भी जीता-जागता स्वरूप प्रतिबिम्बित होता है। प्रयाग वन की लम्बाई का अनुमान इस तथ्य से स्पष्ट होता है कि जब राम गंगा पार करके प्रयाग वन में पहुँचे तब उन्होंने एक वट वृक्ष के नीचे एक रात्रि बितायी और प्रातःकाल भरद्वाज आश्रम की ओर प्रस्थान किये।[79] पूरा दिन चलकर सायंकाल के अवसर पर वह भरद्वाज आश्रम पहुँच गये थे।[80] बहुत अधिक सम्भावना यह है कि दिन-भर की यात्रा उस समय पाँच कोस या उससे अधिक रही होगी। क्योंकि रामायण के अन्तःसाक्ष्यों से विदित होता है कि भरद्वाज आश्रम से चित्रकूट की दूरी दस कोस थी[81] और राम ने उसे दो दिन में तय किया था। इस प्रकार यह स्पष्ट है कि गंगा-यमुना संगम के बाद प्रयाग वन अवस्थित रहा होगा। चीनी यात्री फाह्यान तथा ह्वेनसांग के यात्रा-वृत्तान्त से भी प्रयाग-वन से और दक्षिण रहा होगा क्योंकि गंगा से लेकर लगभग 5-6 कोस तक तो प्रयाग वन ही था। यद्यपि पुरातात्त्विक खोजों से कौशाम्बी के वन-उपवन के सम्बन्ध में कोई प्रकाश नहीं पड़ा है; तथापि प्राचीन साहित्य में स्पष्ट रूप से कौशाम्बी के वन-उपवनों का मनमोहक वर्णन पठनीय है। कोशम वृक्षों से घिरी रहने के कारण कौशाम्बी नाम धारिता यह नगरी एक अर्थ में वन-उपवनों की ही नगरी रही है। यहाँ के ताड़, कमल, पीपल, सागौन, बरगद जैसी वनस्पतियों का व्यापार किया जाता रहा होगा। यहाँ सिंसप तथा परिलेय्यक वन थे।[82] पुरातात्त्विक साक्ष्यों में भी चितेरे कलावन्तों का अरण्य संस्कृति से जुड़ा हुआ सम्मोह निहारा जा सकता है। यदि कहीं अवाङ्मुखी स्तम्भ प्राप्त है; तो कहीं शुंगकालीन बुद्ध जन्म दृश्य का चित्रांकन अनायास ही मन मोह लेता है। मायादेवी शाल वृक्ष की शाखा पकड़े हुए लुम्बिनी वन में सिद्धार्थ को जन्म दे रही हैं। अन्वेषक ने भारतीय संग्रहालय कलकत्ता के भरहुत वीथिका में भी बुद्ध जन्म का ऐसा ही दृश्य देखा था। ऐसे ही यक्षिणी एवं राजदम्पति का पाषाण खण्ड अवलोकनीय हैं। एक यक्षिणी ने शाल शाखा को पकड़ा है जो शालभञ्जिका का स्मरण दिलाता है। मुचकुन्द पुष्पों या ताड़ पत्रों में कमल कलियाँ या पंखुड़ियाँ

अवलोकनीय हैं। चौथी-पाँचवीं सदी के दो अलंकृत छत्रों में पुष्कर की पंखुड़ियाँ सुशोभित हैं। दूसरे छत्र में पुष्प मालाएँ दर्शनीय हैं। इसी प्रकार पूर्ण कलश से निकली हुई कमल फूल की कलियाँ, पल्लव तथा बल्लरियों से सुशोभित स्तम्भ तीर्थङ्कर कमल पीठिका पर ध्यानावस्था में बैठे हुए हैं। फिलहाल साहित्यिक एवं पुरातात्त्विक साक्ष्यों के सर्वेक्षण से सिद्ध होता है कि वत्स महाजनपद की राजधानी कौशाम्बी में निश्चित रूप से बौद्ध युग से लेकर गुप्त युग तक वैभवशाली अरण्य विद्यमान रहे होंगे।

इसी प्रकार ऋषिपत्तन (सारनाथ) निश्चित रूप से बौद्ध युग में काशी के समीप अरण्य संस्कृति का एक महानू केन्द्र रहा होगा; जहाँ बौद्ध युग से राजपूत काल तक मनन, चिन्तन, अध्ययन-अध्यापन की परम्परा स्थापित थी। काशी में अग्निकुण्डों की बहुलता थी।[83] बौद्ध युग में साकेत का अंजन वन, तथागत बुद्ध की असीम श्रद्धा का केन्द्र था। बुद्ध ने साकेत के अंजन वन में 6 वर्ष वास किये। वे अंजन बाग की याद में सन्देश भिजवाने से नहीं चूकते थे।[84] आजमगढ़, गाजीपुर, बलिया जैसे जनपदों के भूगभर्शास्त्रीय अनुशीलन से विदित होता है कि इस क्षेत्र में महर्षि गाधि, दुर्वासा, दर्दुर, भृगु जैसे ऋषियों की तपोभूमियॉ विद्यमान थीं; जो अपने अन्तःस्थल में स्वाहा स्वधा को चरितार्थ करनेवाली अरण्य संस्कृति को छिपाये हुए थीं। प्रतापगढ़ के पुरातात्त्विक उत्खनन एवं प्रतिवेदन से भी इस क्षेत्र में वन सम्पदा का आकलन होता है। प्राचीन सुल्तानपुर में जैसा कि ह्वेनसांग का यात्रा मानचित्र दर्शन से पुष्टि समाहित है, वन सम्पत्ति बिखरी हुई थी।

देवरिया, गोरखपुर, बस्ती, गोण्डा, बहराइच, जनपदों का तराईवाला हिस्सा भी वनों से आच्छादित था। कुशीनगर में महात्मा बुद्ध की मृत्यु का दृश्य स्मरणीय है। दो शाल वृक्ष के बीच में ही बुद्ध ने महापरिनिर्वाण ग्रहण किया था; जिससे विदित होता है कि कुशीनगर में शाल वृक्षों का वन विद्यमान था, किन्तु अन्वेषक के सर्वेक्षण से ज्ञान की वर्तमान अवस्था में वह वन सर्वथा विलुप्त है।

शाक्यों की प्यारी राजधानी कपिलवस्तु में रमणीक उद्यान विद्यमान थे। कपिलवस्तु के निकट लुम्बिनी वन[85] था; जिसका वर्णन जातक ग्रन्थों, बुद्धचरित, फाह्यान, ह्वेनसांग, अलबेरुनी तथा मध्यकालीन बौद्ध-जैन साहित्य में पढ़ने को मिलता है। यह उद्यान कपिलवस्तु और देवदह के बीच अवस्थित था। यहाँ तथागत बुद्ध पैदा हुए थे।

अशोक के रूम्मिनदेई स्तम्भ लेख में लुम्बिनी ग्राम का उल्लेख आया है।[86] तिलौराकोट के पास स्थित रूम्मिनदेई या रोमिनदेई ही प्राचीन लुम्बिनी वन था। यह स्थान तिलौराकाट से 10 मील पूर्व , भगवानपुर से दो मील उत्तर तथा पड़ेरिया से एक मील उत्तर में स्थित है। ह्वेनसांग ने अपने यात्रा-वृत्तान्त में लुम्बिनी (रूम्मिनदेई) में सम्राट् अशोक द्वारा निर्मित एक स्तम्भ का उल्लेख किया है जिसके सिर पर एक घोड़े की मूर्ति बनी हुई थी। तदुपरान्त यह स्तम्भ किसी ईर्ष्यालु सर्प द्वारा वज्रपात किये जाने के कारण बीच में टूटकर पृथ्वी पर गिर पड़ा था। कालान्तर में अशोक के इस स्तम्भ की 1897 ई. में खोज हुई। स्तम्भ लेख से ज्ञात होता है कि बुद्ध लुम्बिनी में पैदा हुए थे। उसने लुम्बिनी

को कर से मुक्त कर दिया। यहाँ का भूमिकर हटाकर 1/8 कर दिया था। चीनी यात्री फाह्यान तथा ह्वेनसांग के यात्रा विवरण से भी लुम्बिनी की ऐतिहासिकता प्रमाणित होती है। इसी प्रकार मोरिय गणराज्य की राजधानी मोरिय नगर पीपल वृक्षों से आच्छादित थी।[87] जहाँ सदैव मोरों की के-के ध्वनि सुनायी पड़ती थी। मल्लों का शाल वन भी उत्पादक शक्तियों का प्रमुख केन्द्र था।

श्रावस्ती नगरी की दक्षिणी सीमा पर अवस्थित जेतवन का मनमोहक रूप साहित्य तथा पुरातत्त्व के आईने में प्रतिबिम्बत होता है।[88] राजकुमार जेत का प्यारा उपवन आज सूना-सूना-सा दिखायी पड़ता है; जहाँ कभी तथागत बुद्ध और उनकी शिष्य मण्डली अध्ययन-अध्यापन, मनन-चिन्तन, धर्मोपदेशन, ऋषियों की ध्वनियाँ निनादित होती थीं। अनाथपिण्डक ने तथागत बुद्ध से राजगृह में भेंट किया तथा उन्हें श्रावस्ती में आमन्त्रित किया। तथागत बुद्ध के धर्मोपदेशन निमित्त उसने राजकुमार जेत से इसे खरीदकर यहाँ विहार का निर्माण करवाया था। भरहुत, अजन्ता, कनिष्क का सहेट-महेट पाषाण अभिलेख, गोविन्दचन्द्र गाहड़वाल के ताम्रफलकाभिलेख के पुरातात्त्विक अनुशीलन से लगभग राजपूत-काल तक जेतवन के अस्तित्व की परिपुष्टि होती है। मालूम पड़ता है कि अलाउद्‌दीन खिलजी के सैनिक मलिक हब्बस द्वारा जेतवन को बर्बाद करने का प्रयास किया गया किन्तु अलरशीदुद्‌दीन के ऐतिहासिक विवरण से विदित होता है कि दिल्ली सल्तनत काल में किसी-न-किसी रूप में जेतवन का अस्तित्व विद्यमान था। यहाँ के पुरातात्त्विक उत्खनन से प्राचीन मूर्तियाँ, सिक्के, शिलालेख, पाषाण शिल्प, मनके, मृद्‌भाण्ड, औजार तथा कतिपय अन्यान्य पुराधरोहर प्राप्त हुई है; जिसने जेतवन के उत्पादक शक्तियों तथा भौतिक संस्कृति की उन्नतावस्था की परिपुष्टि होती है।

श्रावस्ती में एक गव्यूत की दूरी पर अन्ध वन विद्यमान था।[89] जहाँ डाकू लोग लूट-पाट के बाद आराम करते थे। एक बार कोशल सम्राट् प्रसेनजित् ने यहाँ के डाकुओं का सफाया किया था। इसी प्रकार केतक वन, जालिमवन, टिकण्टीवन, कण्टकी जैसे वन और देवदह जैसी पोखरी आदि भी लोकार्षण बिन्दु थीं। स्मरणीय है कि इन वन-उपवनों के अलावा वापी, पोखरियाँ, सरोवर, पहाड़ जैसी प्राकृतिक सुविधा पूर्वी उत्तर प्रदेश को प्राप्त थीं, जिनका पुरातन रूप साहित्य तथा पुरातत्त्व सम्बन्धित साक्ष्यों में साफ-साफ अंकित मिलता है।

जनपद, महाजनपद, नगर, ग्राम एवं निगम

बौद्ध युग महाजनपद युग के रूप में, इतिहास जगत् में समादृत रहा है।[90] जनपद शब्द का प्रयोग आर्य संस्कृति के समय से ही जारी होता है। उत्तर वैदिक काल में जनों का जनपदों में विकास, तदन्तर बुद्ध और महावीर के समय में षोडश महाजनपदों की स्थापना हुई। उस समय देश के एक कोने से दूसरे कोने तक महाजनपदों का ताँता-सा बिछ गया था। पालिपिटकों में बुद्ध का भिक्षुसंघ के साथ विभिन्न जनपदों में यात्रा सम्बन्धी आख्यानों को समादृत किया गया हैं।[91]

अंगुत्तर निकाय में षोडश महाजनपद की सूची निबद्ध मिलती है।[92] ऐसा प्रतीत होता है कि मुस्लिम काल में इन जनपदों का स्थान सूबों ने अधिग्रहण कर लिया था; जिसकी परम्परा आँग्लशासन काल तक दौड़ी। स्वतन्त्र भारत में पुनः जनपद भौमिक धरातल पर अवतरित हुए। इस क्रम का ध्यान रखते हुए अन्वेषक ने आवश्यकतानुसार जनपद से महाजनपद, महाजनपद से सूबा, सूबा से जनपद की ओर जहाँ ऐतिहासिक शोधात्मक दृष्टिपात करेगा, वहीं इसके आँचल में छिपे हुए नगर, ग्राम एवं निगमों का भी अवमूल्यन करेगा जिससे विषय वस्तु की सुबोधगम्यता एवं तारतम्यता सुस्थापित हो सके; क्योंकि काशी, कोशल तथा वत्स जैसे महाजनपद के आँचल में छिपा हुआ पूर्वी उत्तर प्रदेश सदियों से नागर ग्राम सभ्यता का प्रमुख केन्द्र रहा है। इस दिशा में अयोध्या, श्रावस्ती, काशी, प्रयाग, कौशाम्बी, जौनपुर, पावा और कुशीनगर आदि जैसे नगरों के ऐतिहासिक महत्त्व के साथ-साथ आवश्यकतानुसार पूर्वी उत्तर प्रदेश के बाराबंकी, बस्ती, गोरखपुर, बलिया, गोण्डा आदि जनपदों में अवस्थित पुराधरोहर तथा ग्रामों पर प्रकाश डालना सुतराम् आवश्यक हो जाता है।

अयोध्या

भारत में नागर सभ्यता की जननी अयोध्या नगरी रही है। इस नगरी के गोद में विभिन्न राजवंशों का उत्थान तथा पतन हुआ। वैवस्वतमनु, इक्ष्वाकु, पृथु, हरिश्चन्द्र, भगीरथ, रघु, दशरथ, राम, प्रसेनजित्, पुष्यमित्र शुंग आदि के राजनैतिक तथा सांस्कृतिक क्रियाकलापों से इसने न केवल भारत वरन् जापान, अमेरिका, मिस्र, दक्षिण-पूर्वी एशियाई आदि जैसे देशों को अतीत काल से प्रभावित किया था। अयोध्या का विशेष सम्बन्ध बृहत्तर भारत से जुड़ा हुआ था। बृहत्तर भारत के एक कोने से दूसरे कोने तक दर्शक आज भी राम और सीता के कष्टों पर आँसू बहाते हैं। अयोध्या के महत्त्व के कारण सप्तमोक्षदायिनी पुरियों में इसे प्रथम स्वीकार किया गया है। इस पर कोई विजय नहीं प्राप्त कर सकता था। इसलिए अयोध्या नाम पड़ा।[93] हर्ष का विषय है कि ऋग्वेद में जहाँ सरयू का वर्णन हैं वहीं नगरी के संस्थापक वैवस्व मनु, इक्ष्वाकु, पृथु, मान्धाता, पुरुकुत्स, त्रस्दस्यु, भजेरथ इत्यादि नृपतियों का पुरावृत्त पढ़ने को मिलता है जिसकी परिपुष्टि ब्राह्मणग्रन्थों तथा पुराणों से समीचीन है।

वाल्मीकि रामायण के प्रारम्भिक सर्गों में राजधानी अयोध्या और उसके नृपतियों के राजनैतिक तथा सांस्कृतिक क्रियाकलापों का प्रारूप मुखर हो उठा है।[94] नागर निदर्श के परिप्रेक्ष्य में, अयोध्या की संरचना विश्व सभ्यता के इतिहास में नागर सन्निवेश की अक्षत पुरातात्त्विक धरोहर है। प्राचीन युद्ध के इतिहास में लौह नगरी अयोध्या और उसके नृपतियों के यौद्धक चित्र मानव सभ्यता के विकास में सदैव स्मरणीय रहेंगे। भले ही आधुनिक इतिहासकारों की सम्मति में कवि वाल्मीकि ने नगरी का अतिरंजनापूर्ण वर्णन किया हो। बहुत अधिक सम्भावना तो यह है कि उनके काव्यधारा की प्रेरणास्रोत अयोध्या

रही हो। इसलिए उन्होंने अयोध्या के सुप्रसिद्ध राजाओं के जीवन-चरित्र को लिपिबद्ध किया। अयोध्या और उसके चौराहे, तोरण, महल, गोपुर, अटारियाँ, नर-नारी सब-कुछ कवि के हृत्तन्त्री के तारों को झंकृत कर देते हैं। उत्सवों पर उसकी शोभा का वर्णन करते हुए वह अघाता नहीं जब वह लंका का वर्णन करने लगता है तो उस नागरिक भावना का सुन्दरतम पुटपाक देखने को मिलता है; जो अयोध्या ने उसके हृदय में जाग्रत किया था। यदि कोई कवि काल्पनिक महल का निर्माण कर ले और उसमें परीलोक की किसी रानी को बसा ले, किन्तु उसके विचार पार्थिव एवं शाश्वत रहेंगे तथा चिरपरिचित वस्तुओं से सदैव प्रतिबिम्बित होते रहेंगे। वाल्मीकि के अनुसार राम की मृत्यूपरान्त वह वैभवशाली नगरी नष्ट हो गयी।[94] नगरी का अधः पतन कैसे हुआ? इस दिशा में साक्ष्य मौन है वाल्मीकि भूकम्प से परिचित थे। इन्हीं प्राकृतिक आपदाओं के कारण नगरी के स्वरूप में किंचित् परिवर्तन हुआ होगा न कि अयोध्या नगरी पूर्णरूपेण बर्बाद हो गयी थी। प्राक् मौर्य कोशल के इक्ष्वाकुओं के वंशवृक्ष के अवलोकन से विदित होता है कि चन्द्रगुप्त मौर्य के अभ्युदय के पूर्व तक अयोध्या का राजवंश निरन्तर चलता रहा।[95] अन्वेषक की नूतन गवेषणा से विदित होता है कि कालिदास द्वारा वर्णित ध्वस्त अयोध्या पुष्यमित्र शुंग के

मणि पर्वत : अयोध्या-मौर्य युग

काल में यवनों द्वारा लुटी हुई अयोध्या है। महाभारत में पुण्य लक्षणा, कोशला, अयोध्या आदि इसके नाम रहे हैं; वहीं अयोध्या के कतिपय राजाओं के राजनैतिक तथा सांस्कृतिक क्रियाकलाप का मनोहारी रूप प्रस्तुत किया गया है। पुराणों में अयोध्या राजवंश का इतिहास सुरक्षित मिलता है। बौद्ध तथा जैन साहित्य में भी इस नगरी का स्मरण किया गया है। जैन साहित्य में अयोध्या के साकेत, इक्ष्वाकु भूमि, रामपुरी, अपराजिता, नन्दिनी, विशाखा, सागेय आदि नामों की परिचर्चा उभारी गयी है।[96] बौद्धकालीन 6 महानगरों में साकेत की गणना होती थी जो पौराणिक मान्यता को चरितार्थ करती थी। यद्यपि अशोक की लाटें अयोध्या के ऐतिहृय पक्ष के सन्दर्भ में मौन हैं, तथापि पुष्यमित्र शुंग का अभ्युदय उसके राजनैतिक तथा सांस्कृतिक इतिहास में नूतन सन्देश लाता है। ऐसा प्रतीत होता है कि सेनापति पुष्यमित्र शुंग उसके वंशधर मित्र, देवदत्त, सेन नामान्तधारी शासकों की प्यारी राजधानी होने का श्रेय अयोध्या नगरी को प्राप्त था। जिन्होंने गुप्तों के अभ्युदय के पूर्व यहाँ शासन किया। तदन्तर अयोध्या को साम्राज्यवादी गुप्तों की राजधानी होने का गौरव मिला। मौखरियों के बहुतेरे सिक्के अयोध्या से प्राप्त हैं; जो उनके शासन की परिपुष्टि करते हैं।

सम्राट् हर्षवर्द्धन के काल के चीनी यात्री ह्वेनसांग की ओयूटो ही अयोध्या है।[97] हर्षोत्तर अयोध्या का लगभग 100 वर्ष का इतिहास अन्धकारमय है। जनश्रुतियाँ इस काल में भर सभ्यता की याद दिलाती हैं; जिनकी इतिहास संरचना तिब्बत की पुरातात्त्विक यात्रा से ही सम्भव है। कन्नौज का यशोवर्मन अयोध्या आया था और उसने मन्दिर बनवाया था।[98] तदन्तर मिहिर भोज और महेन्द्रपाल प्रतिहारवंशीय शासकों ने यहाँ शासन किया था। चन्द्रदेव, गोविन्दचन्द्र तथा जयचन्द गाहड़वाल आदि राजाओं के शासन क्षेत्र में अयोध्या नगरी रही। जयचन्द के दिवंगत होने के पश्चात अयोध्या मुस्लिम साम्राज्य के अधीन हुई तथा 1226 ई. में इसे पुनः राजधानी होने का गौरव मिला। अमीर खुसरो, बख्तियार खिलजी, बलबन, अलाउद्दीन खिलजी, मुहम्मद तुगलक और फिरोज तुगलक आदि को अयोध्या की सभ्यता एवं संस्कृति से विशेष सम्मोह था। अन्वेषक की नूतन गवेषणा से विदित होता है कि न तो बाबर अयोध्या आया था और न तो मस्जिद बनवाया था।[99]

फिलहाल मुस्लिम-युग की अवध नगरी को राजनीति एवं संस्कृति की केन्द्रस्थली होने का गौरव प्राप्त था। अयोध्या नगरी की स्थापना, प्रथम वैदिक राजा वैवस्तव मनु ने, प्रलय की घटनोपरान्त गंगा-घाघरा दोआब सर्वाधिक उपजाऊ क्षेत्र में, वैसे ही किया था; जिस प्रकार कृषक सुमेर प्रदेश में बसकर प्राचीन नगरी आबाद किये थे।[100] अयोध्या तथा पुरातत्त्व के परिप्रेक्ष्य में समय-समय पर कनिंघम, ए.के.नारायण, एच.डी.शाकल्या, बी.बी. लाल, बी.आर. मणि और हरिमाझी प्रभृति विद्वानों की दृष्टि पड़ी। उत्खनन में मृद्भाण्ड, मूर्तियाँ, मनके, खिलौने, चूड़ियाँ, सिक्के तथा अन्य लौह उपकरण प्राप्त हुए हैं; जो

अयोध्या की प्राचीनता 1600 ई.पू. बोलते हैं। इससे ध्वनित होता है कि अयोध्या नगरी सदैव आबाद थी। अन्वेषक की नूतन गवेषणाओं से भी अयोध्या के आबाद होने की परिपुष्टि होती है। आधुनिक अयोध्या ही प्राचीन अयोध्या सिद्ध होती है।

श्रावस्ती

श्रावस्ती कोशल महाजनपद की महत्त्वपूर्ण नगरी थी। इसे बौद्ध युग में कौशल की राजधानी होने का श्रेय प्राप्त था। अतीत की श्रावस्ती नगरी के भग्नावशेष सहेट-महेट आधुनिक श्रावस्ती जनपद में देखे जा सकते हैं। उत्तरी पूर्वी रेलवे की गोण्डा-गोरखपुर लाइन पर बलरामपुर स्टेशन से श्रावस्ती 16 किमी. उत्तर-पश्चिम में है; वहाँ से श्रावस्ती के लिए पक्की सड़क बनी है। श्रावस्ती पहुँचने का दूसरा मार्ग बहराइच-बलरामपुर सड़क पर स्थित इकौना बाजार है; जहाँ से श्रावस्ती 8 किमी. पूर्व में है। परन्तु पहला मार्ग अधिक सुविधाजनक है। श्रावस्ती नगरी की ऐतिहासिक पृष्ठभूमि वाल्मीकि रामायण, महाभारत, पुराणों, जैन साहित्य, बौद्ध साहित्य तथा पुरातात्त्विक गवेषणाओं में देखी जा सकती है।

पौराणिक मान्यता के अनुसार इसकी स्थापना सूर्यवंशीय नरेश श्रावस्त ने की थी।[101] बौद्ध मत के अनुसार सवत्थक नामक ऋषि के निवास स्थान होने के कारण नगरी का नाम श्रावस्ती पड़ा।[102] यहाँ मनुष्यों के उपभोग, परिभोग की सब चीजें विद्यमान थीं।[103] एकमत के अनुसार धर्मराज के पुत्र श्रीवास्तव द्वारा इस नगरी की स्थापना होने के कारण इसका नाम श्रावस्ती पड़ा। ऐसा प्रतीत होता है कि पौराणिक सूर्यवंशीय श्रावस्त नरेश ही बौद्ध साहित्य का सवत्थक ऋषि रहा होगा। अधिक सम्भावना तो यह है कि उसने वृद्धावस्था में मुनिवृत्ति अपना लिया हो क्योंकि यह स्पष्ट है कि सूर्यवंशीय सम्राट् वृद्धावस्था में मुनिवृत्ति अथवा संन्यास ग्रहण कर लेते थे।[104] राम के पुत्र लव ने श्रावस्ती नगरी में शासन किया था।[105]

पालि पिटकों से ज्ञात होता है कि यह नगरी विलास, सुख तथा समृद्धि की केन्द्रस्थली थी।[106] बौद्धयुगीन भारत की 6 प्रमुख नगरियों में इसकी गणना की जाती थी।[107]

पाणिनि ने भी अचिरवती और श्रावस्ती का उल्लेख किया है।[108] बुद्ध घोष से विदित होता है कि यहाँ 57,000 परिवार रहते थे, जो प्रमुदित होकर जीवनयापन करते थे।[109] ललित विस्तर से ज्ञात होता है कि श्रावस्ती नगरी राजाओं, राजकुमारों, मन्त्रियों और सलाहकारों से घिरी रहती थी।[110] नगरी के चारों ओर प्राकार (रक्षा दीवाल) तथा जलयुक्त खाई घिरी हुई थी। नगरी के चारों ओर एक-एक मुख्य द्वार थे। उस नगरी का वैभव देव नगरी अलकनन्दा के समान था। उसकी नगर संरचना अत्यन्त ही श्लाघनीय थी।

चीनी यात्री फाह्यान ने दक्षिणी[111] तथा ह्वेनसांग ने पूर्वी[112] प्रवेशद्वारों की चर्चा यात्रा विवरणों में किया है। साकेत से श्रावस्ती 6 योजन की दूरी, राजगृह से 45 योजन

पश्चिमोत्तर, संकाश्या से 30 योजन, तक्षशिला से 147 योजन सुप्पारक से 110 योजन उत्तर में स्थित थी।[113]

यहाँ से 120 लेगस उत्तर की ओर कुक्कट नामक स्थान था, जहाँ व्यापार के दृष्टिकोण से व्यापारी लोग जाया करते थे।[114] यहाँ से 1 योजन दक्षिण में अन्ध वन था। जहाँ कोशल के प्रमुख चोर, डकैतों का निवास था। प्रसेनजित् ने यहाँ डाकुओं का दमन किया था। इस नगरी में राजकुमार जेत का जेतवन उद्यान प्रमुख स्थान था।[115] ध्यातव्य है कि महासेट्ठि अनाथपिण्डक ने महात्मा बुद्ध के विहारार्थ इसे राजकुमार जेत से खरीदकर यहाँ विहार का निर्माण करवाया था। जेतवन विहार में आरामगृह, कोन्थक, उपत्थानशाला (प्रार्थना भूमि) अग्निशाला आदि विद्यमान थे।[116] जेतवन के शान्त वातावरण से प्रभावित होने के कारण ही बुद्ध ने अपने जीवन का अधिकांश समय यहीं व्यतीत किया था। जेतवन के अतिरिक्त इस नगरी में अनेक बौद्ध विहार थे। जेतवन के विपरीत दिशा में राजकाराम स्थित था। इसका निर्माण कोशल सम्राट् प्रसेनजित् ने करवाया था।[117] बुद्ध की नारी शिष्या मृगरवधू विशाखा ने उनके आदेश से नगरी के पूर्व में पूर्वाराम का निर्माण करवाया था। जिससे इसे मिगारमातु पासाद भी कहा जाने लगा। यह दो मंजिलोंवाला भवन था।

प्रत्येक मंजिल में पाँच-पाँच सौ कमरे थे।[118] ऐसा प्रतीत होता है कि श्रावस्ती समृद्धि से प्रभावित होने के कारण लोग उसे सावत्थी महती (श्रेष्ठ श्रावस्ती) कहने लगे, यही बाद में बिगड़कर सहेट-महेट हो गया । त्रिकाण्डकोष में इसे धर्म पत्तन भी कहा गया है।[119] मौर्ययुगीन साहगौरा अभिलेख तथा जैन पिटकों से ज्ञात होता है कि मौर्यकाल में श्रावस्ती भुक्ति के रूप में प्रतिष्ठित थी।[120] कुषाणों के काल में श्रावस्ती की सांस्कृतिक लोकप्रियता भारत में विख्यात थी। कुषाण शासकों के अनेक सिक्के, अभिलेख, मूर्तियाँ, मूर्तिअभिलेख भी उत्खनन में यहाँ मिले है। बौद्ध ज्ञान प्राप्त करने के पहले की कुषाणकालीन बुद्ध[121] प्रतिमा अभिलेख से श्रावस्ती और कोसम्बकुटी[122] की ऐतिहासिकता प्रभासित होती है।

कनिष्ठ के पाषाण क्षत्र अभिलेख में भी श्रावस्ती और कोसम्बकुटी का उल्लेख मिलता है।[123] उत्तर कुषाणकालीन बुद्ध लेख में साकेत की सर्वप्रथम आभिलेख सूचना मिलती है।[124]

कुषाणकालीन साकेतक कवि अश्वघोष ने सौन्दरनन्द[125] में जेतवन के दान की चर्चा निबद्ध किया है। भरहुत[126] और साँची[127] की कलाकृतियों में अनाथपिण्डक द्वारा जेतवन क्रय किये जाने की सम्पूर्ण कथा उच्चित्रों के माध्यम से चित्रित की गयी है। गुप्तकाल में श्रावस्ती भुक्ति के रूप में गौरवान्वित रही। उल्लेखनीय है कि राजगृह जनपद के पिलिपिण्डिका नामक स्थान से गुप्तकालीन मुहर प्राप्त हुई है[128], जिसमें 'श्रावस्ती भुक्त्स्य न्यायाधिकरणस्य' का उल्लेख मिलता है। चीनी यात्री फाह्यान ने इस नगरी की

यात्रा की थी। चौथी सदी की रचना पउमचरियम् में श्रावस्ती का वर्णन मिलता है।[129] हर्षवर्द्धन के मधुवन अभिलेख में श्रावस्ती भुक्ति की चर्चा सुरक्षित मिलती है।[130] चीनी पर्यटक ह्वेनसांग ने अपने यात्रा-विवरण में श्रावस्ती को शीली-फु-शीतो बतलाते हुए इसका वर्णन किया है।[131]

महेन्द्रपाल के 762 ई. में जारी किये गये दिधवा दुबौली अभिलेख में श्रावस्ती भुक्ति का उल्लेख मिलता है।[132] ग्यारहवीं सदी के महाराज भवगुप्त द्वितीय के शासनकाल के तीसरे वर्ष में जारी किये गये कटक ताम्रफलकाभिलेख से ज्ञात होता है कि एक ब्राह्मण श्रावस्ती मण्डल के कासिल्ली भाँट गाँव से कटक गया था।[133] पं. दयाराम साहनी ने 1908 ई. में सहेट-महेट के उत्खनन में गाहड़वाल शासक गोविन्दचन्द्र का संवत् 1186 का एक ताम्रपत्र प्राप्त किया; इस ताम्रपत्र में जेतवन विहार के लिए गोविन्दचन्द्र ने 6 गाँव दिया था।[134] जिनके नाम ये हैं– बाड़ा–चतुरासीति, पत्तलीय विहार, पत्तण, उपलुहड़ा, ववहाली, मेयी सम्बद्ध घोसाड़ी, पीठी वारा सम्बद्ध पयासी। पं. दयाराम साहनी का विचार है कि सहेट-महेट से 2 मील पश्चिम बाना जोत ग्राम ही उक्त अभिलेख में चर्चित विहार गाँव था। पत्तणा की पहचान सहेट से 3 मील दक्षिण में स्थित कटरा से करते हैं। उपलुहड़ा की पहचान करने में असमर्थ हैं। पटना ग्राम के निकट स्थित वील्हा ही ववहाती/ल था। घोषाड़ी की पहचान करने में असमर्थ हैं। मेयी, गोण्डा-इटियाथोक मार्ग पर स्थित सुभागपुर के निकट अब भी है। पयासी की पहचान बयासी से करते हैं। यह सहेट-महेट से दो कोस उत्तर पूर्व में स्थित है। इस अभिलेख से पता चलता है कि ग्यारहवीं-बारहवीं सदी में श्रावस्ती निर्जन नहीं थी। पारम्परिक रूप से सुना जाता है कि यहाँ मयूरध्वज, हंसध्वज, मकरध्वज, सुधन्वाध्वज, सुहदलध्वज, या सुहलदेव जैसे राजाओं ने 900 ई. से लगभग 1050 ई. तक शासन किया था।[135] इन राजाओं के पूर्वकालीन श्रावस्ती के राजाओं का भी यत्र-तत्र उल्लेख मिलता है। चौथी सदी की रचना पउमचरियम् में श्रावस्ती के राजा सुमित्र का उल्लेख मिलता है। कथा सरित्सागर में श्रावस्ती के राजा देवसेन और वणिक पुत्री उन्मादिनी की कथा सुरक्षित मिलती है।[136]

हर्षचरित में श्रावस्ती के राजा श्रुतवर्मा का उल्लेख मिलता है।[137] ह्वेनसांग ने यहाँ के राजा विक्रमादित्य की चर्चा की है।[138] आठवीं सदी के रचना दण्डी के दशकुमारचरित से ज्ञात होता है कि श्रावस्ती के राजा धर्मवर्द्धन के नव मालिका नामक सुन्दर पुत्री थी। प्रगति अपनी श्रावस्ती की यात्रा पर चलते रहे; जहाँ कलान्त होने पर, वह नगर से बाहर किसी भाग में, लताओं के बीच विश्राम करने के लिए लेट गये थे।[139] ऐसा प्रतीत होता है कि उपरिचर्चित शासक भिन्न-भिन्न युगों में इस नगरी के नगराध्यक्ष रहे होंगे, क्योंकि साक्ष्य प्रमाणित करते हैं कि श्रावस्ती नगरी मूलतः गुप्तों, वर्धन, प्रतिहार, गाहड़वालवंशीय शासकों के अधीन थी। यह नगरी राजपूत-काल तक विनष्ट नहीं हुई थी। यहाँ के उत्खनन में महाभारत से लेकर बारहवीं सदी की पुरावस्तुएँ प्राप्त हुई हैं।[140] सुहेलदेव ने मसउदगाँजी

और उसके भानजा हातिला जैसे मुस्लिम आक्रान्ताओं से इसकी रक्षा की थी। चौदहवीं सदी की रचना विविध तीर्थ कल्प से ज्ञात होता है, कि अलाउद्दीन खिलजी के हब्बस नामक मलिक ने बहराइच से आकर श्रावस्ती के अवशेषों को नष्ट किया था। जिससे पता चलता है कि तेरहवीं सदी तक यह नगरी विद्यमान थी। साहित्यिक तथा पुरातात्त्विक साक्ष्यों के आलोक में इसके व्यापार और धर्म का अच्छा परिचय मिलता है। यहाँ की शिक्षा उन्नतावस्था की थी। जाणुस्सोणि नामक प्रसिद्ध विद्वान् ब्राह्मण का सम्मान कोसल सम्राट् प्रसेनजित् करते थे।[142] आश्वलायन, तालजंघ, आकाश गोत्र जैसे वैदिक संस्कृति के प्रमुख विद्वान् यहाँ निवास करते थे। श्रावस्ती व्यापार का एक केन्द्र था। बौद्ध पिटकों में यहाँ के व्यापार पर यत्र-तत्र प्रकाश डाला गया है। यहाँ से प्राप्त सिक्कों, आभूषणों , मृद्भाण्डों, औजारों, पाषाण, शीशा आदि की वस्तुओं के[143] अवलोकन से सहज में ही इसके व्यापारिक महत्त्व को आंका जा सकता है। ऐसा लगता है कि यहाँ के जनपथों पर समुचित दूरियों के गोदाम थे। जहाँ खाद्य वस्तुएँ जमा होती थीं। यह नगरी बौद्धकालीन भारत के उस राजमार्ग पर स्थित थी; जो पूर्व में सेतव्या, कपिलवस्तु, कुशीनगर, भोगनगर और वैशाली होते हुए, राजगृह जाता था।[144] अनाथपिण्डक इसी मार्ग से राजगृह गया था। इस मार्ग

श्रावस्ती : गौरवशाली अतीत

में 12 पड़ाव पड़ते थे। दूसरा मार्ग श्रावस्ती से दक्षिण पश्चिम होते हुए पैठन तक जाता था। तीसरा मार्ग पश्चिम की ओर सिन्धु तक जाता था। यह मार्ग भारत को पश्चिमी एशिया तक मध्य एशिया से जोड़ता था। श्रावस्ती से एक सड़क कीटागिरि होते हुए वाराणसी जाती थी। साकेत से श्रावस्ती जानेवाले मार्ग में 6 पड़ाव पड़ता था। इस नगरी से 360 लेगस दूरी पर कुक्कुट नामक उपवन था, जहाँ व्यापारी व्यापार के दृष्टिकोण से जाते थे। प्रसेनजित् के काल में राजगृह, गन्धार, साकेत, काशी, और सुप्पारक से श्रावस्ती नगरी का व्यापारिक सम्बन्ध जुड़ा हुआ था। हर्ष का विषय है कि श्रावस्ती का व्यापारिक सम्बन्ध भारत के कतिपय भू-भागों के साथ-साथ लंका[145] और अमेरिका[146] जैसे देशों से जुड़ा हुआ था। कोशल के धार्मिक इतिहास में श्रावस्ती नव आयाम-सा जोड़ देती है। महात्मा बुद्ध की धार्मिक शिक्षाओं तथा क्रिया-कलापों का उत्कर्ष श्रावस्ती की गोद में हुआ था। उनके शिष्य अनाथपिण्डक, मृगरवधू विशाखा, प्रसेनजित्, सारिपुत्त तथा लता, भद्दा-सोना, उर्वरी आदि की धार्मिक चेतना का स्फुरण यहीं से हुआ था।[147] यद्यपि यहाँ बौद्ध विहारों की बहुलता थी, तथापि ह्वेनसांग के समय से इनकी संख्या कम होती गयी। इसी प्रकार जैन धर्म का प्रचार तथा प्रसार यहाँ होता रहा। जैन साहित्य में इसके सावत्थी, सावत्थिपुर, चन्द्रपुरी, चन्दिकापुरी, चन्द्राननना आदि नामों का उल्लेख मिलता है।[148] जैन पुराणों में इसकी महिमा निबद्ध की गयी है। महावीर ने यहाँ एक बार वर्षावास किया था।[149] यहीं उनकी मक्खलिपुत्त गोसाल से पहली बार भेंट हुई थी । तीसरे तीर्थङ्कर सम्भवनाथ और आठवें तीर्थङ्कर चन्द्रप्रभनाथ के गर्भ, जन्म, तप, केवल ज्ञान तथा कल्याणक यहीं सम्पन्न हुए थे। महावीर की समवसरण भूमि होने के कारण जैन धर्म के प्रति इस क्षेत्र का आकर्षण बढ़ा। गुप्त तथा राजपूत-काल में यहाँ किसी-न-किसी रूप में जैन धर्म का अस्तित्व रहा। यहाँ का स्थानीय राजा सुहेलदेव और उसके पूर्वज जैन धर्मानुयायी थे।[150]

जैन धर्म के अध्ययनार्थ दूर-दूर के लोग यहाँ आते थे। यहाँ के जैन विद्वानों में कश्यप के पुत्र कपिल तथा विद्वान् केशी का नाम बड़े आदर के साथ लिया जाता है। यहाँ भगवान् महावीर द्वारा प्रचलित जैन सिद्धान्तों के प्रचार का प्रमुख केन्द्र कोथक चेतिय नामक विहार था। यहाँ सम्भवनाथ का मन्दिर था। ऐसा कहा जाता है कि आजीवक सम्प्रदाय के प्रमुख आचार्य मक्खलि पुत्र गोशाल को श्रावस्ती में ज्ञान मिला था। स्पष्ट है कि धीरे-धीरे यहाँ आजीवक सम्प्रदाय के सिद्धान्तों का प्रचार हुआ होगा। श्रावस्ती नगरी के उत्खनन से प्राप्त प्राचीन जैन मन्दिरों पर विचार करने से ऐसा लगता है कि सुदीर्घ काल तक उस नगरी में जैन धर्म का विकास हुआ होगा। श्रावस्ती नगरी वैदिक संस्कृति से भी प्रभावित रही। ब्राह्मण धर्म का भी समय-समय पर यहाँ प्रचार एवं प्रसार होता रहा। चीनी यात्री फाह्यान तथा ह्वेनसांग ने नगरी में मन्दिरों का उल्लेख किया है। निश्चित रूप से ये मन्दिर ब्राह्मण धर्म से सम्बन्धित रहे होंगे। यहाँ के उत्खनन से प्राप्त गुप्तकालीन मिट्टी की मूर्तियों पर पौराणिक कथाएँ, रामकथा, गणेश, शिव, मातृदेवी आदि का

चित्रांकन किया गया है। यद्यपि मध्ययुगीन मुस्लिम अभियान के परिणामस्वरूप ही इसका वैभव क्षीणप्राय हो गया । अलाउद्दीन खिलजी के समय इस नगरी की बड़ी बर्बादी हुई; तथापि आज भी यहाँ के अनेक टीले और स्मारक श्रावस्ती की प्राचीन यशोगाथा की स्मृति के पाथेय हैं।

श्रावस्ती के उत्खनन से महत्त्वपूर्ण पुरातात्त्विक सम्पदा मिली है, जो राज्य संग्रहालय लखनऊ तथा राष्ट्रीय संग्रहालय कलकत्ता में सुरक्षित है। यह सम्पदा मूर्तियों, सिक्कों, मुहरों, पुरालेखों, विभिन्न प्रकार के औजारों आदि के रूप में है। प्राचीन बौद्ध तथा जैन साहित्य में वर्णित अनेक मन्दिरों और विहारों आदि की पहचान कर ली गयी है। जिनमें गन्धकुटी, कोसम्ब कुटी, जेतवन, पूर्वाराम, सम्भवनाथ मन्दिर, आदि उल्लेखनीय हैं। श्रावस्ती के पुरातात्त्विक अध्ययन पर सर्वप्रथम जनरल कनिंघम ने दृष्टिपात करते हुए उत्तर प्रदेश के वर्तमान गोण्डा और बहराइच जनपदों की सीमा पर स्थित सहेट-महेट गाँवों से प्राचीन श्रावस्ती के समीकरण विषयक तथ्य को प्रस्तावित किया था। उनका यह समीकरण सहेट के खँडहरों से प्राप्त एक विशालकाय बोधिसत्व की प्रतिमा के अनुसन्धान पर आधारित था। जिस पर कुषाणकालीन अभिलेख उत्कीर्ण है।[151] अभिलेख से विदित होता है कि बुद्ध के जीवन गाथाओं से वर्णित कोसम्बकुटी श्रावस्ती में थी।[152] बी.ए. स्मिथ ने कनिंघम के मत को चुनौती देते हुए नेपाली तराई के समीप नेपालगंज रोड स्टेशन के निकट चारदा को श्रावस्ती माना। उनका यह मत चीनी यात्री फाह्यान द्वारा यात्रा विवरणों में सुरक्षित मार्गों के परीक्षण पर आधारित था।[153] उनका यह विश्वास था कि उक्त प्रतिमा अपने मूल स्थान श्रावस्ती (नेपाल के पास) से सहेट को स्थानान्तरित की गयी थी।[154] परन्तु जब 1908 ई. में सहेट-महेट का उत्खनन हुआ तब उनका मत पूर्णरूपेण असत्य सिद्ध हुआ। उस मौके पर गोविन्दचन्द्र गाहड़वाल के ताम्रफलक की महत्त्वपूर्ण खोज हुई; जिसमें बौद्ध भिक्षु संघ हेतु 6 गाँवों के दान दिये जाने की बात उट्टंकित है।[155] ऐसे ही कनिष्क प्रथम का सहेट-महेट पाषाण छत्र तथा बोद्धिसत्त्व की एक अधूरी प्रतिमा भी मिली है। इनमें अभिलेख उत्कीर्ण हैं। अभिलेखों में श्रावस्ती और कोसम्बकुटी का उल्लेख मिलता है जिसमें श्रावस्ती और उनके जेतवन की ऐतिहासिकता प्रमाणित होती है। भरहुत स्तूप के तोरण द्वार तथा साँची स्तूप में जेतवन के क्रय किये जाने का चित्रण, उच्चित्र में मुखरित हो उठा है। ऐसा ज्ञात होता है कि अनाथपिण्डक ने बुद्ध के विहार के लिए राजकुमार जेत से जेतवन खरीदा था। सिंघली परम्पराओं में जेतवन खरीदे जाने की घटना का बड़ा अच्छा वर्णन मिलता है।[156] सिंघली परम्पराओं में वर्णित जेतवन क्रय किये जाने का सांगोपांग चित्रांकन भरहुत और साँची में ही नहीं अपितु बोधगया के उच्चित्रों में दर्शाया गया है, जिससे यह पता चलता है कि वर्तमान सहेट ही जेतवन था। श्रावस्ती नगरी सहेट से एक मील उत्तर में स्थित थी, जिसकी पहचान प्रायः सभी विद्वानों ने महेट से किया है, परन्तु यह आश्चर्य होता है कि उस महानगरी से एक मील की दूरी पर उसका

प्यारा जेतवन विद्यमान है। महेट के टीले मात्र $3^{1/2}$ मील में ही हैं। बौद्ध साहित्य में उस महानगरी के राजभवन, परिखाओं, दुर्गों, तोरणों का सजीव वर्णन मिलता है। यह भी पता चलता है कि प्रसेनजित् के राजमहल का स्पर्श अचिरवती नदी करती थी। अनाथपिण्डक का घर अचिरवती के तट पर था। तभी तो अचिरवती की बाढ़ में उसकी एक करोड़ मुद्राएँ बह गयी थीं। अचिरवती तीव्र वाहिनी नदी थी। इसकी धारा सदैव से परिवर्तित होती रही है; वर्तमान में यह महेट से लगभग 6 किमी. उत्तर में बहती है। श्रावस्ती से हिमालय दिखायी देता था, ऐसा वर्णन बौद्ध साहित्य में मिलता है, जिससे यह पता चलता है कि यहाँ ऊँचे-ऊँचे महल रहे होंगे, जिसके ऊपरी भाग पर चढ़कर लोग हिमालय देखते थे। आज भी स्वच्छ वातावरण में यहाँ से हिमालय दिखायी देता है, क्योंकि हिमालय की सीधी दूरी लगभग 30 मील है। यहाँ के उत्खनन में एक दुर्ग के दीवाल के अवशेष भी मिले हैं। अनेक मूर्तियाँ तथा मृद्भाण्ड, औजार, दैनिक जीवन में प्रयोग होनेवाली वस्तुएँ भी मिली हैं। फिर भी इन पुरातात्त्विक उपलब्धियों के आधार पर महेट को उस वैभवशाली नगरी का प्राचीन रूप नहीं मानना चाहिए। हाँ! इन खुदाइयों से अन्वेषक की यह धारणा है कि श्रावस्ती नगरी वैभवशाली नगरी थी, वह नगरी मात्र चार मील के घेरे में नही विद्यमान थी। ऐसी अवस्था में महेट से लेकर 3 मील उत्तर, पश्चिम में इकौना बाजार, सहेट से 3 मील पूर्व के भौगोलिक परिवेश ही उस महानगरी के स्वरूप को निर्मित करते रहे होंगे। आज भी इन क्षेत्रों में पुरातात्त्विक गवेषणा करने से उस वैभवशाली नगरी के इतिहास में नूतन प्रकाश पड़ेगा। इसी प्रकार देवी पाटन की स्थापना मौर्य सम्राट् अशोक और उसकी पुत्री चारुमती ने नेपाल-यात्रा के दौरान की थी; जहाँ गुप्तकाल से मुगलकाल तक के अवशेष देखे जा सकते हैं।

प्रयाग

प्राचीन भारत के मध्यदेश[157] की राजनैतिक एवं सांस्कृतिक विरासत को प्रस्फुटित करने में पुण्यसलिला गंगा और यमुना के संगम पर बसे हुए तीर्थराज प्रयाग[158] ने नये आयाम जोड़ दिये हैं। प्रयाग का ऐतिहासिक परिचय वैदिक[159] साहित्य, पुराणों, महाकाव्यों (रामायण, महाभारत) उपाख्यानों, पुरातात्त्विक साक्ष्यों में मिलता है। ऐसा ज्ञात होता है कि आर्य संस्कृति में यज्ञीय कर्मकाण्डों की प्रचुरता थी। सृष्टि के रचयिता ब्रह्मा ने प्रयाग को अपनी यज्ञस्थली बनाया। अग्निपुराण[160] के अनुसार प्रयाग में वेद और यज्ञ मूर्तिमान् हो उठे थे। सम्पूर्ण तीर्थो की समता में मत्स्यपुराण[161] के अनुसार गंगा और यमुना के मध्य जो पृथ्वी की जंघा है, उसी को प्रयाग कहते हैं और वही तीनों लोक में प्रसिद्ध है।[162] तीर्थ स्थल के रूप में प्रयाग के महत्त्व का उल्लेख कूर्मपुराण तथा महाभारत में मिलता है। प्रयाग के संगम पर भोजन अथवा द्रव्य आदि के दान से इहलौकिक और पारलौकिक सुखों की प्राप्ति होती है। गंगा-यमुना के संगम पर यज्ञ, श्राद्ध, गायों आदि का दान भी पुण्यदायक माना जाता है। पुराणों के अनुसार यहाँ माघ मास में अवश्य स्नान[163] करना चाहिए। ऐसा

ज्ञात होता है कि प्रयाग के महत्त्व के कारण ही भारत के अन्य भू-भागों के मुनिगण यहाँ पधारकर धार्मिक पहलुओं पर मनन-चिन्तन करते थे।[164] स्कन्दपुराण में व्याख्यापित है कि सित और असित नदियों का जल देवताओं[165] को भी दुर्लभ है। उनके संगम पर स्नान करनेवाला मनुष्य आनन्दमय ब्रह्म को प्राप्त करता है। मत्स्यपुराण से विदित होता है कि पृथ्वी पर साठ करोड़ दस हजार तीर्थ हैं।[166] उन तीर्थों का सम्मिलन प्रयाग में होता है। सृष्टि रचयिता ब्रह्मा और अन्य देवगण प्रयाग के रक्षार्थ तत्पर रहते हैं। योगिराज शिव प्रयाग में विद्यमान वटवृक्ष की रक्षा करते हैं। यहाँ दुखियों और दरिद्रों का कल्याण होता है। रोगी, दीन अथवा वृद्ध नर-नारी, गंगा-यमुना के संगम पर प्राण छोड़ने पर स्वर्ग की प्राप्ति के अधिकारी माने जाते हैं। उन्हें स्वर्ग के गन्धर्वों-अप्सराओं के बीच में स्वर्गीय सुख प्राप्त होता है। वटवृक्ष के नीचे प्राणत्याग[167] से रुद्रलोक प्राप्त होता है। इतिहास साक्षी है कि उत्तरगुप्त[168] शासक कुमारगुप्त[169] चन्देल शासक धंग तथा कलचुरि नरेश गांगेयदेव[170] ने प्रयाग में शरीर त्याग किया था। वास्तव में इस प्रकार का आत्मबलिदान प्राचीन भारत की परम्परा रही है।[171]

इसी प्रकार स्कन्दपुराण, कूर्म ,वायु, ब्रह्माण्ड, वामन आदि पुराणों में भी बार-बार प्रयाग में स्नान-दान के सन्दर्भ मिलते हैं। कतिपय पुराणों में प्रयाग का विस्तार 5 योजन बतलाया गया है। मत्स्य, पद्मपुराण तथा महाभारत से विदित होता है कि प्रयाग में कँवलेश्वर स्थान, कोटितीर्थ, दशाश्वमेधिक तीर्थ, भोगवती, प्रतिष्ठान, पंचकुण्ड, निरंजन, वटवृक्ष, सन्ध्यावट, हंसपतन, वेणीमाधव, उर्वशी-पुलिन, अग्नितीर्थ आदि उपतीर्थ के रूप में लोकप्रिय थे।[172] वाल्मीकि रामायण से विदित होता है कि राम, सीता और लक्ष्मण ने प्रयाग पहुँचने के पहले वटवृक्ष के नीचे रात्रि व्यतीत किया था। दूसरे दिन संगम स्नान करके प्रातः काल ही भरद्वाज के आश्रम की ओर प्रस्थान किया था।[173] ऐसा प्रतीत होता है कि भरद्वाज आश्रम में सदैव यज्ञाहुति होती रहती थी; क्योंकि राम ने दूर से ही अग्निहोम के धुओं को देखकर भरद्वाज आश्रम के प्रत्यभिज्ञान का उद्‌बोध लक्ष्मण को कराया था।[174] उस आश्रम में पशु-पक्षी, नर-नारी मैत्री भाव से रहते थे। राम ने एक रात्रि वहाँ निवास किया था। उल्लेखनीय है कि भरद्वाज ने राम का यथोचित स्वागत करने के पश्चात् दूसरे दिन चित्रकूट का मार्ग बताया था।

महाभारत में प्रयाग को एक तीर्थ के रूप में प्रतिष्ठित किया गया है;[175] ऐसा ज्ञात होता है कि हस्तिनापुर के गंगा में बह जाने के पश्चात् जनमेजय के वंशधर निवक्षु ने प्रयाग से दक्षिण स्थित कौशाम्बी (आधुनिक कोसम) नगरी की स्थापना की थी।[176] ध्यातव्य है कि कौशाम्बी वत्स जनपद की राजधानी थी। तथागत बुद्ध भी इस नगर में आये थे। बौद्ध युग में यहाँ शतानीक तथा उदयन ऐसे शासक हुए हैं; जिनके बारे में ऐतिहासिक जानकारी मिल जाती है।[177] ऐसा प्रतीत होता है कि उस समय प्रयाग में बौद्ध-धर्म का प्रभाव रहा होगा।[178] यद्यपि अशोक की लाटें प्रयाग के बारे में मूक हैं; तथापि

ह्वेनसांग के यात्रा-वृत्तान्त से ज्ञात होता है कि अशोक ने यहाँ स्तूप बनवाया था। हाँ! यह मानना पड़ेगा कि प्रयाग मौर्य साम्राज्य में सम्मिलित था। 184 ई. पू. में सेनापति पुष्यमित्र शुंग-मौर्य सम्राट् वृहद्रथ की हत्या करने के पश्चात्, मगध का शासक हो गया, ऐसी अवस्था में प्रयाग भी उसके आधिपत्य में आया। कवि कालिदास ने रघुवंश में प्रयाग के गंगा-यमुना संगम का ऐसा मनोहारी वर्णन किया है;[179] जिससे प्रयाग के सौन्दर्य में चार चाँद जुड़ गया है। संगम का वह सलोना रूप आज भी प्रयाग में देखा जा सकता है। शुंगों के पश्चात् यहाँ कुषाणों ने शासन किया था। कालान्तर में गुप्तवंशीय चन्द्रगुप्त का अभ्युदय हुआ। चन्द्रगुप्त से लेकर मागध गुप्त तक सम्राट् कुमारगुप्त तक प्रयाग और उसके समीपवर्ती भू-भागों पर गुप्तों का आधिपत्य[180] रहा, इस तथ्य की पुष्टि पुराणों से की जा सकती है। 606 ई. में हर्षवर्द्धन कन्नौज की गद्दी पर बैठा। उसके राज्यकाल में प्रयाग कन्नौज में मिल गया। तत्कालीन चीनी यात्री ह्वेनसांग के यात्रा-वृत्तान्त से ज्ञात होता है कि शीलादित्य हर्षवर्द्धन प्रति पाँच वर्ष के बाद प्रयाग में त्रिवेणी संगम पर पधारकर दान, स्नान तथा यज्ञ से सम्बन्धित धार्मिक क्रियाओं का सम्पादन करते थे। इस सम्बन्ध में ह्वेनसांग की ये पंक्तियाँ उल्लेखनीय हैं;

राजाज्ञा पालन करते हुए श्रमण, ब्राह्मण, निर्गन्थ, निर्धन तथा अनाथ दान ग्रहण करने के लिए प्रयाग में इकट्ठा हुए। वहाँ संगमरमर पर एक सफेद वर्गाकार हाता बनाया गया। जिसकी लम्बाई-चौड़ाई हजार-हजार फुट थी। उसके बीच-बीच में झोंपड़ियाँ बनी हुई थीं। जिसके अन्दर सोना, चाँदी, इन्द्रनील आदि जैसे सुन्दर मोती आदि बहुमूल्य कोष जमा हुए थे। वहाँ रेशमी, सूती कपड़े तथा सोने, चाँदी के सिक्के, भण्डारगृहों में रखे गये थे। सम्राट् हर्ष एक महीने तक मुक्तहस्त इन वस्तुओं का दान करते रहे। जब कोष खाली हो गया तब उन्होंने दान-वितरण की क्रिया समाप्त की।[181] उस समय प्रयाग में सैकड़ों हिन्दू मन्दिर विद्यमान थे। यहाँ अशोक का एक स्तूप, बुद्ध का शरीरावशेष निर्मित एक स्तूप तथा इसके निकट एक विहार भी था।[182] 647 ई. में हर्षवर्द्धन की मृत्यु हुई। उसकी मृत्यु के पश्चात् सौ वर्ष का इतिहास विवादग्रस्त है। ऐसा लगता है कि उस समय कई छोटे-छोटे राज्य स्थापित हुए होंगे। हाँ! गुर्जर प्रतिहारों के अभ्युदय से राजनीतिक एकीकरण की भावना पनपी । इस वंश का पहला शासक नागभद था। द्वितीय मिहिरभोज, महेन्द्रपाल के शासन क्षेत्र में प्रयाग रहा।[183] महीपाल प्रथम(915-945) के राज्यकाल में राष्ट्रकूट शासक इन्द्र तृतीय ने उत्तर भारत पर धावा बोला जिसके परिणामस्वरूप प्रयाग इन्द्र का राज्य हो गया। मगर शीघ्र ही महीपाल विजय करता हुआ सुदूर दक्षिण में कर्णाट तक पहुँच गया।[184] फिर भी उसके उत्तराधिकारियों को चन्देल शासक यशोवर्मन से हार खानी पड़ी; क्योंकि यशोवर्मन ने न केवल प्रयाग वरन् कश्मीर तक के भू-भाग को रौंद डाला था; क्योंकि उसने गंगा-यमुना के संगम (प्रयाग) के पवित्र जल में शिवोपासना करते हुए इहलौकिक लीला समाप्त की थी। इस सिलसिले में रोचक तथ्य है कि कलचुरि

शासक गांगेयदेव (1015-1040 ई.) के पौत्र यशः कर्ण के खैरा और जबलपुर से प्राप्त होनेवाले अभिलेखों से ज्ञात होता है कि गांगेयदेव ने प्रयाग के वटवृक्ष के नीचे अपना स्थायी निवास बना लिया था और वहीं उसने 100 रानियों के साथ मुक्ति प्राप्त किया। इससे ज्ञात होता है कि प्रयाग पर उसका आधिपत्य था। गांगेयदेव के पुत्र कर्ण (1041-1062 ई.) ने प्रयाग में गंगा के तट पर कर्णतीर्थ नामक घाट तथा कर्णावती नगरी की स्थापना की थी।[185]

कर्णावती की पहचान आधुनिक कानपुर से करना चाहिए। 1173 ई. से 1201 ई. तक चन्देलों ने प्रयाग पर पुनः शासन किया।

11वीं सदी के कश्मीरी इतिहासकार कल्हण की राजतरंगिणी से ज्ञात होता है कि कश्मीर के राजा जयापीड[186] ने ब्राह्मणों को 99, 999 घोड़ों का दान देने के साथ में प्रचुर दक्षिणा भी दिया था। उसने ब्राह्मणों को यह आदेश दिया था कि जो राजा पूरे एक लाख घोड़ों का दान करें, वह इस मुद्रा को हटा कर अपने नाम की मुद्रा चला सकता है। इस शर्त के साथ 'श्री जयापीड देवस्य' खुदी हुई मुहर बाहर जानेवाले गंगा जल के कलशों पर लगाने का आदेश दिया था। हिन्दू भारत के अन्त के पश्चात् प्रयाग में मुस्लिम राजवंशों का आधिपत्य हुआ। 1202 ई. में प्रयाग निश्चित रूप से कुतुबुद्दीन ऐबक के हाथ लगा होगा, उसके पश्चात् इल्तुतमिश, बलबन तथा अलाउद्दीन खिलजी ने यहाँ शासन किया था। ध्यातव्य है कि अलाउद्दीन ने कड़ा (इलाहाबाद के निकट) में अपने चाचा जलालुद्दीन का सिर कटवा लिया था। उसका सिर कड़ा और मानिकपुर में घुमाया गया था।[187] यह कहा जा सकता है कि लगभग 300 वर्षों तक प्रयाग—कड़ा स्थित शासकों के अधीन रहा। हर्ष का विषय है कि दिल्ली सल्तनत युग में रामानन्द जैसे समाजसुधारक, तत्त्वज्ञानी ऋषि का जन्म प्रयाग में हुआ। उनका जन्म कान्यकुब्ज परिवार में हुआ था।[188] मुगल शासकों के अभ्युदय से प्रयाग के इतिहास में नवोन्मेष द्रष्टव्य हुआ। मुगलकालीन इतिहास से विदित होता है कि 1539 ई. में शेरशाह शूरी से पराजित होकर हुमायूँ भागकर अरैल (यमुना के दक्षिण कोने पर स्थित) आया । उस समय वह राजा वीरभान की सहायता से गंगा पारकर कड़ा गया था।[189] इस घटना से मुस्लिम शासकों में प्रयाग का महत्त्व बढ़ा। यदि मुन्तखबुत-तवारीख पर विश्वास किया जाय तो पता चलता है कि मुगल सम्राट् अकबर ने गंगा के दाहिने तट पर अलाहावास[190] नगर की स्थापना की थी। उसने प्रयाग का नाम अलाहावास रखा था। उसने वहाँ एक बड़ा राजप्रासाद का निर्माण करवाया था। उसके काल में इलाहाबाद एक सूबा हो गया। वहाँ सिक्के भी ढाले[191] जाने लगे। उसने 1584 ई. में इलाहाबाद में दुर्ग की नींव डाली।[192] इलाहाबाद सूबे की देख-रेख जहाँगीर करता था। उसने अपने मनोरंजन के लिए खुसरो बाग की नींव डाली थी। खुसरो बाग में स्थित खुसरो की माँ (जहाँगीर की पत्नी) की कब्र आज भी मुगल सम्राटों की कलानुरागिता का देदीप्यामान उदाहरण है।

ज्ञातव्य है कि इलाहाबाद वैष्णव, शैव, बौद्ध, जैन धर्म के प्रचार के साथ में मुस्लिम-युग में मुसलमान फकीरों की दिव्य वाणियाँ प्रभासित होने के कारण ही इलाहाबाद फकीराबाद भी हो गया था। आज भी सरायखुल्दाबाद, सरायमीर खाँ, सरायसुलेमान, सराय आलमचन्द्र के भग्नावशेष उन फकीरों की याद दिलाते हैं। सम्राट् जहाँगीर के शासनकाल में कुम्भ मेले का प्रबन्ध राज्य की ओर से होने लगा। मुगल साम्राज्य के भंग होने के उपरान्त अंग्रेजों की सत्तावधि में इलाहाबाद को अनेक क्रान्तिकारियों, शान्तिदूतों, वैज्ञानिकों, कलाकारों, महान् नेताओं, साहित्यकारों, इतिहासकारों आदि की जन्मभूमि होने का श्रेय मिला, जिन्होंने मानव-जीवन के विविध क्षेत्रों में महत्त्वपूर्ण योगदान करने के साथ में इलाहाबाद नगरी की अन्तरराष्ट्रीय ख्याति स्थापित की। इलाहाबाद के गोद से लिपटे हुए ऐतिहासिक किला, अशोक स्तम्भ, अक्षयवट, सुजावन झील,[192 अ] शृंगवरेपुर, कड़ा, कौशाम्बी, प्रयाग विश्वविद्यालय तथा कतिपय शैक्षणिक, कलात्मक, ऐतिहासिक, धार्मिक, वैज्ञानिक संस्थाओं ने जनसमुदाय को ज्ञान बुभुक्षा का पाथेय बना दिया है। प्रयाग का ऐतिहासिक-पुरातात्त्विक अनुशीलन अद्यापि प्रेरणादायक है।

बस्ती–सिद्धार्थ नगर

पूर्वी उत्तर प्रदेश के बस्ती जनपद में समय-समय पर संस्कृति, साहित्य, धर्म, दर्शन, कला का संगम वैदिक काल से ही होता रहा है। बस्ती के पुरवा, बटेश्वरनाथ, तमेश्वरनाथ, पण्डूरघाट, पालदा देवी, सिंहेश्वरी देवी, सोहरतगढ़, शृंगीनारी, मखौड़ा, दुबौलिया, पिपरहवा, उपधौलिया, कोटखास, बराहक्षेत्र, लखनौरा, भुइलाडीह, बखिरा, एनवापिपरा, ऐनपुर, रामपुर, देवरिया, तावाँ बरई इत्यादि स्थलों के पुरातात्त्विक सर्वेक्षण से बौद्ध, मौर्य, मित्र, कुषाण, गुप्त तथा दशवीं सदी के बौद्ध विहार, पाषाण शिल्प, शिलालेख, मनके, मृण्मूर्तियाँ, सिक्के, औजार तथा कतिपय अन्यान्य पुरावस्तुएँ उपलब्ध हुई हैं; जो समृद्ध, संस्कृति तथा सभ्यता के विविध आयामों को उजागर करतीं हैं। इस जनपद के उत्तरी भू-भाग में शाक्य गणराज्य की प्यारी राजधानी कपिलवस्तु नगरी अवस्थित थी। अब सिद्धार्थ की याद में नवसृजित जनपद सिद्धार्थ नगर में लुम्बिनी विद्यमान है।

कपिलवस्तु

कपिलवस्तु शाक्यों की राजधानी थी। इसके निकट स्थित लुम्बिनी वन में सिद्धार्थ (गौतम बुद्ध) का जन्म हुआ था। इसे कपिलपुर,[193] कपिलाहव्यपुर,[194] कपिलवथ्थु,[195] कपिलवास्तु[196] और कपिलस्यवस्तु[197] भी कहा गया है। चीनी यात्री ह्वेनसांग ने इसे किपिलो[198]-फ-स-तु कहा है। बौद्ध साहित्य से ज्ञात होता है कि कपिल ऋषि के आश्रम के अवशेष पर निर्मित होने के कारण इस नगरी का नाम कपिलवस्तु[199] पड़ा। इसकी स्थापना किसी इक्ष्वाकुवंशीय राजकुमार ने हिमालय की तलहटी में की थी। महावस्तु से विदित होता है कि यह नगरी चार द्वारों तथा सात चहारदीवारियों से घिरी हुई थी। इस नगरी में मेहराबदार तोरण तथा कंगूरे विद्यमान थे।[200] यहाँ मीनारें, रमणीक उद्यान, पण्यवीथियाँ (बाजार) विद्यमान थे।[201] यहाँ उच्चकोटि के विद्वान् रहते थे।[202] यहाँ के

शासक प्रजारंजनार्थ ही कर ग्रहण करते थे। उनके मन्त्री बुद्धिमान् थे; प्रजा सुन्दर ढंग से कृषि कर्म करती थी। जैसा कि राजकुमार सिद्धार्थ ने महाभिनिष्क्रमण के समय कपिलवस्तु के कृषकों, जुते हुए खेतों को देखा था, जिनके घास-कतवार, कीड़े नष्ट हो गये थे।[203]

कपिलवस्तु एक व्यापारिक नगरी थी। राजगृह तथा प्रतिष्ठान के व्यापारी यहाँ आते थे। प्रतिष्ठान का बाबरि नामक भिक्षु कपिलवस्तु से गुजरते[204] हुए राजगृह गया था। कपिलवस्तु से वैशाली जाने के लिए राजमार्ग था।[205] इसके उत्तर में महावन था, जो हिमालय तक फैला हुआ था।[206] इस नगरी के पूर्व में रोहिणी नदी प्रवाहित होती थी; जिसके जल के उपयोग हेतु शाक्यों और कोलियो ने एक बाँध बनाया।[207] यद्यपि यहाँ की प्रजा, कोसल महाजनपद की अधीनता स्वीकार करती थी; तथापि शासन-प्रणाली राजतन्त्रात्मक न होकर गणतन्त्रात्मक थी। राजा का चुनाव किया जाता था। यहाँ एक सन्थागार था। जहाँ अधिकारीगण बैठकर प्रशासनिक एवं न्यायिक कार्यों की देखभाल करते थे।[208] ऐसा ज्ञात होता है कि सिद्धार्थ ने, कपिलवस्तु से थोड़ी दूर पर स्थित अनोमा नदी के तट पर अश्वपाल छन्दक को अपनी राजकीय वेशभूषा देकर कन्थक घोड़े के साथ कपिलवस्तु वापस लौटा दिया था। तत्पश्चात् जीवन की निस्सारता पर करुण[209] क्रन्दन किया; जो उनके दार्शनिक चिन्तन की पृष्ठभूमि के रूप में मुखर हो गया। अनोमा नदी की पहचान बस्ती जनपद की आमी नदी से करना न्यायसंगत है।[210] मौर्य काल तक आते-आते यह नगरी एक तीर्थस्थली के रूप में जानी गयी। उल्लेखनीय है कि मौर्य सम्राट् अशोक ने तथागत की जन्मस्थली लुम्बिनी और कपिलवस्तु की धार्मिक यात्रा की थी। उसने लुम्बिनी ग्राम को बलि (तीर्थङ्कर) से मुक्त कर दिया तथा वहाँ का भूमिकर हटाकर 1/8 कर दिया था; क्योंकि यहाँ बुद्ध का जन्म हुआ था।[211] उसने बुद्ध की स्मृति में वहाँ स्तम्भ स्थापित किया था। चीनी यात्री फाह्यान ने इस नगरी को ध्वस्तावस्था[212] में देखा था। ह्वेनसांग ने अपने यात्रा-वृत्तान्त में इस नगरी के अवशेषों[213] का वर्णन किया है। सम्बन्धित सन्दर्भ से ज्ञात होता है कि राजधानी कपिलवस्तु का क्षेत्रफल 15 ली. था। राजभवन की चहारदीवारी ईंटों की बनी हुई थी। यहाँ की भूमि उत्तम और उपजाऊ होने के कारण समयानुसार बोयी जाती थी। यहाँ की प्रकृति उत्तम तथा मनुष्यों का स्वभाव कोमल था। इस नगरी में बुद्ध के जीवनगाथा से सम्बन्धित अनेक अवशेष विद्यमान थे। ह्वेनसांग ने शाक्य राजा शुद्धोधन के राजभवन के टूटी-फूटी दीवारों की नीवों को देखा था। इन दीवारों के ऊपर उस समय एक विहार बना हुआ था। इसके अन्दर राजा की मूर्ति स्थापित की गयी थी। इसी खँडहर के निकट राजमहिषी महामाया का शयन गृह था; जहाँ उस समय विहार निर्मित था। उस विहार में रानी की मूर्ति बनी हुई थी। इस विहार के पास ही वह स्थान था; जहाँ माया के गर्भ में सिद्धार्थ प्रविष्ट हुए थे। गर्भवास गृह के उत्तर पूर्व में एक स्तूप था। जहाँ असित नामक ऋषि ने राजकुमार सिद्धार्थ के भावी जीवन के

भविष्यवाणी को व्यक्त किया था। नगरी के दक्षिण में एक मुख्य द्वार था; जहाँ से लोग दक्षिण जाने के लिए प्रस्थान करते थे। यह वही स्थान था जहाँ सिद्धार्थ ने खेल-खेल में हाथी को उठाकर फेंक दिया था। जिस स्थान पर वह हाथी गिरा उसे हस्तिगर्त कहा जाता था। नगरी से आग्नेयकोण में महात्मा बुद्ध के महाभिनिष्क्रमण का चित्र अंकित था। वहाँ उस समय विहार था, जिसमें राजकुमार सिद्धार्थ का घोड़े के सवारी का चित्र उत्कीर्ण था। हस्तिगर्त के पास ही राजकुमार सिद्धार्थ और उनकी प्रियतमा यशोधरा का शयनकक्ष था। ह्वेनसांग ने यशोधरा और राहुल के चित्रों को देखा था। इसी के समीप बुद्ध ने शुद्धोधन को धर्मोपदेश दिया था।

चीनी यात्री ह्वेनसांग के यात्रा विवरण पर यदि विश्वास किया जाय[214] तो पता चलता है कि छठवीं सदी में कपिलवस्तु नगरी पूर्णरूपेण ध्वस्त हो चुकी थी। भले ही कपिलवस्तु नगरी के कुछ भाग बर्बाद हुए हों, फिर भी कपिलवस्तु नगरी तेरहवीं सदी तक विद्यमान रही होगी। ऐसा ज्ञात होता है कि पाल शासक महीपाल प्रथम (1000 ई.-1033 ई.) के राज्यकाल में कपिलवस्तु नगरी में दामोदर नामक बौद्ध आचार्य का जन्म हुआ था।[215] इससे भी रोचक तथ्य यह है कि 13वीं सदी के मुस्लिम लेखक अलरशीदुद्दीन ने बार-बार कपिलवस्तु के बारे में इंगित किया है।[216] इन तथ्यों से यह निष्कर्ष निकलता है कि कपिलवस्तु नगरी का ऐतिहासिक अस्तित्व तेरहवीं सदी तक अवश्य रहा होगा। हाँ! विरुद्धक के आक्रमण से अथवा नेपाल के स्थानीय राजाओं के पारस्परिक संघर्ष के प्रभाव से उसका कुछ भाग अवश्य ही बर्बाद हुआ होगा। कपिलवस्तु के भौगोलिक प्रत्यभिज्ञान के प्रश्न को लेकर —रीज डेविड्स,[217] पी.सी. मुखर्जी, बी.सी. ला[218], बोस्ट[219], फिलीजट[220], राहुल सांकृत्यायन[221], राजबली पाण्डेय[222] जैसे इतिहासवेत्ताओं ने कपिलवस्तु की पहचान नेपाल की तराई में स्थित तिलौराकोट से किया है। इतिहासकार कनिंघम ने सर्वप्रथम कपिलवस्तु की पहचान बस्ती जनपद के दक्षिणी भाग में स्थित नगर खास से किया।[223] उन्होंने कालान्तर में इस विचार का परित्याग करके फैजाबाद से 25 मील पूर्वोत्तर तथा बस्ती शहर से 15 मील पश्चिमोत्तर में स्थित भुइला ताल या भुइला झील या भुइलाडीह की पहचान प्राचीन कपिलवस्तु से किया। यह स्थान बस्ती जनपद के परगना मंसूर नगर में स्थित है। कनिंघम के मत का कारलायल ने भी समर्थन किया। उल्लेखनीय है कि भुइलाडीह के अवशेष भुइलाताल के पश्चिमी तट पर है। भुइलाडीह उत्तर से दक्षिण में 1090 फीट तथा पूर्व से पश्चिम में 1020 फीट में फैला हुआ है। इसका घेरा 3600 फीट में है। कारलायल को यहाँ के उत्खनन में एक मन्दिर तथा कुएँ का अवशेष प्राप्त हुआ। उन्होंने कुषाण शासक विम कैदफिसेस का ताँबे का सिक्का, बौद्ध प्रतीक युक्त ताँबे का चौकोर सिक्का, पुरुषदत्त नामक हिन्दू राजा का सिक्का, आहत प्रकार के सिक्के, शुंग तथा मित्र राजाओं के सिक्कों को भी प्राप्त किया है।[224] कालान्तर में कनिंघम ने अपने मत को बदल देने के बाद बस्ती अब सिद्धार्थ नगर जनपद के पिपरहवा को ही

कपिलवस्तु माना। हुई ने नेपाल में स्थित बुटवल से 5 मील दक्षिण पश्चिम में स्थित शायन मायन को ही प्राचीन कपिलवस्तु माना है।[225] फ्लीट, कनिंघम[226], बी.ए. स्मिथ[227], एच. डी. संकालिया[228], डॉ.बी.पी. सिन्हा[229] ने सिद्धार्थ नगर जनपद के पिपरहवा ग्राम की पहचान कपिलवस्तु से की है। ऐसी अवस्था में यह विचार करना आवश्यक है कि पिपरहवा कपिलवस्तु था अथवा तिलौराकोट। यह मानी हुई बात है कि कपिलवस्तु नगरी हिमालय के तलहटी में स्थित थी। पिपरहवा ग्राम बस्ती जनपद के वर्डपुर से 10 किमी. उत्तर में स्थित है। बी.ए. स्मिथ ने सन् 1897 ई. में पिपरहवा में एक बौद्ध स्तूप ढूँढ़ा तथा मिस्टर पीपे को पिपरहवा स्तूप के उत्खनन का सुझाव दिया। मिस्टर पीपे ने पिपरहवा में उत्खनन करवाया। उत्खनन में एक मंजूषा प्राप्त हुई। इसकी ऊँचाई 31/2 इंच तथा व्यास 31/4 इंच था। यह स्फटिक निर्मित थी। इसमें मत्स्याकार मुठिया थी। मंजूषा में कुछ मनके, स्फटिक, सोना, आभूषण, नक्षत्र आदि थे। इसी प्रकार हड्डियों के टुकड़े, त्रिशूल, सितारे, मोती, सोने के पत्र, सोने के पत्रों पर शेर तथा हाथी के चित्र उत्खनन में बुद्ध का अस्थिकलश भी प्राप्त हुआ है।[230] यह अस्थिकलश आजकल इण्डियन म्यूजियम कलकत्ता में देखा जा सकता है। अस्थिकलश के ढक्कन पर सुकिति भतिनम-राभगिनिकनं सपुत दलनं। इयं सलिल निधने बुधस भगवते सकियानम लेख उत्कीर्ण है।[231] इस लेख के बारे में मतभेद है।

व्यूलर के अनुसार–सुकृति के भाइयों ने अपनी बहनों, पुत्रों, पत्नियों के सहयोग से दिव्य बुद्ध के इस शरीरावशेष पात्र को दान दिया।[232] फ्लीट के अनुसार बुद्ध के भाइयों बुद्ध के सम्बन्धियों ने अपने बच्चों तथा पत्नियों के साथ इस अवशेष को प्रस्तुत किया।[233] कुछ विद्वानों ने सुकिति-भतिन को दो अलग-अलग व्यक्तिवाचक संज्ञा मानकर उनका अर्थ सुकृति तथा भक्ति लगाया है।[234] फ्लीट तथा रीज डेविड्स, सुकृति का अर्थ ख्याति प्राप्त से करते हैं।[235] परन्तु सुकिति का यह अर्थ समुपयुक्त प्रतीत नहीं होता है। इस दिशा में सबसे न्यायसंगत मत डा. राजबली पाण्डेय का है। डॉ. पाण्डेय ने सुकृति को बुद्ध की एक उपाधि माना है।[236] ऐसी अवस्था में अभिलेख का हिन्दी रूपान्तरण इस प्रकार है–

सुकृति के भाइयों, भगिनियों, पुत्रों, दाराओं सहित।
यह शरीर निधान भगवान् बुद्ध का शाक्यों के।

भावार्थ यह है कि बुद्ध के भाइयों ने बहनों, पुत्रों तथा पत्नियों के साथ मिलकर इस अस्थिकलश को स्थापित किया था। यह विदित होता है कि तथागत बुद्ध की कुशीनारा में मृत्यु होने के पश्चात्, कपिलवस्तु के शाक्यों ने उनके शरीरावशेष के ऊपर स्तूप बनाने के आशय से मल्लों से बुद्ध के शरीरावशेष को माँगकर कपिलवस्तु में स्तूप का निर्माण करवाया था।[237] प्रश्न यह उठता है कि कपिलवस्तु में बुद्ध का निर्माण स्तूप

कहाँ था? ह्वेनसांग के यात्रा वृत्तान्त से ज्ञात होता है कि कपिलवस्तु नगरी के दक्षिण-पूर्व में बुद्ध के शरीरावशेष पर निर्मित स्तूप था।[238] पिपरहवा अस्थिकलश अभिलेख, बौद्ध साहित्य तथा ह्वेनसांग के यात्रा-वृत्तान्त के सिंहावलोकन से निष्कर्ष निकलता है, कि पिपरहवा में ही बुद्ध की मृत्यु के पश्चात् शाक्यों ने निर्वाण स्तूप बनवाया होगा। यह स्तूप कपिलवस्तु के दक्षिणी-पूर्वी भाग में यानी पिपरहवा में स्थित था। सन 1973-74 में पिपरहवा में हुए उत्खनन से 16 कमरोंवाला एक भवन प्राप्त हुआ। कुछ मुहरें भी प्राप्त हुईं जिन पर देवपुत्र विहार कपिलवस्तु भिक्षु संघस्य[239] लेख उत्कीर्ण हैं। ये मुहरें कुषाण काल की प्रतीत होती हैं। इन मुहरों से भी पिपरहवा को कपिलवस्तु का अंग मानने में सहायता मिलती है। चीनी यात्री ह्वेनसांग से विदित होता है कि कपिलवस्तु नगरी के दक्षिण फाटक से 32 ली यानी 7 किमी दक्षिण में शरकूप था।[240] ध्यातव्य है कि पिपरहवा से ठीक 9 किमी. दक्षिण में स्थित बुद्ध विद्यापीठ इण्टर कॉलेज वर्डपुर के प्रांगण में उत्खनन से शरकूप प्राप्त हुआ है और उसकी ऐतिहासिकता भी प्रमाणित हो चुकी है। कहने का मतलब यह है कि पिपरहवा, कपिलवस्तु नगरी के दक्षिणी भाग के रूप में उस महानगरी का दक्षिणी भाग था।

मौर्य सम्राट् अशोक के रूम्मिनदेई स्तम्भ लेख के भी कपिलवस्तु का पता लगाया जा सकता है। अशोक का रूम्मिनदेई स्तम्भ सन् 1897 ई. में भगवानपुर से 2 मील उत्तर, पड़ेरिया से 1 मील उत्तर तथा निगिल्वा से 13 मील दूर नेपाली तराई में मिला था। इस स्तम्भ में लुम्बिनी ग्राम का उल्लेख आया है।[241] मालूम पड़ता है कि इस स्थान का नाम वर्तमान तिलौराकोट के पास स्थित रूम्मिनदेई या रूपिनदेई के मन्दिर के आधार पर पड़ा होगा। आधुनिक खोजों सें प्रमाणित हो गया है कि रूम्मिनदेई या रूपिनदेई ही प्राचीन लुम्बिनी वन था। यह स्थान तिलौराकोट से 10 मील पूर्व में भगवानपुर से दो मील उत्तर तथा पडेरिया से 1 मील उत्तर में स्थित है। ह्वेनसांग ने अपने यात्रा-वृत्तान्त में लुम्बिनी(रूम्मिनदेई) में सम्राट् अशोक द्वारा निर्मित एक स्तम्भ का उल्लेख किया है जिसके सिर पर घोड़े की एक मूर्ति बनी हुई थी। बाद में यह स्तम्भ किसी ईर्ष्यालु सर्प द्वारा वज्रपात किये जाने के कारण बीच में टूटकर पृथ्वी पर गिरकर स्थित रहा।[242] पी.सी. मुखर्जी ने एण्टीक्वटीज इन द तराई नेपाल द रीजन ऑफ कपिलवस्तु नामक ग्रन्थ में यह दर्शाया है कि अशोक के रूम्मिनदेई के स्तम्भ के विद्यमांन अवशेष चीनी यात्री द्वारा वर्णित विवरण से साम्य रखते हैं। यह भी ध्यान देने योग्य है कि ह्वेनसांग ने अशोक के स्तम्भ के समीप, दक्षिण-पूर्व दिशा में बहनेवाली एक छोटी-सी नदी का जिक्र किया है; जिसे तिल्लौर (तेल की नदी) कहा जाता था।[243] उक्त अनुश्रुति परम्परागत आज भी वहाँ के जनमानस में केन्द्रित है और उस तिल्लौर को अब तिल्लार कहा जाने लगा है। यह नदी मायादेवी मन्दिर के डेढ़ फर्लांग दूर प्रवाहित होती है।[244] उल्लेखनीय है कि रूम्मिनदेई में बाद का बना हुआ एक मन्दिर है; जिसमें बुद्ध का जन्म दृश्य एक

शिलापट्ट पर मनोहारी ढंग से चित्रित किया गया है। भरहुत स्तूप के उच्चित्रों में भी तथागत के जन्म का दृश्य, उक्त चित्र से कुछ हद तक मेल खाता है।[245]

इस प्रकार स्पष्ट हो जाता है कि रूम्मिनदेई ही लुम्बिनी वन था। अशोक के रूम्मिनदेई स्तम्भ लेख से ज्ञात होता है कि उसने राज्याभिषेक के 20वें वर्ष में लुम्बिनी वन की यात्रा की तथा इस स्थान पर पूजा किया था, क्योंकि बुद्ध यहीं पैदा हुए थे। उसने लुम्बिनी को तीर्थङ्कर से मुक्त कर दिया वहाँ का भूमि कर घटाकर 1/8 कर दिया था। अशोक के निग्लिवा स्तम्भ लेख (उसका बाजार रेलवे स्टेशन से 38 मील पश्चिमोत्तर) से ज्ञात होता है कि यह स्तम्भ लेख कोनागमन स्तम्भ के समीप निर्मित करवाया गया था।[246] परन्तु अब यह उक्त स्थान पर नहीं है। महाकवि अश्वघोष के बुद्धचरित काव्य से विदित होता है कि लुम्बिनी वन कपिलवस्तु में ही था।[247] इस प्रकार स्पष्ट हो जाता है कि कपिलवस्तु और लुम्बिनी वन, एक-दूसरे के निकट रहे होंगे। चीनी यात्री फाह्यान तथा ह्वेनसांग भी लुम्बिनी वन गये थे। फाह्यान के अनुसार लुम्बिनी वन कपिलवस्तु से 50 लीं पूर्व में था।[248] जबकि ह्वेनसांग के अनुसार 80 या 90 ली पूर्वोत्तर में था।[249] ये दूरियाँ क्रमशः 10 मील, 16 मील या 18 मील ठहरती हैं। वर्तमान रूम्मिनदेई से तिलौराकोट ठीक 10 मील पश्चिम में पड़ता है। मालूम पड़ता है कि ह्वेनसांग भटकते हुए गया था। इसलिए उसने 6 या 8 मील दूरी अधिक बतला दिया है। अतः चीनी यात्रियों के द्वारा वर्णित दूरी के आधार पर भी तिलौराकोट ही कपिलवस्तु ठहरता है। तिलौराकोट के उत्खनन से भी महत्त्वपूर्ण पुरानिधियाँ प्राप्त हुई हैं। यहाँ आहत प्रकार के सिक्के भी मिले हैं; जिनका प्रचलन कोशल की श्रावस्ती, साकेत, कुशीनारा जैसी नगरियों में भी था। यहाँ के पुरा संस्कृति का काल श्रावस्ती के पुरा संस्कृति के काल से मेल खाता है। अतः इसे कपिलवस्तु नगरी का अवशेष मानना युक्तिसंगत है।

इस प्रकार से कहा जा सकता है कि पिपरहवा वैभवशाली एवं सुविस्तृत कपिलवस्तु नगरी का दक्षिणी भाग तथा तिलौराकोट उत्तरी भाग रहा होगा।

पी.सी. मुखर्जी ने एण्टीक्वटीज इन द तराई नेपाल नामक ग्रन्थ में दर्शाया है कि अशोक के रूम्मिनदेई स्तम्भ के विद्यमान अवशेष चीनी यात्री द्वारा वर्णित विवरण से साम्य रखते हैं। ध्यातव्य है कि ह्वेनसांग ने अशोक स्तम्भ के समीप दक्षिण-पूर्व दिशा में बहनेवाली एक छोटी-सी नदी का जिक्र किया हैं। जिसे तिल्लौर (तेल की नदी) कहा जाता था। जनश्रुति परम्परागत आज भी वहाँ जन मानस में केन्द्रित है और उस तिल्लौर को अब तिलार कहा जाने लगा है। यह नदी मायादेवी मन्दिर से डेढ़ फलांग दूर प्रवाहित होती है। उल्लेखनीय है कि रूम्मिनदेई में बाद का बना हुआ एक मन्दिर है, जिसमें बुद्ध जन्म का दृश्य एक शिलापट्ट पर मनोहारी ढंग से चित्रित किया गया है। भरहुत स्तूप के चित्रों में भी तथागत के जन्म का दृश्य उक्त चित्र से कुछ हद तक मेल खाता है। हाँ! अन्तर इतना है कि मायादेवी के दायें भाग में दो पुरुष तथा बायें भाग में दो अनुचरियाँ हैं। पहली

अनुचरी उनके पेट को दबा रही है। बायें भाग का पहला पुरुष जन्म लेते हुए सिद्धार्थ को अपने हाथों से पकड़ रहा है। बुद्ध जन्म दृश्य का पुरातात्त्विक अंकन अजन्ता, विदिशा राज्य संग्रहालय भुवनेश्वर तथा साँची की कलाकृतियों में निहारा जा सकता है। इस प्रकार स्पष्ट हो जाता है कि रूम्मिनदेई ही लुम्बिनी वन था। अशोक के रूम्मिनदेई स्तम्भ लेख से विदित होता है कि उसने राज्याभिषेक के तीसरे वर्ष में लुम्बिनी वन की यात्रा की तथा इस स्थान पर पूजा किया था; क्योंकि बुद्ध यहीं पैदा हुए थे।

वास्तव में पिपरहवा से लेकर तिलौराकोट तक लगभग 10 मील के घेरे में अब भी ऐसे प्राचीन खँडहर देखे जा सकते हैं; जिन पर पुरातत्त्ववेत्ताओं ने ध्यान नहीं दिया है। उदाहरण के लिए पिपरहवा से सटे हुए महदेइया, भरवलिया तथा गौराकोट (नेपाल राष्ट्र) के भग्नावशेषों में अक्षत पुरातात्त्विक सम्पदा छिपी हुई है। भारत सरकार और उसके पुरातत्त्व विभाग ने कपिलवस्तु की खोज में महत्त्वपूर्ण प्रयास किया है; किन्तु नेपाल सरकार तिलौराकोट और उसके आसपास के क्षेत्रों के पुरातात्त्विक उत्खनन में रुचि नहीं ले रही है।

यदि नेपाल सरकार तथा भारत सरकार पारस्परिक सहयोग से पिपरहवा से तिलौराकोट तक के क्षेत्रों के महत्त्वपूर्ण भग्नावशेषों का पुरातात्त्विक अनुशीलन करें तो निश्चयात्मक रूप से उस महानगरी की सभ्यता एवं संस्कृति का सांगोपांग परिचय मिल सकता है।

पावा

मल्लों की दूसरी राजधानी पावा थी। महात्मा बुद्ध ने महापरिनिब्बान के पहले पावा निवासी चुण्ड के यहाँ अन्तिम भोजन किया था।[250] जैन धर्म के महाप्राण महावीर स्वामी की मृत्यु राजा हस्तिपाल के राज्यकाल में पावा में ही हुई थी।[251] निश्चित रूप से पावा नगरी में बौद्ध धर्म का प्रचार एवं प्रसार हुआ।[252] यहाँ तथागत बुद्ध तथा महावीर स्वामी ने अपने-अपने धर्म की शिक्षाओं की उद्घोषणा किया था।[253] पावा के भौगोलिक प्रत्यभिज्ञान के प्रश्न को लेकर पुरातत्त्ववेत्ताओं एवं इतिहासकारों में काफी मतभेद रहा है। कनिंघम ने पावा की पहचान देवरिया जनपद में स्थित पडरौना से किया है।[254] डॉ. वी. सी. ला ने पावा, पापा अपापापुरी को एक मानते हुए पावा की पहचान देवरिया जनपद के कसया से किया है।[255] राहुल सांकृत्यायन तथा ए.सी. राय ने गोरखपुर जनपद के उत्तरी पूर्वी रेलवे स्टेशन रामकोला के निकट स्थित पापौर को पावा माना है।[256] डॉ. डी.आर. पाटिल[257] ने गिर्झाक (प्राचीन राजगृह) के निकट पावापुरी को स्थित माना है।[258] ए.एस. ब्राडले ने दक्षिणी विहार में स्थित हरगाँव से 3 मील पश्चिम में पावा को स्थित होना स्वीकार किया है। पी.सी.नाहर और अन्य लोगों ने पावा को राजगीर (राजगृह) के समीप स्थित माना है। पुरातत्त्ववेत्ता कार्लायल ने आधुनिक देवरिया जनपद में स्थित कसया कस्बा से 10 मील दक्षिण-पूर्व में स्थित आधुनिक फाजिलनगर, चेतियाँवा, चेतिय गाँव से पावा का तादात्म्य स्थापित किया है। ऐसी अवस्था में उक्त मतों का परीक्षण करना

आवश्यक प्रतीत होता है। हम यह जानते हैं कि बुद्ध ने महापरिनिब्बान प्राप्ति हेतु राजगृह से कुशीनारा की ओर प्रयाण किया था। राजगृह से कुशीनारा की दूरी 12 योजन यानी, 96 मील थी।[259] 80 वर्ष की आयु के वृद्ध बुद्ध ने निश्चित रूप से राजगृह, वैशाली, भोगनगर होते हुए कुशीनगर आने के लिए सीधा मार्ग अपनाया होगा। पडरौना इस मार्ग में नहीं पड़ता है। अतः कनिंघम का मत युक्तिपूर्ण नहीं प्रतीत होता है। यदि पावा और कुशीनगर एक ही थे तो बुद्ध ने पावा से कुशीनगर की यात्रा क्यों किया? क्या बुद्ध का महापरिनिब्बान वर्णन अथवा उनकी यात्रा झूठी मान ली जाय?[260] मजे की बात तो यह है कि उदान टीका में पावा से कुशीनगर की दूरी भी निर्दिष्ट की गयी है।[261] इसी प्रकार बुद्ध चरित से ज्ञात होता है कि बुद्ध ने पापा (पावा) में चुण्ड का आतिथ्य स्वीकार करने के पश्चात् ऐरावती नदी पार किया। ऐसा प्रतीत होता है कि बौद्ध साहित्य ही काकुत्था नदी रही होगी। काकुत्था की पहचान बरही नदी से किया जाता है। यह कसया से आठ मील की दूरी पर छोटी गण्डक से मिलती है।[262] इस प्रकार स्पष्टतया बी.सी.ला का मत तर्क की दृष्टि से लचर है।

उक्त मतों में सबसे न्यायसंगत मत कार्लायल महोदय का है। उन्होंने सन् 1875-77 ई. में गोरखपुर जनपद का पुरातात्त्विक सर्वेक्षण किया। उन्होंने कुशीनगर और पावा की ऐतिहासिकता को प्रकाश जगत् में लाया। देवरिया जनपद का कसया निःसन्देह कुशीनगर का ध्वंसावशेष है। इसी प्रकार चेतियाँवा और फाजिल नगर के ध्वंसावशेष पावा की ऐतिहासिकता को प्रमाणित करते हैं। एतद्विषयक कार्लायल की रिपोर्ट का संक्षिप्त विवरण इस प्रकार है–

चेतियाँवा के ध्वंसावशेष फाजिल नगर से आधा मील पूर्वोत्तर में बिखरे पड़े हैं।[263] इसके ध्वंसावशेष उत्तर से दक्षिण 1850 फुट तथा पूर्व से पश्चिम में 500 फुट से 600 और 900 फुट तक फैले हुए हैं। चेतियाँवा डीह के पश्चिम तरफ एक तालाब है जो कि 1200 फुट चौड़ा है, तालाब के उत्तर में देवी का चित्रांकन है। डीह के दक्षिणी भाग में एक शंक्वाकार ईंटों का ढूह है; जो सम्भवतः किसी स्तूप का अवशेष है। इन अवशेषों की ईंटें 11 इंच, 1 फुट 2 इंच तथा 1 फुट 3 इंच तक लम्बी पायी गयी है। (द्रष्टव्य कार्लायल, आ.स.इ.रि. वाल्यूम 18, पृष्ठ 110-111) फाजिलनगर मुख्य सड़क से आधा मील उत्तर में तथा चेतियाँवा डीह के उत्तरी पूर्वी कोने पर स्थित है। फाजिलनगर डीह पूर्व से पश्चिम की ओर 1150 फुट में फैला है। टीले का पश्चिमी भाग 950 फुट, उत्तरी भाग 700 फुट तथा पूर्वी भाग 600 फुट लम्बा है। फाजिलनगर डीह से 1/5 मील उत्तर-पूर्व में सोनवा नदी प्रवाहित होती है। डीह के ऊपरी भाग पर तथा मुख्य सड़क से 350 फुट उत्तर एक बड़े स्तूप के अवशेष हैं; जो 270 फुट × 157 फुट के मापवाले चबूतरे पर बिखरे हैं। चबूतरे पर स्थित स्तूप की वेदिका 400 फुट तथा 127 फुट है। चबूतरे से स्तूप की ऊँचाई 35 फुट है। पुरातत्त्ववेत्ता कार्लायल ने इसे पावा का स्तूप स्वीकार किया है, जिसका निर्माण

महात्मा बुद्ध के शरीरावशेष के आधार पर हुआ होगा। यह चबूतरा उत्तर दिशा में स्तूप के वेदिका से 10 फुट लम्बा, पश्चिम मे 50 फुट दक्षिण में 20 फुट उत्तर-पूर्व में 95 फुट अधिक लम्बा है। स्तूप से 40 फुट उत्तर-पूर्व तथा चबूतरे के पूर्वी भाग में चोटी पर एक ढूह है, जिसे कार्लायल ने किसी मन्दिर का अवशेष स्वीकार किया है, यह 30 फुट लम्बा तथा 21 फुट चौड़ा है। इसके चोटी पर एक मुसलमान फ़कीर की कब्र है। मन्दिर और स्तूप के मध्य में गुम्बदाकृति एक इमारत है; जिसे मुसलमान लोग कर्बला कहते है। यह स्तूप, चेतियाँवा डीह से 3300 फुट उत्तर-पूर्व में है। स्तूप से 300 फुट उत्तर मे फाजिलनगर गाँव है जो उत्तर से दक्षिण में 800 फुट फैला है। फाजिलनगर में टूटी-फूटी ईंटें टीले पर स्थित हैं। इसकी लम्बाई 170 फुट तथा चौड़ाई 130 फुट है। टीले से 350 फुट पश्चिम की ओर एक सँकरी घाटी है। जिसमें एक तालाब है। तालाब में 90 फुट चौड़ा एक नाला निकलता है। नाला से 60 फुट पश्चिम की ओर एक गाँव है जो 400 फुट में फैला है। यह गाँव निश्चय ही किसी प्राचीन ध्वंसावशेष के ऊपर बसा होगा।[264] इसी प्रकार चेतियाँवा के चारों तरफ स्थित सराय, कुक्कुरपति, नदवा, दनहा, असमनपुरडीह, मीरविहार, झारमतिय, गंगडीह आदि जैसे स्थल भी पुरातात्त्विक दृष्टिकोण से महत्त्वपूर्ण दिखायी पड़ते हैं। सरायटीला, सरैय्याताल के पश्चिमी किनारे पर है। यह स्थान चेतियाँवा से तीन मील उत्तर पश्चिम में है।

कुक्कुरपति, चेतियाँवा से $3^{1/2}$ मील उत्तर-पश्चिम में स्थित एक छोटा-सा गाँव है। कार्लायल के अनुसार इस गाँव का सम्बन्ध काकुत्था नदी से जुड़ा हुआ प्रतीत होता है। नदवाटीला, चेतियाँवा से 3 मील पश्चिम-दक्षिण-पश्चिम में स्थित है। असमनपुर डीह का टीला, चेतियाँवा से $3^{1/2}$ मील दक्षिण में है।

मीर विहार एक गाँव है जो चेतियाँवा से 4 मील दक्षिण-पश्चिम तथा सोनवा नदी के पूर्व स्थित है।

झारमतिय एक लम्बा टीला है, यह चेतियाँवा से $3^{2/3}$ मील उत्तर पूर्व में स्थित है।

गंगाडीह के ध्वंसावशेष गंगटीकर गाँव में बिखरे पड़े हैं। यह गाँव चेतियाँवा से सवा तीन मील उत्तर में है। चेतियाँवा-फाजिलनगर के ध्वंसावशेषों एवं उनसे सिमटे हुए भू-भागों पर पुरातात्त्विक दृष्टिपात से स्पष्ट हो जाता है कि फाजिलनगर चेतियाँवा ही प्राचीन पावा नगरी के भग्न अवशेष के रूप में अपने कोड में अक्षत पुरातात्त्विक धरोहर छिपाये हुए हैं। अतः पावा नगरी विषयक कार्लायल का समीकरण पूर्णतया सत्य है। बौद्ध विद्वानों तथा इतिहासकारों ने भी समवेत स्वर में कार्लायल के मत का समर्थन किया है।[265]

कुशीनगर

वाल्मीकि रामायण, महाभारत, पुराण एवं संस्कृत साहित्य के कतिपय ग्रन्थों के अध्ययन से विदित होता है कि सूर्यवंशीय राजकुमारों ने भारत के कतिपय भू-भागो में वैभवशाली नगरियों की स्थापना की थी। इस दिशा में श्रावस्त, कुश, तक्ष, पुष्कल, अंगद,

चन्द्रकेतु, मल्ल आदि जैसे राजकुमारों का उदाहरण दिया जा सकता है। वाल्मीकीय रामायण से विदित होता है कि लक्ष्मण के पुत्र चन्द्रकेतु मल्ल ने मल्लभूमि में चन्द्रकान्ता नगरी की स्थापना किया था।[266] चन्द्रकेतु मल्लों का पूर्वज रहा होगा। सभ्यता के दौरान बौद्ध युग में मल्लों का महत्त्व बढ़ा। उनकी दो शाखाएँ उनके प्रधान नागरिकों के नाम के आधार पर हुईं; जिन्हें इतिहास जगत् में पावा के मल्ल तथा कुशीनारा के मल्ल के रूप में जाना गया।[267] भारत के सांस्कृतिक इतिहास में कुशीनारा या कुशीनगर का महत्त्वपूर्ण स्थान रहा है। यद्यपि बौद्ध काल में यह नगर साकेत राजगृह, वैशाली, श्रावस्ती जैसी नगरों के समान उत्तमकोटि का नगर नहीं था;[268] तथापि तथागत बुद्ध की परिनिर्वाण स्थली होने के कारण बौद्ध धर्म का प्रमुख केन्द्र होने का गौरव आज भी इसे मिल रहा है।

यह नगर जंगलों से घिरा हुआ था। इसे प्राचीन काल में कुशावती भी कहा जाता था।[269] दिव्यावदान में इसे महासुदर्शन नगर कहा गया है।[270] किसी समय यहाँ महासुदस्सन शासन करते थे। इसका विस्तार पूर्व से पश्चिम में 12 योजन तथा उत्तर से दक्षिण में सात योजन था। इसमें सात प्राकार, चार तोरण और खजूर वृक्षों के सात निकुंज थे।[271] कुशीनगर से राजगृह जाते समय बुद्ध को काकुस्था नदी पार करनी पड़ी थी। यह बरही नामक एक छोटी-सी नदी है जो कसया से आठ मील आगे छोटी गण्डक में मिलती है।[272] कुशीनारा के दक्षिणी-पश्चिमी सीमा के निकट के चारों ओर दीवालों की खुदाई करते समय मन्दिर के मुख्य द्वार के दक्षिण ओर एक टेढ़ा-मेढ़ा पत्थर का लम्बा शिलाफलक प्राप्त हुआ; जिस पर 'ओमनमों बुद्धाय भिक्षून' लेख उत्कीर्ण था। यद्यपि कार्लायल ने इसका समय 11वीं सदी बतलाया है। इस लेख की कई पंक्तियाँ टूटी तथा अपूर्ण थीं, नीचे की ओर दायीं तरफ का हिस्सा पूरा नष्ट हो गया था। इसी प्रकार कसया के माथा कुणवार कोटके टीले के उत्खनन में एक ध्वंस कमरा प्राप्त हुआ, जिसकी लम्बाई 30 फुट तथा चौड़ाई 12 फुट थी। इस कमरे में एक टूटे सिंहासन पर एक लम्बी मूर्ति प्राप्त हुई जो कि तितरी-बितरी तथा टूटी हुई थी। इसके अधिकांश भाग नष्ट हो गये थे। बायें टाँग का ऊपरी भाग दोनों एड़ियाँ, बायाँ हाथ, दायीं भुजा का भाग, कमर का भाग, मुख और सिर का भाग पूर्णरूपेण नष्ट हो गया था। इसे पहाड़ी के मिट्टी के रंग तथा लाल रंग से रँगा गया था।

जिस सिंहासन पर प्रतिमा थी; वह सिंहासन 24 फुट लम्बा तथा $51^{1/2}$ फुट चौड़ा था। सिंहासन से सटा हुआ एक कमरा था; जो 35 फुट 10 इंच लम्बा तथा 15 फुट चौड़ा तथा 5 फुट मोटी दीवालवाला था। सिंहासन के चारों कोनों पर मूलतः चार छोटे-छोटे पत्थर के स्तम्भ थे। जिनसे कार्लायल को दो स्तम्भ हरी मिल सके थे। सिंहासन के पश्चिमी भाग से तीन मानवीय चित्र उत्कीर्ण थे। बायीं तरफ का एक चित्र एक नारी का था, जिसके बाल लम्बे थे। नारी दुःख की मुद्रा में अपने हाथों को भूमि पर टिकाये हुए चित्रित की गयी है।[273] मालूम पड़ता है कि यह तथागत प्रिया यशोधरा का चित्र है। दायें तरफ का चित्र पुरुष का है। कार्लायल ने इस चित्र की पहचान राहुल से किया है। दोनों चित्रों

के मध्य में एक पुरुष का चित्र है। वह दर्शक की ओर अपनी पीठ किये हुए पालथी मारकर बैठा हुआ है। तथा अपने मुख को निर्वाण प्रतिमा की ओर किये हुए है।

इस प्रतिमा की निचले हिस्से में दो पंक्तियों का लेख उत्कीर्ण है–'देय धर्मोयम् महाविहारे स्वामिनो हरि बलस्य प्रतिमांच्चेत घटितादिन संघा (समा शूरेन)'

इस प्रकार से स्पष्ट हो जाता है कि यह एक मन्दिर का ध्वंसावशेष है। निर्वाण मन्दिर के बाह्य कक्ष की दीवालों की लम्बाई 47 फुट 8 इंच उत्तर कोने की चौड़ाई 32 फुट, दक्षिण कोने की चौड़ाई 31 फुट 6 इंच है। अन्दर का दरवाजा 5 फुट था। दरवाजे के चौखटवाले भाग में दीवाल की लम्बाई 8 फुट 9 इंच है। मन्दिर का अन्तः कक्ष 30 फुट 8 इंच लम्बा तथा 11 फुट 9 इंच 11 फुट 10 इंच तक चौड़ा है। इसके विपरीत दिशा का कमरा था। इसकी लम्बाई 35 फुट 11 इंच तथा बाहरी चौड़ाई 14 फुट 7 इंच है। दरवाजे के पास दीवाल की मोटाई 5 फुट है। विपरीत कक्ष की आन्तरिक माप 26 फुट 2 इंच तथा 7 इंच है। स्मरणीय है कि प्रतिमा, मन्दिर के अन्तः भाग में स्थित एक सिंहासन पर आसीन है।

यहीं बुद्ध को लौकिक जीवन से छुटकारा मिलकर महापरिनिब्बान प्राप्त हुआ था। डॉ. विमल चरण लाहा का विचार है कि यह चुण्ड का पुराना घर था। उसने बुद्ध को अपने यहाँ आमन्त्रित किया था।[274] वास्तविकता यह है कि बुद्ध परिनिब्बान हेतु पावा से कुशीनगर आये थे न कि कुशीनारा से पावा गये थे।

उल्लेखनीय है कि चुण्ड कुमार (लुहार जाति) पावा का निवासी था।[275] उसके यहाँ सूकर माद्दव खाने के बाद ही वे पावा से कुशीनगर गये थे। अतः डॉ. विमल चरण लाहा का मत युक्तिपूर्ण नहीं प्रतीत होता है। मौर्य सम्राट् अशोक धार्मिक यात्रा के सिलसिले में कुशीनगर गया था।[276]

कुशीनगर के भौगोलिक प्रत्यभिज्ञान के प्रश्न को लेकर कतिपय विद्वानों ने मल्लों की द्वितीय राजधानी पावा को ही कुशीनगर मान लिया है।[277] बी. ए. स्मिथ ने कुशीनगर को नेपाल की पहाड़ी में स्थित माना है।[278] चीनी ग्रन्थों में कपिलवस्तु को ही कुशीनगर मान लिया गया है।[279]

मगर इन विद्वानों का मत न्याय संगत नहीं प्रतीत होता है। आधुनिक खोजों से सुनिश्चित हो गया है कि वर्तमान गोरखपुर नगर से 34 मील पूर्व में स्थित कसया ग्राम ही प्राचीन कुशीनगर का ध्वंसावशेष रहा है।[280] यह स्थान देवरिया से 21 मील पूर्वोत्तर तथा गोरखपुर जनपद के पडरौना तहसील से 12 मील दक्षिण पश्चिम में स्थित है।[281] कसया के पुरावशेषों की खोज का श्रेय सर्वप्रथम कार्लायल को दिया जाता है। जैसा कि कार्लायल ने 1857-76 ई. में गोरखपुर के पुरातात्त्विक यात्रा से अभियान में सन् 1876 ई. में यहाँ के पुरावशेषों को ढूँढ़ा था। बौद्ध साहित्य एवं पुरातात्त्विक प्रमाण के तुलनात्मक अध्ययन से स्पष्ट है कि कसया कुशीनगर था।

ज्ञातव्य है कि कार्लायल को कसया के उत्खनन में एक मन्दिर प्राप्त हुआ था; जो कि काली मूर्ति के पूर्व में था। मन्दिर का आकार 23 × 12 फुट था। मन्दिर के अन्दर का दरवाजा 5 फुट था। दरवाजे के चौखटवाले भाग में दीवाल की लम्बाई 9 फुट 9 इंच थी। मन्दिर का अन्तः कक्ष 30 फुट 8 इंच लम्बा तथा 11 फुट 10 इंच तक चौड़ा है। इसके विपरीत दिशा में कमरा था। इसकी लम्बाई 35 फुट 7 इंच है। बाहरी दरवाजे की चौड़ाई 6 फुट 6 इंच है। दरवाजे के पास दीवाल की मोटाई 5 फुट है। विपरीत कक्ष की आन्तरिक माप 26 फुट 3 इंच तथा 10 फुट 7 इंच है। स्मरणीय है कि प्रतिमा, मन्दिर के अन्तः भाग में स्थित भव्य सिंहासन पर आसीन है। प्रतिमा का सिर उत्तर की ओर तथा मुँह पश्चिम की ओर मुड़ा है। मुख का दाहिनी भाग दाहिने हाथ पर झुका हुआ है, बायीं भुजा बायीं ओर है।

बायाँ हाथ विश्रामावस्था में है। एड़ियाँ एक-दूसरे के ऊपर हैं। सिंहासन की ऊँचाई 23 फुट 9 इंच है। सिंहासन की चौड़ाई 5 फुट 6 इंच है। प्रतिमा की लम्बाई 20 फुट है। सिर 3 फुट का है। प्रतिमा के हाथ की लम्बाई 2 फुट 2 इंच है। पैर की लम्बाई 2 फुट 9 इंच है। इसके पश्चिमोत्तर भाग की ऊँचाई 1 फुट साढ़े 6 इंच है। औरत (यशोधरा) का चित्र साढ़े दस इंच ऊँचा है। सिंहासन के दक्षिणी-पश्चिमी भाग के मूर्ति संरचनावाले पत्थर की ऊँचाई 1 फुट 6 इंच है तथा पत्थर की चौड़ाई 1 फुट 3 इंच है।

मन्दिर के ईंटों की लम्बाई सवा आठ, साढ़े आठ से पौने नौ इंच तक है। मोटाई सवा दो इंच से अढ़ाई इंच तक है। हाँ! मन्दिर के अन्तः कक्ष की दीवालों में कुछ ईंटें 9 से 14 इंच तक लम्बी पायी गयी हैं।[282] इस प्रकार से स्पष्ट हो जाता है कि कसया के उत्खनन से अत्यन्त ही महत्त्वपूर्ण पुरानिधियाँ एवं अनेक प्राचीन भवन प्रकाश जगत् में आ गये हैं।

जौनपुर

काशी के समीप अवस्थित जौनपुर हिन्दु-मुस्लिम संस्कृति को अपने आँचल में छिपाये हुए आजकल भी लोकाकर्षण बिन्दु बना हुआ है। स्थानीय परम्पराएँ इसे जहाँ ऋषि स्थल स्वीकार करती हैं; वहीं इसका सम्बन्ध पौराणिक आख्यान से जुड़े हुए महर्षि जमदग्नि की तपोस्थली से जोड़ती है। कालक्रमानुसार जमदग्निपुर शब्द ही जौनपुर के रूप में परिणत हुआ होगा परन्तु मध्यकालीन ऐतिहासिक सन्दर्भों के अनुशीलन से विदित होता है कि मुहम्मद तुगलक जूना खाँ ने अपने नाम पर इस नगर को आबाद किया तथा फिरोज तुगलक ने जौनपुर की अभिधा प्रदान किया। ऐसी अवस्था में प्राक् मध्ययुगीन जौनपुर के राजनैतिक महत्त्व का आकलन सुतराम आवश्यक हो जाता है। महाजनपद काल में निश्चित रूप से जौनपुर कोशल महाजनपद का एक अंग था। रामायण में कोशलीय सीमा के परिप्रेक्ष्य में सई नदी का स्मरण किया गया है।[283] रामायण की स्यन्दिका नदी ही जौनपुर की सई है। बौद्ध साहित्य का कीटागिरि ही जौनपुर का केराकत

है। बौद्ध साहित्य में सन्देश मिलता है कि कोशल सम्राट् प्रसेनजित् तथा मगध सम्राट् बिम्बिसार के वैवाहिक सम्बन्धों के दौरान बिम्बिसार ने महाकोशला को शृंगारिक प्रसाधन निमित्त काशी का ग्राम उपहारस्वरूप में प्रदान किया था। जौनपुर के पुरातात्त्विक सर्वेक्षण से भी इसकी प्राचीनता 600 ई. पू. सिद्ध होती है। जिसके समीप रासमण्डल मोहल्ले में सड़क के उत्खनन से यहाँ उत्तरी कृष्ण मार्जित मृद्भाण्ड के कतिपय ठीकरे मिले हैं।[284] जौनपुर जनपद की सीमा के पास स्थित औड़िहार में आहत प्रकार की मुद्राएँ प्राप्त हुई हैं, जिनसे जौनपुर की प्राचीनता 600 ई. पू. तक सिद्ध होती है। हर्यंक, शिशुनाग, नन्द एवं मौर्य राजाओं के काल में जहाँ मगध उत्तर भारत में शक्ति का केन्द्र था; वहीं जौनपुर मगध का अंग था। जौनपुर के ग्रामीण क्षेत्रों में यद्यपि कुषाण[285] राजाओं के कत्तिपय सिक्के प्राप्त हुए हैं; तथापि अन्वेषक की नूतन गवेषणा से विदित होता है कि गुप्तों के अभ्युदय के पूर्व तक यहाँ कोशल के मित्र नामधारी राजाओं का आधिपत्य रहा होगा; जैसा कि वाराणसी के राजघाट के उत्खनन से मित्रदेव नामधारी राजाओं के कतिपय मुहरों की प्राप्ति से पूर्व विचारधारा की सम्पुष्टि समीचीन है।

कोशल के मित्र राजाओं के पश्चात् साम्राज्यवादी[286] गुप्त सम्राटों के राजनैतिक क्षितिज में जौनपुर समाहित हुआ। यहाँ से प्राप्त हुआ मौखरि शासक ईश्वर वर्मा के शिलालेख में उसके विजयों का आलंकारिक वर्णन पढ़ा जा सकता है। उल्लेखनीय है कि पूर्व मध्यकाल में पाल-प्रतिहार-राष्ट्रकूट राजवंशों का इतिहास प्रसिद्ध त्रिकोणात्मक युद्ध अनवरत जारी रहा। ऐसी अवस्था में जौनपुर पर कभी पालों का तो कभी राष्ट्रकूटों का आधिपत्य रहा किन्तु प्रतिहार शासक नागभट्ट द्वितीय ने कन्नौज पर अधिकार कर लिया, पालों को हराया और जौनपुर उसके साम्राज्य का अभिन्न अंग हो गया। काशी, कोशल तथा कन्नौज के अधीश्वर गाहड़वाल शासक मदनपाल, गोविन्दचन्द्र, विजयचन्द, जयचन्द, हरिश्चन्द्र के राजनैतिक तथा सांस्कृतिक क्रियाकलापों से जौनपुर नगरी अनुप्राणित रही। जयचन्द गंगा-यमुना-सरयू, दोआब में राजपूत शौर्य का अन्तिम शासक था। जौनपुर के समीप जफराबाद में स्तम्भावशेष जयचन्द के बैठका का स्मरण कराते हैं। उसके उत्तराधिकारी हरिश्चन्द्र का एक शिलालेख जौनपुर के मछली शहर से उपलब्ध हुआ है;[288] जिसमें उसे परमभट्टारक महाराजाधिराज परमेश्वर परममाहेश्वर अश्वपति गजपति नरपति राजत्रयाधिपति विविधविद्याविचारवास्पति की उपाधियों से सुशोभित किया गया है। खेद का विषय है कि सन् 1226 ई. कुतुबुद्दीन ने इल्तुतमिश के माध्यम से समूचे गंगा-यमुना अन्तर्वेदी पर कब्जा किया जिसके फलस्वरूप मुस्लिम साम्राज्य का बोलबाला समूचे पूर्वी उत्तर प्रदेश में स्थापित हो गया। मध्यकालीन इतिहास के आईने में जौनपुर की शैक्षणिक, राजनैतिक, धार्मिक, कलात्मक, आर्थिक, सांस्कृतिक तथा वैज्ञानिक गतिविधियाँ अवलोकनीय हैं। शर्की सुलतानों के कलानुरागता का देदीप्यमान् प्रारूप शाही किला जामामस्जिद, बड़ी मस्जिद, अटाला मस्जिद, झझरी मस्जिद चार अंगुल की मस्जिद

आदि भवनों में मुखर हो उठा है जिन्हें कलाविदों ने हिन्दू-मुस्लिम संस्कृति के वातायान से निहारा और मुक्तकण्ठ से प्रशंसा किया। हुमायूँ और अकबर के सिक्के जौनपुर से प्राप्त हुए हैं।[289] इस प्रकार जौनपुर का ऐतिहासिक-पुरातात्त्विक अनुशीलन क्षेत्रीय इतिहास में नूतन सन्देश प्रस्तुत करता है।

काशी

साहित्य, संस्कृति, विज्ञान, धर्म, दर्शन तथा चारों पुरुषार्थों की साधना एवं समन्वय भूमि काशी ने सदियों से ही पूर्वी उत्तर प्रदेश के भौतिक संस्कृति के विविध आयामों को उजागर किया है। ऐसा प्रतीत होता है कि गंगा तट का वह भू-भाग जो कुश और काश से भरा था– काशी कहलाया। वरुणा और असी नदियों के मध्य अवस्थित होने के कारण इसे वाराणसी की अभिधा प्राप्त हुई। वरुणा नाम वृक्षों के बाहुल्य के कारण इसे वाराणसी कहा गया, जैसे कोशम्ब वृक्षों से घिरी कौशाम्बी। काशी की आध्यात्मिक व्युत्पत्ति काश शब्द से समीचीन है। जिसका अर्थ चमकना अथवा निर्वाण से लिया गया है।[290] काशी का सर्वप्रथम उल्लेख[291] अथर्ववेद तदन्तर शतपथ[292] ब्राह्मण और गोपथ ब्राह्मण में प्राप्त है। उपनिषदों में यत्र-तत्र काशी के दार्शनिक राजा अजातशत्रु की परिचर्चा उभारी[293] गयी है। श्रौतसूत्रों में काशी, कोसल तथा विदेह का पारस्परिक घनिष्ठ सम्बन्ध चित्रित है।[294] पाणिनि काशी से परिचित थे। महाकाव्यों (रामायण-महाभारत) में काशी के राजनैतिक तथा सांस्कृतिक वैभव को सँजोया गया है। रामायण में काशी और वाराणसी का अलग-अलग उल्लेख मिलता है।[295] महाभारत में काशीराज सर्वसेन शैव्य, पाण्डवों की काशी विजय, कृष्ण द्वारा काशीराज पौण्ड्रकवासुदेव को मारने के लिए वाराणसी जलाया[296] जाना, काशीराज की अम्बा, अम्बिका, अम्बपालिका जैसी पुत्रियों का अपहरण प्रसंग आदि स्मरणीय है। कतिपय पुराणों में काशी के पौरप्रभा[297] को प्रभासित किया है। बौद्ध साहित्य में जहाँ काशी महाजनपद के रूप में स्मरणीय है; वहीं काशी के बर्तनों, वस्त्रों, लोहार, बढ़ई, चर्मकार, शिल्पकार, व्यापार, वैज्ञानिक, कलाविद् तथा राजाओं के राजनैतिक[298] तथा सांस्कृतिक उपलब्धियों का जीवन्त स्वरूप साहित्य तथा पुरातत्त्व के आईने में निहारा जा सकता है। बौद्ध काल में ब्राह्मण तथा श्रमण संस्कृति का अद्‌भुत सामंजस्य सुस्थापित हुआ। काशी के विजिगीषु नरेशों का कोशल, वज्जि, वत्स तथा अन्य भारतीय नरेशों से राजनैतिक तथा व्यापारिक सम्बन्ध जुड़ा हुआ था।[299] कोशल सम्राट् प्रसेनजित् और मगध सम्राट् अजातशत्रु का इतिहास प्रसिद्ध युद्ध सिद्ध करता है[300] कि काशी के निवासी यदि शास्त्र विद्या में महान् थे तो अस्त्र-शस्त्र में महत्तर। भरहुत स्तूप के तोरण द्वार पर बुद्ध के शरीरावशेष के सन्दर्भ में यौद्धिक चित्र अभिचित्रित हैं। सेनाएँ आमने-सामने खड़ी हैं। कहीं-कहीं नारी सैनिकाएँ भी देखने को भी मिलती हैं; जिससे बौद्धकालीन युद्ध-पद्धति का सहज में आकलन किया जा सकता है। बौद्ध साहित्य में इसके केतुमती, रम्मनगर, सुरन्धना, सुदर्शना, ब्रह्मवर्द्धन, पुष्पवती, मालिनी[301] इत्यादि नामों की चर्चा मिलती है

साथ-ही-साथ नगरी की समृद्धि, सभ्यता तथा संस्कृति के विविध प्रतिमानों को प्रस्फुटित किया गया है। मौर्य तथा शुंग राजवंशों का काशी से घनिष्ठ सम्बन्ध जुड़ा हुआ था। प्रो. ए. के. नारायण के नेतृत्व में काशी के राजघाट में पुरातात्त्विक उत्खनन सम्पादित हुआ। काशी के मृद्भाण्ड, मूर्तियाँ, कुषाणकालीन शैवपरक मुहरें, कोशल के मित्र राजाओं की मुहरें और कतिपय लौह वस्तुएँ प्राप्त हुई हैं, जिससे विदित होता है कि पूर्वी उत्तर प्रदेश की नगर सभ्यता तथा वित्त व्यवस्था में लौह शक्ति ने सदियों से ही महत्त्वपूर्ण भूमिका अदा की है।[302] गुप्त राजाओं के कतिपय सिक्के इस नगर से प्राप्त हुए हैं। राजघाट (काशी) में त्रिशूलधारी शिव, वृषभारूढ़ शिव; शैवोपासना की पुरातात्त्विक मुहरें प्राप्त हुई हैं।[303]

अन्वेषक द्वारा काशी के पुरातात्त्विक सर्वेक्षण में गुप्तकाल का कोई मन्दिर देखने को नहीं मिला है। हाँ! काशी के समीप अवस्थित सारनाथ में कुषाण, गुप्त तथा राजपूतकालीन कतिपय अवशेषों को देखा जा सकता है; जैसे अशोक की लाट, धमेख स्तूप तथा गाहड़वाल शासक चन्द्रदेव की राजमहिषी कुमारदेवी द्वारा स्थापित बौद्ध विहार। उत्तरगुप्त तथा मौखरियों के पारस्परिक संघर्षों को देखते हुए ऐसा प्रतीत होता है कि काशी कुछ समय के लिए मौखरियों के अधीन भी रही। हर्षकालीन चीनी यात्री ह्वेनसांग ने काशी के 30 संघाराम, 3000 पुजारी तथा सैकड़ों हिन्दू देवी-देवताओं के मन्दिरों का अवलोकन किया था। कन्नौज के यशोवर्मन के विजय-प्रशस्ति के परिप्रेक्ष्य में उसके द्वारा मगधनाथ के पराजय की परिचर्चा उकेरी गयी है। यद्यपि मगधनाथ का ऐतिहासिक प्रत्यभिज्ञान वर्तमान अवस्था में सर्वथा अज्ञात है; तथापि उसके काशी विजय की सम्पुष्टि होती है।[304] पाल प्रतिहार-राष्ट्रकूटों के त्रिकोणात्मक संघर्ष में इस नगरी पर पाल तथा कभी प्रतिहार सत्ता का आधिपत्य रहा तदन्तर काशी गाहड़वाल राजाओं के भुजप्राश से आबद्ध हुई। गाहड़वाल शासक मदनपाल, चन्द्रदेव, गोविन्दचन्द्र तथा जयचन्द के काल के कतिपय शिलालेख, ताम्रफलकालिभेख, सिक्के आदि काशी क्षेत्र से प्राप्त हुए है; जैसा कि गोविन्दचन्द्र के कमौली[305] तथा चन्द्रावती स्थानों से प्राप्त आलेखों में उसे काशी, कोशल और कन्नौज जैसे तीर्थस्थलों का रक्षक स्वीकार करने के साथ में हरि का अवतार बतलाया गया है। इन अभिलेखों में बार-बार तुरुष्क दण्ड की परिचर्चा उभारी गयी है। मालूम पड़ता है कि मुस्लिम शक्तियाँ हिन्दू तीर्थों से धन वसूलती थीं। उनसे छुटकारा दिलाने का श्रेय इन राजाओं को प्राप्त था। मुस्लिम इतिहासकार अलबेरुनी ने गंगा[306] और उसकी प्यारी नगरी काशी का वर्णन किया है। कलचुरिशासक कर्ण को वाराणसी से विशेष सम्मोह था और वहाँ उसने अपनी दूसरी राजधानी स्थापित की थी।[307] वाराणसी में प्राचीन युग से लेकर मध्य युग तक टकसाल रहे है। मुस्लिम सम्राटों[308] और अवध के नवाबों[309] के सिक्के मिले है। पृथ्वीराज रासो में जयचन्द को काशीश कहा गया गया है। हिन्दू-मुस्लिम के परिप्रेक्ष्य में मुस्लिम शासकों द्वारा जारी किये फरमानों में हिन्दू मन्दिरों मे दीपक जलाने

के निमित्त अपार धन दिये जाने की बात लिपिबद्ध मिलती है। उन फरमानों के वैज्ञानिक अध्ययन तथा भाष्य से हिन्दू-मुस्लिम संस्कृति के समन्यवादी विचारधारा की सम्पुष्टि होगी। काशी का बूँदी नरेश तथा चुनार से घनिष्ठ सम्बन्ध था। सन् 1827 ई. में जनाब गालिब ने लखनऊ से कलकत्ता जाते समय वाराणसी को देखकर उसकी प्रशंसा में कविताएँ रची थीं।

बनारस राक से गुफ्ता चीनस्त
हनीज उज गंग चीन शबर जबीनस्त।

समय-समय पर काशी के क्रोड में पण्डितराजा जगन्नाथ, जयशंकर प्रसाद, जगन्नाथ रत्नाकर, भारतेन्दु हरिश्चन्द्र, प्रेमचन्द, रायकृष्णदास इत्यादि सरीखे साहित्य सपूतों का जन्म हुआ; जिनकी कारयित्री प्रतिभा का सुधी जगत्ऋणी है। वस्तुतः पूर्व चर्चित तथ्यों पर दृष्टिपात करने से विदित होता है कि पुरा भारत की मान्यता प्राप्त सप्त मोक्षदायिनी महापुरियों में काशी की महत्त्वपूर्ण भूमिका रही है। उसके राजनैतिक तथा सांस्कृतिक पहलुओं का मनन-चिन्तन प्रेरणादायक है।

आजमगढ़-मऊ

प्राचीन काल में गंगा और सरयू का मध्यवर्ती क्षेत्र; आज जहाँ आजमगढ़-मऊ जनपद अवस्थित हैं; वहीं कभी ऋषि-मुनियों की चिन्तन धारा के अजस्र प्रवाह से यहाँ की शस्यश्यामला धरती सदियों से प्रवाहित रही है। सूर्यवंशी राजाओं से लेकर अवध के चकलेदारों की राजनैतिक एवं सांस्कृतिक गतिविधियों से भी यह भूभाग प्रभावित रहा। 1665 ई. में आजमखाँ ने आजमगढ़ की नींव डाली थी। प्राक् मुस्लिम आजमगढ़ के पुरातात्त्विक अनुशीलन से विदित होता है कि बहिरादेव, भैरव स्थान, निधिगाँव, भीरा, वृन्दावन, राजानहुष की कोठी, वैराटपुर, वनदेवी, खुरहट, गायघाट, बसियाराम, सिसवा तथा आवक आदि स्थल आजमगढ़ के प्रागैतिहासिक काल के इतिहास की ओर संकेत करते हैं। अहरौला, चिरैयाकोट, देवराय आदि बस्तियाँ बौद्ध युगीन कोशल के ऐतिहासिक भूगोल में कड़ी जैसा जुड़ जाती हैं।

मौर्य तथा शुंग वंश का भी घनिष्ठ सम्बन्ध इस धरती से जुड़ा हुआ था। आजमगढ़ में आहत प्रकार की मुद्राएँ कुषाणकालीन एक सौ दस सिक्के, यक्षिणी प्रतिमा आदि प्राप्त हैं। शुंग एवं शुंगोत्तर अयोध्या के राजाओं ने गुप्तों के अभ्युदय के पूर्व तक इस क्षेत्र में शासन किया था। गुप्तों के काल के कतिपय बस्तियों के अवशेष, पाषाण मूतियाँ, शिलालेख, सिक्के (सोना, चाँदी, ताँबा) प्राप्त हुए हैं। देवराष्ट्र के निकट महात्मा बुद्ध की धातु निर्मित प्रतिमा प्राप्त है। लालगंज तहसील के मौजा किशनपुर में खण्डित मूर्तियाँ हैं। इसी तहसील के डूहरू स्थान पर ब्राह्मी लिपि का शिलालेख अवलोकनीय है। गुप्तों के पश्चात् मौखरियों ने भी इस क्षेत्र में शासन किया था। सम्राट् हर्षवर्द्धन का मधुवन ताम्रपात्र घोसी तहसील मऊ से मिला है; जिससे शिक्षा तथा संस्कृति पर प्रकाश पड़ता

है। चीनी यात्री ह्वेनसांग के यात्रा पथ पद्धति अनुशीलन से विदित होता है कि उसने भी इस क्षेत्र की यात्रा की थी। हर्ष के पश्चात् इस जनपद में भर संस्कृति का अभ्युदय हुआ था। गुर्जर-प्रतिहार शासकों के राजनैतिक तथा सांस्कृतिक क्रिया-कलापों से भी यह वसुन्धरा प्रभावित रही। इस जनपद में प्रतिहारकालीन कतिपय चाँदी के सिक्के और डोमाव गाँव में आदिवाराह की एक मूर्ति (प्रतिहारयुगीन) सुरक्षित है। लगभग 1060 ई. तक आते-आते यह जनपद ही नहीं वरन् समूचे काशी, कोशल और कन्नौज पर गाहड़वालों का आधिपत्य हुआ। गोविन्दचन्द्र गाहड़वाल की राजमहिषी ने लालगंज में हाथी मूर्ति तथा स्तम्भ की स्थापना किया था। हथियादाह स्थान से गाहड़वाल राजाओं के यत्र-तत्र सिक्के भी प्राप्त हुए हैं। लगभग 11वीं सदी में मुस्लिम राजनीति तथा संस्कृति का समावेश इस वसुन्धरा में हुआ। 12वीं से 13वीं सदी तक काशी के निकट स्थित मनहेच राज के अधीन आजमगढ़ था। गयासुद्दीन तुगलक ने इस भू-भाग को जीतकर इसका नाम जफराबाद रखा तथा राजधानी जौनपुर में आबाद किया। दिल्ली साम्राज्यवादिता के फलस्वरूप आजमगढ़ पर लोदी राजवंश का आधिपत्य हुआ। शेरशाह सूरी का भी इस मिट्टी से काफी प्रेम था। उसने अपनी प्रथम सन्तान, पुत्री को, दरगाह के फकीर (घोसी) का दर्शन कराया था। 15वीं सदी के पश्चात् आजमगढ़ महान् साम्राज्यवादी मुगल सम्राटों के आधिपत्य क्षेत्र में हो जाता है। इस काल में यहाँ हरबरनदेव, चन्द्रसेन, अभिमन्यु, हरिवंश सिंह, आजमशाह, अजमतशाह, एकराम खाँ, इरादत खाँ, आजम खाँ द्वितीय तथा अवध के चकलेदारों ने शासन किया था। फुलवरिया, अतरौलिया, मऊनाथभंजन, देवगाँव, चकेसर, मोहम्मदाबाद, मोबई, सरायमीर तथा निजामाबाद आदि भू-भागों में इस्लामिक संस्कृति देखी जा सकती है। समूचा जनपद पुरातात्त्विक दृष्टिकोण से काफी समृद्धिशाली है। इस दिशा में पुरातत्त्वविदों द्वारा प्रयास किया जाना चाहिए।

कौशाम्बी

कौशाम्बी वत्स महाजनपद की वैभवशालिनी राजधानी थी। इसका स्मरण ब्राह्मण ग्रन्थों[310], उपनिषदों[311], रामायण[312], महाभारत[313], पुराणों[314], बौद्ध[315], जैन साहित्य[316], महाभाष्य[317], संस्कृत साहित्य के इतर ग्रन्थ, शिलालेखों, सिक्कों, मध्यकालीन संस्कृत, हिन्दी तथा फारसी साहित्य में प्रमुदित भाव से किया गया है। शतपथ ब्राह्मण में प्रीति कौशाम्बेय का स्मरण किया गया है जो कौशाम्बी का मूलतः निवासी था। रामायण में कौशाम्बी को स्थापित करने का श्रेय कुश के पुत्र कुशाम्ब को प्राप्त है; वहीं महाभारत में भी कुशाम्ब को नगरी का संस्थापक स्वीकार किया गया है। महाभारत से ज्ञात होता है कि हस्तिनापुर के गंगा में बह जाने के कारण जनमेजय के वंशधर निचक्षु ने प्रयाग से दक्षिण में स्थित कौशाम्बी (आधुनिक कोसम) की स्थापना की थी। डॉ. अक्षय कुमार मजूमदार का अभिमत है कि पौख शाखा के राजा कुश ने कौशाम्बी नगर को आबाद किया था। फिलहाल साहित्यिक एवं पुरातात्त्विक साक्ष्यों से यह वैदिक आर्यों द्वारा बसायी गयी नगरी सिद्ध होती है। तथागत बुद्ध भी इस नगर में आये थे। बौद्ध युग में यहाँ शतानीक

तथा उदयन ऐसे शासक हुए हैं; जिनके बारे में ऐतिहासिक जानकारी प्राप्त होती है।[318] मौर्य सम्राट् अशोक का भी घनिष्ठ सम्बन्ध इस नगर में जुड़ा हुआ था; जैसा कि कौशाम्बी से प्राप्त अशोक के शिलालेख से पुष्टि समीचीन है। ऐसा प्रतीत होता है कि सम्राट् समुद्रगुप्त की प्रयाग-प्रशस्ति प्रारम्भिक अवस्था में कौशाम्बी में स्थापित की गयी होगी। चीनी यात्री फाह्यान तथा ह्वेनसांग भी कौशाम्बी नगरी पहुँचे थे। ह्वेनसांग ने कौशाम्बी[319] में स्थित बौद्ध विहारों की परिचर्चा उभारी है। प्रो.जी.आर. शर्मा ने अभी हाल में ही कौशाम्बी से थोड़ी दूर यमुना तट पर स्थित रेह नामक स्थान से यवन आक्रान्ता मेनाण्डर का शिलालेख प्राप्त किया है। रेह अभिलेख से विदित होता है कि मेनाण्डर[320] ने समूचे गंगा घाटी पर आधिपत्य कर लिया था। कुषाण-शुंग काल में यहाँ समृद्धिशाली संस्कृति थी। कुषाणों के सिक्के, बहसतिमित्र, राजा अश्वघोष, राजा ज्येष्ठमित्र[321] आदि के सिक्के; शुंग-शुंगोत्तर कौशाम्बी के पौर प्रभा को प्रभासित करते हैं; फिर भी कौशाम्बी पर शुंगों का आधिपत्य था।[321अ] आहत प्रकार के सिक्के-हस्ति, चैत्य, वृक्ष अंकित, आयताकार ढले सिक्के, घेरे में वृक्ष, ध्वजाभिमुख, गजाकृतिवाले सिक्के स्मरणीय हैं। कतिपय लेखयुक्त मुद्राएँ भी पुरावैभव सम्पन्न कौशाम्बी के अतीत को बोलती हैं। पौराणिक तथा मौद्रिक साक्ष्यों के सिंहावलोकन से विदित होता है कि यहाँ मघ राजवंश ने भी शासन किया था।[322] उल्लेखनीय है कि कौशाम्बी के पुरातात्त्विक सर्वेक्षण के दौरान मघ राजाओं के लगभग 352 सिक्के प्राप्त हुए हैं; जिनमें वाशिष्ठी पुत्र भीमसेन, पोठश्री, भद्रमघ, शिवमघ, विजयमघ, जयमघ, शतमघ इत्यादि इतिहास प्रसिद्ध नृपति हैं। इन पुरानिधियों के अलावा कौशाम्बी से एक ताड़ध्वज प्राप्त हुआ है; जिससे विदित होता है कि लगभग 200 ई. पू. के आस-पास कौशाम्बी में बलराम की पूजा जनमानस में प्रचलित थी।[323] कौशाम्बी नगरी यद्यपि ह्वेनसांग के समय उजाड़ हो चुकी थी। तथापि पूर्वी उत्तर प्रदेश के अन्य नगरियों की भाँति इसका इतिहासक्रम तथा राजवंशों की कहानी निरन्तर चलती रही। निश्चित रूप से मध्यकालीन भारत के प्रादेशिक इतिहास में इस नगरी का महत्त्वपूर्ण योगदान रहा होगा।

कौशाम्बी नगरी की ऐतिहासिकता का प्रभासन—कनिंघम, गौरीशंकर चटर्जी, प्रो. गोवर्द्धन राय शर्मा आदि इतिहासकारों ने किया। प्रो.जी.आर. शर्मा ने 1949 ई. में अशोक स्तम्भ के निकट कौशाम्बी में उत्खनन करवाया था। यहाँ के उत्खनन में सिक्के, मुहरें, मूर्तियाँ, मृण्यमूर्तियाँ, मनके एवं कलाकृतियाँ प्राप्त हुई हैं[324] जो 800 ई.पू.—600 ई.पू. के अतीत गाथा को अन्तःस्थल में सँजोये हुए हैं।

कौशाम्बी मूर्ति शिल्प में तथा गतबुद्ध का जन्मदृश्य, यक्षिणी प्रतिमा, शालभंजिका प्रतिमा, त्रिभंग मुद्रा में बोधिसत्व प्रतिमा, खण्डित शीर्ष बोधिसत्व, शिल्पांकित पुष्पालंकरण, मृण्मातृ देवी की मूर्तियाँ भारतीय कला के इतिहास में कौशाम्बी स्कूल ऑफ आर्ट के रूप में नूतन अध्याय, आयाम तथा सन्देश जोड़ती हैं।

सैय्यद सालार मसऊद गाजी का दरगाह (बहराइच)

बहराइच-श्रावस्ती

बहराइच जनपद अतीतकालीन कोशल का अभिन्न अंग रहा है। पौराणिक साक्ष्यों में अभिचर्चित गन्धर्व वन ब्रह्मा द्वारा इंगित ऋषियों की तपोभूमि ब्रह्माइच अथवा भरों द्वारा शासित भूमि भराइच ही परवर्ती काल में बहराइच के भौगोलिक स्वरूप में अवलोकनीय है। बहराइच के पुरातात्त्विक सर्वेक्षण से अन्वेषक की अवधारणा है कि जहाँ इसे प्रचुर वन सम्पदा प्राप्त थी; वहीं ग्राम्य से नगर विकास का सूत्रपात यहाँ की जलवायु से सम्भव हो सका होगा। प्राचीन काल में कोशल नरेश श्रावस्त ने इस क्षेत्र में श्रावस्ती नगरी (श्रावस्ती जिला) की स्थापना की थी। वाल्मीकि रामायण, महाभारत और पुराणों के अनुशीलन से विदित होता है कि राम के पुत्र लव ने श्रावस्ती नगरी में शासन किया था। तथागत बुद्ध श्रावस्ती नगरी में वर्षावास के साथ-साथ धर्मोपदेशन सम्पादित करते थे। बुद्ध के समकालीन कोशल सम्राट् प्रसेनजित् की राजनैतिक तथा सांस्कृतिक क्रियाकलापों की पृष्ठभूमि प्रथमतः श्रावस्ती तदन्तर कोशल में मुखरित हुई।

मौर्य सम्राट् अशोक के राज्यकाल में श्रावस्ती को भुक्ति होने का श्रेय मिला। कोशल के शुंग मित्र, नामधारी राजाओं ने भी गुप्त शक्ति के अभ्युदय के पूर्व यहाँ शासन किया था। इस क्षेत्र में गान्धार कला का निरन्तर विकास हुआ। चीनी यात्री फाह्यान का आगमन टोवई (आधुनिक टण्डवा) तथा श्रावस्ती में हुआ था। साम्राज्यवादी गुप्त शासकों

का बहराइच से घनिष्ठ सम्बन्ध जुड़ा हुआ था। पुरातात्त्विक साक्ष्यों से विदित होता है कि हर्षवर्द्धन ने प्रतिहार शासक मिहिरभोज तथा गोविन्दचन्द्र आदि राजाओं के यहाँ शासन किया था। राजपूतकालीन बहराइच का व्यापारिक सम्बन्ध बंगाल, गुजरात, उड़ीसा, उत्तर प्रदेश के अन्य भू-भागों से जुड़ा हुआ था। सम्राट् हर्षवर्द्धन की मृत्यु के पश्चात् इस क्षेत्र में भर संस्कृति का उदय हुआ। ऐसा प्रतीत होता है कि भर राजा सुहेलदेव ने मुस्लिम आक्रान्ता सैय्यद मसऊद गाजी को बहराइच के निकट ब्रह्मवर्त कुण्ड के समीप पराजित किया था। बहराइच के समीप अनारकली स्थल है; वहीं एक छोटी नदी प्रवाहित होती थी, जहाँ सैय्यद सालार घूमने जाया करते थे। बहराइच नगर के सूर्यकुण्ड में ही गाजी मियाँ दफनाये गये थे। यह स्थल हिन्दू-मुस्लिम संस्कृति के समन्वयवादी विचारधारा का प्रमुख केन्द्र तथा इस्लामिक तीर्थ था। कुतुबुद्दीन ऐबक तथा इल्तुतमिश के राज्यकाल में बहराइच व्यापारिक जनपद था। इल्तुतमिश ने अवध पर कब्जा किया और बहराइच उसके अधीन हुआ। 24 मार्च, 1243 ई. में नासिरूद्दीन बहराइच का गवर्नर नियुक्त हुआ। सम्राट् बलबन का भी बहराइच पर आधिपत्य था। 1340 ई. में ऐन-उल-मुल्क के विद्रोह के दमन निमित्त सुलतान मुहम्मद तुगलक बहराइच आया। समकालीन इतिहासकार इब्नबतूता ने इस सम्बन्ध में एक नौका दुर्घटना (जलमग्न) की बात उभारी है। फिरोजशाह तुगलक ने भी गाजी मियाँ के मजार का दर्शन किया था। शर्की सुलतान महमूदशाह ने बहराइच के दुर्गों की मरम्मत करवायी थी। सिकन्दर लोदी ने बहराइच में मसऊद गाजी के मजार पर लगनेवाले मेले पर प्रतिबन्ध लगाया था। मुगलकाल में बहराइच सरकार के रूप में स्मरणीय रहा। यहाँ से भवन निर्माण सम्बन्धी लकड़ियों तथा तम्बाकू का व्यापार किया जाता था। बहराइच के निकट दो कौनी ग्राम में अकबर के काल में ताँबे के सिक्के ढाले जाते थे। अकबर ने यमुना के तट पर खड़े होकर बहराइच दरगाह में मिन्नत निमित्त जाते हुए भीड़ को देखा था। इसके काल में मासूम खाँ फरखुन्दी ने रूहेलखण्ड में विद्रोह करके बहराइच नगर को लूट लिया था। जहाँगीर के शासनकाल में अब्दुल रहमान चिश्ती ने सैय्यद सालार के सन्दर्भ में एक पुस्तक लिखी थी। ब्रिटिश शासन में बहराइच के ताल्लुकेदारों के राजनैतिक तथा सांस्कृतिक क्रिया-कलापों से क्षेत्रीय इतिहास को काफी बल मिला। इस प्रकार बहराइच की धरती सभ्यता एवं संस्कृति के प्रचार तथा प्रसार में सदियों से अक्षुण्ण योगदान प्रस्तुत करती रही है।

टण्डवा

जम्बू द्वीप के धार्मिक इतिहास में बुद्धों की महत्त्वपूर्ण भूमिका रही है। उनमें कश्यप बुद्ध का नाम बड़े आदर के साथ लिया जाता है। इनकी जन्म-भूमि वर्तमान श्रावस्ती जनपद में स्थित टण्डवा में थी, जिसे अतीत में टोवई कहा जाता था।

टण्डवा, श्रावस्ती जनपद में स्थित सहेट-महेट से 9 मील पश्चिम, इकौना बाजार से 4 मील पश्चिम और बहराइच इकौना मार्ग पर 1/4 मील की दूरी पर स्थित है।

चीनी पर्यटक फाह्यान के यात्रा-वृत्तान्त से ज्ञात होता है कि यहाँ कश्यप बुद्ध का जन्म हुआ था, यह स्थान श्रावस्ती से 50 ली. की दूरी पर था। यहीं कश्यप बुद्ध को निर्वाण प्राप्त हुआ था। फाह्यान ने यहाँ एक स्तूप भी देखा था। फाह्यान के इस मत की पुष्टि किंचित् परिवर्तन के साथ ह्वेनसांग के यात्रा-वृत्तान्त से होती है। श्रावस्ती से 60 मी पश्चिमोत्तर में कश्यप का जन्म स्थान था, टोवई नगरी के दक्षिण में मौर्य सम्राट् अशोक ने एक स्तूप का निर्माण करवाया था, जिसे ह्वेनसांग ने देखा था। यह स्तूप उस स्थान पर स्थित था, जहाँ पर कश्यप बुद्ध आत्मज्ञान प्राप्त करने के पश्चात् अपने पिता से मिले थे। उस नगरी के उत्तर में भी एक स्तूप था; जिसका निर्माण अशोक ने करवाया था। यहीं कश्यप बुद्ध ने इहलौकिक लीला समाप्त की थी।

चीनी यात्रियों द्वारा वर्णित 50,60 ली की दूरियाँ $8^{1/3}$ मील तथा 10 मील ठहरती हैं; जो कि श्रावस्ती (सहेट-महेट) और टँडवा के मध्य की दूरी से बिल्कुल मेल खाती है।

ऐसी अवस्था में टोवई को टण्डवा कहना पूर्णतया न्यायसंगत है।

यहीं सुहिर दल शासन करता था, जिसे सुहेलदेव, सौहिलदेव, सौहरदेव आदि नामों से भी जाना जाता है। उसने सैय्यद सालार मसऊद गाजी को पराजित किया था। उसकी मृत्यु के पश्चात् समूचे बहराइच पर मुसलमानों का कब्जा हो गया और टण्डवा मुस्लिम साम्राज्य में मिल गया। मुसलमानों ने इस नगर को बर्बाद कर दिया। पुरातत्त्ववेत्ता एलेक्जेण्डर कनिंघम ने सन 1876 ई. में श्रावस्ती की पुरातात्त्विक यात्रा के दौरान उसकी ऐतिहासिकता पर प्रकाश डाला। कनिंघम ने टण्डवा की यात्रा की उसके उत्खनन से महत्त्वपूर्ण पुरानिधियाँ प्राप्त हुई हैं। उन्होने टण्डवा के भग्नावशेषों का सर्वेक्षण किया और आस-पास की सफाई करवायी। इस गाँव से 1000 फुट की दूरी पर पश्चिमोत्तर दिशा में एक टीला पूर्व-पश्चिम में 800 फुट लम्बा तथा उत्तर-दक्षिण में 300 फुट चौड़ा है। टीले के अन्त तथा गाँव के उत्तर में एक पोखरा है। जिसे सीता-दोहार ताल कहा जाता है। यहाँ के उत्खनन में कनिंघम का एक स्तूप प्राप्त हुआ; जिसे उन्होंने कश्यप बुद्ध का स्तूप माना है। स्तूप का व्यास 7.4 फुट था। यह स्तूप खेतों के धरातल से 18 फुट ऊँचा था। इसकी लम्बाई 365 फुट तथा चौड़ाई 160 फुट थी। स्तूप का निचला हिस्सा वेदी से सजाया गया था। स्तूप में कटघरा एवं तोरण द्वार भी थे। स्तूप के पुरावशेषों का विवरण इस प्रकार प्रस्तुत किया जा सकता है–

1. बुद्ध का सिर $3^{1/2}$ इंच ऊँचा तथा 3 इंच चौड़ा है।
2. नारी का अर्द्ध सिर, कानों को मिलाकर 2 इंच ऊँचा है।
3. एक पंखदार नाग का चित्र है उसका मुँह काफी खुला हुआ है उसके मुँह से कमल निकल रहा है, जो कि पत्थर को दो भागों में बाँटता हुआ चित्रित किया गया है। तोरण के कटघरे के अन्त में पंखदार सर्प का शरीर और पूँछों के समान गड़ारीदार बनायी है।

4. बौद्ध वेदिका का अनुसरण करते हुए चोटी सजायी गयी है। जिसके सम्मुख यह लेख उत्कीर्ण है-

स्थाहनव आरा (म) कनिंघम महोदय इस लेख के आधार पर यहाँ मठ का अस्तित्व भी स्वीकार करते हैं।

5. 5 से 8 तक अनुखण्ड टुकड़े हैं, जिनपर लेख उत्कीर्ण है, जिनके द्वारा यह प्रतिपादित किया जा सकता है कि टण्डवा का स्तूप अशोक के काल का है। चीनी यात्रियों ने भी कश्यप बुद्ध के जन्मस्थली में अशोक के द्वारा निर्मित स्तूपों की चर्चा की है।
6. नारी की भुजा के कलाईवाले भाग में कंगन पहने हुए दर्शाया गया है।
7. एक अटारी का चित्रण है।
8. कुछ छेदी गयी ईंटें प्राप्त हैं; जो कि प्लेट में तितरी-बितरी रखी गयी थीं।
9. में सीता माई की प्रतिमा की चर्चा है?

उल्लेखनीय है कि प्रतिभा की स्थापना लगभग सन् 1776 ई. में बैरागी अयोध्यादास ने किया था, टण्डवा उत्खनन के दौरान जनरल कनिंघम ने इस प्रतिमा को बाहर निकलवाकर साफ करवाया।

यहाँ के निवासी सीता माई की पूजा करते हैं। इस स्थान को अब सीता दोहारताल कहा जाने लगा। मालूम पड़ता है कि सीता दोहार शब्द सीता दोहुर का बिगड़ा हुआ रूप है।

सीता का अर्थ हल की रेखा तथा दोहुर का अर्थ बलुई जमीन करने से सीता दोहुर का अर्थ जोती हुई बलुई जमीन है। ध्यातव्य है कि इकौना और उसके आस-पास के क्षेत्रों में बलुई मिट्टी है। यहाँ के निवासी बड़े ही प्रेम एवं श्रद्धा से इस स्थान पर सीता की पूजा करते हैं। वर्ष में यहाँ मेला लगता है। मगर सीता की प्रतिमा का राम और सीता से कोई सम्बन्ध ही नहीं दिखायी पड़ता है। प्रतिमा की संरचना को देखते हुए यह कहा जा सकता है, कि यह प्रतिमा मायादेवी की है। यह प्रतिमा 3 फुट 4 इंच ऊँची थी। इसमें एक औरत का चित्र है। यह औरत अपने घुटनों तथा हाथों को समेटे हुए एक पुरुष के पीठ के ऊपर अपने बायें पैर को रखे हुए है। दाहिने पैर को तिरछे करके उसके पीठ पर एड़ियों के नाखूनों को टिकाये हुए है। उसका बायाँ हाथ कमर में पहने हुए करधनी पर है। बायें हाथ के कन्धे पर तोता बैठा हुआ है। वह दायें हाथ से शाल वृक्ष की डाल को पकड़े हुए है। शाल वृक्ष फूला हुआ है। यह तो मानी हुई बात है कि शाल वृक्ष को पकड़कर मायादेवी ने सिद्धार्थ को जन्म दिया था। इस तथ्य की पुष्टि किंचित् परिवर्तन के साथ रूम्मिनदेई मन्दिर के बुद्ध जन्म के चित्रों एवं भरहुत स्तूप पर उत्कीर्ण बुद्ध के जन्म से की जाती है।

ज्ञातव्य है कि यह प्रतिमा अब मूल स्थान से चोरी हो गयी। स्तूप से 500 फुट की दूरी पर पश्चिम में एक ढूह है। जिसे कनिंघम ने एक बौद्ध संघाराम का अवशेष स्वीकार किया है। उसकी दीवालों के चारों कोनों पर गुम्बद बने हुए मालूम पड़ते हैं। स्तूप

3700 फुट पश्चिम-उत्तर में, उत्तर से दक्षिण की ओर 800 फुट तथा पूर्व से पश्चिम में 500, 600 फुट माप का टीला है; जो कि एक नगर का ध्वंसावशेष प्रतीत होता है। यह स्थान अब अल्लाह वक्स पुर से जुड़ गया है। इस टीला को अब बड़की बाड़ी कहा जाता है। स्तूप के दक्षिण में सार्वजनिक इमारतों के अवशेष दिखायी पड़ते हैं।

महास्तूप से 300 फुट पूर्व दक्षिण में एक छोटा-सा टीला है। यह सम्भवतः दूसरे स्तूप का अवशेष है। यहीं कश्यप बुद्ध अपने पिता से मिले होंगे। यहीं कश्यपबुद्ध ध्यानावस्था में बैठकर ज्ञान प्राप्त किये थे। टण्डवा को ही कश्यप बुद्ध की जन्मस्थली होने का श्रेय प्राप्त है।

अमेठी-सुल्तानपुर-प्रतापगढ़

इतिहास तथा पुरातत्त्व को अपने क्रोड में सँजोये हुए अमेठी-सुलतानपुर-प्रतापगढ़ जनपद जनमानस को सदियों से लुभाते रहे हैं। यहाँ प्रागैतिहासिक काल से लेकर मुगलकाल तक की कलाएँ देखी जा सकती हैं। प्रतापगढ़ में अवस्थित राजापुर हडही, मदुली कुण्डा, पतुपुर, सरायनाहराराय सुलेमान, करिया-गोरिया, दमदम, रायगढ़, तुशारन विहार, महदहा (प्रतापगढ़) आदि स्थलों में पुरातात्त्विक सम्पदा अवलोकनीय है।

उपर्युक्त स्थलों में दमदम, सरायनाहराराय तथा महदहा का उत्खनन हुआ है। इसी प्रकार सुल्तानपुर में भी प्रागैतिहासिक काल से लेकर मुगल काल तक के अवशेष बिखरे हुए हैं।

तुशारनविहार

रामायण-काल से ही कोशल में चित्रकला, संगीत, वास्तु, निर्माण कला जैसी कलाएँ लोकप्रिय रही हैं। इन कलाओं के केन्द्र थे, अवध और उसकी अयोध्या श्रावस्ती, कपिलवस्तु, कुशीनारा जैसी नगरियाँ। कोशल क्षेत्र के प्रतापगढ़ जनपद में गंगा के उत्तरी काठें पर स्थित तुशारन विहार के पुरावशेष उसे कलाभूमि के रूप में गौरवान्वित करते हैं। मुस्लिम शासकों के काल में इसे एक बड़े जनपद का हेडक्वार्टर होने का श्रेय प्राप्त था। यह एक टीले पर स्थित है। यहाँ दक्षिणी-पश्चिमी कोने पर एक किला है; जिसके निकट एक जीर्ण-शीर्ण मन्दिर है। इसमें विभिन्न प्रकार के चित्र हैं; जो कुषाण काल से सम्बन्धित हैं। कस्बे के दक्षिण-पूर्व में लगभग 1/8 मील में फैला हुआ ईंटों से निर्मित एक टीला है। जनरल कनिंघम को इस स्थान के उत्खनन में दीवाल प्राप्त हुई जिसका काल-निर्णय अस्पष्ट है। मन्दिर के बाहर दो स्तूप थे; जिन्हें लोग, बुद्ध-बुद्धि कहते थे। इससे पता चलता है कि यहाँ समय-समय पर बौद्ध धर्म का प्रचार एवं प्रसार होता रहा। यह स्तूप सार्वजनिक उद्यान वेला में रखवाया गया था। मन्दिर के चित्रों को अष्टभुजी कहा गया है। मूर्तिकला के ठप्पे के आधार सामने से 3 फुट 4 इंच तथा बगल से 1 फुट 4 इंच है। चित्रों के सिर गायब हो गये हैं। ऊँचाई लगभग $4^{1/2}$ फुट है। गाढ़े लाल रंग के पत्थर का प्रयोग किया गया है। दायीं ओर से पुरुष के कन्धे पर पत्तियाँ गिर रही हैं। औरतें

कमर तक नंगी हैं। हाँ! कमर में करधनी जैसा पहने हुए हैं। इस प्रकार की चित्रकारी भरहुत, सांची और मथुरा के चित्रों में अंकित की गयी हैं। चित्रों के स्वरूप एवं वेशभूषा को देखते हुए यह अनुमान लगाया जा सकता है कि ये चित्र कुषाण-काल के रहे होंगे। चित्रों के स्वरूप को निखारने के लिए कलाकार ने उनके मुखमण्डल पर निर्लज्जता की भावना को उभार दिया है। नर-नारी एक-दूसरे से सिमटे हुए हैं। उन्होंने अपने छाती पर ऐसा वस्त्र धारण किया है जिस पर बौद्ध मूर्तियों की वेशभूषा का प्रभाव परिलक्षित होता है। दोनों लम्बे पुरुष पायजामा पहने हैं। इस प्रकार की वेशभूषा कुषाणों तथा गुप्तों की मुद्राओं पर दर्शायी गयी है। उल्लेखनीय है कि गुप्तों ने कुषाणों की वेशभूषा से प्रभावित होकर पायजामा पहनने की कला को अपनाया था। इस प्रकार के पहनावा के जन्मदाता कुषाण थे। इसलिए इन चित्रों का काल कुषाण-युग मानना न्यायसंगत प्रतीत होता है। लम्बा पुरुष अपनी कमर के चारों ओर एक करधनी पहने है। मोटे पुरुष ने भी वही वेष धारण किया है। हाँ! गले में हार तथा कर्णफूल पहना है। औरतों ने वस्त्र नहीं धारण किया है। कटि प्रदेश के चारों ओर डोरी में पिरोये हुए घुँघरू दिखायी पड़ते हैं। औरतों ने हाथों में अनेक कंगन पहना है। उन्होंने मोतियों तथा अन्य रत्नों की गुच्छी को बालों में बाँधकर सँजोया है। उन्होंने भुजबन्द भी धारण किया है। तुशारन विहार के इन चित्रों के नारियों की साज-सज्जा को देखकर आधुनिक सजी हुई बालाएँ भी दंग रह जायेंगी।

ध्यातव्य है कि तुशारन विहार से प्राचीन हिन्दुओं और कुषाणों के बहुत से सिक्के प्राप्त हुए हैं। अवध गजेटियर से विदित होता है कि अष्टभुजा मन्दिर के सम्मुख प्राप्त दोनों स्तूपों का निर्माण भरों ने किया था। राजपूतों के पहले भरों ने तुशारन विहार में शासन किया था। तुशारन विहार के किले के अन्दर एक मन्दिर था, जिसमें प्रतिमाएँ थीं; जिनकी पूजा भर लोग करते थे। राजा पिथौरा ने बालसिंह को भरों पर आक्रमण करने भेजा। बालसिंह ने भरों को पराजित किया तथा उनके किले को बर्बाद कर दिया तथा बुद्ध-बुद्धि मूर्तियों को तुशारन विहार के दक्षिण-पूर्व में स्थित झील में फिंकवा दिया था। राजा पिथौरा ने बालसिंह को 22 गाँव की जमींदारी दे दिया; जिसके फलस्वरूप बालसिंह तुशारन विहार कस्बे में रहने लगा। उसके वंशज वैशों ने कस्बे के दक्षिण में स्थित पीपल वृक्ष के नीचे एक मन्दिर बनवाया। इसमें उन्होंने बुद्ध-बुद्धि की प्रतिमाएँ स्थापित कीं। किले के प्रवेश द्वार के निकट का मन्दिर बहुत पुराना है। इसका निर्माण भरों ने किया था। इस कस्बे के दक्षिण-पूर्व में गंगा के तट पर अशोक द्वारा निर्मित 200 फुट ऊँचा स्तूप बना था। मालूम पड़ता है कि कौशाम्बी यात्रा के सिलसिले में बुद्ध ने कुछ दिनों तक यहाँ वास किया था।

उपरिचर्चित तथ्यों पर दृष्टिपात करने से यह स्पष्ट हो जाता है कि तुशारन विहार ने कोसल क्षेत्र में मूर्तिकला के केन्द्र के रूप में शताब्दियों तक अक्षुण्ण योगदान प्रदान किया। उसकी कला, कोशल क्षेत्र के लिए प्रेरणादायक है।

बाराबंकी

उत्तर प्रदेश के भौमिक मानचित्र में बाराबंकी जनपद पूर्वी तथा पश्चिमी उत्तर प्रदेश

की सीमा-रेखा पर अवस्थित भौतिक संस्कृति तथा उसके विविध प्रतिमानों को अपने आंचल में धरोहर के रूप में पौर-प्रभा को प्रभासित करता हुआ जन-जीवन में नूतन सन्देश प्रस्तुत करता रहा है। कोशल के सूर्यवंशीय नृपति, बौद्ध, मौर्य, शुंग, गुप्त, राजपूत, सल्तनत काल, मुगलकाल तथा आधुनिक शासनकाल की अक्षत पुरासम्पदा किसी-न-किसी रूप में यहाँ बिखरी पड़ी हुई है। पौराणिक मान्यता एवं अभिचर्चाओं का श्रद्धा बिन्दु देवा—जहाँ कभी पाण्डव वनवास के परिप्रेक्ष्य में गुजरे थे, यहीं अवस्थित है। महर्षि देवल की तपोभूमि देवा मध्यकालीन इतिहास के आईने में देवा शरीफ के रूप में समाज द्वारा पूजित रही है। अन्वेषक ने बद्दोसराय में पारिजात वृक्ष का अवलोकन किया। इस प्रकार का वृक्ष वैभवशालिनी श्रावस्ती नगरी के जेतवन तथा लंका में देखने को मिलता है। हाँ! इस दिशा में प्रयाग के वटवृक्ष को भुलाया नहीं जा सकता है। साऊ ऋषि की तपोभूमि सतरिख में दसवीं सदी तक आते-आते सैय्यद सालार-मसऊद-गाजी भी इस नैसर्गिक छटा को देखकर सम्मोहित हो गये थे। कुरसी नवाबी स्थापत्य कला को उजागर करता है। बाराबंकी, सिद्धौर, रौनाही, रसूलाबाद और रूदौली जैसे उपनगरों का विकास अलाउद्दीन खिलजी के समय में हुआ था, दरियाबाद मध्यकाल के अवशेषों को छिपाये हुए है। मौखरि शासक ईषान वर्मा का हरहा से अभिलेख प्राप्त हुआ है। रौनाही में जैन कला और मुस्लिम मजारें अनायास ही मन्त्रमुग्ध कर लेती हैं। ग्यारहवीं सदी में भर राजा जस ने बाराबंकी बसाया था। बद्द सराय, अलियाबाद में आज भी मुगलकालीन अवशेष बिखरे पड़े हैं। सरथांभाव में 1166 हिजरी का फारसी आलेख शोधाकर्षण बिन्दु है। इब्राहीम शर्की के समय दरया ने दरियाबाद बसाया था। ब्रगवान गाँव से गाहड़वाल शासक गोविन्दचन्द्र का ताम्रफल का अभिलेख प्राप्त है जो आज भी राज्यसंग्रहालय लखनऊ में सुरक्षित देखा जा सकता है। हैदरगढ़ में भर सभ्यता के अवशेष निहारे जा सकते हैं। कुरसी अतीतकालीन केसरीगढ़ आज भी शाहजहाँकालीन मस्जिद के भौमिक भूगोल को धारण किये हुए है। हाँ! नवाबी शासन में इसे महत्त्वपूर्ण दर्जा मिला था।[325] इसी प्रकार मध्यकाल तक आते-आते इस जनपद में अनेक उपनगरों का उद्भव तथा विकासक्रम जारी रहा। अन्वेषक द्वारा इस जनपद के पुरातात्त्विक सर्वेक्षण से कुषाणकालीन पुरावशेषों से लेकर अवध के नवाबों के शासनकाल के अनेक भग्नावशेष तथा पुरातन कलाकृतियाँ देखने को मिलीं। समूचा जनपद पुरातत्त्व के मामले में काफी धनी है।

मिर्जापुर-सोनभद्र

पूर्वी उत्तर प्रेदेश के अन्तिम दक्षिणी-पूर्वी सीमा पर अवस्थित, मिर्जापुर-सोनभद्र अतीतकालीन गौरवमयी भौतिक संस्कृति एवं इतिहास को छिपाये हुए है। इस जनपद के पुरातात्त्विक पहलू पर सर्वप्रथम काकवर्ण तथा कार्लायल सरीखे विद्वानों ने दृष्टिपात किया। तदन्तर 1921 ई. में के.एन.दीक्षित, 1932 ई. में मनोरंजन घोष, 1956-57,

62-64, 70-71 ई. में इलाहाबाद विश्वविद्यालय, 1962-63 ई. में काशी हिन्दू विश्वविद्यालय 1974-76 ई. में हेमराज, प्रो.जी.आर. शर्मा तथा 1979 ई. में राकेश तिवारी द्वारा पुरातात्त्विक दृष्टिपात समय-समय पर किया गया। इतिहासकारों के रिपोर्ट के अनुशीलन से जनपद की ऐतिहासिकता प्रागैतिहासिककालीन सिद्ध होती है। चितेरे कलावन्तों ने छेनी से पाषाण को काट-काटकर अद्भुत चित्रकला को जन्म दिया था। राज समाज से लेकर मुनि समाज की चित्रगाथा पाषाण शिल्पों में उकेरी गयी है। इस क्षेत्र के उत्खनन से मृद्भाण्ड, पाषाणोपकरण, हड्डियाँ, कब्रें, नर-कंकाल, झोपड़ियाँ, जानवरों की हड्डियाँ तथा जले चावल के अवशेष मिले हैं। मोरहना पहाड़, बघहीखोर, लेखहिया, चोपनीमाण्डो, कोलडिहवा, महदहा, घोड़मंगर आदि जैसे स्थलों में मध्यपाषाणकालीन संस्कृति का जीता-जागता प्रारूप मुखर हो उठा है; जिससे पाषाण शिल्प की उपादेयता एवं चरमोत्कर्ष की परिपुष्टि होती है। इस जनपद में प्रागैतिहासिक काल से आधुनिक काल के अवशेष बिखरे हुए हैं। अघोरीवास सोन नदी के तट पर अवस्थित है।

यहाँ भी भरों का आधिपत्य था। 1616 ई. में माधोसिंह ने किला बनवाया था। अहरौरा तथा ललितपुर की ऐतिहासिक सम्पदा मनमोहक है। बेलखरा में गणेश प्रतिमा अश्वारोही तथा कन्नौज के शासक लक्ष्मण देव (1196 ई.) का शिलालेख पुरातात्त्विक दृष्टिकोण से महत्त्वपूर्ण उपलब्धि है। हेतुनपुर के एक मन्दिर में वाराह और नृसिंहावतार की चित्रकथा रेखांकित है। औधी अपने हृदय स्थल में राजपूत-कालीन शौर्य छिपाये हुए है। अष्टभुजा तथा भदोही में जौनपुर के शर्की सुलतान बहलोल लोदी तथा मुगल सम्राट् अकबरकालीन पुरावशेषों को देखने से अतीतकालीन दुर्गापूजा की केन्द्र स्थली अष्टभुजा की ऐतिहासिकता स्वतः प्रमाणित हो जाती है। मिर्जापुर की पुरातात्त्विक यात्रा आगे बढ़ती है। इस दिशा में भूली की याद आती है, जहाँ कभी कुतुबुद्दीन तथा मुबारक खिलजी के राजनैतिक तथा सांस्कृतिक क्रियाकलाप सम्पादित हुए थे। राजर्षि भर्तृहरि की तपस्थली चुनार की प्राकृतिक संरचना अत्यन्त मनमोहक है। 1333 ई. के एक शिलालेख से विदित होता है कि चुनार पर पृथ्वीराज चौहान का आधिपत्य था; किन्तु अन्वेषक की गवेषणा से विदित होता है कि काशी, कोशल तथा कन्नौज के नृपति गाहड़वाल चन्द्रदेव, गोविन्दचन्द्र तथा जयचन्द के अधीन काशी, मिर्जापुर, प्रतापगढ़ तथा जौनपुर आदि जनपद अधिगृहीत थे। पृथ्वीराज जीवनपर्यन्त दिल्ली तथा अजमेर के भू-भागों का स्वामी बना रहा। उसने गाहड़वालों पर कभी भी विजय नहीं प्राप्त किया था। विजयगढ़ में शर्की सुल्तानों की अमरकला जन-जीवन को आज भी लुभा रही है। विन्ध्य क्षेत्र वही भू-भाग है, जिसको लाँघ करके उत्तर भारत के राजाओं की अश्वसेना कावेरी के तट पर पहुँच जाती थी तो दक्षिण भारत के शासकों की फौजें तथा अश्व विन्ध्यपार करने के पश्चात् गांगेय मैदान[326] में पहुँचकर गंगा जल में स्नान करने से चूकते नहीं थे। इसी प्रकार गोरखपुर[327], देवरिया[328], गाजीपुर[329], बलिया आदि जनपदों में प्रागैतिहासिक काल से मध्यकालीन सम्पदाओं का संकलन और भाष्य भावी सन्ततियों को नूतन दिशा प्रदान करेगा।

ग्राम

हमारे वैदिक राजाओं के राज्यकाल में ग्रामों का प्रावल्य था। ऋग्वेद की ऋचाओं में ग्रामों की समृद्धि हेतु प्रार्थना की गयी है।[330] राम ने वन जाते समय कोसल के समृद्धिशाली ग्रामों को देखा था।[331] इसी प्रकार सुमन्त ने अयोध्या लौटते समय नगरों एवं ग्रामों को देखा था।[332] पुराणों में भी ग्राम्य सभ्यता चर्चित है। प्रसेनजित् के काल में बेनागपुर, नगरविन्द, मनसाकट आदि ग्राम प्रसिद्ध थे।[333] बौद्ध साहित्य में तत्कालीन गाँवों के वैभव की झलक अवलोकनीय है। मौर्य काल में ग्राम संस्था सार्वजनिक मनोरंजन एवं उपयोगी कार्यों की व्यवस्था करती थी। ग्रामवासियों का झगड़ा तय करना और नाबालिगों की सम्पत्ति का संरक्षण करना प्रमुख कार्य था।[334] फिर भी ग्रामीण संस्था के अधिकार सीमित थे।[335] शुंग तथा गुप्तकालीन गाँवों के पौर प्रभा का प्रभासन साहित्य में मुखर हो उठा है। हर्ष के मधुवन अभिलेख[336] में श्रावस्ती भुक्ति के सोमकुण्डिका ग्राम का स्मरण प्राप्त है। जैसे बौद्ध काल में हर जातियों के अलग-अलग ग्राम होते थे; उसी प्रकार पूर्वमध्यकाल में भी ग्राम्य संस्कृति का सलोना रूप दिखायी पड़ता है तभी तो पूर्व मध्य-राजपूत युग में भाटों तक के गाँवों के बसने का प्रमाण मिलता है;[337] जैसे राजा भव गुप्त के कटक ताम्रफलक में श्रावस्ती भुक्ति के कासिल्ली भट्ट ग्राम की चर्चा आयी है। चन्द्रावती फलक से विदित होता है कि चन्द्रदेव गाहड़वाल ने वाराणसी अवस्थित बाड़ गाँव दान किया था।[338] गोविन्दचन्द्र गाहड़वाल के सहेट-महेट फलक तथा कमौली अभिलेख से ज्ञात होता है कि उसने श्रावस्ती अवस्थित जेतवन विहार निमित्त 6 गाँवों तथा भानी ग्राम (काशी) दानस्वरूप प्रदान किया था।

जयचन्द के लखनऊ संग्रहालय फलक में काशी के मामद्र तथा कदाही[339] ग्राम का स्मरण किया गया है। बाबरनामा में सुशोभित ग्राम्य संस्कृति प्रमुदित भाव से[340] अभिचर्चित है।

इस प्रकार पूर्वी उत्तर प्रदेश के भौगोलिक कलेवर में सदियों से ही ग्राम्य सभ्यता पुष्पित, पल्लवित तथा विकसित होती रही है।

वस्तुतः उपरिचर्चित सारे तथ्यों पर दृष्टिपात करने से विदित होता है कि पूर्वी उत्तर प्रदेश की अयोध्या, काशी, प्रयाग आदि नगरियाँ मात्र चार-छह मील के घेरे में अवस्थित नहीं थीं। नदियों की धारा परिवर्तनशील रही है। विभिन्न राजवंशों के काल में भिन्न-भिन्न कला-कौशल, विज्ञान, साहित्य तथा भौतिक संस्कृति के विविध प्रतिमानों का उत्थान तथा पतन होता रहा है। वर्तमान भौगोलिक स्वरूप उसका प्रतिफल है।

पूर्वी उत्तर प्रदेश के नदियों, नगरियों, बन-उपवन, ग्राम आदि पहलुओं को ध्यान में रखते हुए अब भी इतिहासकारों तथा पुरातत्त्ववेत्ताओं को प्रयास करना चाहिए ताकि प्राचीन भूगोल का सम्यक् उद्‌बोध हो सके।

सन्दर्भ

1. ऋग्वेद 2/12/11, वही 3/55/18, शतपथ ब्राह्मण 1/6/1/1, सत्य प्रकाश, भारतीय विज्ञान के कर्णधार, (रिसर्च इन्स्टीट्यूट ऑव साइण्टिफिक स्टडी 1967, नयी दिल्ली) पृ. 69-73, दीक्षित, शंकरबालकृष्ण, भारतीय ज्योतिष (लखनऊ, 1975) पृ. 30-54 गोरख प्रसाद, भारतीय ज्योतिष का इतिहास (लखनऊ, 1974), पृ. 6-106
2. अंगुत्तरनिकाय, (महाबोधि प्रकाशन, कलकत्ता) भाग 1, पृ. 139, 145, 148, 250, भाग 3, पृ. 233, 242, धम्मपद (हिन्दी अनुवाद) पृ. 133, 202 जातक संख्या 95, 531 आदि।
3. 'बाबरनामा' जहीरूद्दीन मोहम्मद बाबर पादशाह गाजी (ए.एस.बीब्रिज द्वारा सम्पादित, मुन्शीराम मनोहर लाल प्रकाशन दिल्ली, 1979) जिल्द 2, पृ. 484 तुजुके जहाँगीरी, भाग 1 (ग्वालियर, 1976), पृ. 3-69.
4. धम्मपद टीका (पा.टे.सो.) जिल्द 3, पृ. 360.
5. धम्मपद (हिन्दी अनुवाद) पृ. 28, जातक, (फजबोल संस्करण), जिल्द 4, पृ. 167, दीघ निकाय (पा. टे.सो.) भाग 3, पृ. 360.
6. अंगुत्तरनिकाय, भाग 1, पृ. 139, 178, दीघनिकाय (सारनाथ हिन्दी संस्करण), पृ. 207
7. जातक संख्या 204.
8. जातक संख्या 536.
9. प्राचीन हथियारों और लौह शक्ति के लिए अवलोकनीय, दीक्षितार, वी.आर.आर., वारइन एनुशॅण्ट इण्डिया (मैकमिलन ऐण्ड कम्पनी, मद्रास, 1948) पृ. 104-110, राय, टी.एन. 'द गंगाज सिविलाइजेशन' (नयी दिल्ली, 1983), पृ. 5-56 शर्मा, रामशरण, प्राचीन भारत में भौतिक प्रगति एवं सामाजिक संरचनाएँ (नयी दिल्ली, 1990) पृ. 137.
10. ऋग्वेद 10/64/9, अथर्ववेद 5/22/13-14, शतपथ ब्राह्मण 1/4/4/14.
    मुखर्जी, आर.के., हिन्दू सभ्यता (चतुर्थ संस्करण, 966) पृ. 110 वैद्य, सी.वी., हिस्ट्री ऑफ मेडिकल हिन्दू इण्डिया, जिल्द 2 (पूना, 1924) पृ. 275, तारा चन्द, ए शार्ट हिस्ट्री ऑफ इण्डियन पीपुल (कलकत्ता, 1953), पृ. 25.
11. विष्णुपुराण 4/1, ब्रह्मपुराण, अध्याय 8, शिवपुराण भाग 2, 5/36, हरिवंशपुराण 1/10, वायुपुराण, अध्याय 88 अवलोकनीय, दास, ए.सी., ऋग्वैदिक इण्डिया तथा सम्पूर्णानन्द, आर्यों का आदि देश।
12. द्रष्टव्य, तिवारी, गौरीशंकर, उत्तरी भारत के ब्राह्मणों का सामाजिक अध्ययन, पृ. 47-51, सिंह, रामवृक्ष, ओरिजन ऑफ द राजपूत, पृ. 52-65, 132-134.
13. ऋग्वेद 10/90/12 हट्टन, जे. एच., कास्ट इन इण्डिया (चतुर्थ संस्करण) पृ. 64, रैगोजीन, वैदिक इण्डिया (द्वितीय संस्करण) पृ. 274 महाभारत, शान्ति पर्व 188/10, बृहदारण्यकोपनिषद् 3/2/13, गौतम धर्म सूत्र 5/8.
14. भागवत पुराण 4/15/1-2.
15. वाल्मीकि रामायण 1/5.
16. वाल्मीकि रामायण 1/5.
17. तुलनीय, राधाकृष्णन सर्वपल्ली, 'दि हिन्दू व्यू ऑफ लाइफ' पृ. 94-99.
18. नेशफील्ड उद्धृत एच. रिजले, 'द पीपुल ऑफ इण्डिया' पृ. 20, 254-256.
19. ऋग्वेद 10/75/5, 1/32/14.
20. मत्स्यपुराण 105/10, पद्मपुराण स्वर्गखण्ड अध्याय 47, शिवपुराण 1/1, स्कन्दपुराण काशी खण्ड 7/51, कूर्मपुराण 1/37/12.

21. वाल्मीकि रामायण 2/50, 2/51, 2/54, 1/42-44.
22. महाभारत 3/108/2-100/16.
23. रघुवंश 13/54-55, वही 13-56-57, 4/24.
24. फ्लीट, का इ.इ. जिल्द 3, इन्सक्रिप्शन्स ऑफ द अर्ली गुप्ता किंग्स, फलक 3, पृ. 203, श्लोक 7
25. इ. इ. जिल्द 1, पृ. 146, श्लोक 55.
26. कार्पस, जिल्द 4, पृ. 293, श्लोक 12.
27. सचाऊ, अलबेरुनीज इण्डिया, पृ. 200-201.
28. इलियट ऐण्ड डासन, दि हिस्ट्री ऑफ इण्डिया ऐज टोल्ड बाई इट्स ओन हिस्टारियन्स, भाग 1, पृ. 55 टिप्पणी 2.
29. इलियट, बिब्लिओग्राफिकल इण्डेक्स टू दि हिस्टोरियन्स ऑफ मुहम्मडन इण्डिया भाग 1, पृ. 243.
30. द्रष्टव्य, जगमोहन महाजन, 'द गंगा ट्रेल' (दिल्ली, 1984), पृ. 11-28.
31. ऋग्वेद 10/64/9.
32. ऋग्वैदिक इण्डिया, दास, ए. सी., पृ. 72, 136, भार्गव, पी.एल. इण्डिया इन द वैदिक एज, पृ. 132, त्रिवेदी, राम गोविन्द, 'वैदिक साहित्य', पृ. 293, राहुल सांकृत्यायन, ऋग्वैदिक आर्य, पृ. 10.
33. द्रष्टव्य, अली, सैय्यद मुजफ्फर, 'द ज्याग्राफी ऑफ द पुरानाज' (दिल्ली 1966), पृ. 135, पाठक, विशुद्धानन्द, हिस्ट्री ऑफ कोशल, (वाराणसी, 2963), पृ. 42.
34. कदाहं पुनरागम्य सरय्वाः पुष्पित वने। मृगया पर्यटिष्यामि मात्रा पित्रा च संगतः। वा. रा. 2/49/15 एषा सा दृश्यते सीते सरयूः यूपमालिनी-वा.रा. उपरिवत् युद्धकाण्ड सर्ग 126 श्लोक 49
35. गंगा यमुना अचिरवती सरयू महीता महा समुदमुपाजहन्ति- अंगुत्तरनिकाय, जिल्द 4, पृ. 202, विनयपिटक भाग 2, पृ. 23.
36. क्लेक्टेड वर्क्स ऑफ डॉ. भण्डारकर, वाल्यूम 1, पृ. 122-123.
37. मैककिण्डल्स एनशॅण्ट इण्डिया एज डिस्क्राइब्ड बाई टालमी, पृ. 99.
38. तुलनीय, पेरीपल्स ऑफ द इरीथियेन सी, पृ. 323 के पश्चात् का मानचित्र एवं पृ. 242.
39. इ.इ. 3, 'इन्सक्रिप्शन्स ऑफ द अर्ली गुप्ता किंग्स, पृ. 256.
40. कारनेगी, पी., ए हिस्टारिकल स्केच ऑफ तहसील फैजाबाद, पृ. 7.
41. तीर्थानिकाशिकुशकोत्तर कोशलेन्द्र स्थानीयकानिपरिपालय ताभिग-मय-बनारस ताम्रफल का अभिलेख, इपि. इ. वाल्यूम 2, पृ. 362, श्लोक 5.
42. इपि.इ., जिल्द, 14, पृ. 193.
43. सचाऊ, अलबेरुनीज इण्डिया, वाल्यूम 1, पृ. 159.
44. 'द रेहल ऑफ इब्नबतूता' (मेंहदी हुसेन, दिल्ली, 1976), पृ. 104-110.
45. मिनहाज सिराज, तबाकाते नासिरी, भाग 2, पृ. 836, पाद टिप्पणी 8.
46. मुन्तखबुत तवारीख बदायूँनी, भाग 1, पृ. 222, इलियट 'हिस्ट्री ऑफ इण्डिया ऐज टोल्ड बाई इट्स ओन हिस्टारियन्स', वाल्यूम 3, पृ. 530-531.
47. बाबरनामा (ब्रीबिज द्वारा अनूदित), जिल्द 2, पृ. 601-602.
48. ऋग्वेद, 1.6.3, 1.48.2 1.48.15, 1.113.118, 1.123.22, 8.70.6, 8.5.9.
49. वाल्मीकि रामायण, अयोध्याकाण्ड 49/11-12 युद्धकाण्ड 127/28.
50. महाभारत वन पर्व, तीर्थ यात्रा, पर्व, 74-75, 80-82.
51. भागवतपुराण 1/5/19/18, वही, 10/79/11, मत्स्यपुराण, 1/114/22, विष्णुपुराण 3/14/18, स्कन्द पुराणान्तर्गत वैष्णव खण्ड अयोध्या माहात्म्य, अध्याय 60.

52. अंगुत्तरनिकाय, जिल्द 1 पृ. 188.
53. स्कन्दपुराण अवन्ति खण्ड अध्याय 60.
54. फ्लीट का इ.इ., जिल्द 3, पृ. 265.
55. सचाऊ, अलबेरुनीज इण्डिया, जिल्द 1, पृ. 259.
56. बाबरनामा, (बीब्रिज द्वारा सम्पादित), जिल्द 2, पृ. 485.
57. अष्टाध्यायी 4,3-119.
58. अवदानशतक 1/63, वही 2/60 तुलनीय, मत्स्यपुराण की ऐरावती ही बौद्ध साहित्य की अचिरवती है। अली, मुजफ्फर 'द ज्याग्राफी ऑफ द पुरानाज; पृ. 8.
59. कल्पसूत्र, पृ. 12.
60. वाटर्स, टी, आन य्वान चांग्स ट्रेवेल्स इन इण्डिया, (मुन्शीराम पब्लिशर्स, नयी दिल्ली 1973) जिल्द 2, पृ. 398-99.
61. ला, वी.सी. 'हिस्टारिकल ज्याग्राफी ऑफ एन्शॅण्ट इण्डिया, पृ. 61
62. पपंचसूदनी (सिंहली संस्करण) 2, 586, मनोरथ पूरणी (सिंहली संस्करण) 2, 759-60, सुत्तनिपात टीका (पा.टे.सो.) पृ. 437-39 तुलनीय, मार्कण्डेय पुराण, 57/16-18.
63. विनय पिटक 2, पृ. 239, विशुद्धि मग्ग, 1, पृ. 10.
64. संयुक्त निकाय भाग 2, पृ. 135.
65. दीघनिकाय 1, 235.
66. सुत्तनिपात टीका 1, पृ. 19.
67. संयुक्त निकाय 5, पृ. 297.
68. अंगुत्तरनिकाय भाग 4, पृ. 101.
69. धम्मपद, अठ्ठ कथा भाग 1, पृ. 85, बुद्ध चरित, सर्ग 5.
70. मज्झिम निकाय, (सारनाथ संस्करण), पृ. 27.
71. दीघनिकाय, जिल्द 2 पृ. 137.
72. महापरिनिब्बानसुत दीघ निकाय, (सारनाथ संस्करण), पृ. 137.
73. अंगुत्तर निकाय, जिल्द 4, पृ. 101, संयुक्त निकाय, सारनाथ संस्करण भाग 2 पृ. 823.
74. कुणाल जातक संख्या 536.
75. सुत्त निपात, (सारनाथ संस्करण), पृ. 89, संयुक्त निकाय (सारनाथ संस्करण), भाग 1, पृ. 134.
76. शतपथ ब्राह्मण 1/4/14.
77. वाल्मीकि रामायण- 2/49/15.
78. वाल्मीकि रामायण- 2/89/21.
79. वाल्मीकि रामायण- 2/54/1.
80. वही 2/59/8.
81. वही 2/54/28.
82. संयुक्त निकाय भाग 2, पृ. 814, ह भाग 1, पृ. 363.
83. स्कन्दपुराण, काशीखण्ड, मत्स्यपुराण 180/84.
84. संयुक्त निकाय, पृ. 653, 723, सचे ब्राह्मण गच्छसि साकेतम अंजना वनम् जातक भाग 3 (कौशल्यायन संस्करण), पृ. 426.
85. दीघनिकाय, सारनाथ हिन्दी संस्करण, पृ. 141.
86. हुल्टज, इ., इन्सक्रिप्शन्स ऑफ अशोका, भाग 1, पृ. 164-165.

87. दीघनिकाय (बम्बई विश्वविद्यालय संस्करण), भाग 2, पृ. 132.
88. विनय पिटक (सारनाथ संस्करण), पृ. 461, महावंश टीका पृ. 102, डिक्शनरी ऑफ पालि प्रापरनेम्स, जिल्द 2, पृ. 1126-27.
89. डिक्शनरी ऑफ पालि प्रापरनेम्स, जिल्द 1, पृ. 111.
90. देवा उच्चन्ति राजानां तेषाम् मंगलदहो सेयं जातो वा सो दहो, तस्मादपि देवदहो डिक्शनरी ऑफ पालि प्रापरनेम्स, जिल्द 1, पृ. 1112.
91. तैत्तिरीय ब्राह्मण, 1/4/6, शतपथ ब्राह्मण 14/5/1/20, द्रष्टव्य पृ. 412-418, मिश्र, सुदामा, प्राचीन भारत में जनपदराज्य, पृ. 15.
92. अंगुत्तरनिकाय, कलकत्ता, हिन्दी अनुवाद, पृ. 326, 330, 333, वही (पा.टे.सो.) भाग 1, पृ. 213, भाग 4, पृ. 252, 256, 260, डेविड्स, रीज, बुद्धिस्ट इण्डिया, पृ. 34.
93. वाल्मीकि रामायण 1/6/28, शब्द कल्पद्रुम, प्रथम भाग पृ. 92, ग्रीफिथ, आर.टी.एच, द रामायण ऑफ वाल्मीकि, पृ. 14, पाटि 3.
94. वाल्मीकि रामायण, 1/5-6.
95. द्रष्टव्य, उपाध्याय, रामबिहारी : प्राक् मौर्य कोशल के इक्ष्वाकुओं का वंश वृक्ष, अवध विश्वविद्यालय, शोध पत्रिका, कला अंक, जिल्द 2, संख्या 2, फैजाबाद 1983, पृ. 139-147, वही, कला अंक, जिल्द 3, अंक 3, 1987, अयोध्या; गुप्तों की राजधानी, पृ. 190-196.
96. आदिपुराण 12/77/78, रामचन्द्रचरित पुराण 1/100 त्रि.श.पु.च. प्रथम पद 2/912 जैन, जगदीश चन्द्र, जैनआगम साहित्य में भारतीय समाज, पृ. 468-69.
97. शर्मा, ठाकुर प्रसाद, ह्वेनसांग का भारत भ्रमण, पृ. 239.
98. वाक्पतिराज, 'गउडवहो' (भण्डारकर ओरियण्टल रिसर्च इन्स्टीट्यूट, पूना, 1917) पृ. 145, गाथा 507, 508.
99. श्री रामजन्मभूमि, पत्रिका, 1987 अंक 1, पृ. 1, 8, अयोध्या।
100. तुलनीय, नागरी प्रचारिणी पत्रिका, वर्ष 56, अंक 2 संवत् 2008, पृ. 97.
101. विष्णु पुराण 4/2/37, मत्स्यपुराण, 12/29, ब्रह्मपुराण, 8/53.
102. मज्झिमनिकाय, 1/1/2.
103. पपंचसूदनी जिल्द 1, पृ. 59-60.
104. शैशवेऽभ्यस्त विद्यानां यौवने विषयैषिणाम्।
वार्धक्ये मुनि वृत्तीनां योगान्ते तनुत्याजाम् 11, रघुवंश 1/8.
105. श्रावस्तीति पुरी रम्या श्राविता च लवस्य च।। -वाल्मीकि रामायण 7/108/5
उत्तराकोसले राज्यं लवस्य च महात्मनः। श्रावस्ती लोक विख्याता कुशं वंशं निबोधित।।
वायुपुराण 88/200 विल्सन्स विष्णुपुराण, भाग 3, पृ. 320.
106. विनयपिटक (सारनाथ संस्करण) पृ. 14, पाद टिप्पणी 2.
107. चम्पा राजगहं सावत्थी साकेत कोसम्बी वाराणसी एत्था भगवा-महापरिनिब्बान सुत्त, पृ. 154.
108. अष्टाध्यायी, 6/3/119, वही, 6/3/120.
109. समन्त पासादिका, जिल्द 3, पृ. 614.
110. ललित विस्तार अध्याय 1, उद्धृत, ला.वी.सी., हिस्टारिकल ज्योग्राफी पृ. 125.
111. ले गे, जेम्स, 'द ट्रेवेल्स ऑफ फाह्यान' (दिल्ली-1972) पृ. 56.
112. वाटर्स, टी 'ऑन य्वान चांग्स ट्रेवेल्स इन इण्डिया' (दिल्ली, 1973) जिल्द 1, पृ. 383.
113. विनय पिटक (ओल्डबर्ग द्वारा सम्पादित) जिल्द 1, पृ. 191-293.

114. 'डिक्शनरी ऑफ पालि प्रापर नेम्स, जिल्द 1, पृ 615 वही, जिल्द 1, पृ. 111.
115. मज्झिम-निकाय (सारनाथ संस्करण 1964) पृ. 59, 93-94.
116. विनय पिटक (सारनाथ संस्करण) पृ. 485, ले जे, वही, पृ. 57-62 वाटर्स, वही, पृ. 383-397, हार्डी, (ए मैनवेल ऑफ बुद्धिज्म, पृ. 356) ने बुद्ध का श्रावस्ती में 9 वर्ष निवास ठहराया है।
117. डिक्शनरी ऑफ पालि प्रापरनेम्स, जिल्द 2, पृ. 1126-1127.
118. रॉकहिल, डब्ल्यू, 'लाइफ ऑफ बुद्ध', पृ. 71.
119. त्रिकाण्ड शेष, 1/2/13.
120. तुलनीय, सवतियान महमतन ससने। –ज.रा.ए.सो, 1907, पृ. 510; पाण्डेय राजबली, 'हिस्टारिकल ऐण्ड लिटरेरी इन्सक्रिप्शन्स', पृ. 2.
121. बुद्ध प्रतिमा 7 फुट 4 इंच ऊँची है। यह इण्डियन म्यूजियम कलकत्ता में सुरक्षित है। देखिये, इण्डियन म्यूजियम, कलकत्ता, सी.वी.केट पार्ट प्रथम, पी. 194, कनिंघम, आ.स.इ. जिल्द 1, पृ. 339-340.
122. पंक्ति 1 (महाराजस्य देव पुत्रस्य कणिष्कस्य)? (सं...दि) 10, 9 एतयेपुर्वये भिक्षुस्य पुष्प (वु)
पंक्ति 2 (छिस्य) सद्वेय विहारस्य भिक्षुस्य व (ल) स्य त्रैपिटकस्य दान (:) (बो) धि सत्वो छात्रं दाडश्च शावस्तिये भगवते चंकमे।
पंक्ति 3– कोसम्ब कुटिये (आचार्या) रणं सर्वस्ति वादिनं परिगहे, सरकार, डी.सी, 'सेलेक्ट इन्सक्रिप्शन्स' जिल्द 1, पृ. 141 टी ब्लाक का शोधपत्र, 'ऐन एनूशेंण्ट इन्सक्राइब्ड बुद्धिस्टिक स्टेट्यूफ्राम श्रावस्ती', ज.ए.सो.बं., भाग 1, संख्या 1-4, कलकत्ता, 1898, पृ. 274-278.
123. सरकार, डी.सी., वही, पृ. 140.
124. सीहदेवस्य पु (अ) वार कस्य साकेतस्य देय ध (मं) राज्यसंग्रहालय, लखनऊ, 66, 183, वेंकटरमैय्या, एम. श्रावस्ती, पृ. 9-22.
125. अश्वघोषकृत सौन्दरनन्द (कठौतिया बिहार, 1948), 2/20.
126. कनिंघम, अलेक्जेण्डर, द स्तूप ऑफ भरहुत, पृ. 84-87, फलक 3, स्तम्भ 15, संख्या 20, पृ. 119.
127. मार्शल, जान, 'द मानूमेण्ट्स ऑफ साँची', जिल्द 1, पृ. 219-222 फलक 15.
128. थपलियाल, के.के., ''स्टडीज इन एनूशेंण्ट इण्डियन सील्स, पृ. 132.
129. पउमचरितयम, (प्रथम भाग एच. याको बी द्वारा सम्पादित) 1/20/111.
130 श्रावस्ती भुक्ति कुण्डधानी वैषयिक सोम कुण्डिका ग्रामे-इपि.इ. जि. 1, पृ 10 72 पंक्ति 8, शर्मा, बी0एन0 हर्ष एण्ड हिज टाइम्स, पृ. 221.
131. वाटर्स, टी., वही, जिल्द 1, पृ. 337-398.
132. श्रावस्ती भुक्तौ श्रावस्ती मण्डल अन्तःपति वालयिकावैश्य सम्बद्ध पानीयक ग्राम।
इण्डियन एण्टीक्वेरी, जिल्द 15, 1886, पृ. 112.
133.श्रावस्ती मण्डले का सील्ली भट्ट ग्राम विनिर्गताय। इपि.इ. जिल्द 3, पृ. 357, पंक्ति 38.
134. इपि.इ.जिल्द 11 (1911-12) पृ. 20-25.
135. तुलनीय, कनिंघम, ए आ.स.इ. जिल्द 1, पृ. 329
136.पुराभूद्देवसेनाख्यो राजा मतिमतां वरः। श्रावस्तीति पुरी तस्य राजधानी भूव च।। कथा सरित्सागर प्रथम खण्ड, लम्बक 3, तरंग 1, श्लोक 63, च आगे।
137. हर्षचरित उच्छ्वास 6, पृ. 351.
138. वाटर्स, टी., वही, जिल्द 1, पृ. 211-212.
139. दशकुमारचरित, उत्तर पीठिका, पृ. 182-184.
140. कनिंघम, आ.स.इ. जिल्द। पृ. 328-329, रमैय्या, श्रावस्ती, पृ. 11.

141. विविध तीर्थ कल्प (श्रावस्ती नगरी कल्प) पृ. 71.
142. मज्झिम निकाय (सारनाथ संस्करण) पृ. 112.
143. द्रष्टव्य, आ.स.इ., जिल्द 1, पृ. 330-349, आ.स.इ.ए.रि. 1907-8, वही 1909-10, वही 1910-11, वही 1911-14, इ.पि.इ.जिल्द 8,11, सिन्हा के.के., इक्जेवेशन ऐट श्रावस्ती, 1959, पृ. 8-76.
144. सुत्त निपात (सारनाथ संस्करण) पृ. 212-213, विनयपिटक जिल्द 2, (ओल्डनबर्ग द्वारा सम्पादित), पृ. 159.
145. रॉकहिल, डब्ल्यू, डब्ल्यू, द लाइफ ऑफ बुद्धा, पृ. 59-60.
146. चमनलाल, हिन्दू अमेरिका, पृ. 25.
147. ला, बी.सी., वोमेन इन बुद्धिस्ट लिटरेचर, पृ. 60-65, 95 106-113.
148. विविध तीर्थ कल्प, पृ. 70-71, ला, बी.सी., हिस्टारिकल ज्याग्राफी ऑफ ऐंश्येण्ट इण्डिया, पृ. 125.
149. कल्प सूत्र, 1, सै.बु.ई. जिल्द 22, पृ. 264.
150. रमैय्या, एम, श्रावस्ती, पृ. 11.
151. आ.स.इ. जिल्द 1, पृ. 330, वही जिल्द 11, पृ. 78
152. ज.रा.ए.सो.जिल्द (1898) पृ. 274-278. इपि.इ.जिल्द 8(1905-6) पृ. 197.
153. ज.रा.ए.सो., 1898, पृ. 27.
154. ज.रा.ए.सो., 1900, पृ. 8
155. आ.स.इ.ए.रि., 1907-8, पृ. 120 इपि.इ.जिल्द 11, पृ. 20-26
156. हार्डी, आर. स्पेन्स, ए मैनवल ऑफ बुद्धिज्म, पृ. 219-220
157. हिमालय से दक्षिण और विन्ध्य से उत्तर, विनशन से पूर्व और प्रयाग से पश्चिम भूमि को मध्यदेश माना गया है। [द लाज ऑफ मनु 2/2, मैक्समूलर सैक्रेड बुक्स ऑफ द ईस्ट, वाल्यूम 25 (वाराणसी 1976), पृ. 33] आधुनिक खोज से पौराणिक मध्यदेश, बौद्ध साहित्य के मज्झिम देश का विस्तार आधुनिक काल में गंगा क्षेत्र तक सिद्ध होता है।
158. प्रकृष्टो यागो यागफल मस्य यत्माहवा गंगा यमुनयोः संगम जाते।-वाचस्पत्यम् भाग 6, (वाराणसी 1970) पृ. 4482 यद्यपि ऋग्वेद में प्रयाग का उल्लेख नहीं है तथापि गंगा-यमुना के संगम की चर्चा होने से प्रतीत होता है कि उस समय प्रयाग रहा होगा।
159. सितासिते सरिते यत्र संगमे तत्राप्लुतासो दिवमुत्यपतन्ति। यो वै तन्नं विसृजन्ति धीरास्ते जनासो अमृत्वं भजन्ते।। -ऋग्वेद मण्डल 10, सूक्त 75 के बाद का ऋक परिशिष्ट 22/1 ऋग्वेद संहिता, दामोदर शर्मा द्वारा सम्पादित (भारत मुद्रणालय सतारा, 1940), पृ. 779.
160. तत्र वेदाश्च यज्ञाश्च मूर्तिमन्तः प्रयाग के। स्तवनादस्य तीर्थ नाम संकीर्त्तनादपि 11— अग्निपुराण 111/6.
161. द्रष्टव्य, पद्मपुराण, स्वर्ग खण्ड अध्याय 47.
162. गंगा यमुन योर्मध्ये पृथिव्यां जघनंस्मृतम्। — मत्स्यपुराण 165/10 अग्निपुराण 111/4, कूर्मपुराण 1/37/12, महाभारत, वनपर्व–तीर्थयात्रा पर्व 85/76.
163. अग्निपुराण 11/17-13, स्कन्दपुराण, भाग 4, काशी खण्ड 7/51.
164. शिवपुराण 1/1.
165. सिता सिते सरिच्छेष्ठेयं त्रास्तां सुर दुर्लभे। यत्र प्लुतो नरः पापः परब्रह्मधिगच्छति।। वही 7/47.
166. मत्स्यपुराण, 106/23.
167. व्याधितो यदि वा दीनो वृद्धो वाऽपि भवेन्नरः। गंगायमुनयोर्मध्ये यस्तु प्राणान् परित्यजेत दीप काञ्चन वर्णाभिविमानैः सूर्यसन्निभैः ।। मत्स्यपुराण 104/2-4, वही 106/4-5.

168. फ्लीट, कार्पस इ. इण्डिकेरम, वाल्यूम 3, इन्सक्रिप्शन्स ऑफ द अर्ली गुप्ता किंग्स, प्लेट तृतीय, पृ. 203, श्लोक 7

169. रुद्रं मुदित लोचनः सहृदये ध्यायाज्जयम्। जाह्नवीकालिन्दीयोः सलिलो कलेवर परित्यागादिशन्निवृतिम्।। ए.इ., जिल्द 1, पृ. 146, श्लोक 55.

170. कार्पस, जिल्द 4, पृ. 293, श्लोक 12.

171. तुलनीय-आयंगर, एस.के.: एनूशेंण्ट इण्डिया, पृ. 385-86.

172. द्रष्टव्य, अग्निपुराण, अध्याय 116, मत्स्यपुराण—अध्याय 104, 106, 108, 111 पद्मपुराण आदिखण्ड अध्याय 37, 43, 45, महाभारत, वनपर्व तीर्थ यात्रा अध्याय 85/77-78/88.

173. वाल्मीकि रामायण (गीता प्रेस संस्करण) 2/54.

174.प्रयागमभितः पश्य सौमित्रे धूम्रमुत्तमम्। अग्नेर्भगवतः केतुं मन्ये संनिहितो मुनिः।। वाल्मीकि रामायण 2/54/5.

175. महाभारत वनपर्व, तीर्थ यात्रा वर्ष 85/65-88.

176. डॉ. अक्षय कुमार मजूमदार (द हिन्दू हिस्ट्री, पृ. 416) का विचार है कि पौरव शाखा के राजा कुश ने कौशाम्बी नगर की स्थापना की थी।

177. द्रष्टव्य, मत्स्यपुराण 50/78-86, स्वप्नवासवदत्ता, (प्रथम संस्करण, संवत् 1993, नन्दकिशोर शास्त्री द्वारा सम्पादित, वाराणसी) पृ. 11-12, कथासिरत्सागर, प्रथम खण्ड द्वितीय लम्बक तरंग 1-8, रत्नावली हर्ष प्रणीत (प्रथम अंक से चतुर्थ अंक तक) मोतीलाल, बनारसीदास, वाराणसी, 1960.

178. तुलनाई, गंगातीरम्हि माणवो सत्था पयागपत्तने स संघो नावमारूहि – महावंश टीका पृ. 516.

179. काचित्प्रभालेपिभिरिन्द्रनीलैमुक्तिामयी यष्टिसिनुविर्द्धाः।
अन्यत्र मालासित पंक्तनाभिन्दीवरैरुत्खा चिनान्तरेव।।
काचित्खगानां प्रिय मानसानां कादम्बसंसर्गवतीन पंक्तितः।
अन्यत्र काला गुरूदत्ता पत्राभक्ति भवश्चन्दनकल्पितेन।। रघुवंशम् 13/54:55 व 13/56—57.

180. अनुगंगा प्रयागश्च साकेतम् मगधाँस्तथा। एतानूजनपदानूसर्व्वान् भोक्षयन्ते गुप्तवंशजाः।। वायुपुराण खण्ड 2, अध्याय 58/242 पृष्ठ 364, वर्क्स ऑफ बिल्सन, वाल्यूम 1, विष्णु पुराण, भाग 4 (एफ. डब्ल्यू. हाल द्वारा सम्पादित) पृ. 218 ब्रह्माण्ड पुराण, 2/3/79/195 में अंनुगंगा प्रयागश्च साकेतम् मगधास्तथा। एताज्जनपदान्सर्वा-भोक्षयन्ते सप्त वंशजाः का पाठ मिलता है। (वही, पृ. 156.)

181. वाटर्स, टी., आन य्वान चांग्स ट्रेवल्स इन इण्डिया, वाल्यूम 2, पृ. 364.

182. वही, पृ. 361.

183. पाठक, विशुद्धानन्द 'उत्तर भारत का राजनैतिक इतिहास', पृ. 149, 154 एवं पार्श्व मानचित्र

184. यः संश्रित्य प्रकृतिगहनाचार्य चाणक्यनीतिं जित्वानन्दान् कुसुम नगरं चन्द्रगुप्तो जिगाय। कर्णाटत्वं ध्रुवमुपगतायनद्य तामेव हन्तुं दोर्दपठियः स पुनरभवच्छ्री महीपाल देवः – चण्डकौशिक, क्षेमीश्वर, प्रथम अंक, प्रस्तावना पृ. 5-6.

185. कार्पस, जिल्द 4, पृ. 254, वही, पृ. 293, शास्त्री, अजयमित्र, 'त्रिपुरी' पृ. 60.

186. तत्रवशिष्टानुच्चित्य वाजिनः स मनोजवान।
द्विजेम्भो लक्ष्मेकोन प्रददौ भूरि दक्षिणम्।।
सम्पूर्ण मन्योत्रक्षं यः प्रदद्याद वाजिनाम्।
तन्मुद्रदेयं तन्मुद्रा विनिवायेत्युदीर्घ च।।
श्री जयापीड देवस्यत्यक्षरै रूपलक्षिताम।

दिग्देशगामिनो मुद्रा गांगस्य पयसौ ददौ।
राजतरंगिणी चतुर्थ तरंग, श्लोक 415-417.

187. मुन्तखबुत तवारीख, भाग 1 पृ. 273, ईश्वरी प्रसाद 'हिस्ट्री ऑफ मेडिवल इण्डिया, पृ. 146, 218, 273.
188. द्रष्टव्य, भगवद्दास रचित रामानन्द दिग्विजय पृ. 12-13, सर्ग 1 से 20.
189. रामप्रसाद त्रिपाठी, 'मुगल साम्राज्य का उत्थान और पतन', पृ. 78.
190. मुन्तखबुत तवारीख, भाग-2 पृ. 100-179 प्रयाग को पयाक तथा पियांग भी कहा गया है। मुंतरवबुत तवारीख, वाल्यूम 2, पृ. 415 पाद टिप्पणी, आईने अकबरी जिल्द 1 (एशियाटिक सोसाइटी कलकत्ता संस्करण, 1873) पृ. 368
191. मुन्तखबुत तवारीख, भाग 2, पृ. 346, आइने अकबरी, वाल्यूम 1, पृ. 312 तुलनार्ह, 'आईने अकबरी' वही पृ. 412-412, 517, तुजुके जहाँगीरी, मेम्वायर्स ऑफ जहांगीर, वाल्यूम 1 (एच.बी.एस. ब्रिज द्वारा सम्पादित रायल एशियाटिक सोसाइटी लन्दन, 1909) पृ. 65-68, मा सिरी जहाँगीरी, इलियट ऐण्ड डाउसन द्वारा सम्पादित, 'हिस्ट्री ऑफ इण्डिया एज टोल्ड बाई इट्स ओन हिस्टोरियन्स,' वाल्यूम 6, पृ. 442.
192. राय, टी.एन0 'दि गंगाज सिविलाइजेशन' पृ. 34-35, 92-93.
193. ललित विस्तार, पृ. 243.
194. ललित विस्तार, पृ. 28, महावस्तु 2/11, बुद्धचरित 1/1/89, वही 1/8/5 वही 1/5/84.
195. दीघनिकाय (बम्बई विश्वविद्यालय संस्करण) भाग 2, पृ. 131.
196. उपानयेयं तुरगं शोकं कपिलावास्तुनः ।।बुद्धचरित 1/6/30 वही 1/6/5.
197. ला, बी.सी. 'हिस्टारियल ज्याग्राफी ऑफ एनुशॅण्ट इण्डिया' पृ. 69.
198. वाटर्स, टी. 'आनय्वान चांग्स ट्रेवेल्स इन इण्डिया' वाल्यूम 2, पृ. 1-19.
199. द्रष्टव्य, दिव्यावदान, पृ. 548, सुमंगलविलासिनी 2, 258, महावस्तु 1/348, सौन्दरनन्द काव्य प्रथम सर्ग।
200. महावस्तु, 2/275, कुछ पुरातत्त्वेत्ताओं की अवधारणा है कि कपिलवस्तु नगरी में 600 ई.पू. से 300 ई. पू. के मध्य में कोई सुरक्षात्मक दीवाल नहीं थी। 300 ई.पू. के पश्चात् मिट्टी की दीवालों का निर्माण किया जाने लगा। (ए. घोष, 'दि सिटी इन अर्ली हिस्टारिकल पीरियड' पृ. 65).
201. ललित विस्तार, पृ. 58, 77, 98, 101, 113, 123.
202. तं ब्रह्मविद ब्रह्मविदं ज्वलन्त ब्राह्मया श्रिया चैवतपः श्रिया च राज्ञो गुरुगौरवक्रियाभ्यां प्रवेशायामास नरेन्द्र सद्मः। – बुद्ध चरित 1/1/50.
203. हल भिन्न विकीर्ण शष्यदर्भा हत सूक्ष्मक्रमिकीट जन्तुकीर्णाम्।
समवेश्य रसां तथा विधां तांस्वजनस्येव वधे भृशं शुशोच।। तदैव, 1/5/25 वही, 1/5/6.
204. सुत्तनिपात पृ. 212-213
205. विनयपिटक, भाग 2, पृ. 252
206. पपंचसूदनी, भाग 1, पृ. 298-489
207. धम्मपद, टीका, वाल्यूम 3, पृ. 254
208. रीजडेविड्स, टी.डब्ल्यू. 'बुद्धिस्ट इण्डिया' पृ. 13
209. धम्मपद टीका, भाग 1, पृ. 85 'बुद्ध चरित' सर्ग 6
210. कनिंघम, अलेक्जेण्डर 'एनुशॅण्ट ज्योग्राफी' पृ. 423

211. हिद बुधे जाते सक्य मुनीति सिला बिगडभी चा कालापित सिला थभे च उस पापिते हिद भगवां जातेति लुमिनि गामे उबलिके कटे अठभागिये च रूम्मिनदेई पिलर इन्सक्रिप्शन्सः हुल्टज, ई, 'दि इन्सक्रिप्शन्स ऑफ अशोका,' वाल्यूम 1, पृ. 164.
212. लेगे, जेम्स– दी ट्रेवेल्स ऑफ फाह्यान, पृ. 65-68.
213. द्रष्टव्य, टी. वाटर्स, पूर्वोद्धृत।
214. हार्डी, आर. स्पेन्स- 'ए मैनवल ऑफ बुद्धिज्म', पृ. 356.
215. दी स्ट्रगल फार इम्पायर (सम्पादक, आर.सी.मजूमदार), पृ. 44.
216. अलरशीदुद्दीन 'हिस्ट्री ऑफ इण्डिया' बाई–कार्लजान पृ. 28, 31, 82, 129, 133.
217. रीज डेविड्स, टी. डब्ल्यू, बुद्धिस्ट इण्डिया, पृ. 215 पाद टिप्पणी 3, व वी.ए. स्मिथ, 'अर्ली हिस्ट्री ऑफ इण्डिया', पृ. 139.
218. पी.सी. मुखर्जी, ए रिपोर्ट आन ए टूर ऑफ द इक्सप्लोरेशन ऑफ द एण्टीक्वटीज इन दि तराई नेपाल (रीजन ऑफ कपिलवस्तु), पृ. 40-45.
219. बी.सी. ला, वही, पृ. 9-99.
220. प्राचीन भारत का राजनैतिक इतिहास, पृ. 103.
221. जे.आर.ए.एस. 1906, पृ. 53.
222. 'बुद्धचर्या', पृ. 1, 352.
223. गोरखपुर जनपद का इतिहास और उसकी क्षत्रिय जातियाँ, राजबली पाण्डेय, (गोरखपुर, सम्वत् 2003), पृ. 68.
224. ए.एस.आई.आर. 12, पृ. 83.
225. वही, पृ. 142/166.
226. जे.ए.एस.बी. 1900, भाग 1, पृ. 77.
227. जे.आर.ए.एस. 1906, पृ. 180.
228. प्राचीन भूगोल, पृ. 711-712.
229. जे.आर.ए.एस. 1897, पृ. 618.
230. संकालिया, एच.डी. 'इण्डियन आर्क्यालॉजी टुडे', पृ. 194.
231. सिन्हा, बी.पी. 'आर्क्यालॉजी ऐण्ड आर्ट ऑफ इण्डिया' पृ. 5.
232. मुखर्जी, पी. सी. ''ए रिपोर्ट आन ए टूर ऑफ द एक्सप्लोरेशन ऑफ दी एण्टीक्वटीज इन द तराई नेपाल (द रीजन ऑफ कपिलवस्तु) पृ. 43, वही, प्लेट 13.
233. विस्तृत अध्ययनार्थ जे.आर.ए.एस. 1898, पृ. 38 जे.आर.ए.एस 1905, पृ. 679, जे.आर.एस., 1907, पृ. 387, पृ. 105, सरकार, डी.सी.- 'सेलेक्ट इन्सक्रिप्शन्स,' वाल्यूम-1, पृ. 84
234. जे.आर.एस., 1898, पृ. 387
235. जे.आर.ए.एस., 1907, पृ. 106
236. सरकार, डी.सी., वही, पृ. 84, पाटि 3
237. जे.आर.ए.एस. 1907, पृ. 106, जे.आर.एस. 1898, पृ. 588
238. पाण्डेय, आर.बी. 'हिस्टारिकल ऐण्ड लिटरेरी इन्सक्रिप्शन्स, पृ. 1 पा. 5.
239. तुलनार्ह, दीघनिकाय, भाग 2 (बम्बई विश्वविद्यालय संस्करण) पृ. 131, टी.वाटर्स, वही पृ. 5.
240. दैनिक 'आज' 16 अप्रैल, 1976, पृ. 5, संकालिया, वही, पृ. 194, वाटर्स, टी., वही, पृ. 14.
241. हुल्टज, ई. 'दि इन्सक्रिप्शन्स ऑफ अशोका, भाग 1, पृ. 164.
242. वाटर्स, वही, पृ. 14-15.

243. वाटर्स, वही, पृ. 15.

244. मुखर्जी, पी.सी., वही, पृ. 58, 37, प्लेट 24, चित्र संख्या 2.

245. विस्तृत अध्ययनार्थ, इण्डियन म्यूजियम कलकत्ता, चि.सं.- ए23250.

246. हुल्टज, वही, पृ. 165.

247. सा लुम्बिनी नाम्नि वने मनोज्ञे ध्यानप्रदेवबनादनू बासेच्छाया प्राह पतिं प्रतीता सत्वानि दोहदमामनन्ति।। बुद्ध चरित, प्रथम सर्ग, श्लोक 23; किन्तु वर्तमान कपिलवस्तु नेपाल देश का (भारतीय सीमा से सटा हुआ) एक जिला है और लुम्बिनी वन नेपाल में है। सिद्धार्थ की याद में सिद्धार्थ नगर जनपद को पिपरहवा को कपिलवस्तु का दक्षिणी भाग स्वीकार करना न्यायसंगत है।

248. लेगे, जेम्स, वही, पृ. 68.

249. वाटर्स, टी. वही, पृ. 15.

250-251. दीघ निकाय भाग 2, पृ. 100, बुद्ध चरित 2/25/49-50.

252. सैक्रेड बुक्स ऑफ द ईस्ट, जिल्द 22, जैन सूत्राज, कल्पसूत्र, पृ. 269.

253. दीघ निकाय भाग 2, पृ. 136, 281, सैक्रेड बुक्स ऑफ द ईस्ट, जिल्द 22, पृ. 269, ला, वी.सी. महावीर : 'हिज लाइफ ऐण्ड टीचिंग', पृ. 32.

254. आर्क्यालॉजिकल सर्वे ऑफ इण्डिया रिपोर्ट, जिल्द 1, पृ. 74, वही जिल्द 16, पृ. 118.

255. 'ज्योग्राफी ऑफ अर्ली बुद्धिज्म' पृ. 14, महावीर, पृ. 33.

256. बुद्धचर्या, पृ. 487, पा. टि. 1, एस. राय उद्धृत डी. आर. पाटिल, 'द एण्टीक्वेरिएन रिमेन्स इन बिहार' पृ. 361.

257. पाटिल, डी.आर. वही, पृ. 421-422.

258. 'द बुद्धिस्टिक रिमेन्स ऑफ विहार', पृ. 75-76 विद्यालंकार जयचन्द 'विहार, एक ऐतिहासिक दिग्दर्शन,' पृ. 61 पा.टि., विलियम्स, मानियर, द संस्कृत-इंग्लिश डिक्शनरी, पृ. 623, ला.बी.सी. 'हिस्टीरिकल ज्योग्राफी ऑफ एन्शॅण्ट इण्डिया, पृ. 116.

259. वाटर्स, टी. आन, य्वान चांग्स ट्रेवेल्स, वाल्यूम 2, पृ. 26.

260. दीघनिकाय, भाग 2, पृ. 126.

261. उदान टीका 8/5 दीघनिकाय 2, 129.

262. एन.एल.डे., ज्याग्राफिकल डिक्शनरी ऑफ एन्शॅण्ट ऐण्ड मेडिवल इण्डिया, पृ. 83 लाबी.सी. ज्योग्राफी ऑफ अर्ली बुद्धिज्म, पृ. 37.

263. द्रष्टव्य, कार्लायल, आ.स.इ.रि., वाल्यूम 18, पृ. 110-111.

264. आ.स.इ.रि. वाल्यूम 18, पृ. 111-4.

265. द्रष्टव्य, संयुक्त निकाय, भाग 1 - प्रस्तावना, पृ. 4 'गोरखपुर जनपद का इतिहास, राजबली पाण्डेय, पृ. 78.

266. चन्द्रकेतोञ्च मल्लकस्य मल्ल भूम्यां निवेशिता।।
चन्द्रकान्तेति विख्याता दिव्या स्वर्गपुरी यथा।। -वाल्मीकि रामायण (इलाहाबाद, 1927) उत्तरकाण्ड सर्ग 102, श्लोक 9.

267. द्रष्टव्य— डॉ. विशुद्धानन्द पाठक, हिस्ट्री ऑफ कोशल (वाराणसी, 1963), अध्याय 10.

268. दीघ निकाय भाग 2, पृ. 165.

269. महापरिनिब्बान सुत्त (सैक्रेड बुक्स ऑफ द ईस्ट, वाल्यूम 11) बुद्धिस्ट सुत्ताज पृ. 100, 278, जातक 1, 296, जातक 5, 278, 285, 293-294.

270. दिव्यावदान, पृ. 227.

271. दीघ निकाय, भाग 2, पृ. 146-147, 170-171.

272. ला, बी0सी0, हिस्टारिकल ज्याग्राफी ऑफ ऐंश्येण्ट इण्डिया (दिल्ली 1976) पृ. 103.

273. आ.स.इ.रि., जिल्द 18, पृ. 38, 56-59.

274. रीज डेविड्स टी. डब्ल्यू., बुद्धिस्ट सुत्ताज, पृ. 70, रॉकहिल, द लाइफ ऑफ बुद्ध, पृ. 132 पाटि 2.

275. टी. वाटर्स (आन य्वान चांग्स ट्रेवेल्स इन इण्डिया वाल्यूम 2, पृ. 28) ने सूकरमाद्दव का अर्थ कुकुरमुत्ता बताया है।

276. दिव्यावदान, पृ. 385, 394.

277. ला, बी.सी., वही, पृ. 14.

278. ज. रा. ए. सो, 1897, पृ. 919, वही 1913 पृ. 152.

279. टी. वाटर्स, वही, पृ. 45.

280. कनिंघम, एन्शॅण्ट ज्याग्राफी, पृ. 713, 714, राय चौधरी, एच.सी., डायनेस्टिक हिस्ट्री ऑफ नार्दन इण्डिया (द्वितीय आवृत्ति) पृ. 748, आ. स. इ. रि. वाल्यूम 18, पृ. 55.

281. नेविल, एच.आर., गोरखपुर डिस्टि. गजेटियर, पृ. 261.

282. आ. स. इ. रि., वाल्यूम 18 (इण्डोलाजिकल बुक हाउस, वाराणसी, 1969), पृ. 38, 56, 57, 58, 59 आदि।

283. वाल्मीकि रामायण 2/49, 7/104, उपाध्याय, राम बिहारी, कोशल की सीमाएँ : ऐतिहासिक-भौगोलिक विवेचन, शीर्षक शोध लेख, साकेत सुधा, 1982-84, फैजाबाद पृ. 53-58.

284. जे.एन.एस.आई., भाग 1, पृ. 1.

285. संग्रहालय पुरातत्त्व पत्रिका, दिसम्बर 1969, अंक 4, पृ. 27-30, चित्र सं. 1-15.

286. अल्टेकर, ए.एस., गुप्तकालीन मुद्राएँ, (विहार राष्ट्र भाषा परिषद, पटना द्वितीय संस्करण, 1972) पृ. 218.

287. का.इ.इ., भाग-3, पृ. 229-30.

288. आर्क्यालॉजिकल सर्वे ऑफ इण्डिया रिपोर्ट, जिल्द 11, पृ. 104.

289. राइट, एच.एन. कैटलाग ऑफ द क्वायन्स इन द इण्डियन म्युजियम कलकत्ता, जिल्द 3, 'मुगल इम्परर्स ऑफ इण्डिया' (इण्डोलॉजिकल बुक हाउस, वाराणसी, 1972) पृ. 24.

290. काशतेत्र... ईश्वर-काणे, पी.बी., हिस्ट्री ऑफ धर्मशास्त्र, जिल्द 4, पृ. 625.

291. गंधारिभ्योभुजवद्भ्यः काशीभ्यो आगद्येभ्यः। अथर्ववेद 5/22/14.

292. काशिराज धृतराष्ट्र तथा भरतवंशीय सात्राजित का संघर्ष शतपथ ब्राह्मण 13/5/4-19; अग्रवाल, वासुदेव, पाणिनिकालीन भारतवर्ष, पृ. 416.

293. कौषीतकी उपनिषद् 4/1, बृहदारण्यकोपनिषद् 3/8/2.

294. शांखायन श्रौत सूत्र 16/19/5.

295. वाल्मीकि रामायण उत्तर काण्ड 26/25, वही 59/29.

296. महाभारत 47/40.

297. मोतीचन्द, काशी का इतिहास, पृ. 23.

298. द्रष्टव्य, पूर्वोद्धृत, पादटिप्पणी सं. 92

299. द्रष्टव्य, मोतीचन्द, ट्रेड एण्ड ट्रेड रूट्स इन एन्शॅण्ट इण्डिया, पृ. 90-91, 141 शीला त्रिपाठी, मैरी टाइम आर्क्यालोजी, पृ. 62-68

300. द्रष्टव्य राय चौधरी, पॉलिटिकल हिस्ट्री ऑफ एनूशॅण्ट इण्डिया, पृ. 206, 2010-11 वैशम, ए.एल. 'अजातशत्रु बार विद् द लिच्छबीज, प्रोसीडिंग्स ऑफ इण्डियन हिस्ट्री कांग्रेस, जयपुर 1951, पृ. 39-40; पाठक, विशुद्धानन्द, हिस्ट्री ऑफ कोशल, पृ. 221-222 उपाध्याय, रामबिहारी, प्राचीन अयोध्या का राजनैतिक एवं सांस्कृतिक अध्ययन (अप्रकाशित शोध प्रबन्ध, अ.वि.वि. फैजाबाद 1980), पृ. 124-125 गोयलशंकर, सम आब्जरवेंशन्स आन मगध कोशल रिलेशन्स इन द एज ऑफ बुद्धा, जर्नल ऑफ गंगानाथ झा केन्द्रीय विद्यापीठ, 1989, XLV. पृ. 109-116.

301. तुलनीय– जातक भाग 4 पृ. 177, संयुक्त निकाय भाग 2, पृ. 641, माज्झिम निकाय 2 थेरी गाथा, पृ. 298, जातक भाग 1, पृ. 505, कल्पसूत्र 153.

302. द्रष्टव्य, दीक्षितार, वी0आर.आर. 'वार इन एनूशॅण्ट इण्डिया', पृ. 104-110 राय, टी.एन. 'द गंगाज सिविलाइजेशन, पृ. 45-56 शर्मा, रामशरण, प्राचीन भारत में भौतिक प्रगति एवं सामाजिक संरचनाएँ, पृ. 137.

303. थपलियाल, किरण कुमार, 'स्टडीज इन ऐंश्येण्ट इण्डियन सील्स (अखिल भारतीय संस्कृत परिषद, लखनऊ 1972) पृ. 137-139.

304. तुलनीय, गउडवहो, शंकर पाण्डुरंग पण्डित द्वारा सम्पादित, पृ. 412-418.

305. इण्डियन एण्टीक्वेरी, जिल्द 15, पृ. 8 पाटि 46, इपि.इ., जिल्द 14, पृ. 193.

306. सचाऊ, 'अलबेरुनीज इण्डिया' जिल्द 2 पृ. 143-144.

307. शास्त्री, अजयमित्र, 'त्रिपुरी', पृ. 69.

308. द्रष्टव्य, ठाकुर, उपेन्द्र, मिण्ट्स एण्ड मिण्टिग इन इण्डिया, पृ. 99 अबुलफजल, आइने अकबरी, जिल्द 1, पृ. 169 राइट एच.एन. 'कैटलाग ऑफ द क्वायन्स इन द इण्डियन म्यूजियम कलकत्ता भाग 3, मुगल इम्परर्स ऑफ इंण्डिया, पृ. 231-251, 261, 281-289.

309. अवध गजेटियर, जिल्द 1, पृ. 306, कनिंघम आ.स.इ.रि., जिल्द 11, पृ. 64-69.

310. ऐतरेय ब्राह्मण 8.14, गोपथ ब्राह्मण 1.2.9.

311. कौषीतकी उपनिषद् 4.

312. कुशाम्बस्तु महातेजाः कौशाम्बीमकरोत पुरीम्।
कुशनाभस्तु धर्मात्मा पुरं चक्रे महोदयम्।। – 'वाल्मीकि रामायण' 1/32/6

313. सूर्यवंशी सिंह, भगवान, 'ज्याग्राफी ऑफ महाभारत' पृ. 195.

314. मेघा इति समाख्याता बुद्धिमन्तो नवैवतु। कोशलायां तु राजानो भविष्यन्ति महाबलाः।
'वायु पुराण'- 99/ 373-382, 'ब्रह्माण्ड' 3/74/186-193, विष्णुपुराण 4/24/17-18, भागवत 12/1/34-37 पार्जिटर, एफ.ए., 'डायनेस्टीज ऑफ द कलि एज', पृ. 32.

315. दीघनिकाय (सारनाथ हिन्दी संस्करण) पृ. 143, पपंच सूदनी (पाटेसो.) जिल्द 2, पृ. 389-390, सुत्तनिपात 10, 13 रीजड्रेविड्स 'बुद्धिस्ट इण्डिया', पृ. 104, डिक्शनरी ऑफ पालि प्रापरनेम्स, जिल्द 1, पृ. 7-12.

316. 'पद्मपुराण' 98-145, उत्तर पुराण 52/18, त्रिषष्टि शलाका पुरुष चरित 2/5/16-197, विविधतीर्थ कल्प, पृ. 23 जैन, जगदीश चन्द्र, 'जैन आगम साहित्य में भारतीय' समाज, पृ. 476.

317. महाभाष्य 2.1.1. वही 2.2.1, घोष, एन.एन. 'अर्ली हिस्ट्री ऑफ कौशाम्बी', 1935, पृ. 7.

318. 'मत्स्यपुराण' 50/78-86, 'स्वप्नवासवदत्ता', पृ. 19, कथा सरित्सागर, प्रथम खण्ड 2/1-8, रत्नावली 1-4.

319. वाटर्स. टी. 'आन य्वान चांग्स ट्रेवेल्स इन इण्डिया, 'जिल्द 1 पृ. 365 घोष, एन.एन. वही, पृ. 73.

320. शर्मा, जी.आर., 'रेह इन्सक्रिप्शन्स ऑफ मेनाण्डर ऐण्ड इण्डो ग्रीक इन वेजन ऑफ द गंगा बैली', पृ. 7.

शुजाउद्दौला का मकबरा, गुलाबाड़ी, फैजाबाद, नवाबी स्थापत्य

तो उन्होंने अपने जीवन-काल में ही आलीशान मकबरों का निर्माण करवाया। अपनी बेशुमार बेगमों के लिए खूबसूरत महल बनवाया। अवध के तीसरे नवाब शुजाउद्दौला ने अपने जीवन-काल में ही गुलाब बाड़ी फैजाबाद में अपने मकबरे का निर्माण कर दिया था। 1775 ई. में नवाब शुजाउद्दौला के इन्तकाल के बाद उसे यही सुपुर्द-ए-खाक किया गया। उनकी प्यारी बेगम– बहूबेगम, उनके कलाप्रेमी पुत्र आसफुद्दौला ने 14 लाख रुपये व्यय करके भारतीय ईरानी स्थापत्य से लगभग 3 साल में निर्मित एवं रूपायित इस मकबरे को भव्य रूप दिया। यदि सफदरजंग ने गुलाब बाड़ी को लाल गुलाबों से सँजोया तो उसके पुत्र शुजाउद्दौला ने मध्य में अपना मकबरा बनवाया।[50] इस मकबरे में 11 मेहराबी दीवारें बनी हुई हैं। मकबरे के जमीनी भाग के मध्य में मजार, मजार के चारों तरफ कोठरियाँ आदि बनी हुई हैं। मकबरे के ऊपरी हिस्सा में चारों ओर तीन-तीन मेहराबदार दरवाजे हैं। प्रवेश-द्वार पर मीनाकृति शाही चिह्न अवलोकनीय है।

नवाब शुजाउद्दौला की बेगम उमतउलजहरा की 1815 ई. में मृत्यु के पश्चात् उनके खास दरबारी रहे दराबअली और वकील पनाह अली के संरक्षण में उनकी मजार के ऊपर एक शानदार मकबरा ईरानी चारबाग शैली में जवाहर बाग के पश्चिम किनारे फैजाबाद-इलाहाबाद मार्ग पर बनाया गया जो उत्तर भारत में इण्डो ईरानी शैली की बेजोड़

बहूबेगम का मकबरा, फैजाबाद, नवाबी स्थापत्य

बनोखातम का मकबरा, नवाबी स्थापत्य

प्रारम्भिक राजधानियाँ अयोध्या, प्रतिष्ठान जैसी नगरियाँ रही हैं, से जोड़कर राजवंशों और नगर संरचना में सूर्योपासना और चन्द्रोपासना के महत्त्व को रेखांकित किया गया। मुल्तान और कोणार्क तक सूर्य मन्दिर बने। पूर्वी उत्तर प्रदेश के भीटा, कौशाम्बी, सोराँव, करछना, चिल्ला, नारा, कड़ा, लाक्षागिरि, तुर्कपट्टी और वाराणसी से प्राप्त सूर्य प्रतिमाओं और जनता द्वारा सूर्यषष्ठीपूजा उनकी लोकप्रियता को इंगित करती है।

सामान्यतया कतिपय पुराणों[2] में वास्तुविद्या के मूल सिद्धान्त, स्थान का चुनाव, रूपरेखा, देवों की मूर्तियों का निर्माण, मन्दिर और राजमहलों की संरचना पर प्रकाश डाला गया है। डॉ. वासुदेवशरण अग्रवाल ने मत्स्यपुराण ए स्टडी में वास्तुविद्या की सचित्र व्याख्या प्रस्तुत किया है। इस पुराण में वास्तुविद्या के अत्रि, विश्वकर्मा, मृगु, मय, नारद सरीखे 18 आचार्यों की चर्चा है।

स्थापत्य कला

इस कला के अन्तर्गत भवन निर्माण कला समाहित है। घरों, ग्रामों एवं नगरों आदि के निर्माण शैली का परिचय स्थापत्य कला में सुरक्षित किया गया है।

गृह निर्माण

ऋग्वेद में वरुण के भवन का उल्लेख आया है। सम्बन्धित सन्दर्भ से ज्ञात होता है कि वरुण के भवन में वैसे ही 1000 खम्भे थे, जैसे राजपूतयुगीन चौलुक्य राजा जयसिंहराज[3] ने सहस्रलिंग तालाब का निर्माण कराया तथा सल्तनतयुगीन दिल्ली के सुल्तान अलाउद्दीन खिलजी ने सीरी[4] नगर बसाया। उसने सीरी के महल में हजारों स्तम्भ का निर्माण करवाया था। इसी प्रकार राजपुरोहित वशिष्ठ ने एक त्रिस्तरीय आवास की इच्छा प्रकट की थी। उक्त विवरणों से प्रतीत होता है कि अयोध्या में वैभवशाली घरों का निर्माण किया जाता रहा होगा।

ऋग्वैदिक काल में घर के प्रथम भाग में आँगन सहित गृहद्वार, दूसरा भाग बैठका, इस भाग में अतिथियों का स्वागत किया जाता था। तीसरा भाग पत्नी-सदन कहलाता था, जिसे अन्तःपुर कहा जाता था। चौथा भाग अग्निशाला थी,[5] जहाँ श्रौतअग्नियों का आधान किया जाता था।

अथर्ववेद में दो, चार, छह और आठ छप्परोंवाली शालाओं की चर्चा की गयी है।[6] अथर्ववेद में अयोध्या और काशी नगरी का वर्णन आया है। ऐसा प्रतीत होता है, कि तत्कालीन पूर्वी उत्तर प्रदेश के अकिंचन लोग शालाओं में रहते थे। धीरे-धीरे विचित्र प्रकार के घरों का निर्माण आरम्भ हो गया।[7] महा कौशल एवं प्रसेनजित् आदि राजाओं के काल में लोग विहार, अर्धयोग, प्रासाद, हर्म्य और गुफाओं में निवास करते थे।[8] उस समय निर्धन वर्ग के परिवारों के घरों का निर्माण दूब लकड़ियों से किया जाता था।[9] छतों एवं दीवारों का निर्माण पत्थर और लकड़ियों से होता था। धनी लोगों के घरों में अग्निशाला, बाल-कक्ष, शयन-कक्ष, रसोई, व्यायामशाला, कुएँ, छप्परदार कुएँ, स्नान-कक्ष विभिन्न प्रकार की

कुर्सियाँ, घूमने, टहलने का स्थान, जलाशय, धूम्रपान[10] की समुचित व्यवस्था रहती थी। तत्कालीन गृहों का स्वरूप सुदामा गुहा से आँका जा सकता है।[11] उक्त तथ्यों से प्रतीत होता है, कि तत्कालीन पूर्वी उत्तर प्रदेश में इस प्रकार के भवन निर्माण की व्यवस्था प्रचलित रही होगी।

ग्राम निर्माण

ऐसा प्रतीत होता है कि वैदिक ग्राम कई कुलों के समूह[12] से बने थे। लेकिन चहारदीवारियों से घिरे हुए ग्राम अज्ञात नहीं थे।[13] ग्रामों के चारों ओर बाँस की चहारदीवारी एवं एक मुख्यद्वार रहता था। ग्रामीण लोग मुख्यद्वार से बाहर निकलते थे।[14] ग्रामों के मध्य में सार्वजनिक भवन सभा भवन का निर्माण किया जाता था। जहाँ ग्रामीण लोग वाद-विवाद, उत्सव तथा शुभ अवसर के समय एकत्रित होते थे।[15] महर्षि वाल्मीकि से विदित होता है, कि कृषिप्रधान ग्राम और नगर एक-दूसरे के निकट रहते थे, क्योंकि राम को वन में छोड़ देने के पश्चात् सारथि सुमन्त नगरों और ग्रामों को देखते हुए अयोध्या वापस लौटे थे।[16] लुहारों आदि विभिन्न जातियों के अलग-अलग ग्राम बसाये गये थे। गरीब कृषक झोंपड़ियों में निवास करते थे।[17]

इसी प्रकार इस भू-भाग में मौर्य-युग से लेकर राजपूत-युग तक सामन्तवादी शासन में ब्राह्मणों को दान दिये जाने के परिप्रेक्ष्य में गाँवों के विभिन्न नाम जैसे सोम कुण्डि का ग्राम, कासिल्ली भट्ट ग्राम, मेयी, पयासी, अम्बुली पत्तला, कुमौली आदि उल्लेखनीय मिलते हैं। हर्ष का विषय है कि एशियाई इतिहास[18] जहाँ नगरों और गाँवों की अभिन्न एकता बतलाता है; वही महात्मा गाँधी के अनुसार यदि गाँव की प्राचीन सभ्यता नष्ट हो गयी तो देश भी अन्ततः नष्ट हो जायेगा, अन्ततः सत्य सिद्ध होता है। ऐसी अवस्था में सांस्कृतिक दृष्टिकोण से प्रागैतिहासिक काल से लेकर राजपूत काल तक कोशल, काशी और वत्स के गाँवों में यहाँ के राजाओं का यशोगान किया जाता था।

नगर निर्माण

वैदिक साहित्य में पूर्वी उत्तर प्रदेश के अयोध्या, काशी, प्रयाग और कौशाम्बी जैसे नगर का जहाँ स्मरण किया गया है; वहीं रामायण, महाभारत, पुराण, बौद्ध, जैन साहित्य, बृहत्संहिता, मानसार, कृत्यकल्पतरु विदेशी यात्रियों के यात्रा-विवरण और पुरातात्त्विक खोजों से इस भू-भाग में नगर संरचना पर प्रकाश पड़ता है। प्राचीन काल में नगरों के निर्माता देव शिल्पी विश्वकर्मा और असुर शिल्पीमय थे। बौद्ध युग में विश्वकर्मा का स्थान महागोविन्द[19] ने ले लिया, जिसने तत्कालीन उत्तर भारत के प्रमुख नगरों का निर्माण किया था। नागर निदर्श की अभिरामता, का प्रथम परिचय अयोध्या से आरम्भ होता है। महर्षि वाल्मीकि ने उदात्त स्वरों में अयोध्या नगरी के संरचना पर प्रकाश डाला है। वाल्मीकि के अनुसार अयोध्या नगरी 12 योजन लम्बी और 3 योजन चौड़ी थी। उस नगरी में बाहर के जनपदों में जाने का मार्ग था। उसकी किलेबन्दी की गयी थी। उसके चारो ओर विशाल परकोटा और जल से भरी हुई खाईं थी, जिससे शत्रु नगरी में प्रवेश नहीं कर सकते थे।

दिग्विजय के पश्चात् अश्वमेध के हर्षातिरेक में प्रशस्ति उत्कीर्ण करवाया था। प्रारम्भ में यह प्रशस्ति कौशाम्बी में थी; बाद में प्रयाग में आयी। आज इलाहाबाद किला के अन्दर समुद्रगुप्त की प्रयाग-प्रशस्ति सुरक्षित है। जिस प्रकार प्राचीन काल में अयोध्या, काशी, श्रावस्ती, कौशाम्बी और सारनाथ स्थापत्य के महत्त्वपूर्ण केन्द्र थे। उसी प्रकार साम्राज्यों

अटाला मस्जिद, जौनपुर

के जनक इतिहास के करवट लेने के कारण मध्ययुगीन इस्लामिक प्रशासकों ने अयोध्या, जौनपुर, इलाहाबाद और फैजाबाद जैसे नगरों को मन्दिरों, मस्जिदों, राजमहलों, मकबरों, दरगाहों, बेगमों के महलों, इमामबाड़ों, किलों और कब्रों से सुसज्जित करके राजधानी के रूप में गौरवान्वित किया था।

फिरोज शाह तुगलक ने मुहम्मद तुगलक जूना खाँ की की याद में जौनपुर बसाया था। जौनपुर के स्थापत्य को मुखर बनाने में मुख्य रूप से शर्की सुल्तानों के काल का महत्त्वपूर्ण योगदान रहा है। शर्की सुल्तानों ने भव्य मस्जिदों से नगर को अलंकृत कर इसे द्वितीय राजधानी के रूप में प्रतिष्ठित किया। इस समय जौनपुर में जितनी शाही इमारतों, कब्रों, मस्जिदों का निर्माण हुआ, उतना शायद किसी नगर में नहीं। यहाँ के स्थापत्य में मुस्लिम और हिन्दू शिल्प कला का सम्मिश्रण दिखायी पड़ता है। शर्की सुल्तान इब्राहीमशाह के समय के पूर्ण निर्मित अटाला मस्जिद, बड़ी मस्जिद, चार अंगुल की

अटाला मस्जिद दो मंजिला बरामदा कुँआ, जौनपुर

मस्जिदें जौनपुर के गौरवशाली स्थापत्य का परिचय देती हैं। जौनपुर के स्थापत्य कृतियों में यहाँ के शाही इमारतों के पत्थर पर अनेक शिलालेख खुदे हुए मिलते हैं, जो जौनपुर के इतिहास को प्रमाणित करते हैं। यद्यपि जौनपुर के अधिकांश स्थापत्य नमूने उचित रख-रखाव के अभाव में ढह चुके हैं; तथापि उसके अवशिष्ट नमूने और ध्वंसावशेष तत्कालीन स्थापत्य के प्रमाण हैं। फिरोजशाह तुगलक को शाही दुर्ग, अटाला मस्जिद और जामा मस्जिद के निर्माण का श्रेय दिया जाता है। जौनपुर का शाही किला सन् 1360 ई. में फिरोजशाह द्वारा बनवाया गया था, जो अब क्षत-विक्षत हो चुका है। इसके अवशेष जौनपुर के करारवीर में स्थित हैं। इसके सामने मुनीम खाँ ने सुरक्षा की दृष्टि से नीले पत्थरों से सजा हुआ शानदार फाटक बनवाया। प्रथम द्वार को पार करने के पश्चात् द्वितीय द्वार के फाटक को देखते हुए किले की विशालता का परिचय जाना जा सकता है। शाही किले के अन्दर तुर्की शैली में निर्मित शानदार हम्माम और मस्जिद उल्लेखनीय हैं। उसके समीप भरों के आराध्यदेव करार वीर का मन्दिर अवस्थित है। जौनपुर के समीप जमैया, बदलापुर, जफराबाद से दुर्ग के अवशेष प्राप्त हुए हैं। इसी प्रकार अटाला मस्जिद जिसका शिलान्यास फिरोजशाह तुगलक ने 1363 ई. में किया था, 1408 ई. में इब्राहीम शाह शर्की के काल

इस प्रकार पुरातत्त्ववेत्ताओं द्वारा बस्तियों के आधार पर काशी की प्राचीनता उत्तर वैदिक काल स्वीकार किया जाना सत्य ही है। किन्तु पूर्वमध्यकाल (700 ई. से 1200 ई. तक) में काशी पतनोन्मुख दिखायी पड़ती है।

श्रावस्ती नगरी के चारों ओर प्राकार (रक्षा दीवाल) तथा जलयुक्त खाईं घिरी हुई थी। यहाँ मनुष्यों के भोग, परिभोग की सब चीजें विद्यमान थीं। पालि पिटकों से ज्ञात होता है कि यह नगरी विलास, सुख, समृद्धि की केन्द्रस्थली थी। बुद्धघोष से विदित होता है, कि यहाँ 5700 परिवार रहते थे, जो प्रमुदित भाव से जीवनयापन करते थे। ललित विस्तार से पता चलता है कि श्रावस्ती नगरी राजाओं, राजकुमारों, मन्त्रियों और सलाहकारों से घिरी रहती थी। नगरी के चारों ओर एक-एक द्वार थे। उसकी नगर संरचना श्लाघनीय थी। चीनी यात्री फाह्यान ने दक्षिणी तथा ह्वेनसांग ने पूर्वी प्रवेशद्वार की चर्चा यात्रा-विवरणों में किया है।

अलेक्जेण्डर कनिंघम, बोगेल, हुई, मार्शल, दयाराम साहनी और के. के. सिन्हा के पुरातात्त्विक खोजों से श्रावस्ती में बस्तियों के स्वरूप की जानकारी मिलती है। अब तक श्रावस्ती में हुए उत्खनन से जेतवन विहार और श्रावस्ती नगरी की संरचना लोकमानस के समक्ष स्पष्ट दिखायी देती है।

जेतवन

महात्मा बुद्ध का प्यारा उपवन जेतवन श्रावस्ती से 1 मील दक्षिण में स्थित था। यह बौद्धयुगीन उत्तर कोशल के सम्राटों का राजकीय उपवन था। जहाँ तथागत बुद्ध प्रमुदित भाव से रहते हुए बौद्धधर्म के प्रवचनों को उद्बोधित करते थे। राजकुमार जेत ने इस उद्यान की स्थापना की थी। इसके क्रेता अनाथपिण्डक की कीर्त्ति को अमर बनाये रखने के लिए इस वैहारिक संस्थान को उसका आराम ठहराया। अनाथपिण्डक बुद्ध का प्रिय गृहस्थ शिष्य था। उसने राजकुमार जेत के शर्तानुसार जेतवन, महात्मा बुद्ध के विहारार्थ खरीद लिया था।[25] ऐसा ज्ञात होता है, कि राजगृह से श्रावस्ती लौटने के पश्चात् श्रेष्ठि अनाथपिण्डक एक आराम गृह बनवाने के लिए भूमि की तलाश में थे। उनकी दृष्टि राजकुमार जेत के उपवन पर पड़ी। जैसे ही राजकुमार इसे बेचने के लिए सहमत हुआ, श्रेष्ठि ने उक्त स्थल को साफ करने के लिए नियोजित किया। सारे उपवन में स्वर्ण बिछा दिया गया। विनयपिटक के अनुसार श्रेष्ठि ने वहाँ अनेक भवन यथा आवास-कक्ष (विहार), आराम गृह (परिवेण), कोषगृह (कोट्ठक), अग्निशाला (अग्निशाला), संयुक्त उपत्थानशालाएँ, शौचगृह, कुटी, कुएँ, स्नानागार, तालाब और मण्डप आदि बनवाये। उसे इस पुण्य कर्म की पूर्ति हेतु अपार धन सम्पदा व्यय करना पड़ा। जैसा कि जेतवन विहार निर्माण में 54 करोड़ खर्च करने के पश्चात् अन्त में दाता अनाथपिण्डक अकिंचन होकर मरा। उसे व्यापार में 18 करोड़ का घाटा हुआ तथा 18 करोड़ धन अचिरावती की बाढ़ में बह गया। यह दिलचस्पपूर्ण बात है कि इस विहार के निर्माण की प्रक्रिया के सभी

जेतवन प्रथम मन्दिर, गुप्तकाल

स्तर, जिनकी उत्पत्ति समर्पण उत्सव में हुई थी, भरहुत के अध्युचित्रों[26] में कलाकर की तूलिका से आज भी सँजोये हुए देखे जा सकते हैं। जबकि बोधगया के उच्चित्रों में केवल जेतवन के खरीदने का ही चित्रांकन मुखरित हुआ है। जेतवन में करेरि कुटी, कोसम्ब कुटी, गन्धकुटी एवं सलल घर जैसे चार मुख्य भवन थे। ल्यूडर्स तालिका में भी जेतवन का उल्लेख है। यहीं कोशल सम्राट् प्रसेनजित् बुद्ध के शिष्य हुए थे। गाहड़वाल शासक जयचन्द के शासनकाल में बोधगया से प्राप्त एक अभिलेख में यह बताया गया है कि कन्नौज के गाहड़वाल राजा गोविन्दचन्द्र ने जेतवन विहार में रहनेवाले भिक्षुओं की सहायता के लिए कई गाँव अलग-अलग दान कर दिया था।[27] आज भी जेतवन और उससे सिमटे हुए पूर्वाराम, आनन्द बोधि, गन्ध कुटी, आसनशाला, दस्यु अंगुलिमाल का टीला आदि के पुरावशेष अतीत के वैभव में चार-चाँद-सा जोड़ देते है। पालिग्रन्थों में जेतवन की भूमिका का विस्तार 8 करीष स्वीकार किया गया है।

इतिहासकार रीजडेविड्स ने करींसं चतुरम्मर्ण के आधार पर अम्मण को प्रायः 2 एकड़ के बराबर माना है।[28] इस आधार पर जेतवन का क्षेत्रफल 64 एकड़ होगा, किन्तु दयाराम साहनी के अनुसार जेतवन का क्षेत्रफल 22 एकड़ ठहरता है। वर्तमान जेतवन के भौगोलिक स्वरूप पर दृष्टिपात करने से साहनी द्वारा निर्धारित क्षेत्रफल उचित प्रतीत होता है। जेतवन से सटे हुए राजकाराम का निर्माण सम्राट् प्रसेनजित् ने करवाया था। तथागत बुद्ध कभी-कभी

अध्याय-4

पूर्वी उत्तर प्रदेश में पाषाण मूर्तियाँ

हर्ष का विषय यह है कि कोशल, काशी तथा वत्स महाजनपदों के भौगोलिक कलेवर से लिपटा हुआ पूर्वी उत्तर प्रदेश के निवासियों ने प्राचीन काल में साहित्य, कला, विज्ञान और तकनीकी के क्षेत्र में काफी भौतिक प्रगति किया था। इधर ज्यों-ज्यों इस क्षेत्र में पुरातात्त्विक सर्वेक्षण एवं खुदाइयाँ क्रियान्वित होती जा रही हैं, त्यों-त्यों मूर्तिकला और स्थापत्य कला के बहुरंगी वितान जनमानस के समक्ष प्रभासित हो रहे हैं। यद्यपि यहाँ की प्राक्मौर्य स्थापत्य कला का विवरण वैदिक साहित्य, पुराणों, रामायण, महाभारत[1], बौद्ध-जैन साहित्य में निरूपित मिलता है, वहीं पी. के. आचार्य, आनन्द कुमार स्वामी, वासुदेवशरण अग्रवाल आदि जैसे मनीषियों ने भी कला से सम्बन्धित साहित्यिक सन्दर्भों की परिपुष्टि किया है, तथापि प्राकमौर्यकालीन राजमहल से लेकर यज्ञ वेदिका तक की खोज में पुरातत्त्ववेत्ताओं को सफलता नहीं मिली है। इस परिप्रेक्ष्य में पुरातत्त्ववेत्ताओं को प्रयास करना चाहिए। कौटिल्य के पूर्ववर्ती भास ने प्रतिमानाटकम् में सूर्यवंशीय राजाओं की प्रतिमाओं और देवकुलिक की परिचर्चा उभारी है। अशोक प्रथम भारतीय नृपति हैं, जिसके बारे में सर्वाधिक पुरातात्त्विक प्रमाण मिलता है। उसके पाषाण स्तम्भों की चमकीली पालिश आज भी पूर्ववत् है। आधुनिक भारतीय विचारधारा के अनुसार पाषाण शिल्प का अभ्युदय मौर्यकाल से जारी होता है।[1]

इस दिशा में अशोक के स्तम्भों का स्मरण किया जाता है। पूर्वी उत्तर प्रदेश में अशोक के स्तम्भ सारनाथ, प्रयाग, गोटिहवा, निग्लिवा, लुम्बिनी और कौशाम्बी में दर्शनीय हैं। रोचक तथ्य यह है कि जहाँ-जहाँ उसके स्तम्भ हैं, वहीं उसके स्तूप भी हैं। कुषाण काल तक आते-आते पाषाण स्तूप बनने लगे। सामान्यतया इतिहासकारों की अवधारणा है कि उसका प्रयाग स्तम्भ कौशाम्बी से प्रयाग लाया गया था, किन्तु अन्वेषक की नूतन गवेषणा से विदित होता है कि उसके प्रयाग और कौशाम्बी स्तम्भ अलग-अलग रहे हैं। प्रयाग स्तम्भ उसके रानी का है, जो उसके धार्मिक भाव को वैसे ही उजागर करता है, जैसा कि सम्राट् हर्षवर्द्धन की प्रयाग की धार्मिक सभा और दान।

अशोककालीन भारत और मौर्य कला अफगानिस्तान, ईरान, इराक तथा लालसागर तक फैली हुई थी। पश्चिमी एशिया की कलाएँ मौर्य तथा भारतीय कला से पूर्णतया प्रभावित हैं। ऐसी अवस्था में आर. इ. एम. ह्वीलर द्वारा प्रतिपाद्य विचारधारा की अशोक के स्तम्भों पर ईरानी कला का[2] प्रभाव आदि दृष्टिगोचर होना अथवा स्पूनर का कथन पाटलिपुत्र के महल संरचना पर ईरानी प्रभाव आदि लचर पक्षपातपूर्ण तथा निर्मूल सिद्ध होते हैं। मौर्य कला में अभिचित्रित मोर जहाँ भारतीय कला शास्त्र का छायाचित्र प्रस्तुत करता है, वहीं अशोक के स्तम्भों में वृषभ और शेर उसकी भारतीय संरचना की साफ-साफ परिपुष्टि करते हैं।

कुषाणों तथा गुप्तों के सिक्कों पर जिन यूनानी देवताओं का चित्रण सुलभ है वे मूलतः भारतीय देवता शिव, चन्द्रमा और लक्ष्मी आदि हैं। इसी प्रकार कहीं-कहीं पाषाण मूर्तियों के देवता उदीच्य वेशधारी हैं, जो मूर्ति शास्त्र के मर्यादित[3] सीमा से आबद्ध हैं। ये भारतीय कला के पश्चिमी फैलाव को दर्शाती हैं।

फिलहाल इस क्षेत्र के कलाकारों ने वैदिक देवता विष्णु, शिव, सरस्वती, लक्ष्मी, अग्नि, ब्रह्मा, गणेश, कार्तिकेय, कुबेर[4], यक्ष-यक्षी, गन्धर्व, नाग-नागिन आदि से लेकर पाषाण महल, राजनीति, समाज तथा शैक्षिक पहलुओं का जीता-जागता स्वरूप पाषाण खण्डों को छेनी से काट-काटकर तूलिका से सँजोया। कलाविद् आनन्द कुमार स्वामी गढ़वा[5] के एक पाषाण वेदिका पर 600 ई.पू. की डिजाइन देखते हैं।

ऐसी अवस्था में पूर्वी उत्तर प्रदेश के पाषाण मूर्तियों का पुरातात्त्विक अनुशीलन सुतरां आवश्यक हो जाता है।

विष्णु पूजा के प्रति उच्चस्तरीय भावना प्राचीन कोसल के जनमानस में व्याप्त थी। राजपूत-काल में साहित्य के विष्णु पुरातत्त्व के विष्णु रूप में हैं। कोशल में विष्णु की पूजा वैदिक काल से प्रचलित थी। रामायण, महाभारत, पुराणों और कतिपय अभिलेखों में विष्णु स्तुति का मनमोहक रूप देखा जा सकता है। गुप्तकालीन अभिलेखों में बहुत ही ललक भाव से विष्णु, राम, कृष्ण आदि का प्रसंग प्रस्तुत किया गया है।[6] प्रतिहार शासक मिहिरभोज के आदि वराह प्रकार के सिक्के कोशल के गोण्डा जनपद से उपलब्ध हुए हैं, जिससे विष्णु पूजा का प्रतिभान होता है। इसी प्रकार चन्द्रदेव गाहड़वाल के कतिपय अभिलेखों में उसे तीर्थानिकाशिकुशिकोत्तरकोशलेन्द्रस्थानीयकानिपरिपालयताभिगम्य कहा गया है।[7] उक्त तथ्य से यह विदित होता है कि राजपूत-काल तक आते-आते अतीत का कोसल स्कन्द पुराण में वर्णित अयोध्या क्षेत्र के भौगोलिक स्वरूप को निर्मित करता था। यद्यपि प्रो. ए. के. नारायण और प्रो. बी. बी. लाल के पुरातात्त्विक उत्खनन में किसी प्राचीन मन्दिर का ध्वंसावशेष अयोध्या में नहीं उपलब्ध हुआ है, तथापि कोसल विषयक साहित्य के अवलोकन से सुनिश्चित होता है कि कोसल क्षेत्र में वैभवशाली मन्दिर रहे होंगे, आवश्यकता है सत्यान्वेषण की। जहाँ तक कोसल क्षेत्र में मन्दिरों के निर्माण का

गणेश और रामायण कथानक से जुड़ी गुप्तकालीन पकी हुई मिट्टी की मूर्तियाँ यहाँ गुप्त काल में ब्राह्मण धर्म का प्रस्फुटन निरूपित करती हैं। यहाँ से प्राप्त गुप्तकालीन मिट्टी की एक मुहर पर श्रावस्ती भुक्ति के न्यायाधिकारी की चर्चा से गुप्तकालीन श्रावस्ती के वैभव का प्रतिभान होता है। फाह्यान ने यहाँ दो मंजिला भवन देखा था; जहाँ बुद्ध ने कतिपय वर्ष व्यतीत किया था। इतिहास निहारने से पता चलता है कि मौर्य युग से लेकर लगभग 12वीं सदी तक श्रावस्ती भुक्ति के रूप में लोक विश्रुत रही।

सम्राट् हर्ष के मधुबन अभिलेख में श्रावस्ती भुक्ति का स्मरण किया गया है। उसके काल में चीनी यात्री ह्वेनसांग ने गुप्तकालीन चीनी यात्री फाह्यान जैसा सुदत्त, अंगुलिमाल और महाप्रजापति के स्तूपों और विहार को देखा था। उसने श्रावस्ती जेतवन उद्यान में जलापूर्ति की कृत्रिम व्यवस्था देखी थी। हर्षोत्तरकालीन श्रावस्ती के वास्तु वैभव का आकलन यहाँ के उत्खनन से प्राप्त 8वीं, 9वीं सदी की लोकनाथ, त्रैलोक्य विजय, अवलोकितेश्वर, सिंहनाद, लोकेश्वर नाथ और जम्भल की मूर्तियों से किया जा सकता है।

गन्धकुटी, जेतवन, श्रावस्ती

जैन तीर्थङ्कर शोभनाथ के मन्दिर के खँडहर से कतिपय जैनतीर्थङ्करों की मूर्तियों की प्राप्ति से इस नगर में सुदीर्घ काल तक जैन धर्म के अस्तित्व का भी प्रतिभान होता है।

अनाथपिण्डक, सुदत्तमहल कच्ची कुटी-महेट-श्रावस्ती : कुषाण युग

इसी प्रकार गाहड़वाल शासन मदनपाल और गोविन्दचन्द्र के 1119 ई. तथा 1129-30 ई. तिथियों के प्राप्त ताम्रलेखों में मदनपाल के मन्त्री विद्याधर द्वारा जेतवन में बौद्ध विहार निर्माण तदन्तर उसके पुत्र गोविन्दचन्द्र द्वारा जेतवन महाविहार के लिए बुद्ध भट्टारक और भिक्षुसंघ को 6 गाँव दान किया जाना, अथवा उसकी रानी कुमारदेवी के द्वारा सारनाथ में नवखण्ड विहार निर्माण, कर्दमेश्वर मन्दिर, वाराणसी और गढ़वा का विष्णु मन्दिर उनकी विविध धर्मों के संरक्षण के प्रति धार्मिक सहिष्णुता नीति का उद्‌बोध कराते हैं।

मध्यकालीन मुस्लिम अभियानों के परिणामस्वरूप खास तौर से अलाउद्‌दीन खिलजी के सेनापति मलिक हब्बस द्वारा श्रावस्ती के वैभव को मिटा दिया गया, फिर भी श्रावस्ती सर्वेक्षण और उत्खनन से प्राप्त यहाँ विपुलमात्रा में एन. वी. पी., मिट्‌टी की मूर्तियाँ, पीतल, मुहरें, माणिक्य, सिक्के, ताम्रलेख और मूर्तिशिल्प, स्तूप, मन्दिर, विहार सड़कें और कब्रों से ज्ञात होता है, कि बौद्ध युग से लेकर लगभग 12वीं सदी तक श्रावस्ती में बस्तियों का निर्माण ईंटों से किया जाता था। इस अवधारणा की पुष्टि जेतवन में अवस्थित विहारों और मन्दिरों के वास्तु निर्माण से होती है। समृद्ध सुनियोजित, अलंकृत, गुप्तशैली, 22, 24 कमरोंवाले भवन श्रावस्ती को स्थापना के क्षेत्र में कला तीर्थ उद्‌घोषित

देवकाली और गिरिजा कुण्ड मन्दिरों की मीना आकृतियाँ इन्हें नवाबी शासन में निर्मित सिद्ध करती हैं।

युग-युगीन अयोध्या पर पुरातात्त्विक दृष्टिपात करने से पता चलता है, कि आधुनिक अयोध्या-फैजाबाद के निर्माता नवाब थे। उन्होंने इन नगरों को राजधानी के रूप में वैसे ही पुष्पित, पल्लवित एवं विकसित किया था जैसे पौराणिक अयोध्या के सूर्यवंशीय राजाओं, सल्तनत और मुगलकालीन अवध के सूबेदारों ने सँजोया था।

इस भू-भाग के पुरातात्त्विक खोजों से जहाँ इस भू-भाग में विविध धर्मों के मन्दिरों, मूर्तियों, मस्जिदों और मकबरों पर प्रकाश पड़ता है; वहीं यहाँ से कुषाणों, गुप्तों, गाहड़वालों, दिल्ली के सुल्तानों से लेकर मुगल सम्राटों के शिलालेख और सोना-चाँदी के सिक्के प्राप्त हुए हैं; जिससे पता चलता है कि जिस प्रकार से प्राचीन काल में काशी, अयोध्या, तक्षशिला, श्रावस्ती, कौशाम्बी जैसे नगरों में सिक्का ढाले जाते थे, उसी प्रकार से अवध, इलाहाबाद, बनारस, जौनपुर और गोरखपुर जैसे मध्ययुगीन नगरों में निश्चित रूप से टकसाल रहे होंगे।

उल्लेखनीय है कि गुप्त सम्राटों के सोने के सिक्कों की 14 निधियाँः पूर्वी उत्तर प्रदेश में भरसाड़ (बनारस), कसेरवा (बलिया), टेकरी डेब्रा (मिर्जापुर) मदनकोला (जौनपुर), देवत्थ (बलिया), कोटवा (गोरखपुर), टाण्डा (अम्बेडकर नगर), इलाहाबाद, बस्ती और राप्ती से प्राप्त हुई हैं। टाण्डा (अम्बेडकर नगर) से दिल्ली के सुल्तानों के 250 चाँदी के सिक्के, प्रतापगढ़ और गोरखपुर से मुगल काल के क्रमशः 39 और 120 चाँदी के सिक्के मिले हैं। उत्तर मुगल सम्राट् मुहम्मद शाह के समय अयोध्या को अख्तरनगर अवध और बनारस को मुहम्मदाबाद भी कहा जाता था।

इस भू-भाग में डोली, रथ, हाथी, घोड़ा, नौका और बैलगाड़ी प्राचीन युग से लेकर मध्ययुग तक परिवहन के संसाधन के रूप में लोकप्रिय ढंग से सँजोये और बनाये जाते थे।

सड़क मार्ग और जलमार्ग से इस भू-भाग का देशीय और विदेशी व्यापार होता था।[53] राम ने सागर पर पुल बनवाया था। अजातशत्रु ने राजगृह-श्रावस्ती जलमार्ग में नौका पुल का निर्माण करवाया था। अवदान शतक में गंगा पर पुल का उल्लेख मिलता है। लिच्छवि साम्राज्य में गण्डक पर पुल था।[54] मध्य युगीन प्रशासकों ने जौनपुर-अकबरपुर (अम्बेडकर नगर) और दोस्तपुर (सुल्तानपुर) आदि जैसे स्थानों में नदियों पर शाही पुलों का निर्माण करवाया था।

इसी प्रकार इस क्षेत्र में तटबन्ध बनाने की परम्परा सदियों से विद्यमान रही है। रोहिणी नदी जिसके जल से शाक्यों और कोलियों की फसलों की सिंचाई की जाती थी, के तट पर तट बन्ध की चर्चा बौद्ध प्रसंगों में निरूपित मिलती है। इसी प्रकार यहाँ के प्रशासकों की झीलों, कुओं और तालाबों का निर्माण करवाने की भी शौक रही है।

सन्दर्भ

1. मज्झिम निकाय 1/1/2 द्विव्यावदान पृ. 548, सुमंगलविलासिनी 2.258 महावस्तु 1/348, सौन्दरनन्द काव्य, प्रथम सर्ग।
2. मत्स्यपुराण अध्याय 252. 270 अग्निपुराण अध्याय 40, 73-94, 105-106, 247, विष्णु धर्मोत्तर पुराण 2/29. 31, गरुड़ पुराण 1/46.
3. ऋग्वेद 2/41/5, वही 5/62/6, वही 7/88/5.
4. तुलनीय, पाठक, विशुद्धानन्द, उत्तर भारत का राजनीतिक इतिहास, पृ. 527, शर्मा, एल.पी. दिल्ली सल्तनत, पृ. 366.
5. आचार्य, पी.के. ग्लोरीज ऑफ इण्डिया ऑन इण्डियन कल्चर ऐण्ड सिविलाइजेशन पृ. 79-80, अग्रवाल, वासुदेवशरण, भारतीय कला, पृ. 51.
6. अर्थववेद 9/3/17.21, शर्मा, रघुनन्द, वैदिक सम्पत्ति, पृ. 746-748.
7. वाल्मीकि रामायण 1/6/27.
8. महावग्ग 1/30/4, चुल्लवग्ग 6/1/2.
9. रीजडेविड्स, टी, डब्ल्यू. बुद्धिस्ट इण्डिया, पृ. 50-51.
10. द्रष्टव्य, चुल्ल वग्ग 5/14/3 वही 6/21/2 वही 6/4/10, रीजडेविड्स, बुद्धिस्ट इण्डिया पृ. 51, राय अमिता, विलेज्स टाउन्स एण्ड सेक्युलर बिल्डिंग्स इन एनूशॅण्ट इण्डिया, पृ. 37-38.
11. तुलनीय, पर्सी ब्राउन, इण्डियन आर्कीटेक्चर (बुद्धिस्ट एण्ड हिन्दू) फलक 7 चित्र सं. 2.
12. शतपथ ब्राह्मण 1/1/2/22, जै. उ. ब्रा. 3/13/4.
13. अमिता राय, पूर्वोद्धृत, पृ. 25.
14. पर्सी ब्राउन, वही, पृ. 34, फलक प्रथम, चित्र सं. 1.
15. अमिता राय, वही, पृ. 25.
16. वाल्मीकि रामायण 2/49/3.
17. मज्झिम निकाय– नगर विन्देय सुत्त 3/5/8, धनिय गोप सुत्त– सुत्तनिपात.
18. शर्मा, आर.एस. प्राचीन भारत में भौतिक प्रगति एवं सामाजिक संरचनाएँ, पृ. 46.
19. शुक्ल यजुर्वेदीय काण्व संहिता 8/26.28 भा. प्रा. च. को. पृ. 866.867, वही पृ. 618. 620, अमिता राय वही पृ. 102, स्टुअर्ट पिगाट (प्री हिस्टारिक इण्डिया, लन्दन 1950, पृ. 263) ने दस्युओं को नगर निर्माता कहा है।
20. वाल्मीकि रामायण 1/5/6, वही 1/5/7.15.
21. कनिंघम, अलेक्जेण्डर, एनूशॅण्ट ज्याग्राफी, पृ. 342, संकालिया, एच.डी. पुरातत्त्व, बुलेटिन ऑफ इण्डियन आर्क्यालोजिकल सोसाइटी, 1977-1978 पृ. 2.
22. मित्र, राजेन्द्रलाल, इण्डो आर्यन्स, जिल्द I, पृ. 23-24 जोशी, एम.सी., सम आस्पेक्ट्स ऑफ वाल्मीकि रामायण पंजाबी वि. वि. महर्षि वाल्मीकि पीठ पटियाला द्वारा 27. 2.97, 9-10, 12.97 तिथियों में आयोजित संगोष्ठी में उद्बोधन, पृ. 52-55.
23. द्रष्टव्य, नारायण, ए.के. इण्डियन आर्क्यालोजी 1969-70: एरिव्यू, पृ. 52 राय, टी. एन. द गंगाज सिविलाइजेशन, पृ. 50.
24. द्रष्टव्य, लाल, बी.बी. 1976-1977, ए रिव्यू, पृ. 52. राय, टी.एन. द गंगाज सिविलाइजेशन, पृ. 50.
25. जातक भाग 1, पृ. 93, संयुक्त निकाय, भाग 5, पृ. 302, दीघनिकाय 1, पृ. 178, पपच्चसूदनी 1, पृ. 60-61, 336, महावंश पृ. 7, दीप वंश, पृ. 21, महावंश टीका (पा.टे.सो.), पृ. 102, डिक्शनरी ऑफ पालि प्रापर नेम्स, जिल्द 1, पृ. 111.

उदयन के राजमहल को देखा जा सकता है। पूर्वी उत्तर प्रदेश में 200 ई. पू. से तीसरी शताब्दी तक व्यापारियों और आक्रमणकारियों ने बड़ी-बड़ी सड़कों को अपनाया। बैक्ट्रिया के यवन, साकेत, प्रयाग और वाराणसी पर आक्रमण करने से नहीं चूके।[38] फलस्वरूप हिन्द-यवन शासन एवं कुषाणों के काल में इस भूभाग में अवस्थित साकेत, श्रावस्ती, वाराणसी और कौशाम्बी औद्योगिक नगर के रूप में प्रसिद्ध थे। पूर्वी उत्तर प्रदेश में हिन्दू, वैष्णव, शैव, शाक्त, बौद्ध, जैन, सिक्ख, इस्लाम और इसाई धर्म का कालक्रमानुसार विकास होता रहा है। फलस्वरूप शिल्पकारों ने मिट्‌टी से लेकर पत्थर पर यहाँ के प्रशासन, शिक्षा, धर्म, कला-कौशल का अंकन करके यहाँ के भौतिक स्वरूप को मुखर बनाने का प्रयास किया है। कौशाम्बी, राजघाट (वाराणसी), श्रावस्ती, घोसी, अयोध्या, पिपरहवा के उत्खनन से प्राप्त विभिन्न देवी-देवताओं की मृण और पाषाण मूर्तियों में इस भू-भाग के सामाजिक, आर्थिक और प्रशासनिक जीवन की रूपरेखा सँजोयी हुई मिलती है। कलाकृतियों के संरचना और आलेखो से ये सुव्यवस्थित और औद्योगिक नगर सिद्ध होते हैं।

अयोध्या, कौशाम्बी, राजघाट, भीटा, झूँसी, कुशीनगर से प्राप्त मिट्‌टी की कलाकृतियों में लोकजीवन, नर-नारी का विविध रूपों में अंकन, मिथुन प्रतिमाएँ, तोता पालना, विजन धारिणी, नर-नारियों द्वारा नृत्य, आमोद-प्रमोद, मधुदान, ढोल बजाना, झूला झूलना, सार्वजनिक जीवन[39], शिकारियों का चित्रण, राजा उदयन और वासवदत्ता का ऐतिहासिक प्रेमाख्यान, शकुन्तला-दुष्यन्त प्रेमाख्यान, निगम से लेकर राजा और उसके विभिन्न अधिकारियों का पुरातात्त्विक अंकन निहारने से पूर्वी उत्तर के प्राचीन विकसित नगरों के वास्तुशिल्प की जानकारी मिलती है।

वाराणसी का बैरिया दोमुँहवा मध्य पाषाण काल का महत्त्वपूर्ण आवासीय स्थल माना जाता है। प्रतापगढ़ के दमदम, महदहा, सरायनाहर राय तथा इलाहाबाद के कोलडिहवा, चोपनीमाण्डो, महागरा की खुदाई से स्त्री-पुरुषों की समाधियाँ मिली हुई हैं। इन अस्थिपंजरों में पुरुष नारी दोनों शामिल हैं। पुरुषों की लम्बाई 6 फुट 3 इंच और स्त्रियों की लम्बाई 5 फुट 10 इंच है। गाय, बैल, बकरी, हिरन, जंगली सुअर, घोड़ा, मछलियाँ और चिड़ियों की हड्डियों की प्राप्ति से मानव समुदाय के साथ पालतू पशुओं के रहने की पुरातात्त्विक सम्पुष्टि होती है। प्रारम्भिक अवस्था में लोग बाँस-बल्ली, घास-फूस से बनी झोंपड़ियों में रहते थे।[40] लेखहिया, मोरहना, वाघीखोर (मिर्जापुर) के पहाड़ों को देखने से पता चलता है, कि लोग शैलाश्रय भी स्वीकार करते थे। इस भू-भाग में नरहन, झूँसी, साहगौरा, इमलीडीह खुर्द, लोहरादेवा, कोलडिहवा, शृंगवेरपुर जैसे स्थलों के पुरातात्त्विक खोजों से धान, गेहूँ, जौ, मटर, चना, अलसी, सरसो जैसी फसलों की खेती-बाड़ी की जानकारी मिलती है। फलों में आम से लेकर महुआ तक की बागवानी होती थी।[41] समूचे पूर्वी उत्तर प्रदेश में ताम्रपाषाणिक संस्कृति फैली हुई थी। लोहे की खोज (1200 ई. पू.) ने इस भू भाग में लौह युग को जन्म दिया।[42] विद्वानों ने वाराणसी जनपद में राजघाट, सरायमोहन,

सारनाथ, प्रह्लादपुर और काकोरिया के पुरास्थलों से 5 काल की बस्तियों के स्वरूप को जाना है,[43] वही इन स्थलों से लौह युग की पुष्टि होती है वाराणसी से सटे हुए गाजीपुर के सैदपुर तहसील के भीतरी से प्राप्त गुप्तकालीन कृष्ण मन्दिर की ओर हमारा ध्यान वी. पी. सिन्हा ने आकर्षित किया है। इसी प्रकार मसून डीह (गाजीपुर) में कुषाणकालीन सिक्कों और ईंटों की प्राप्ति से 100-200 ई. में बस्ती की जानकारी मिलती है। यहाँ 200-600 ई. का क्षतिग्रस्त ढाँचा भी देखने को मिलता है। साहगौरा से प्राप्त प्राचीन वस्तुएँ इसे नगर सिद्ध करती हैं।

कुषाणकालीन सिक्कों की प्राप्ति से यहाँ तीसरी सदी तक आबादी सिद्ध होती है। पिपरहवा के उत्खनन से 16 कमरोंवाला प्रथम तिथि ज्ञात भारतीय भवन मिला है, जिससे सम्यक् आवासीय योजना का प्रतिभान होता है। सरयू तट पर अवस्थित खैराडीह (बलिया) के उत्खनन से इसकी प्राचीनता 800 ई. पू. सिद्ध होती है।[44] लगभग 300 वर्षों तक यहाँ नगरीय संस्कृति रही है। यहाँ कुषाणकालीन बस्तियों का स्वरूप 6 कमरोंवाला भवन, एक सड़क, ईंटों से निर्मित रास्ता, 5 किग्रा धातु मलबा, लौह वस्तुएँ, लौहकला, कोष्ठागार और उत्तरी भाग में लुहार की दुकान प्राप्त होने से नगरीय सभ्यता के अस्तित्व की जानकारी मिलती है। लोहरा देवा, सन्तकबीर नगर की खुदाई से प्राप्त पुरावनस्पतियों के अध्ययन से इस भू-भाग में लगभग 8000 वर्ष पहले मानव अधिवास, खेती-बाड़ी और कोष्ठागारों का परिचय मिलता है। जहाँ इतिहासकार डी. एन. झा. भारत में बौद्ध युग से कुषाण युग तक 60 विकसित नगर ढूँढ़ते हैं, वहीं आर. एस. शर्मा गुप्तोत्तर युगीन (700-1200 ई.) पूर्वी उत्तर प्रदेश के कौशाम्बी, अयोध्या, काशी, कपिलवस्तु, श्रावस्ती और कुशीनगर को पतनोन्मुख देखते हैं।[45]

हर्ष का विषय यह है, कि साकेत, श्रावस्ती, वाराणसी जैसा ही कौशाम्बी की गणना बौद्धयुगीन भारत के 6 महानगरों में की जाती थी। काशी, कौशाम्बी और श्रावस्ती के उत्खनन से मिट्टी की मूर्तियाँ, मुहरें, गाड़ियाँ, दैनिक जीवन में प्रयोग की जानेवाली वस्तुएँ, मघ राजाओं के सिक्के, कुषाण, अयोध्या के मित्र राजाओं के सिक्के, गुप्त और राजपूतयुगीन स्तूप, विहार, पाषाण मूर्तियाँ और फलक जिन पर वत्सराज उदयनवासवदत्ताप्रेमाख्यान और उनके शौर्य गाथा का अंकन मुखर हो उठा है, आदि जैसे ऐतिहासिक तथ्य को उजागर करनेवाली कलाकृतियाँ आदि मिली हुई हैं, जो कुषाण युग से गुप्त युग तक इन नगरों को स्कूल ऑफ आर्ट घोषित करती हैं। कौशाम्बी से प्राप्त एक मुहर पर हूण आक्रमणकारी तोरमाण द्वारा घोषिताराम चिहार के काल कवलित होने की चर्चा लिखी हुई मिलती है। धर्माशोक ने सारनाथ में लाट पर चार शेर उकड़ूँ बैठे हुए उत्कीर्ण करवाया जो आज भारत सरकार का राजचिह्न है। उसने कौशाम्बी में स्तम्भ पर लेख खुदवाया, जिसमें उसकी द्वितीय रानी कालुबाकी द्वारा आम्र वाटिका दान प्रसंग निरूपित मिलता है। कालान्तर में इसी स्तम्भ पर महान् गुप्त सम्राट् समुद्रगुप्त ने भारत

दिग्विजय के पश्चात् अश्वमेध के हर्षातिरेक में प्रशस्ति उत्कीर्ण करवाया था। प्रारम्भ में यह प्रशस्ति कौशाम्बी में थी; बाद में प्रयाग में आयी। आज इलाहाबाद किला के अन्दर समुद्रगुप्त की प्रयाग-प्रशस्ति सुरक्षित है। जिस प्रकार प्राचीन काल में अयोध्या, काशी, श्रावस्ती, कौशाम्बी और सारनाथ स्थापत्य के महत्त्वपूर्ण केन्द्र थे। उसी प्रकार साम्राज्यों

अटाला मस्जिद, जौनपुर

के जनक इतिहास के करवट लेने के कारण मध्ययुगीन इस्लामिक प्रशासकों ने अयोध्या, जौनपुर, इलाहाबाद और फैजाबाद जैसे नगरों को मन्दिरों, मस्जिदों, राजमहलों, मकबरों, दरगाहों, बेगमों के महलों, इमामबाड़ों, किलों और कब्रों से सुसज्जित करके राजधानी के रूप में गौरवान्वित किया था।

फिरोज शाह तुगलक ने मुहम्मद तुगलक जूना खाँ की की याद में जौनपुर बसाया था। जौनपुर के स्थापत्य को मुखर बनाने में मुख्य रूप से शर्की सुल्तानों के काल का महत्त्वपूर्ण योगदान रहा है। शर्की सुल्तानों ने भव्य मस्जिदों से नगर को अलंकृत कर इसे द्वितीय राजधानी के रूप में प्रतिष्ठित किया। इस समय जौनपुर में जितनी शाही इमारतों, कब्रों, मस्जिदों का निर्माण हुआ, उतना शायद किसी नगर में नहीं। यहाँ के स्थापत्य में मुस्लिम और हिन्दू शिल्प कला का सम्मिश्रण दिखायी पड़ता है। शर्की सुल्तान इब्राहीमशाह के समय के पूर्ण निर्मित अटाला मस्जिद, बड़ी मस्जिद, चार अंगुल की

अटाला मस्जिद दो मंजिला बरामदा कुँआ, जौनपुर

मस्जिदें जौनपुर के गौरवशाली स्थापत्य का परिचय देती हैं। जौनपुर के स्थापत्य कृतियों में यहाँ के शाही इमारतों के पत्थर पर अनेक शिलालेख खुदे हुए मिलते हैं, जो जौनपुर के इतिहास को प्रमाणित करते हैं। यद्यपि जौनपुर के अधिकांश स्थापत्य नमूने उचित रख-रखाव के अभाव में ढह चुके हैं; तथापि उसके अवशिष्ट नमूने और ध्वंसावशेष तत्कालीन स्थापत्य के प्रमाण हैं। फिरोजशाह तुगलक को शाही दुर्ग, अटाला मस्जिद और जामा मस्जिद के निर्माण का श्रेय दिया जाता है। जौनपुर का शाही किला सन् 1360 ई. में फिरोजशाह द्वारा बनवाया गया था, जो अब क्षत-विक्षत हो चुका है। इसके अवशेष जौनपुर के करारवीर में स्थित हैं। इसके सामने मुनीम खाँ ने सुरक्षा की दृष्टि से नीले पत्थरों से सजा हुआ शानदार फाटक बनवाया। प्रथम द्वार को पार करने के पश्चात् द्वितीय द्वार के फाटक को देखते हुए किले की विशालता का परिचय जाना जा सकता है। शाही किले के अन्दर तुर्की शैली में निर्मित शानदार हम्माम और मस्जिद उल्लेखनीय हैं। उसके समीप भरों के आराध्यदेव करार वीर का मन्दिर अवस्थित है। जौनपुर के समीप जमैया, बदलापुर, जफराबाद से दुर्ग के अवशेष प्राप्त हुए हैं। इसी प्रकार अटाला मस्जिद जिसका शिलान्यास फिरोजशाह तुगलक ने 1363 ई. में किया था, 1408 ई. में इब्राहीम शाह शर्की के काल

इलाहाबाद का अकबर कालीन किला

में पूर्ण हुई। फसीहुद्दीन, पर्सी ब्राउन और राम प्रसाद त्रिपाठी ने इसे एक अप्रतिम मस्जिद कहा है। जिसमें हिन्दू और मुस्लिम कला के अद्भुत संगम का दर्शन मिलता है। तभी तो 1963 ई. में प्रो. वैशम ने इस मस्जिद में प्रवेश होते ही इसके मूलतः मन्दिर होने का सन्देह व्यक्त किया था। मस्जिद में प्रवेश करते ही अजन्ता एवं एलोरा जैसे चित्र थिरकने लगते हैं। मस्जिद के पश्चिमी दीवार पर गर्भगृह तथा विशाल स्तम्भों से निर्मित प्रदक्षिणा पथ का रूप है।[46] जौनपुर शहर के बीच में बहनेवाली गोमती पर निर्मित शाही सेतु पर मस्जिद के समक्ष निर्मित गजश्रावक्रामक सिंह मूर्ति हुमायूँ पर शेरशाह के विजय भाव को इंगित करती है। इसी प्रकार यहाँ के केराकत तहसील की वराहमूर्ति आठवीं सदी में वराह पृथ्वी देवी संरक्षित अभिचित्रित मिलती हैं।

इतिहास निहारने से पता चलता है कि 1000 ई. पू. से 300 ई. तक अयोध्या, श्रावस्ती, शृंगवेरपुर, वाराणसी और कौशाम्बी जैसे नगर दुर्गीकृत रहे हैं। मध्ययुग में सामन्तवादी युग के कारण पूर्वी उत्तर प्रदेश के बहराइच, प्रयाग, अवध, कड़ा, मालूत, वाराणसी में दुर्गीकरण की प्रवृत्ति को प्रोत्साहन मिला। फलस्वरूप दिल्ली के सुल्तानों जैसा ही मुगल सम्राट अकबर से लेकर उत्तर मुगल सम्राटों के अधीन क्षेत्रीय सूबेदारों और अवध के नवाबों ने हमें इस भू-भाग में अनुपम स्थापत्य विरासत सौंपा है। अकबर के काल में

अवध सूबा की राजधानी जौनपुर से हटकर अयोध्या हो गयी थी। अकबर ने इलाहाबाद[47] नगर और दुर्ग-राजमहल का निर्माण कार्य सन् 1583 ई. में प्रारम्भ किया। अबुलफजल[48] के अनुसार बादशाह अकबर ने अक्टूबर माह में इसी कार्य हेतु प्रयाण किया। गंगा-यमुना के संगम पर बसा हुआ यह दुर्ग एक वृत्त के अनियमित खण्ड के आकार में है। क्योंकि इस स्थल पर इसकी नींव वृत्ताकार के रूप में ही सम्भव थी। वस्तुतः गंगा-यमुना संगम के विशिष्ट कोण का ही परिणाम है। यह राजमहल अकबर द्वारा निर्मित आगरा, फतेहपुर सीकरी और लाहौर के दुर्गों से काफी बड़ा था। इसका कुल क्षेत्रफल 300 वर्गफीट है। आगरा के दुर्ग जैसा यह दुर्ग लाल पत्थर से बना है। इसका विशाल सिंहद्वार और भीतरी इमारतें मनमोहक थीं। इसके निर्माण में कुल 6 करोड़ सत्रह लाख बीस हजार दो सौ चौदह रुपये खर्च हुए थे। उदार अकबर द्वारा निर्मित इस राजमहल के संरचना में देशी-विदेशी, भारतीय, ईरानी कला का समन्वय झलकता है। रोचकपूर्ण विषय यह है कि प्रयाग जब तक इलाहाबाद नहीं बन गया, तब तक बादशाह सलामत अकबर, टोडरमल और राजा मानसिंह यहीं रहे। कचहरी का धर्मशाला, चौरासीखम्भा और कुआँ कटरा मानसिंह की जायदाद है। शाहजहाँ के काल में इसे इलाहाबाद कहा जाने लगा।[49]

अलाउद्दीन खिलजी ने सुल्तानपुर बसाया। वाराणसी, प्रयाग, अयोध्या पर इस्लामिक प्रभाव के कारण बनारस के लिए मुहम्मदाबाद, प्रयाग को इलाहाबाद और अयोध्या को खुर्द मक्का कहा गया। इस काल में रूदौली, बहराइच, अकबरपुर, सुरहुरपुर, आजमगढ़, जौनपुर, इलाहाबाद और फैजाबाद जैसे नगर-उपनगर बसे। इन नगरो में मुगल और नवाबी शासन की इमारतों की संरचना मनमोहक है। नवाबों ने शाही आवास और प्रशासनिक भवनों का निर्माण करवाया। अवध के प्रथम नवाब बुरहानुलमुल्क सआदतअली ने अवध में आगमन के समय अयोध्या के लक्ष्मण किला के स्थान पर कच्चा दुर्ग, मुबारक किला का निर्माण करवाया। इस काल में शुजाउद्दौला ने खाकी अखाड़ा और आसफुद्दौला ने हनुमानगढ़ी का निर्माण करवाया था।

अयोध्या, फैजाबाद इस काल में नवाबों की राजधानी बना। फलस्वरूप उन्होंने इन नगरों को मस्जिदों, महलों, मकबरों, इमामबाड़ों, कब्रों, बागों और मन्दिरों में सँजोया। फैजाबाद के वास्तुशिल्प के इतिहास में लालबाग, जवाहरबाग, मोतीबाग, अंगूरीबाग और आसिफबाग जैसे बागों ने मुगल सम्राट् शाह आलम को उनके यहाँ प्रवास काल में आकर्षित किया था। नवाब शुजाउद्दौला ने फैजाबाद में सरयू-तट पर कलकत्ता खुर्द, खुर्द-महल, मोती महल, दिलकुशा पैलेस, त्रिपोलिया (शाही बाजार) जैसे शाही महलों का निर्माण करवाया था। नवाबी शासनकाल में निर्मित बहूबेगम का मकबरा, नवाब शुजाउद्दौला का मकबरा (गुलाब बाड़ी), बन्नी खानम का मकबरा और हाजी इकबाल का मकबरा जैसे मकबरे उत्तर भारत के कला इतिहास में नव अध्याय जोड़ देते हैं। अवध के नवाबों में वैभव, विलास, दिखावा और बड़प्पन की हबिस का कोई इन्तहा ही नहीं तभी

शुजाउद्दौला का मकबरा, गुलाबाड़ी, फैजाबाद, नवाबी स्थापत्य

तो उन्होंने अपने जीवन-काल में ही आलीशान मकबरों का निर्माण करवाया। अपनी बेशुमार बेगमों के लिए खूबसूरत महल बनवाया। अवध के तीसरे नवाब शुजाउद्दौला ने अपने जीवन-काल में ही गुलाब बाड़ी फैजाबाद में अपने मकबरे का निर्माण कर दिया था। 1775 ई. में नवाब शुजाउद्दौला के इन्तकाल के बाद उसे यही सुपुर्द-ए-खाक किया गया। उनकी प्यारी बेगम– बहूबेगम, उनके कलाप्रेमी पुत्र आसफुद्दौला ने 14 लाख रुपये व्यय करके भारतीय ईरानी स्थापत्य से लगभग 3 साल में निर्मित एवं रूपायित इस मकबरे को भव्य रूप दिया। यदि सफदरजंग ने गुलाब बाड़ी को लाल गुलाबों से सँजोया तो उसके पुत्र शुजाउद्दौला ने मध्य में अपना मकबरा बनवाया।[50] इस मकबरे में 11 मेहराबी दीवारें बनी हुई हैं। मकबरे के जमीनी भाग के मध्य में मजार, मजार के चारों तरफ कोठरियाँ आदि बनी हुई हैं। मकबरे के ऊपरी हिस्सा में चारों ओर तीन-तीन मेहराबदार दरवाजे हैं। प्रवेश-द्वार पर मीनाकृति शाही चिह्न अवलोकनीय है।

नवाब शुजाउद्दौला की बेगम उमतउलजहरा की 1815 ई. में मृत्यु के पश्चात् उनके खास दरबारी रहे दराबअली और वकील पनाह अली के संरक्षण में उनकी मजार के ऊपर एक शानदार मकबरा ईरानी चारबाग शैली में जवाहर बाग के पश्चिम किनारे फैजाबाद-इलाहाबाद मार्ग पर बनाया गया जो उत्तर भारत में इण्डो ईरानी शैली की बेजोड़

बहूबेगम का मकबरा, फैजाबाद, नवाबी स्थापत्य

बनोखातम का मकबरा, नवाबी स्थापत्य

इमारत है। तीन मंजिल बने इस मकबरे का गुम्बद चौथी मंजिल पर है। प्रथम मंजिल की वास्तु संरचना सुनियोजित है। मेहराबदार दरवाजों, गुम्बदों, कंगूरों, पूर्णघट्ट, मीनारें, कमल, नागपुष्प और झरोखों से सँवारी गयी दूसरी मंजिल दिखायी पड़ती है। इसके ऊपर तीसरी मंजिल गुम्बदों, झरोखों, मीनारों, आमलक और मेहराबदार दरवाजों से सुशोभित है। इस गुम्बद में नागपुष्प दिखायी पड़ता है। बहूबेगम के मकबरे में तीन गुम्बद एक के ऊपर एक बने हैं। जो नायाब स्थापत्य के शानदार नमूना हैं। तीन गुम्बदों की आकृति समूचे भारत में बहुत कम देखने को मिलती है। इस मकबरे में चार प्रवेश-द्वार और दो प्रांगण हैं। इसी प्रकार बन्नी खानम का मकबरा, आकाशवाणी, फैजाबाद के पास स्थित है। यह मकबरा बन्नी खानम के खास विश्वासपात्र अल्मास अली खान द्वारा 1780 ई. के पश्चात् बनया गया। मकबरे के मध्य में बन्नी खानम की मजार है। यहाँ हाजी इकबाल और बन्धु अली के मकबरे भी मनमोहक हैं।[51] नवाबी शासन में फैजाबाद में निर्मित सभी स्मारकों और इमारतों में मुगल-ईरानी वास्तुकला की स्पष्ट छाप देखी जा सकती है। यहाँ के भवनों का निर्माण मुख्यतः लखौरी ईंट, गोंद, सुर्खी, चूना, राब और विभिन्न प्रकार के पदार्थों से बने प्लास्टर के मसालों से किया गया है। मजबूत इमारती लकड़ी का भी प्रयोग छतों में किया गया है। फैजाबाद में नवाबी शासन की मस्जिदों में गुलाबबाड़ी, मोती मस्जिद और बारादरी मस्जिदें, वास्तु संरचना की दृष्टि से सराहनीय है।[52] इसी प्रकार जवाहर अली और गुलाबबाड़ी के इमामबाड़ा फैजाबाद की ऐतिहासिक गरिमा को रेखांकित करते हैं। हमें इन अमर कलाकृतियों को सौंपकर मध्ययुगीन दुनिया की भौतिक प्रगति में अवध के नवाब लोग अमर हो गये।

समूचे पूर्वी उत्तर प्रदेश में सूफी सन्तों : जहाँगीर असरफ सनमानी मखदूम, हाजी बारिस और सैय्यद सालार मसऊद गाजी जैसे सन्तों और शहीदों की दरगाहों एवं मजारों के परिदृश्य यहाँ के वास्तुशिल्प के गवाह हैं।

मध्ययुगीन शासकों द्वारा अयोध्या, प्रयाग, कड़ा, चुनार और बहराइच जैसे नगरों में दुर्ग बनवाये गये। भले ही मध्ययुगीन सूबेदारों ने इस्लाम के प्रभाव के कारण बारहवीं सदी से लेकर अट्ठारहवीं सदी के मध्यावधि में मन्दिर निर्माण में कोई अभिरुचि नहीं लिया हो किन्तु हिन्दू मुस्लिम एकता के प्रतीक राष्ट्रवादी नवाबों द्वारा अयोध्या में हनुमानगढ़ी, नागेश्वरनाथ मन्दिर खाकी अखाड़ा, लक्ष्मण किला, सूर्यकुण्ड, गुप्तार घाट और मऊ शिवाला जैसे मन्दिरों का निर्माण करवाया गया था।

आधुनिक अयोध्या

फैजाबाद के निर्माता नवाब थे, तभी तो उन्होंने अयोध्या-फैजाबाद नगरों को अवध की राजधानी के रूप में जोड़ा। अयोध्या के दन्तधावन, पुण्यहरि, चन्द्रहरि, चक्रहरि जैसे मन्दिरों में जहाँ राजपूतकालीन चतुर्भुज विष्णु विराजमान हैं। वहीं फैजाबाद में गोप्रतार घाट सरयू-तट पर नवाबी शासन के विष्णुहरि मन्दिर में गुप्तकालीन तृतीय-चौथी सदी की

विष्णु प्रतिमा में विष्णु किरीट, कुण्डल, प्रभामण्डल, हार (दो लड़ियों की) बैजयन्ती माला, हाथों में गदा, शंख, चक्र और पद्म धारण किये हुए विराजमान हैं। कलाई में कंगन और बाजू में भुजबन्द है। प्रतिमा के अधो भाग पर घुटनों को स्पर्श करती हुई धोती और कमर में करधनी है। ऊपरी भाग में चामरधारिणी स्त्रियाँ चित्रित हैं। प्रतिमा के दोनों ओर उपासक-उपासिकाएँ चित्रित हैं। इस मन्दिर का निर्माण नवाबी शासन में हिन्दू सामन्त राजा दर्शन सिंह द्वारा उन्नीसवीं सदी के पूर्वार्द्ध में किया गया। मन्दिर का प्रवेश द्वार दो मंजिला मेहराबदार है। प्रवेश-द्वार पर शाही चिह्न दो मछलियाँ बीच में शाही पुष्प दर्शनीय है। इसी प्रकार राजा दर्शन सिंह ने नवाबी शासन में फैजाबद-रायबरेली मार्ग पर स्थित मऊ शिवाला बाजार में सड़क के पश्चिम में एक शिव मन्दिर का निर्माण करवाया था। नागर शैली में निर्मित इस मन्दिर के प्रदक्षिणा पथ की दीवालों पर पौराणिक कथानक के दृश्य हैं। प्रवेश-द्वार के दोनों ओर नारियाँ तुरही बजाते हुए दर्शायी गयी हैं। मन्दिर के भित्तिचित्रों में समुद्र मन्थन, दण्डकारण्य के ऋष्यमूक पर्वत का परिदृश्य, एक कपि द्वारा राम लक्ष्मण को कौतूहल से देखना, हनुमान द्वारा राम-लक्ष्मण को पीठ पर बिठाकर पर्वत पर चढ़ते हुए, सामने सिंहासन पर बैठे हुए बानरराज सुग्रीव उनके साथ सात वानर हैं, जो हनुमान को कौतूहल से देख रहे हैं।

चुनार दुर्ग, मिर्जापुर

प्रदक्षिणा पथ की दीवाल पर शिव-पार्वती दूल्हा-दूल्हन, ब्रह्मा-विष्णु अन्य देवता और देवियों के उच्चित्र से शिव-विवाह की पुष्टि होती है। इसी के समीप राजा बलि अपनी रानी के साथ राजसिंहासन पर विराजमान हैं। उनके सामने त्रिविक्रम वामन विष्णु हाथ में कमण्डल और काँख में खुला छाता लिये हुए चित्रित किये गये हैं। कहीं नवाब सफदरजंग, कहीं राजा दर्शन सिंह बाघ से लड़ते हुए, कहीं भगवान् शिव भिक्षाटन करते हुए, कहीं कमलपुष्पयुक्त सरोवर जगह-जगह बगुले, भौरें, कोयल और अन्य पक्षियों के चित्रों की संरचना मनोहरी है।

देवकाली और गिरिजा कुण्ड मन्दिरों की मीना आकृतियाँ इन्हें नवाबी शासन में निर्मित सिद्ध करती हैं।

युग-युगीन अयोध्या पर पुरातात्त्विक दृष्टिपात करने से पता चलता है, कि आधुनिक अयोध्या-फैजाबाद के निर्माता नवाब थे। उन्होंने इन नगरों को राजधानी के रूप में वैसे ही पुष्पित, पल्लवित एवं विकसित किया था जैसे पौराणिक अयोध्या के सूर्यवंशीय राजाओं, सल्तनत और मुगलकालीन अवध के सूबेदारों ने सँजोया था।

इस भू-भाग के पुरातात्त्विक खोजों से जहाँ इस भू-भाग में विविध धर्मों के मन्दिरों, मूर्तियों, मस्जिदों और मकबरों पर प्रकाश पड़ता है; वहीं यहाँ से कुषाणों, गुप्तों, गाहड़वालों, दिल्ली के सुल्तानों से लेकर मुगल सम्राटों के शिलालेख और सोना-चाँदी के सिक्के प्राप्त हुए हैं; जिससे पता चलता है कि जिस प्रकार से प्राचीन काल में काशी, अयोध्या, तक्षशिला, श्रावस्ती, कौशाम्बी जैसे नगरों में सिक्का ढाले जाते थे, उसी प्रकार से अवध, इलाहाबाद, बनारस, जौनपुर और गोरखपुर जैसे मध्ययुगीन नगरों में निश्चित रूप से टकसाल रहे होंगे।

उल्लेखनीय है कि गुप्त सम्राटों के सोने के सिक्कों की 14 निधियाँः पूर्वी उत्तर प्रदेश में भरसाड़ (बनारस), कसेरवा (बलिया), टेकरी डेब्रा (मिर्जापुर) मदनकोला (जौनपुर), देवत्थ (बलिया), कोटवा (गोरखपुर), टाण्डा (अम्बेडकर नगर), इलाहाबाद, बस्ती और राप्ती से प्राप्त हुई हैं। टाण्डा (अम्बेडकर नगर) से दिल्ली के सुल्तानों के 250 चाँदी के सिक्के, प्रतापगढ़ और गोरखपुर से मुगल काल के क्रमशः 39 और 120 चाँदी के सिक्के मिले हैं। उत्तर मुगल सम्राट् मुहम्मद शाह के समय अयोध्या को अख्तरनगर अवध और बनारस को मुहम्मदाबाद भी कहा जाता था।

इस भू-भाग में डोली, रथ, हाथी, घोड़ा, नौका और बैलगाड़ी प्राचीन युग से लेकर मध्ययुग तक परिवहन के संसाधन के रूप में लोकप्रिय ढंग से सँजोये और बनाये जाते थे।

सड़क मार्ग और जलमार्ग से इस भू-भाग का देशीय और विदेशी व्यापार होता था।[53] राम ने सागर पर पुल बनवाया था। अजातशत्रु ने राजगृह-श्रावस्ती जलमार्ग में नौका पुल का निर्माण करवाया था। अवदान शतक में गंगा पर पुल का उल्लेख मिलता है। लिच्छवि साम्राज्य में गण्डक पर पुल था।[54] मध्य युगीन प्रशासकों ने जौनपुर-अकबरपुर (अम्बेडकर नगर) और दोस्तपुर (सुल्तानपुर) आदि जैसे स्थानों में नदियों पर शाही पुलों का निर्माण करवाया था।

इसी प्रकार इस क्षेत्र में तटबन्ध बनाने की परम्परा सदियों से विद्यमान रही है। रोहिणी नदी जिसके जल से शाक्यों और कोलियों की फसलों की सिंचाई की जाती थी, के तट पर तट बन्ध की चर्चा बौद्ध प्रसंगों में निरूपित मिलती है। इसी प्रकार यहाँ के प्रशासकों की झीलों, कुओं और तालाबों का निर्माण करवाने की भी शौक रही है।

सन्दर्भ

1. मज्झिम निकाय 1/1/2 द्विव्यावदान पृ. 548, सुमंगलविलासिनी 2.258 महावस्तु 1/348, सौन्दरनन्द काव्य, प्रथम सर्ग।
2. मत्स्यपुराण अध्याय 252. 270 अग्निपुराण अध्याय 40, 73-94, 105-106, 247, विष्णु धर्मोत्तर पुराण 2/29. 31, गरुड़ पुराण 1/46.
3. ऋग्वेद 2/41/5, वही 5/62/6, वही 7/88/5.
4. तुलनीय, पाठक, विशुद्धानन्द, उत्तर भारत का राजनीतिक इतिहास, पृ. 527, शर्मा, एल.पी. दिल्ली सल्तनत, पृ. 366.
5. आचार्य, पी.के. ग्लोरीज ऑफ इण्डिया ऑन इण्डियन कल्चर ऐण्ड सिविलाइजेशन पृ. 79-80, अग्रवाल, वासुदेवशरण, भारतीय कला, पृ. 51.
6. अर्थववेद 9/3/17.21, शर्मा, रघुनन्द, वैदिक सम्पत्ति, पृ. 746-748.
7. वाल्मीकि रामायण 1/6/27.
8. महावग्ग 1/30/4, चुल्लवग्ग 6/1/2.
9. रीजडेविड्स, टी, डब्ल्यू. बुद्धिस्ट इण्डिया, पृ. 50-51.
10. द्रष्टव्य, चुल्ल वग्ग 5/14/3 वही 6/21/2 वही 6/4/10, रीजडेविड्स, बुद्धिस्ट इण्डिया पृ. 51, राय अमिता, विलेज्स टाउन्स एण्ड सेक्युलर बिल्डिंग्स इन एन्शॅण्ट इण्डिया, पृ. 37-38.
11. तुलनीय, पर्सी ब्राउन, इण्डियन आर्कीटेक्चर (बुद्धिस्ट एण्ड हिन्दू) फलक 7 चित्र सं. 2.
12. शतपथ ब्राह्मण 1/1/2/22, जै. उ. ब्रा. 3/13/4.
13. अमिता राय, पूर्वोद्धृत, पृ. 25.
14. पर्सी ब्राउन, वही, पृ. 34, फलक प्रथम, चित्र सं. 1.
15. अमिता राय, वही, पृ. 25.
16. वाल्मीकि रामायण 2/49/3.
17. मज्झिम निकाय– नगर विन्देय सुत्त 3/5/8, धनिय गोप सुत्त– सुत्तनिपात.
18. शर्मा, आर.एस. प्राचीन भारत में भौतिक प्रगति एवं सामाजिक संरचनाएँ, पृ. 46.
19. शुक्ल यजुर्वेदीय काण्व संहिता 8/26.28 भा. प्रा. च. को. पृ. 866.867, वही पृ. 618. 620, अमिता राय वही पृ. 102, स्टुअर्ट पिगाट (प्री हिस्टारिक इण्डिया, लन्दन 1950, पृ. 263) ने दस्युओं को नगर निर्माता कहा है।
20. वाल्मीकि रामायण 1/5/6, वही 1/5/7.15.
21. कनिंघम, अलेक्जेण्डर, एन्शॅण्ट ज्याग्राफी, पृ. 342, संकालिया, एच.डी. पुरातत्त्व, बुलेटिन ऑफ इण्डियन आर्क्यालोजिकल सोसाइटी, 1977-1978 पृ. 2.
22. मित्र, राजेन्द्रलाल, इण्डो आर्यन्स, जिल्द।, पृ. 23-24 जोशी, एम.सी., सम आस्पेक्ट्स ऑफ वाल्मीकि रामायण पंजाबी वि. वि. महर्षि वाल्मीकि पीठ पटियाला द्वारा 27. 2.97, 9-10, 12.97 तिथियों में आयोजित संगोष्ठी में उद्‌बोधन, पृ. 52-55.
23. द्रष्टव्य, नारायण, ए.के. इण्डियन आर्क्यालोजी 1969-70: एरिव्यू, पृ. 52 राय, टी. एन. द गंगाज सिविलाइजेशन, पृ. 50.
24. द्रष्टव्य, लाल, बी.बी. 1976-1977, ए रिव्यू, पृ. 52. राय, टी.एन. द गंगाज सिविलाइजेशन, पृ. 50.
25. जातक भाग 1, पृ. 93, संयुक्त निकाय, भाग 5, पृ. 302, दीघनिकाय 1, पृ. 178, पपच्चसूदनी 1, पृ. 60-61, 336, महावंश पृ. 7, दीप वंश, पृ. 21, महावंश टीका (पा.टे.सो.), पृ. 102, डिक्शनरी ऑफ पालि प्रापर नेम्स, जिल्द 1, पृ. 111.

26. द्रष्टव्य, विनय पिटक, चुल्लबग्ग (सै. बु. इ. वाल्यूम 20), पृ. 187, धम्म पद टीका 3, पृ. 10, संयुक्त निकाय भाग 1, पृ. 68 और आगे, सुमंगल विलासिनी, भाग 2, पृ. 407, जातक सं. 5, कनिंघम, अलेक्जेण्डर, द स्तूप ऑफ भरहुत, फलक 2, चित्र 3, मार्शल, मानूमेण्ट्स ऑफ साँची, जिल्द 1, पृ. 21.-220, बरुआ, गया ऐण्ड बुद्ध गया, भाग 2, पृ. 104-5.

27. इपी., जिल्द 11, पृ. 20.

28. आ.स.इ.ए.रि. 1907-8, पृ. 117.

29. धम्म पद टीका, जिल्द 1, पृ. 348-420, वही पृ. 414, दीघ निकाय, भाग 3, पृ. 80.

30. वाटर्स, टी. आन य्वान चांग्स ट्रेवेल्स इन इण्डिया, जिल्द 1, पृ. 383-397 वेंकट रमैय्या, एम. श्रावस्ती, पृ. 12-23.

31. द्रष्टव्य, आ.स.इ. जिल्द 1, पृ. 330-348, आ.स.इ.रि. 1907-8 वही 1909-10, 1910-11, वही 1911-14, इ.पी.इ. जिल्द 8,11, सिन्हा, के. के. एक्जेवेशन एट श्रावस्ती, पृ. 8-16.

32. महावस्तु 2, पृ. 275, कुछ पुरातत्त्ववेत्ताओं की यह अवधारणा है कि कपिलवस्तु में 600 ई. पू. के पश्चात् मिट्टी की दीवालों का निर्माण किया जाने लगा (ए. घोष, द सिटी इन अर्ली हिस्टारिकल पीरियड, पृ. 65)

33. ललित विस्तार, पृ. 58, 77, 98, 101, 102, 113, 123.

34. वाटर्स, टी. आन य्वान चांग्स ट्रेवेल्स इन इण्डिया, जिल्द 2, पृ. 1-9

35. ज.रो.ए.सो. 1898, पृ. 473, श्रीवास्तव, के एम. स्टडीज इन इण्डियन इपीग्रेफी (भारतीय पुराभिलेख पत्रिका) भाग 2 पृ. 106-109.

36. आ.स.इ.रि. जिल्द 18, पृ. 38, 56-59.

37. आ.स.इ.रि. जिल्द 18, पृ. 110-111.

38. मोती चन्द, ट्रेड ऐण्ड ट्रेड रूट्स इन एनूशॅण्ट इण्डिया, पृ. 90.

39. द्रष्टव्य, गुप्त, परमेश्वरी लाल, गैगेटिक वैली टेराकोटा आर्ट, पृ. 26-56.

40. द्रष्टव्य, भारतीय इतिहास संकलन समिति पत्रिका, अंक 2 वर्ष 1984, पृ. 134-138 जर्नल ऑफ गंगानाथ झा, जिल्द xiv, 1989, पृ. 148-166.

41. द्रष्टव्य ज.रा.ए.सो. 1907, पृ. 51, इण्डियन आर्क्यालोजी: ए रिव्यू 1983-84 पृ. 178 वही 1981-82, पृ. 106, वही 1984-85, पृ. 161 वही 1982-83, पृ. 149 नेशनल सेमिनार आन आर्क्यालॉजी ऑफ द गंगा प्लेन, पृ. 6, 10, 23, 26, 28, 44, 48, 53, 60 (28 दिसम्बर से 31 दिसम्बर 2004, लखनऊ)।

42. विश्वास, अरुण कुमार, मिनरेल्स ऐण्ड मीटेल्स इन प्री माडर्न इण्डिया (दिल्ली 2001), पृ. 101.

43. राय टी.एन. पूर्वोद्धृत पृ. 51.

44. वीरेन्द्र प्रताप सिंह, खैराडीह एचाल्को लिथिक सेटलमेण्ट, पुरातत्त्व, अंक 18, 1987-88, पृ. 28-34 वर्मा, ठाकुर प्रसाद, भारतीय संस्कृति की निरन्तरता (वाराणसी 1995) पृ. 21.

45. द्रष्टव्य झा. डी.एन. एनूशॅण्ट इण्डिया एन इण्ट्रोडक्टरी आउट लाइन, पृ. 29, शर्मा, आर.एस., अरबन डिके इन इण्डिया, पृ. 37, 40-41, शर्मा रामशरण, प्राचीन भारत में भौतिक प्रगति एवं सामाजिक संरचनाएँ पृ. 47.

46. भारतीय इतिहास संकलन समिति पत्रिका, अंक 3, 1985 वाराणसी, पृ. 77-80.

47. पर्सी ब्राउन, इण्डियन आर्किटेक्चर (इस्लामिक पीरियड), पृ. 13.

48. शर्मा, मथुरालाल, अकबरनामा (अबुल फजलकृत), पृ. 545.
49. इरफान हबीब, एन एटलस ऑफ द मुगल इम्पायर (लन्दन 1982), पृ. 29.
50. द्रष्टव्य, उपाध्याय, देशराज, फैजाबाद (प्रथम संस्करण, फैजाबाद, 2012), पृ. 72-75.
51. द्रष्टव्य, उपाध्याय, देशराज, वही पृ. 67-71, पृ. 76-79.
52. उपाध्याय, देशराज, वही पृ. 81- 88.
53. त्रिपाठी, शीला, मैरीटाइम, आर्क्यालॉजी (दिल्ली, 2000) पृ. 62, 68.
54. मोतीचन्द, ट्रेड एण्ड ट्रेडरूट्स इन एनूशॅण्ट इण्डिया (दिल्ली 1977), पृ. 140.

अध्याय-4

पूर्वी उत्तर प्रदेश में पाषाण मूर्तियाँ

हर्ष का विषय यह है कि कोशल, काशी तथा वत्स महाजनपदों के भौगोलिक कलेवर से लिपटा हुआ पूर्वी उत्तर प्रदेश के निवासियों ने प्राचीन काल में साहित्य, कला, विज्ञान और तकनीकी के क्षेत्र में काफी भौतिक प्रगति किया था। इधर ज्यों-ज्यों इस क्षेत्र में पुरातात्त्विक सर्वेक्षण एवं खुदाइयाँ क्रियान्वित होती जा रही हैं, त्यों-त्यों मूर्तिकला और स्थापत्य कला के बहुरंगी वितान जनमानस के समक्ष प्रभासित हो रहे हैं। यद्यपि यहाँ की प्राक्मौर्य स्थापत्य कला का विवरण वैदिक साहित्य, पुराणों, रामायण, महाभारत[1], बौद्ध-जैन साहित्य में निरूपित मिलता है, वहीं पी. के. आचार्य, आनन्द कुमार स्वामी, वासुदेवशरण अग्रवाल आदि जैसे मनीषियों ने भी कला से सम्बन्धित साहित्यिक सन्दर्भों की परिपुष्टि किया है, तथापि प्राकमौर्यकालीन राजमहल से लेकर यज्ञ वेदिका तक की खोज में पुरातत्त्ववेत्ताओं को सफलता नहीं मिली है। इस परिप्रेक्ष्य में पुरातत्त्ववेत्ताओं को प्रयास करना चाहिए। कौटिल्य के पूर्ववर्ती भास ने प्रतिमानाटकम् में सूर्यवंशीय राजाओं की प्रतिमाओं और देवकुलिक की परिचर्चा उभारी है। अशोक प्रथम भारतीय नृपति हैं, जिसके बारे में सर्वाधिक पुरातात्त्विक प्रमाण मिलता है। उसके पाषाण स्तम्भों की चमकीली पालिश आज भी पूर्ववत् है। आधुनिक भारतीय विचारधारा के अनुसार पाषाण शिल्प का अभ्युदय मौर्यकाल से जारी होता है।[1]

इस दिशा में अशोक के स्तम्भों का स्मरण किया जाता है। पूर्वी उत्तर प्रदेश में अशोक के स्तम्भ सारनाथ, प्रयाग, गोटिहवा, निग्लिवा, लुम्बिनी और कौशाम्बी में दर्शनीय हैं। रोचक तथ्य यह है कि जहाँ-जहाँ उसके स्तम्भ हैं, वहीं उसके स्तूप भी हैं। कुषाण काल तक आते-आते पाषाण स्तूप बनने लगे। सामान्यतया इतिहासकारों की अवधारणा है कि उसका प्रयाग स्तम्भ कौशाम्बी से प्रयाग लाया गया था, किन्तु अन्वेषक की नूतन गवेषणा से विदित होता है कि उसके प्रयाग और कौशाम्बी स्तम्भ अलग-अलग रहे हैं। प्रयाग स्तम्भ उसके रानी का है, जो उसके धार्मिक भाव को वैसे ही उजागर करता है, जैसा कि सम्राट् हर्षवर्द्धन की प्रयाग की धार्मिक सभा और दान।

अशोककालीन भारत और मौर्य कला अफगानिस्तान, ईरान, इराक तथा लालसागर तक फैली हुई थी। पश्चिमी एशिया की कलाएँ मौर्य तथा भारतीय कला से पूर्णतया प्रभावित हैं। ऐसी अवस्था में आर. इ. एम. ह्वीलर द्वारा प्रतिपाद्य विचारधारा की अशोक के स्तम्भों पर ईरानी कला का[2] प्रभाव आदि दृष्टिगोचर होना अथवा स्पूनर का कथन पाटलिपुत्र के महल संरचना पर ईरानी प्रभाव आदि लचर पक्षपातपूर्ण तथा निर्मूल सिद्ध होते हैं। मौर्य कला में अभिचित्रित मोर जहाँ भारतीय कला शास्त्र का छायाचित्र प्रस्तुत करता है, वहीं अशोक के स्तम्भों में वृषभ और शेर उसकी भारतीय संरचना की साफ-साफ परिपुष्टि करते हैं।

कुषाणों तथा गुप्तों के सिक्कों पर जिन यूनानी देवताओं का चित्रण सुलभ है वे मूलतः भारतीय देवता शिव, चन्द्रमा और लक्ष्मी आदि हैं। इसी प्रकार कहीं-कहीं पाषाण मूर्तियों के देवता उदीच्य वेशधारी हैं, जो मूर्ति शास्त्र के मर्यादित[3] सीमा से आबद्ध हैं। ये भारतीय कला के पश्चिमी फैलाव को दर्शाती हैं।

फिलहाल इस क्षेत्र के कलाकारों ने वैदिक देवता विष्णु, शिव, सरस्वती, लक्ष्मी, अग्नि, ब्रह्मा, गणेश, कार्तिकेय, कुबेर[4], यक्ष-यक्षी, गन्धर्व, नाग-नागिन आदि से लेकर पाषाण महल, राजनीति, समाज तथा शैक्षिक पहलुओं का जीता-जागता स्वरूप पाषाण खण्डों को छेनी से काट-काटकर तूलिका से सँजोया। कलाविद् आनन्द कुमार स्वामी गढ़वा[5] के एक पाषाण वेदिका पर 600 ई.पू. की डिजाइन देखते हैं।

ऐसी अवस्था में पूर्वी उत्तर प्रदेश के पाषाण मूर्तियों का पुरातात्त्विक अनुशीलन सुतरां आवश्यक हो जाता है।

विष्णु पूजा के प्रति उच्चस्तरीय भावना प्राचीन कोसल के जनमानस में व्याप्त थी। राजपूत-काल में साहित्य के विष्णु पुरातत्त्व के विष्णु रूप में हैं। कोशल में विष्णु की पूजा वैदिक काल से प्रचलित थी। रामायण, महाभारत, पुराणों और कतिपय अभिलेखों में विष्णु स्तुति का मनमोहक रूप देखा जा सकता है। गुप्तकालीन अभिलेखों में बहुत ही ललक भाव से विष्णु, राम, कृष्ण आदि का प्रसंग प्रस्तुत किया गया है।[6] प्रतिहार शासक मिहिरभोज के आदि वराह प्रकार के सिक्के कोशल के गोण्डा जनपद से उपलब्ध हुए हैं, जिससे विष्णु पूजा का प्रतिभान होता है। इसी प्रकार चन्द्रदेव गाहड़वाल के कतिपय अभिलेखों में उसे तीर्थानिकाशिकुशिकोत्तरकोशलेन्द्रस्थानीयकानिपरिपालयताभिगम्य कहा गया है।[7] उक्त तथ्य से यह विदित होता है कि राजपूत-काल तक आते-आते अतीत का कोसल स्कन्द पुराण में वर्णित अयोध्या क्षेत्र के भौगोलिक स्वरूप को निर्मित करता था। यद्यपि प्रो. ए. के. नारायण और प्रो. बी. बी. लाल के पुरातात्त्विक उत्खनन में किसी प्राचीन मन्दिर का ध्वंसावशेष अयोध्या में नहीं उपलब्ध हुआ है, तथापि कोसल विषयक साहित्य के अवलोकन से सुनिश्चित होता है कि कोसल क्षेत्र में वैभवशाली मन्दिर रहे होंगे, आवश्यकता है सत्यान्वेषण की। जहाँ तक कोसल क्षेत्र में मन्दिरों के निर्माण का

औचित्य है : इस परिप्रेक्ष्य में गाहड़वाल शासकों की महत्त्वपूर्ण भूमिका रही है। वर्तमान अयोध्या और उसके समीपवर्ती भू-भागों में बिखरे हुए मन्दिरों एवं उनकी प्राचीन मूर्तियाँ राजपूतकालीन कोसल के विष्णु उपासना की सजग संकेत हैं। राजपूत काल की अयोध्या इतनी पवित्र तीर्थस्थली थी कि राजपूत शासक गया में पिण्डदान देने के बदले पुण्य सलिला सरयू के तट पर स्थित स्वर्गद्वार नामक स्थान पर वासुदेव विष्णु, शिव की पूजा करने के पश्चात् अग्निदेव को अर्पण करते थे। पितरों का श्राद्ध कर्म सम्पादित करते थे।

वर्तमान अयोध्या और उसके समीपवर्ती भू-भागों की प्राचीन मूर्तियाँ राजपूतकालीन कोसल के विष्णु उपासना में नव आयाम जोड़ने में सक्षम हैं।

इस प्रकार नन्दिग्राम में सन् 1977 में एक विष्णु प्रतिमा प्राप्त हुई है। विष्णु खड़े हुए मुद्रा में दर्शाये गये हैं। उनके ऊपरी दाहिने हाथ में गदा है। दूसरा हाथ भूमि की ओर झुका हुआ है। ऊपरी बायें हाथ में चक्र है। नीचे के बायें हाथ में शंख है। वे मुकुट धारण किये हुए हैं। उनके कान में कुण्डल है, गले में एकावली है, बाँहों में बाजूबन्द है। प्रभामण्डल के बायें तथा दायें और दो अन्य देवता हैं तथा उनके हाथों के नीचे की ओर सम्भवतः शंख, पुष्प तथा तीन अनुचर हैं। दाहिनी ओर विष्णु प्रिया लक्ष्मी दर्शायी गयी हैं। उसके साथ अनुचर भी हैं। मध्य में दायीं तथा बायीं ओर दो अन्य प्रतिमाएँ अंकित हैं। विष्णु प्रतिमा का काल 11वीं सदी सिद्ध होता है। रोचक तथ्य यह है कि गाहड़वाल शासक जयचन्द का फैजाबाद अभिलेख जहाँ उसे धर्म का अवतार स्वीकार करता है, वहीं उसका अयोध्या ताम्रफल का अभिलेख उसे नारायण का अवतार मानता है। उल्लेखनीय है कि जयचन्द ने अयोध्या में एक मन्दिर का निर्माण कराया था। आधुनिक अयोध्या में वह वैभवशाली मन्दिर कहाँ है? महत्त्वपूर्ण शोध चिन्तन दिखायी पड़ता है। यह जिज्ञासा का विषय है कि चन्द्रदेव गाहड़वाल के कतिपय ताम्रलेख उसे काशी, अयोध्या, कन्नौज तथा दिल्ली जैसे तीर्थस्थलों का रक्षक स्वीकार करते हैं। वाराणसी के कतिपय मन्दिर गाहड़वाल काल में निर्मित हुए थे किन्तु कर्दमेश्वर मन्दिर एकमात्र गाहड़वाल स्थापत्य कला का उदाहरण के रूप में अवशिष्ट रह गया है। निश्चित रूप से गाहड़वाल शासकों ने अयोध्या में बहुतेरे मन्दिरों का निर्माण किया होगा जैसा कि आधुनिक अयोध्या के मन्दिरों में स्थापित विष्णु प्रतिमाएँ साफ-साफ गाहड़वाल कला का सन्देश देती हैं। गाहड़वाल काल में अयोध्या का इतना महत्त्व बढ़ा कि लोग गया में पिण्डदान देने के बदले, अब अयोध्या में पिण्डदान और श्राद्ध कर्म जारी कर दिये थे; इस तथ्य की पुष्टि चन्द्रदेव के चन्द्रावती ताम्रफल का अभिलेख से समीचीन है। वर्तमान अयोध्या के वशिष्ठ कुण्ड मुहल्ला के निवासी श्री सुरेश के घर में सुरक्षित काले पत्थर से निर्मित गाहड़वालकालीन विष्णु प्रतिमा के पाषाण फलक पर त्रिभंग मुद्रा में धोती किरीट और बनमाला धारण किये हुए विष्णु दर्शाये गये हैं। चतुर्भुज विष्णु के ऊपर की दोनों भुजाएँ टूट गयी हैं। नीचे का दाहिना हाथ वरद मुद्रा में है। उन्होंने बायें हाथ से शंख पकड़ी है। यह चित्रकारी 12वीं

सदी की प्रमाणित होती है। फैजाबाद के गोप्रतार घाट से 6 किलोमीटर दक्षिण-पूर्व में स्थित नवीन शीतला मन्दिर में 74 सेमी. ऊँची विष्णु प्रतिमा है। यह काले पत्थर की है। नीचेवाले भाग के दाहिने हाथ से विष्णु कमल पकड़े हुए हैं। ऊपरी भाग का दाहिना हाथ सभंग मुद्रा में है। उनकी दो पत्नियाँ लक्ष्मी और सरस्वती दोनों ओर से त्रिभंग मुद्रा में चित्रित हैं। उनके सिर के दोनों ओर दो दैवीय शक्तियाँ हैं। विष्णु धोती और बनमाला पहने हुए हैं। सिर पर किरीट धारण किये हैं तथा मस्तक पर लाल तिलक है। उनके 4 हाथ हैं। विष्णु की इस प्रकार की प्रतिमा अयोध्या में भी देखी जा सकती है। विद्याकुण्ड अयोध्या के विद्यादेवी मन्दिर में विष्णु की एक प्रतिमा है। विष्णु ने सिर के ऊपरी भाग में किरीट धारण किया है। उनके हाथों में बाजूबन्द है। वे पालथी मारकर बैठे हुए हैं। विष्णु के बाये तरफ गरुड़ हैं। उनके सिर के बगल में बायीं ओर हनुमान हैं। हनुमान की पूँछ उसके सिर तक है। विष्णु ने ऊपरी भू-भाग के दाहिने हाथ से गदा को पकड़ा है। विष्णु प्रतिमा के नीचे चक्र है। विष्णु चरणपीठिका पर बैठे हुए हैं। पैर एक-दूसरे से सटे हुए हैं। कानों में कुण्डल पहने हुए हैं। चक्र बगल में देखा जा सकता है। विष्णु प्रतिमा की ऊँचाई 30 सेमी. है। इस शिला फलक का रचनाकाल 11वीं सदी सिद्ध होता है। दन्तधावन कुण्डल के उत्तर में स्थित रामानुजी मठ की विष्णु प्रतिमा भी कोशल की मूर्ति कला में नव आयाम जोड़ती है। यह प्रतिमा सप्त सागर कुण्डल के टीले से सन् 1935 ई. में प्राप्त हुई थी। विष्णु त्रिविक्रममुद्रा में कलाकार द्वारा अभिचित्रित किये गये हैं। यह प्रतिमा 75 सेमी. ऊँची काले ग्रेनाइट की है। विष्णु के निचले भाग का दाहिना हाथ वरदमुद्रा में है। अन्य हाथों में गदा, चक्र तथा शंख देखी जा सकती है। विष्णु लक्ष्मी और सरस्वती त्रिभंग मुद्रा में रूपायित हैं। उनके सिर के दोनों ओर दो दैवीय शक्तियाँ हैं। विष्णु ने मुकुट और प्रभावली धारण किया है। यह प्रतिमा लगभग 11वीं शताब्दी की है। राम सभा मन्दिर में विष्णु की प्रतिमा 40 सेमी. लम्बी और 25 सेमी. चौड़ी है विष्णु के चार हाथ हैं। वे त्रिविक्रम हैं। निचले भाग का दाहिना हाथ वरद मुद्रा, ऊपरी भाग के दाहिने हाथ में चक्र तथा निचले भाग के दाहिने हाथ में शंख धारण किये हैं। उनके सिर के दोनों ओर दो पुरुषों का चित्र है, वे सम्भवतः शिव और ब्रह्मा हैं। उनके पैरों के दोनों ओर लक्ष्मी और सरस्वती विराजमान हैं। यह चित्रकारी 12वीं सदी की है। इसी प्रकार रामकथा संग्रहालय अयोध्या में गाहड़वालकालीन कतिपय विष्णु पट देखने को मिलते हैं, जो गाहड़वाल शासकों के वैष्णव धर्म और कला के सजीव रूप को जनमानस के समक्ष प्रस्तुत करते हैं। साहित्यिक साक्ष्यों से जहाँ अयोध्या वैष्णव धर्म का प्रमुख केन्द्र के रूप में भारत के सांस्कृतिक मानचित्र पर उभरती है, वहीं पुरातत्त्व की वीथिका से भी वह स्वरूप निहारा जा सकता है।

सुल्तानपुर जनपद के करमदासपुर गाँव में विष्णु की प्रतिमा प्राप्त है, यह प्रतिमा 33 × 30 सेमी. के माप में है। इसका काल मध्यकाल मानना न्यायसंगत है। प्रतापगढ़

के पुरातात्त्विक सर्वेक्षण से विष्णु की प्रतिमाएँ देखने को मिलीं। यहाँ गोडे ग्राम के अष्टभुजी देवी मन्दिर में चतुर्भुजी विष्णु की खड़ी प्रतिमा है। इनके दाहिने प्रथम हाथ में पुष्प तथा दूसरे हाथ में गदा है, यह दसवीं सदी की मूर्ति है। सुल्तानपुर के गिरोही ग्राम में चतुर्भुजी विष्णु की प्रतिमा है। इस प्रतिमा का प्रथम दाहिना हाथ वरद मुद्रा में है। बायें द्वितीय हाथ में सनाल कमल धारण किये हुए हैं। बायें प्रथम हाथ में चक्र है। ऊपर दोनों ओर मालाधारी गन्धर्व उड़ रहे हैं। विष्णु के कानों में पुष्प कुण्डल, गले में हार एकावली और सिर पर मुकुट दर्शनीय है।

वस्तुतः कोशल के विष्णु मूर्तिकला के इतिहास में निश्चित रूप से महत्त्वपूर्ण भूमिका प्रस्तुत करते हैं। इस क्षेत्र से प्राप्त वैष्णव मूर्तियों की संरचना तथा मूर्ति में प्रयुक्त सामग्री का प्रयोग आधुनिक मूर्तिकारों को करना चाहिए, ताकि अतीतकालीन कलाकारों की परम्परा को जनजीवन में स्थापित किया जा सके।

यद्यपि काशी शैवोपासना का केन्द्र रहा, तथापि विष्णु पूजा के प्रति भी यहाँ की जनता आस्था रखती थी। जहाँ मनीषी कृष्णदेव यहाँ अवस्थित राजघाट में 300-100 ई.पू. का प्राचीन मन्दिर स्वीकार[8] करते हैं, वहीं इतिहासकार मोतीचन्द गुप्तकालीन एक मुद्रा पर विष्णु मन्दिर का अंकन स्वीकार करते हैं।[9] उन्होंने राजघाट से प्राप्त मुद्राओं के आधार पर गुप्तकालीन या उसके थोड़े बाद के 9 मन्दिरों के अस्तित्व को स्वीकार किया है। ह्वेनसांग ने भी वाराणसी के 100 मन्दिरों की परिचर्चा उभारी है। सारनाथ से प्राप्त 1026ई. के एक प्रतिमा लेख से ज्ञात होता है कि गौडाधिप महीपाल की आज्ञा से स्थिरपाल और उसके छोटे भाई बसन्तपाल ने काशी में शिव और दुर्गा के सैकड़ों मन्दिर का निर्माण करवाया था। गाहड़वालकालीन शिलालेखों से काशी के आदि केशवरू, अधोरेश्वर, पंचोकार, लौडेश्वर, इन्द्रमाधव, कृतिवासेश्वर, लोलार्क तथा सौरी नारायण आदि जैसे मन्दिरों का प्रथम परिचय मिलता है। ऐसे ही विश्वनाथ मन्दिर का भी स्मरण गाहड़वालकालीन एक शिलालेख में किया गया है[10] किन्तु ज्ञान की वर्तमान अवस्था में यहाँ कर्दमेश्वर मन्दिर ही गाहड़वालकालीन मन्दिर निर्माण कला को उद्भासित करने के लिए अवशिष्ट है। इस काल में विष्णु की स्वतन्त्र चतुर्भुजी स्थानक मूर्तियों के परिकर में दशावतारों के अंकन की परम्परा विशेष लोकप्रिय थी।

कर्दमेश्वर मन्दिर की पश्चिमी भित्ति पर विष्णु, वामन, वराह तथा नृसिंह की आकृतियाँ निरूपित हैं। चतुर्भुज विष्णु समभंग अवस्था में अभिचित्रित हैं। उनके करों में वरदाक्ष, गदा, चक्र और शंख देखा जा सकता है। परिकर में वामन, वराह, नृसिंह और बलराम की मूर्तियाँ प्रतिष्ठित हैं। वहीं सावित्री की आकृति से युक्त हंसवाहनवाले ब्रह्मा को एक मुख दिखाया गया है। उनके तीन करों में पुस्तक, शुक तथा वरदाक्ष है। इस पाषाण चित्रकारी से विदित होता है कि तत्कालीन कलाकार को पौराणिक तथ्यों की जानकारी थी। दुर्गा कुण्ड के समीप सुकुलपुरा ग्राम स्थित शुष्केश्वर महादेव मन्दिर में

विष्णु मूर्ति प्राप्त है। चतुर्भुज विष्णु त्रिरथ पीठिका पर समभंग में खड़े हैं। उनके वक्षः स्थल पर कौस्तुभ मणि, गले में बनमाला तथा कतिपय अन्य पारम्परिक आभूषण सुशोभित हैं। समान रूप से अंग योजना चितेरे कलावन्त द्वारा प्रायोजित है, फलस्वरूप उनका शारीरिक सौन्दर्य मनमोहक है। ऊपरी भाग में ब्रह्मा और शिव की लघु मूर्तियाँ हैं। प्रतिमाशास्त्रीय दृष्टिकोण से विष्णु के दशावतार का अंकन विशेषता के रूप में स्वीकार किया जाता है।

विष्णु, 1200 ई., भारत कला भवन, वाराणसी

शंकुधारा स्थित द्वारकाधीश मन्दिर की लगभग 12वीं सदी की एक मूर्ति में विष्णु के आभूषण तथा वस्त्र सज्जा को अत्यन्त सूक्ष्मता से उकेरा गया है। विष्णु के सुन्दर अलंकरणों से युक्त हार, किरीट-मुकट तथा मेखला विशेष रूप से मनमोहक हैं। काले पत्थर में उत्कीर्ण प्रस्तुत मूर्ति में चतुर्भुज विष्णु समभंग मुद्रा में खड़े हैं। यद्यपि विष्णु के सभी हाथ खण्डित हैं किन्तु एक हाथ में गदा का कुछ अंश देखा जा सकता है। मूर्ति के पीठिका पर लक्ष्मी की आकृति अंकित है। इस प्रतिमा का काल लगभग 11वीं सदी सिद्ध होता है। सारनाथ से चतुर्भुज विष्णु और हरिहर की पाषाण मूर्तियाँ मिली हैं। राजघाट के उत्खनन से भूरे रंग का एक विष्णु पट्ट प्राप्त हुआ है।

चतुर्भुज विष्णु के हाथों में चक्र, गदा, शंख तथा वरदावस्था सुशोभित है। चामुण्डा भी अवलोकनीय है। विष्णु के सामने नीचे की पंक्ति में पाँच गणेश, महाशक्ति, पाँच विष्णु, तीसरी पंक्ति में 6 चतुर्भुजी विष्णु, बैल, दायीं ओर कोने में एक गण, सबसे नीचे

घुटनों के बल हाथ जोड़े हुए उपासक का चित्रण सुलभ मिलता है। यह कलाकारी दसवीं सदी की प्रतीत होती है। चतुर्भुजी विष्णु का दूसरा फलक भी प्राप्त हुआ है। विष्णु के ऊपरी दोनों हाथों में चक्र, गदा तथा निचले हाथों में शंख तथा वरद मुद्रा अवलोकनीय है। उन्होंने किरीट, कुण्डल, मनका, यज्ञोपवीत, भुजबन्द, कंगन और घुटनों तक लटकती हुई माला धारण किया है। ऊपर उड़ते हुए मालाधारी गन्धर्व हैं। विष्णु के बायें और दायें सरस्वती तथा लक्ष्मी विराजमान हैं।[11] लक्ष्मी के निकट शंख पुरुष दर्शनीय हैं। पाल शैली से प्रभावित यह चित्रकारी दशवीं सदी की है। कलाविद् सी. शिवराम मूर्ति का विचार है कि मध्यकाल तक आते-आते पाषाण मूर्तियों के चित्रकारी में विष्णु[12] तथा अन्य देवताओं का किरीट लुप्त देखने को मिलता है, किन्तु उपरिवर्णित मूर्तियों के परिशीलन से विदित होता है कि इस काल में विष्णु तथा अन्य देवताओं को किरीटधारी के रूप में चित्रित किया गया है।

वाराणसी क्षेत्र के घोड़मंगर, विजयगढ़, पंचमुखी, ढोकवा, महारानी लिखनिया, सीरहोघाट, खेड़हवा, मलदरिया, विढम, छाती, वैरगढ़ आदि स्थलों से प्रागैतिहासिक काल तक के पाषाण कला का परिचय मिलता है, जिसमें मानव, पशु-पक्षी, हाथी से गैण्डा तक की चित्रकथा, ढाल, धनुष, बाण, नट-नर्तक, मजदूर, रथ, बैलगाड़ी, हाथी पर सवार योद्धा और तलवार आदि के चित्रण से उनकी सामाजिक उपादेयता का प्रतिभान[13] होता है।

पूर्वी उत्तर प्रदेश की दक्षिणी सीमा को निरूपित करनेवाला मिर्जापुर जनपद पाषाण शिल्प के प्रमुख केन्द्र के रूप में गौरवान्वित रहा है।

इस जनपद के महाव गाँव के बाहर स्थित कमल दलयुक्त सरोवर के समीप शेषशायी विष्णु की पाषाण मूर्ति प्राप्त हुई है। शेष शय्या पर शयनरत विष्णु, पिछले दायें हाथ पर सिर टिकाये हुए हैं। उनके अन्य हाथों में गदा, कमल और शंख हैं। इस प्रतिमा का काल लगभग 11वीं सदी प्रतीत होता है। बलिया जनपद के नारायणपुर गाँव का यदि उत्खनन किया जाय तो निश्चित रूप से ह्वेनसांग द्वारा वर्णित नारायण देव का मन्दिर तथा प्राचीन मूर्तियों की विशद जानकारी प्राप्त होगी। ऐसे ही गाजीपुर के दिलदार नगर में अवस्थित लक्ष्मी नारायण मन्दिर में दो हाथी लक्ष्मी का अभिलेख कर रहे हैं। लक्ष्मी के दायें विष्णु सुशोभित हैं। इस चित्रफलक का रचनाकाल 11वीं सदी प्रमाणित होता है। यहाँ के चांसपुर गाँव में विष्णु की नृसिंह अवतार की, राजपूतकालीन मूर्ति प्राप्त है। अभी हाल में ही प्रो. वी.पी. सिन्हा ने भीतरी, स्कन्दगुप्त के स्तम्भ अभिलेख के समीप वैष्णव मन्दिर होने के साथ-साथ कृष्ण, यशोदा, वसुदेव, देवकी का गुप्तकालीन पाषाण फलक ढूँढ़ा है। जौनपुर के केराकत तहसील के दामगढ़ गाँव से विष्णु की वाराह प्रतिमा प्राप्त है। जौनपुर नगर के प्राचीन मन्दिरों की परिचर्चा मैथलि कवि विद्यापति ने प्रमुदित भाव से उभारी है। मछली शहर तथा जाफराबाद से गुप्तकालीन महिषासुरमर्दिनी तथा वराह की मूर्तियाँ प्राप्त हैं। यहाँ के महलों और मन्दिरों का भी परिचय मिलता है, जिससे इस क्षेत्र में पाषाण कला की लोकप्रियता सिद्ध होती है। अटाला मस्जिद की मौलिक संरचना मन्दिर

की है। इलाहाबाद जनपद से भीटा स्थल से थोड़ी दूर विकार बाजार में एक पाषाण फलक पर विष्णु तथा उनके नृसिंह रूप की राजपूतकालीन प्रतिमाएँ अवलोकनीय हैं।

गढ़वा से गाहड़वालकालीन एक वैष्णव मन्दिर का अवशेष प्राप्त हुआ है; जिसका काल 1142 ई. है। मन्दिर के द्वार पर गंगा-यमुना, वैष्णव द्वारपाल (प्रतिहारी) अभिचित्रित है। द्वारपाल ने पद्म, चक्र, शंख तथा गदा धारण किया है। गर्भगृह में ब्रह्मा, विष्णु तथा शिव विराजमान हैं। गर्भगृह का वितान संजोया गया है। उसके किनारे कमल के फूल से अलंकृत हैं। शिखर पूर्णरूपेण नष्ट हो चुका है।[14] इस मन्दिर का निर्माण गोविन्दचन्द्र ने करवाया था।

गढ़वा से एक अन्य फलक भी प्राप्त है, जिस पर ब्रह्मा, विष्णु तथा शिव की मूर्तियाँ उत्कीर्ण हैं। विष्णु के विविध अवतारों से सम्बन्धित 10 प्रतिमााएँ भी मिली हुई हैं। विष्णु के कल्कि अवतार की प्रतिमा मूर्ति कला के इतिहास को सन्देश देती है। देवरिया के ग्राम्य सर्वेक्षण से दशावतारी विष्णु की राजपूतकालीन प्रतिमाएँ प्राप्त हैं; जो पूर्वमध्यकाल की हैं। वरहज से विष्णु के वराह अवतार की राजपूतकालीन प्रतिमा प्राप्त है, जो पौराणिक व्याख्या का प्रतिपादन करती है। यहाँ से विष्णु की मूर्ति भी उपलब्ध हुई है। विष्णु प्रतिमा की लम्बाई 70 सेमी तथा चौड़ाई 30 सेमी. है विष्णु के ऊपरी दाहिने हाथ तथा बायें हाथ में क्रमशः गदा एवं चक्र, निचला दाहिना हाथ वरद मुद्रा में है। बायें हाथ में शंख विराजमान है। विष्णु विविध वस्त्राभूषणों से सुसज्जित हैं। घुटने तक पीताम्बर के अतिरिक्त सिर पर किरीट-मुकुट, गले में हार, कानों में कुण्डल, कटि में करधनी, हाथ में भुजबन्द सुशोभित है।

यज्ञोपवीत तथा बनमाला स्पष्ट रूप से दिखायी पड़ती है। यह विष्णु प्रतिमा दोहरे कमलासन पर खड़ी है, जिसके नीचे गरुड़ की आकृति उत्कीर्ण है। दोनों ओर लक्ष्मी तथा सरस्वती खड़ी हैं। फलक के ऊपरी हिस्से पर विद्याधर अंकित हैं, जिसमें बायें विद्याधर के हाथ में तोता है तथा नीचे दाहिने स्त्री उपासिका और बायें पुरुष उपासक अंकित हैं। शास्त्रीय दृष्टिकोण से यह प्रतिमा 11वीं-12वीं सदी की प्रतित होती है। गोरखपुर में असुरन के पोखरे से प्राप्त विष्णु प्रतिमा असुरन के चौराहे के निकट स्थित विष्णु मन्दिर में प्रतिष्ठित है। यह काले पत्थर की बनी हुई है। विष्णु को अलंकृत कमलासन पर खड़े वरद मुद्रा में दर्शाया गया है। दोनों ओर चामरवाहिनी तथा नीचे गरुड़ का रूपायन मनमोहक है। प्रतिमा का प्रभामण्डल अलंकृत है। यह कलाकारी 11वीं-12वीं सदी की सिद्ध होती है। रुद्रपुर के निकट राम चक गाँव में एक प्राचीन मन्दिर के भग्नावशेष से 11 फुट ऊँची विष्णु प्रतिमा प्राप्त है। इसका निर्माण काले पत्थर पर हुआ था। विष्णु को एक अलंकृत कमलासन पर खड़ा हुआ चित्रित किया गया है। उनके सिर पर मुकुट, बाँहों में केयूर तथा प्रभामण्डल देखा जा सकता है। इस मूर्ति का काल लगभग 11वीं सदी प्रमाणित होता है।

वैदिक सरस्वती के विविध नाम यथा वाग्देवी, अक्षमाला, भारती, वीणापाणि आदि हैं। बौद्ध साहित्य में जहाँ उसे मंजुश्री की शक्ति स्वीकार किया गया है; वहीं वह जैन धर्म में भी पूजित रही है।

पुरातात्त्विक वातायन से भी उसे निहारा गया है। नियरिद्ध, वाराणसी के पुरातात्त्विक सर्वेक्षण से सरस्वती मूर्ति मिली है।

सारनाथ संग्रहालय में द्विभुजी सरस्वती की प्रतिमा दर्शनीय है। सरस्वती सिंहासनारूढ़ अर्द्धपर्यंकासन मुद्रा में विराजमान हैं। उसने वीणा, किरीट, मुकुट, कुण्डल, हार, चूड़ियाँ और कड़ा धारण किया है। इसका निर्माण काल 9वीं सदी विवेचित है।

अष्टभुजी मन्दिर, मिर्जापुर से भी प्राप्त सरस्वती मूर्ति में वह अर्द्धपर्यंकासन मुद्रा में बैठी हुई हैं। चतुर्भुजी सरस्वती के चारों हाथ भग्न हैं। उसने मुकुट, हार, कुण्डल, अक्षमाला और कटि सूत्र धारण किया है। उसके पार्श्व में विनीत मुद्रा में सौम्य स्वरूपयुक्त उपासकों की मूर्तियाँ देखी जा सकती हैं।

जमसोत, स्थल से प्राप्त तथा इलाहाबाद संग्रहालय में सुरक्षित चतुर्भुजी सरस्वती त्रिभंग मुद्रा में हैं। सरस्वती ने दायीं और ऊपरी हाथ में कमल तथा नीचे के हाथ में वीणा का निचला हिस्सा, बायीं ओर ऊपर के हाथ में वीणा का शीर्षभाग धारण किया है। नीचे का हाथ टूटा हुआ है। उसने किरीट, मुकुट, कुण्डल, हार, अक्षमाला, बनमाला आदि भी पहना है।

जमसोत, इलाहाबाद से 6 भुजा धारण करनेवाली भी सरस्वती मूर्ति प्राप्त है, जिसे इलाहाबाद संग्रहालय में देखा जा सकता है। वे सिंहासनारूढ़ अर्द्धपर्यंकासन मुद्रा में विराजमान हैं। नीचे के हाथ में वीणा, बायीं ओर ऊपर के हाथ में पुस्तक है। नीचे के हाथ में सुधा कुम्भ है। उसने हाल, अक्षमाला, कटिसूत्र, कुण्डल, केयूर, हस्तवलय, पादवलय आदि आभूषणों को धारण किया है। उसके पैरों तले वाहन मयूर हैं।

गोरखपुर से भी त्रिभंग मुद्रा में चतुर्भुजी सरस्वती मूर्ति प्राप्त हैं, जिसे राज्य संग्रहालय लखनऊ में देखा जा सकता है। उसने कुण्डल, हार, केयूर, कटिवस्त्र और उत्तरीय धारण किया है। वह अर्द्धपर्यंकासीन मुद्रा में हैं। हाथों में दर्पण है। सरस्वती के पार्श्व में विनीत पूजक चित्रित हैं। उनके सिर पर जटा मुकुटधारी शिव का अंकन है। सरस्वती और शिव के सम्बन्ध की पौराणिक परिपुष्टि स्कन्दपुराण से समीचीन है। ये मूर्तियाँ राजपूत-काल की हैं। सरस्वती का विष्णु से भी साहित्यिक एवं पुरातात्त्विक सम्बन्ध जुड़ा हुआ है। साहित्य की विष्णु प्रिया लक्ष्मी और सरस्वती पुरातात्त्विक दृष्टिकोण से भी विष्णु से जुड़ी हुई हैं। यही कारण है कि विष्णु प्रतिमाओं में विष्णु के दाहिने लक्ष्मी और बायें सरस्वती उत्कीर्ण मिलती हैं।

कोशल, काशी तथा वत्स भू-भाग के कतिपय विष्णु प्रतिमाओं में इस प्रकार का अंकन देखा जा सकता है।

साहित्यिक विधा में जहाँ लक्ष्मी का सन्दर्भ वैदिक साहित्य, पुराणों, रामायण, महाभारत, संस्कृत साहित्य के इतर ग्रन्थ, शुंग-गुप्तकालीन सिक्कों, गुप्त और राजपूतकालीन शिलालेखों में पढ़ा जा सकता है, वहीं पुरातात्त्विक बिम्ब, खासतौर से पाषाण शिल्पों में भी उसका अंकन किया गया है।

अयोध्या के उत्तर शुंग शासक शिवदत्त[15] की मुद्राओं पर बैठी हुई लक्ष्मी के दोनों ओर हाथी हैं, जो जल से उसका अभिषेक कर रहे हैं। विशाखदेव की मुद्राओं पर लक्ष्मी को खड़े हुए दर्शाया गया है। दो हाथी जल से उसका अभिषेक कर रहे हैं। हाथियों द्वारा लक्ष्मी के स्नान का पौराणिक प्रसंग भी पढ़ा जा सकता है।[16] गुप्तकालीन सिक्कों पर भी लक्ष्मी का अंकन मुखर हो उठा है।

कौशाम्बी में भी इस प्रकार के सिक्के प्राप्त हुए हैं। इस प्रकार की मुद्राओं के अग्रभाग पर कमल के फूल पर लक्ष्मी खड़ी हुई हैं। दोनों ओर लघु कमल पर सूँड़ उठाये हुए हाथी उसका अभिषेक कर रहे हैं। इन सिक्कों का काल 200 ई. पू. है। रामकथा संग्रहालय अयोध्या में लक्ष्मी की मूर्ति का सुन्दर रूप देखा जा सकता है। सारनाथ से चतुर्भुजी लक्ष्मी की पाषाण मूर्ति प्राप्त है, जो गुप्त काल की सिद्ध होती है। दिलदार नगर, गाजीपुर के लक्ष्मी नारायण मन्दिर में दो हाथियों द्वारा लक्ष्मी का अभिषेक सम्बन्धी पाषाण फलक अवलोकनीय है।

इसी प्रकार कौशाम्बी से भी गज लक्ष्मी प्रतिमाएँ उपलब्ध हुई हैं। विष्णु प्रतिमाओं में भी लक्ष्मी का पुरातात्त्विक स्वरूप निहारा जा सकता है। विष्णु के अवतार राम तथा कृष्ण की इहलौकिक लीलाओं का स्वरूप भी पाषाण शिल्पों में उकेरा गया है।

मिर्जापुर के महाँव गाँव के बाहर स्थित कमल दलयुक्त सरोवर के समीप जहाँ विष्णु मूर्तियाँ प्राप्त हैं, वहीं शिवद्वार गाँव से रामकथा फलक प्राप्त हुआ है। इस फलक में धनुर्धर राम, सीता और लक्ष्मण के साथ, कुटिया में बैठे हुए ऋषि का हाथ जोड़कर स्वागत कर रहे हैं। इस चित्रकारी का काल 11वीं सदी सिद्ध होता है। राम के सहायक हनुमान की एक मूर्ति भैंसी से प्राप्त है। महाकाय हनुमान का बायाँ पैर भूमि पर टिका हुआ है। दायें पैर से कंकाली राक्षसी को कुचल रहे हैं। गले की बनमाला घुटनों तक लटकी हुई है। उनके मेखला में तलवार है। इस फलक का शिल्पांकन 11वीं सदी मालूम पड़ता है। इस क्षेत्र से रावण द्वारा कैलास पर्वत उठाये जाने का शिलाफलक भी प्राप्त हुआ है, जो 9वीं सदी का है।

महाँव गाँव के टीले पर अवस्थित एक शिलाफलक में कृष्णलीला का दृश्यांकन किया गया है। इसके पहले दृश्य में, श्रीकृष्ण को कुवलयापीड हाथी से लड़ते हुए तथा हलधर बलराम को इस लीला को देखते हुए शिल्पांकित किया गया है। इस दृश्य में भी श्रीकृष्ण एक हाथ से हाथी को गिराने का प्रयास कर रहे हैं।

दूसरे दृश्य में वे गिरे हुए हाथी के दाँत को उखाड़ते हुए दर्शाये गये हैं। शैलीगत विशेषताओं के आधार पर इसका रचनाकाल 8वीं सदी सिद्ध होता है। इसी प्रकार यहाँ से जन्माष्टमी व्रत की प्रतिमाएँ भी मिली हैं। इनमें एक हाथ पर सिर टिकाकर लेटी हुई देवकी के पार्श्व में वसुदेव आदि तथा ऊपरी भाग में ब्रह्मा, शिव, इन्द्र और अग्नि देवता प्रदर्शित हैं। पालशैली से प्रभावित यह चित्रकारी 11वीं सदी की सिद्ध होती है।

गाहड़वालकालीन कर्दमेश्वर मन्दिर, वाराणसी के पश्चिमी भित्ति पर बलराम-रेवती की प्रतिमाएँ देखी जा सकती हैं। इनके शरीर की रेखाओं में स्वाभाविक लयात्मक प्रवाह देखा जा सकता है। अयोध्या क्षेत्र के समीप से प्राप्त एक शिलाफलक पर माता यशोदा और कृष्ण का चित्रण मुखर हो उठा है। राजपूतकालीन इस शिलाफलक को राज्य संग्रहालय लखनऊ में देखा जा सकता है। गाजीपुर जनपद में भीतरी स्थल स्कन्दगुप्त के स्तम्भ अभिलेख के समीप प्रो. वी.पी. सिन्हा के नेतृत्व में हुए उत्खनन से लाल वस्तुएँ पत्थर के गुप्तकालीन मन्दिर की खोज हुई है। उनकी खोज में एक शिलापट्ट पर यशोदा, वसुदेव से, बालकृष्ण को, अपने हाथों में ले रही हैं का चित्रण सुलभ है।[17]

भीतरी अभिलेख में कृष्ण तथा देवकी का सन्दर्भ भी पढ़ा जा सकता है। मालूम पड़ता है कि पुष्यमित्र और हूणों को पराजित करने के पश्चात् विजय हर्षातिरेक के कारण स्कन्दगुप्त ने अपने पिता की स्मृति में विष्णु प्रतिमा और देवालय का निर्माण करवाया था; अधिक सम्भावना यह है कि यह विष्णु के अवतार कृष्ण का मन्दिर रहा हो। वाराणसी से माखनचोर गोवद्धनधारी कृष्ण तथा कड़ा, इलाहाबाद से 6वीं सदी के गोवर्द्धनधारी कृष्ण की मूर्तियाँ प्राप्त है।

इटहवा, सुल्तानपुर के एक शिलाफलक पर जहाँ कतिपय अन्य मूर्तियाँ उत्कीर्ण हैं, वहीं बलराम तथा घोड़े पर सवार रेवन्त भी अभिचित्रित किये गये हैं। यह कलाकारी राजपूत-काल की है।

मनिहाई (कौशाम्बी) तालध्वज, में बलराम वर्णित हैं[18], जो 200 ई.पू. का है। इस प्रकार कृष्ण से सम्बन्धित पाश्चात्य व्याख्या 'डार्क सन रिक्वायर्स मोर इक्सप्लानेशन' जैसी भ्रान्ति के कृष्ण नहीं, अपितु महाभारत और पुराणों में चर्चित कृष्ण के विविध क्रियाकलापों की पुरातात्त्विक सम्पुष्टि होने के साथ में उनकी ऐतिहासिकता पर रोशनी पड़ती है।

कोशल, काशी तथा वत्स महाजनपद में शैव धर्मपरक बहुल संख्या में मूर्तियाँ प्राप्त हैं। शिव परिवार के पार्वती, गणेश, कार्तिकेय, सर्प, मोर तथा मूषक का भी चित्रण सुलभ मिलता है। शिव पूजा सैन्धव सभ्यता काल से पारम्परिक रूप से होती रही है। वैदिक साहित्य, पुराणों, रामायण, महाभारत, संस्कृत साहित्य के इतर ग्रन्थ, सिक्कों, शिलालेखों तथा मूर्तियों के विहंगमावलोकन से उक्त तथ्य की परिपुष्टि होती है। पूर्वी उत्तर प्रदेश में शिव पूजा का पुरातात्त्विक सम्बन्ध उत्तर शुंग शासक विशाखदेव, शिवदत्त, शिव मित्र के सिक्कों पर उत्कीर्ण प्रतीक और कुषाण शासनकाल के सिक्कों पर निरूपित त्रिशूलधारी

शिव से जोड़ा जा सकता है। यद्यपि अधिकांश गुप्त सम्राट् वैष्णव धर्म के अनुयायी थे, तथापि गुप्तकालीन समाज में निश्चित रूप से शिव पूजा विषयक कतिपय प्रसंग पढ़े जा सकते हैं। राजघाट से प्राप्त एक मुहर पर त्रिशूलधारी शिव इस क्षेत्र में शैवोपासना के साक्ष्य हैं, जहाँ समुद्रगुप्त के प्रयाग-प्रशस्ति में उसके कीर्त्ति की उपमा शिव के जटा-जूट में उलझी हुई गंगा से की गयी है, वहीं कुमारगुप्त के मोर को दाना चुगाते हुए प्रकार के प्राप्त सिक्के इस भू-भाग में कार्तिकेय पूजा के सबल प्रमाण हैं। पूर्वी उत्तर प्रदेश में गुप्त तथा राजपूतकालीन शिल्पियों ने पाषाणखण्डों को तराशकर शिव और उनके परिवार को रूपायित किया।

फैजाबाद के निकट आलिंगनयुक्त बैठे हुए शिव पार्वती की मूर्ति सुलभ है। शिव का मुख टूटा हुआ है तथा बायाँ हाथ खण्डित है। पार्वती का दाहिना हाथ-पैर टूटा हुआ है। नीचे नन्दी बैठा हुआ है। यह मूर्ति 59.9 × 40.6 सेमी. के माप में है। इसका काल 9वीं सदी है। फैजाबाद में 11वीं सदी की शैव देव की पाषाण मूर्ति प्राप्त है। शिव के दोनों हाथ में दो अस्पष्ट वस्तुएँ हैं। इस क्षेत्र में शिव भैरव का पाषाण मस्तक उपलब्ध है। इसकी माप 17.8 × 10.1 सेमी. है। शिव भैरव के केशों की जटाओं को पिरामिड प्रकार से बनाया गया है। चेहरा रौद्र रूप में है। नाक और ओष्ठ क्षतिग्रस्त हैं। आँखें बन्द-सी लगती हैं। ठोढ़ी के नीचे का भाग खण्डित है। यह मूर्ति लगभग 11वीं सदी की है। श्री कुलवन्त सिंह, फैजाबाद के संग्रह में अर्द्धनारीश्वर पाषाण मूर्ति है। इसकी माप 19 × 10.2 सेमी. है। यह प्रतिमा गाहड़वाल काल की है। इसके दायीं ओर जटा मुकुट बायीं ओर बेनी और इन्द्र दिखाया गया है। मस्तक और केशों के बीच हल्का-सा अलंकरण है। मुख के बायीं ओर मुस्कराहट लाने का प्रयास किया गया है। कानों में खण्डित कुण्डल है। नासिका का अग्र भाग खण्डित है। साथ ही मुकुट का कुछ ऊपरी भाग टूटा हुआ है। सोनिया सिंह के संग्रह में उमा माहेश्वर मूर्ति भी सुरक्षित है। यह प्रतिमा ललितासन मुद्रा में है। उमा माहेश्वर के कानों में कुण्डल और गले में एकावली है। उमा ने पैरों में कड़ा धारण किया है। उनके पैरों में काफी घिसावट है। महेश के घुटने से जंघे का भाग टूटा हुआ है। उनके नीचे नन्दी बैठा हुआ है। यह कृति राजपूत-काल की है। फैजाबाद के निकट नीले पत्थर की पटिया प्राप्त हुई है। इसकी लम्बाई 13 इंच है। इस पर भगवान् शंकर और पार्वती के विवाह का दृश्य अंकित है। इसका काल 10वीं सदी है। इसे राज्य संग्रहालय, लखनऊ में देखा जा सकता है। विल्वहरि क्षेत्र के शिव पार्वती की युगल मूर्ति लगभग 1000 वर्ष प्राचीन सिद्ध होती है। गोप्रतार क्षेत्र के लिंग मन्दिर के दीवालों पर पीले बलुआ पत्थर के फलक पर शिव पार्वती का चित्रण सुलभ है। शिव पार्वती के गोद में बैठे हुए हैं। इसका काल लगभग 11वीं सदी ठहरता है।

अयोध्या के नागेश्वर नाथ, काले राम मन्दिरों में शिव का मुख लिंग स्थापित है। नागेश्वर नाथ का अर्घ मौर्यकालीन सिद्ध होता है। कुमारगुप्त का करमदण्डा अभिलेख

शिवलिंग पर उत्कीर्ण मिलता है। अवध विश्वविद्यालय के प्रोफेसर विजय कुमार पाण्डेय ने त्रिशूल धारी शिव की 11वीं सदी की पाषाण मूर्ति की खोज किया है।

बाराबंकी, गोण्डा तथा बस्ती जनपद के पुरातात्त्विक सर्वेक्षण से कतिपय शिवालयों और उनमें स्थापित राजपूतकालीन शिवलिंगों की जानकारी मिलती है। बस्ती जनपद में खलीलाबाद के कोरऊँ गाँव के टीले से चतुर्भुज शिव लिंग प्राप्त है, जो गुप्तकाल का है। गोण्डा का देवी पाटन, अशोक नाथ शिव मूर्ति पूजा और संरचना के केन्द्र रहे होंगे।

उपधौलिया ग्राम गोरखपुर से प्राप्त शिव-पार्वती की युगल प्रतिमा भी गुप्तकाल की है। इस प्रतिमा के अन्तर्गत शिव-पार्वती को आलिंगन मुद्रा में दर्शाया गया है। उनके निकट नन्दी की मूर्ति अंकित है। बरहज, देवरिया के नीलकण्ठ मन्दिर से शिव का मुख भाग और नन्दी पूर्वमध्यकाल के प्राप्त हुए हैं।

प्रतापगढ़, पट्टी तहसील के बेहटा ग्राम तथा सुल्तानपुर में अवस्थित महादेव के शिव मन्दिर में शिवमूर्ति और नन्दी प्राप्त हैं। ये कृतियाँ गुप्त तथा राजपूत-काल की हैं। दिलदार नगर, गाजीपुर से सिंहारूढ़ दुर्गा मूर्ति राजपूत-काल की है।

शृंगवेरपुर में शिव-पार्वती की दसवीं सदी की मूर्ति प्राप्त है। इलाहाबाद के मेजा तहसील के कटक गाँव से गुप्तकालीन शिव-पार्वती की मूर्ति प्राप्त है। दोनों खड़े हुए हैं। उनका दायाँ हाथ उठा है। शिव के बायें हाथ में जलपात्र तथा पार्वती के बायें हाथ में त्रिशूल है।[19] पार्वती की सिरोसज्जा मनमोहक है। गाडकुण्डा ग्राम मिर्जापुर से नटराज शिव की बारह भुजावाली दुर्लभ मूर्ति प्राप्त है। शिव और वाराणसी का घनिष्ठ सम्बन्ध सदियों से रहा है। यहाँ शिव के विविध रूपों में नटराज, त्रिपुरान्तक और उमा माहेश्वर स्वरूप गाहड़वाल काल में विशेष लोकप्रिय रहे हैं। लोकमानस में शक्ति के रूप में महिषासुरमर्दिनी की महत्त्वपूर्ण भूमिका रही।

कर्दमेश्वर मन्दिर की मूर्तियों में दो अलग-अलग शैली दिखायी देती है। कुछ मूर्तियाँ पतली, हल्की, सहज स्वाभाविक तथा प्रवाहयुक्त रेखाओंवाली हैं, जबकि कुछ मूर्तियाँ स्थिर भाववाली हैं। ऐसी मूर्तियों में नाग-नागिन और ब्रह्मा की मूर्तियाँ विराजमान हैं।[20]

सारनाथ से हरिहर, अर्द्धनारीश्वर और शिवलिंग भी प्राप्त हुआ है। सारनाथ से अन्धकारि शिव की मूर्ति प्राप्त है। अन्धकासुर वधमूर्ति में शिव के श्मश्रु, मूँछों और नेत्रों में रौद्र रूप देखने को मिलता है। उनका त्रिशूल ऊपर उठा हुआ है। सिंह तेजी से महिष पर आक्रमण कर रहा है। द्वादशभुजी देवी का दाहिना पैर महिष की पीठ पर टिका हुआ है। शिव के अन्य हाथों में खड्ग, कपाल पात्र, खटवॉग आदि लिये हुए, दर्शाया गया है। यह मूर्ति गाहड़वाल काल की है। भारत का राजचिह्न अशोक शीर्ष सारनाथ काशी का ही है।

राजघाट के उत्खनन से शिव-पार्वती की उमामाहेश्वर की कृष्ण पाषाण प्रतिमा प्राप्त हुई है। वे ललितासन में हैं। उनके पैर वृषभ और शेर पर टिके हुए हैं। चतुर्भुज शिव ने त्रिशूल एवं खप्पर धारण किया है। शिव माला, नूपुर और भुजबन्द पहने हुए हैं। पार्वती

शिव के बायें गोद में बैठी हुई हैं। उनके बायें हाथ में कमल तथा दायाँ हाथ शिव के कन्धे पर टिका हुआ है। पार्वती ने गले में माला, कानों में कुण्डल और बालों में जूड़ा धारण किया है। आजकल यह प्रतिमा भारत कलाभवन, वाराणसी में सुरक्षित है।

पालशैली की यह चित्रकारी 10वीं-11वीं सदी की है। इसी प्रकार अन्वेषक के सर्वेक्षण से पूर्वी उत्तर प्रदेश में कतिपय शैव मूर्तियाँ प्राप्त हैं। शिव प्रिया पार्वती के पुरातात्त्विक स्वरूप का अंकन भी कलाकारों ने किया है। चाहे चतुर्भुजी पार्वती के रूप में, वृषभ मुखी अथवा महिषासुरमर्दिनी के रूप में।

रामकथा संग्रहालय, अयोध्या में चतुर्भुजी पार्वती की पाषाण मूर्ति सुरक्षित है। पार्वती ने जटा, मुकुट, यज्ञोपवीत, चूड़ियाँ, करधनी और पैरों में कड़ा धारण किया है। इस फलक में गणेश, उपासक, देवियाँ और सिंह भी चित्रित हैं। पाल शैली से प्रभावित यह मूर्ति 11वीं सदी की मालूम पड़ती है।

सुल्तानपुर के मिझौटी ग्राम में चतुर्भुजी पार्वती की मूर्ति प्राप्त है। पार्वती पीठिका पर खड़ी हुई मुद्रा में हैं। कानों में कुण्डल, सिर पर जटा-मुकुट और गले में उपवीत धारण किया है। उनका दाहिना प्रथम हाथ टूटा हुआ है। दूसरे हाथ में पुष्प सहित कतिपय वस्तु पकड़े हुए हैं। बायाँ प्रथम हाथ खण्डित है। दूसरे हाथ में उसी प्रकार की कतिपय वस्तु पकड़े हुए हैं। पीछे प्रभा मण्डल है। दाहिनी ओर ऊपर गणेश बैठे हुए हैं। बायीं ओर कार्तिकेय बैठे हुए हैं। नीचे दाहिनी ओर अनुचरियाँ खड़ी हुई हैं। पाषाण प्रतिमा 75.5 × 43.5 सेमी के माप में है। यह चित्रकारी राजपूत-काल की है। यहाँ से प्राप्त एक अन्य फलक में पूर्वमध्यकालीन शिव-पार्वती की मूर्ति अवलोकनीय है। फलक की माप 37 × 24 सेमी. है। शिव-पार्वती स्थानक मुद्रा में हैं। शिव के दाहिने प्रथम हाथ के नीचे एक पुरुष बैठा हुआ है। दूसरे हाथ में कतिपय लम्बी वस्तु तथा बायाँ प्रथम हाथ आलिंगनबद्ध मुद्रा में है। दूसरे हाथ में त्रिशूल धारण किया है। बायीं ओर अंजलि मुद्रा में पार्वती खड़ी हैं। पार्वती ने कानों में कुण्डल पहना है। सिंहारूढ़ काली देवी भी दर्शनीय हैं। काली के दाहिने प्रथम हाथ में कतिपय वस्तुएँ हैं। दूसरे में खडग तथा बायें प्रथम में नरमुण्ड दूसरे में शूल लिये हैं। सिर पर मुकुट, कानों में पुष्प, कुण्डल, गले में हार, हाथों में चूड़ियाँ, बाजूबन्द, पैरों में कड़ा, कटि में अधोवस्त्र तथा नाक में नथुनी धारण किया है। यह कलाकारी राजपूत-काल की है।

शिव प्रिया दुर्गा ने पूर्वी उत्तर प्रदेश के धर्म तथा संस्कृति में महत्त्वपूर्ण स्थान प्राप्त किया है। प्रतापगढ़ के जनपद कुण्डा के बड़ा शिवमन्दिर में दुर्गा प्रतिमा सुरक्षित है। इसकी माप 53 × 31 सेमी है। दुर्गा को दाहिने प्रथम हाथ में खड्ग, दूसरे में त्रिशूल, तीसरे में दण्ड और चौथे में पुरुष के सिर को पकड़े हुए चित्रित किया गया है। उनका दाहिना पैर सम्भवतः सिंह की पीठ पर आसीन है। यह प्रतिमा पूर्वमध्यकाल की है। फैजाबाद के निकट दुर्गा की एक मूर्ति उपलब्ध हुई है। दुर्गा ने जड़ा मुकुट, कर्णाभूषण,

हार धारण किया है। हार नाभि तक लटक रहा है। उनके स्तन बड़े-बड़े हैं। उनके दायें-बायें पैरों पर दो बच्चे बैठे हुए हैं। दुर्गा के सिर के ऊपरी भाग पर छत्र जड़ा हुआ है। छत्र पर निर्वस्त्र तथा ध्यानी शिव बैठे हुए हैं। यह प्रतिमा राजपूत-काल की है। डॉ. राधिका प्रसाद त्रिपाठी, फैजाबाद के संग्रह में सप्त मातृकाओं का एक फलक प्राप्त है। इसी प्रकार प्रतापगढ़ में एक नहर की खुदाई से भी सप्त मातृका प्रतिमा प्राप्त हुई है। इटहवा, सुल्तानपुर में 44 × 51 सेमी. के पाषाण फलक पर पार्वती के मातृदेवी रूप को देखा जा सकता है। उसके पैरों के नीचे देवस्तुति करती हुई नारी, उसके दायीं ओर बलराम तथा घोड़े पर रेवन्त सवार हैं। प्रतिमा के दाहिनी ओर राजकुमार है। उसके पैरों के नीचे स्तुति करती हुई नारियाँ तथा दाहिनी ओर मालाधारी ध्यायी योगी चित्रित मिलता है। प्रतिमा शास्त्रीय दृष्टिकोण से यह मूर्ति राजपूत-काल की सिद्ध होती है। वर्तमान अयोध्या के टेड़ी बाजार में मूसा आसिकान की मजार में जड़े दो स्तम्भों में एक स्तम्भ पर त्रिभंगी मुद्रा में 11वीं सदी की नारी प्रतिमा है। ऐसे ही जन्मस्थान, अयोध्या में रखे उत्तरंग पर मुकुटधारी पुरुष देवता की मूर्ति है। वह धोती पहने हुए हैं। वनमाला भी पहना है। वितर्क मुद्रा में दाहिना हाथ ऊपर उठाकर उसमें त्रिशूल लिये हैं। परमेश्वरी देवी मन्दिर महमूदपुर, सुल्तानपुर से दुर्गा का महिष वध का पौराणिक आख्यान विषयक पाषाण फलक अवलोकनीय है। चतुर्भुजी दुर्गा, सिंह पर सवार हैं। त्रिशूल धारण किये हुए हैं। वह त्रिशूल से महिष का वध कर रही हैं। यह उत्तर गुप्तकाल की प्रतिमा सिद्ध होती है।

परशुरामपुर, सुल्तानपुर से शंकर-पार्वती की युगल प्रतिमा प्राप्त है। शंकर के बायें उर पर पार्वती विराजमान हैं। शंकर का बायाँ हाथ पार्वती के कन्धे पर तथा पार्वती का दायाँ हाथ शंकर के कन्धे पर है। दोनों ही वस्त्र-आभूषण पहने हुए हैं। यक्ष, गन्धर्व, वसहा, बैल, पाद चौकी के नीचे सात देवियाँ नृत्य करते हुए दर्शाये गये हैं। यह मूर्तिफलक गुप्तकाल का है। रोचक तथ्य यह है कि वरगाँव, मिर्जापुर से नन्दिकेश्वर शिव की प्रतिमा प्राप्त है। इसमें ललितासन मुद्रा में विराजमान त्रिनेत्र, वृषभमुख नन्दिकेश्वर के बायीं जंघा पर उनकी वृषभमुखी पत्नी हैं। उनका दायाँ हाथ अभयमुद्रा तथा बायाँ हाथ आलिंगनबद्ध मुद्रा में है। चारों पैर मोड़कर बैठे हुए नन्दी के पार्श्वों में उस पर चढ़ने के लिए तैयार गणेश और कार्तिकेय अभिचित्रित किये गये हैं। यह कलाकारी नवीं सदी की सिद्ध होती है।

इसी प्रकार समूचे पूर्वी उत्तर प्रदेश में शिव और पार्वती की विविध रूपों की प्रतिमाएँ बिखरी हुई हैं। शिव के पुत्र गणेश और कार्तिकेय भी पुरातत्त्व की वीथिका में निहारे गये हैं। परमेश्वरी देवी मन्दिर-सुल्तानपुर से उत्तर गुप्तकाल की गणेश की आसन्न प्रतिमा प्राप्त है। वे दाहिने हाथ में सर्प पकड़े हुए हैं।

श्रीमती सोनिया सिंह, फैजाबाद के संकलन में अष्टभुजी नृत्य मुद्रा में गणेश की प्रतिमा देखी जा सकती है। यह मूर्ति पाषाण की है। गणेश ने सिर पर मुकुट धारण किया है। बायीं ओर की दो भुजाएँ खण्डित हैं। कमर में मेखला पहने हुए हैं। पैरों में कड़ा है।

बायें हाथ में मोदक लिये हुए हैं तथा अन्य वस्तुओं को पकड़े हुए हैं। पाषाण मूर्ति के दाहिने तरफ सर्प तथा ऊपर की दिशा में अनुचर सहित अन्य लघु प्रतिमाएँ अंकित हैं। उनका प्रिय वाहन मूषक उनके पैर के नीचे चित्रित है। यह पाषाण फलक 45.7 × 40.7 सेमी. के माप में है। इस प्रतिमा की रचनाकाल 11वीं सदी प्रमाणित होता है। श्रीमती सिंह के संकलन में बारह भुजी गणेश प्रतिमा भी है। गणेश नृत्य कर रहे हैं। उनके दाहिने हाथ के प्रथम हाथ में परशु, दूसरा हाथ कत्थक हस्त मुद्रा, तीसरे में गदा और चौथे से मोदक खा रहे हैं। पाँचवें हाथ में कतिपय वस्तु पकड़े हुए हैं। छठे हाथ से नाग मुख पकड़े हुए हैं। बायाँ प्रथम हाथ दण्ड, पाँचवें हाथ में पुष्प तथा छठे हाथ से नाग की पूँछ पकड़े हुए हैं। गणेश ने सिर पर मुकुट तथा कड़ा, करधनी और पैजन जैसे आभूषणों को भी धारण किया है। दूसरी ओर स्त्री बैठी हुई है। उनके दाहिनी ओर एक स्त्री तथा बायीं ओर मृदंगवादिनी बनी हुई है। यह प्रतिमा श्वेत पाषाण, 99 × 63 सेमी. के माप की है। इसका रचनाकाल 12वीं सदी है।

वर्तमान अयोध्या के कोटेश्वर मन्दिर, कटरा में भी श्वेत पत्थर से निर्मित गणेश की एक मनमोहक प्रतिमा उपलब्ध है। इस प्रतिमा के संरक्षक पुजारी बद्रीप्रसाद हैं। यह 48 सेमी. ऊँची है। चरण चौकी के नीचे गणेश का वाहन मूषक है। मूषक से 11 सेमी. ऊपर सिंहासनारूढ़ गणेश बैठे हुए हैं। गणेश की ऊँचाई 41 सेमी. है। गणेश चार भुजावाले हैं। चारों भुजाओं में रुद्राक्ष की कलाई पहने हुए हैं। वे पद्मासन मुद्रा में हैं। उनके दायें हाथ में कण्ठी और दूसरा दाहिना हाथ उठा हुआ है, जिसमें पूर्णखिल्ल सनाल कमल धारण किये हुए हैं। उनके छाती पर यज्ञोपवीत है। दाहिनी ओर के वक्षःस्थल पर मणि निकाले हुए शेषनाग का चित्रांकन किया गया है। गणेश के सूँड़ भी है। हाथी जैसा कान और दाँत अवलोकनीय है। सिर पर मुकुट धारण किये हैं। मस्तक पर तिलक है। उन्होंने नीचेवाले बायें हाथ में पूजा पात्र ग्रहण किया है। दूसरा बायाँ हाथ ऊपर उठा हुआ है। जिसमें फरसा धारण किये हैं। उनके दाहिने तरफ नारी उपासिका भी चित्रित है। नारी की ऊँचाई 38 सेमी. है। उसने दाहिने हाथ में पूजा पात्र धारण किया है। उनके सिर पर चन्द्रिका है। कानों में कुण्डल और बायें हाथ में चँवर सुशोभित है। नारी के सम्मुख 18 सेमी. लम्बा पुरुष है। उसने कानों में कुण्डल पहना है। संघाटी धारण किया है। दोनों हाथों को जोड़े हुए है। जिससे विदित होता है कि वह गणेश का उपासक है। पुनः गणेश के बायीं तरफ नारी चित्रित की गयी है। नारी ने कानों में कुण्डल पहना है। सिर पर जटा छाती को स्पर्श कर रहा है। उसने गले में वैजयन्ती माला धारण किया है। दाहिने हाथ में चँवर है। बायें हाथ में सम्भवतः घण्टी है। नारी की ऊँचाई 38 सेमी. है। इस शिला पट्ट पर उभारी गयी प्रतिमाओं के शोधात्मक अनुशीलन से इनका संरचना काल राजपूत-काल सिद्ध होता है। गोप्रतार क्षेत्र से चतुर्भुज गणेश की 11वीं सदी की मूर्ति प्राप्त है।

नागेश्वरनाथ की गणेश प्रतिमा भी महत्त्वपूर्ण शोध चिन्तन है। वे ज्ञान मुद्रा में बैठे हुए, सूँड़ से युक्त मुख, एकदन्त हैं। उनके कान बड़े-बड़े हैं। वे चार भुजावाले हैं। बायें वाले हाथों में एक हाथ उनके पैर पर टिका हुआ है। उस हाथ में भुजबन्द पहने हैं। कलाई में कंगन है। अँगुलियों से पुस्तक पकड़े हुए हैं। दूसरा हाथ ऊपर उठा हुआ है। हाथ की कलाई में रुद्राक्ष पहने हैं। मुट्ठी में सनाल कमल है। कमर में करधन, अधोवस्त्र मन्दार माला की जनेऊ छाती पर विराजमान है। उनके कमर से लिपटे हुए नागराज मणि निकाले हुए हैं। यह चित्रकारी लगभग 12वीं सदी की है। रामकथा संग्रहालय में सुरक्षित गणेश प्रतिमा 62 सेमी. ऊँची राजपूत-काल की है। गणेश मुकुट, हार, कंगन आदि पहने हैं। नियरिद्धि वाराणसी, कुशीनगर, कसया, देवरिया का ग्राम्य सर्वेक्षण, शृंगवेरपुर अहुजी मिर्जापुर और सहेट-महेट के उत्खनन से गणेश की प्रतिमाएँ प्राप्त हुई हैं। श्रावस्ती सहेट-महेट के विहार सं. 1 से धरातल से तीन फुट नीचे दो फुट डेढ़ इंच के आकार की पच्चीकारीयुक्त गणेश मूर्ति उपलब्ध है। पत्थर चिकना और भूरा है। गणेश ऊपर के दाहिने हाथ में एक गदा को पकड़े हुए हैं। गदा बीच से टूटा हुआ है। गणेश के दोनों ओर एक-एक मूर्ति है, जिसे पहचानना कठिन है। गन्धर्वों की जोड़ी देवता के मस्तक के दोनों ओर से मालाएँ लिए जा रही हैं।[21] यह पाषाण कृति 9वीं सदी की है। आठवीं सदी की रचना दशकुमार चरित से विदित होता है कि श्रावस्ती नगरी में शंकर का उत्सव मनाया जाता था। इन तथ्यों से श्रावस्ती में ब्राह्मण धर्म की परिपुष्टि होती है।

इसी प्रकार विष्णु, शिव अथवा पार्वती की मूर्तियों में भी कार्तिकेय और गणेश का दर्शन होता है। कहीं-कहीं कार्तिकेय की स्वतन्त्र मूर्तियाँ भी प्राप्त हैं। गाडकुण्डा, मिर्जापुर और वरगाँव, मिर्जापुर के रावणानुग्रह मूर्ति तथा नन्दिकेश्वर मूर्ति में गणेश और कार्तिकेय नन्दी पर चढ़ने के लिए तैयार हैं। विल्वहरि, फैजाबाद से चार भुजावाली स्कन्द कार्तिकेय की एक प्रतिमा प्राप्त है। स्कन्द त्रिभंगी मुद्रा में है। उनका ऊपरी दाहिना टूटा है। ऊपर बायें हाथ से पुस्तक पकड़े हुए हैं। नीचेवाले बायें हाथ से माला पकड़े हुए हैं। 30 सेमी. ऊँची चौकोर पत्थर की पटिया पर प्रस्तुत की गयी यह चित्रकारी 10वीं सदी की मालूम पड़ती है।

यमराज की पाषाण प्रतिमा इलाहाबाद संग्रहालय में देखी जा सकती है। वर्षा के देवता इन्द्र के राष्ट्रीय क्रिया-कलाप से भी यह भू-भाग जुड़ा रहा है। कभी पौराणिक अयोध्या में शक्रतीर्थ था; वही बौद्धकाल में भी इन्द्र तथा बुद्ध का मिलन कपिलवस्तु, सारनाथ और श्रावस्ती नगरी में होता है। इलाहाबाद संग्रहालय में इन्द्र की पाषाण प्रतिमा देखी जा सकती है।

सूर्यवन्दना की परम्परा वैदिक काल से ही चली आ रही है। वैदिक साहित्य पुराणों, रामायण, महाभारत से लकर पूर्वमध्यकालीन शिलालेख तथा मूर्तियाँ सूर्य पूजा की परम्परा को प्रमाणित करती हैं। प्राचीन मिस्र और जापान के मूल निवासी मिकाडो आज भी अपने को सूर्य वंश की सन्तान घोषित करने से अघाते नहीं हैं। पूर्वी उत्तर प्रदेश में प्राचीन काल से ही सूर्य पूजा प्रचलित रही है।

कार्तिकेय भारत कला भवन (का.हि.वि.वि.) गुप्तकाल

कोशल की राजधानी अयोध्या नगरी में सूर्योपासना निश्चित रूप से होती थी।

रामकथा संग्रहालय, अयोध्या में 48 × 32 सेमी. का कृष्ण पाषाण फलक में सूर्य चित्रित हैं। उनके सिर और कानों में किरीट-कुण्डल, गले में जाँघों तक लटकी हुई माला सुशोभित है। ऊपरी भाग में नारी के वक्ष से सटा हुआ बालक है। सूर्य के पैरों के नीचे नारी उपासिका का चित्रण मिलता है। यह शिल्पकारी पाल कला से प्रभावित है। यह मूर्ति ग्यारहवीं सदी की है। प्रो. शैलनाथ चतुर्वेदी ने देवरिया से लगभग 12 किमी. पूर्व तुर्कपट्टी महुअवा में सूर्य मन्दिर की खोज के साथ में दो सूर्य प्रतिमाओं को भी ढूँढ़ा है। ये प्रतिमाएँ नीले और काला पत्थरों पर उत्कीर्ण हैं। इन प्रतिमाओं की संरचना एक जैसी है।

सूर्य पद्मासन मुद्रा में प्रतिष्ठित हैं। वे उदीच्य वेशधारी हैं। इसमें सूर्य के हाथों में कमल नाल दर्शाया गया है। सात अश्वों से युक्त रथ पर आसीन अरुण को सारथी के रूप में अभिचित्रित किया गया है। इसमें पाँच पत्नियाँ क्रमशः उषा, प्रत्यूषा, महाश्वेता, संज्ञा और छाया प्रदर्शित की गयी हैं। द्वारपाल-दण्डी, एक हाथ में दण्ड पिंगल लिये, दूसरे हाथ में लेखनी और दावात लिये हैं। सूर्य रथ पर आसीन अन्धकासुर को कुचलने की मुद्रा

में अंकित हैं। वृहत्संहिता में भी सूर्य रथ पर आसीन वेशधारी प्रतिमा के निर्माण का प्रस्ताव है। वे सिर पर किरीट, हाथों में दो कमल नाल के पुष्पों को पकड़े हुए हैं। ये प्रतिमाएँ लगभग 11वीं सदी की हैं। इन प्रतिमाओं की मूलभूत विशेषता यह है कि सूर्य के प्रकाश के अनुसार प्रतिमा के चमक परिवर्तन होता रहता है। सूर्य के अस्ताचलगामी होने पर प्रतिमा की छवि धूमिल पड़ जाती है।

कुशीनगर के संग्रहालय में कतिपय सूर्य प्रतिमाएँ सुरक्षित हैं। मदनमोहन डिग्री कालेज भाटपार रानी, देवरिया तथा राहुल सांकृत्यायन संस्थान के संग्रहालय, अलीनगर, गोरखपुर में भी सूर्य मूर्तियाँ देखी जा सकती हैं। राजधानी-उपधौलिया, गोरखपुर से कृष्ण पाषाण सूर्य प्रतिमा प्राप्त है, जो राजपूत-काल की है। गोरखपुर के सदर तहसील में स्थित देईपार गाँव से एक सूर्य प्रतिमा प्राप्त है। यह प्रतिमा लगभग 1 मीटर ऊँची बलुए पत्थर पर निर्मित है इसमें दण्ड, पिंगल तथा दो सेविकाएँ चित्रित हैं। सूर्य के दोनों पैरों में ऊँचा बूट पहनाया गया है जो ईरानी प्रभाव की ओर इशारा करता है। पैरों के पास उनकी स्त्री है। यह प्रतिमा लगभग 10वीं सदी की है।

गोरखपुर के समीप सिलौरा नामक स्थान से कतिपय[22] सूर्य प्रतिमाओं की प्राप्ति का प्रसंग सुविदित है। बस्ती में कृष्ण पाषाण निर्मित बारहवीं सदी की सूर्य प्रतिमा प्राप्त है। लगभग दसवीं सदी, बहराइच में एक विशाल सूर्य मन्दिर था। स्थापित प्रतिमा को बालार्क की संज्ञा दी गयी थी। इस मन्दिर पर मसऊद गाजी ने आक्रमण किया था। सुल्तानपुर के पाली गाँव से सूर्य की दसवीं सदी की प्रतिमा प्राप्त है। तुशारन विहार, प्रतापगढ़ से सूर्य मन्दिर उपलब्ध हुआ है। उतरंग पर सूर्य प्रतिमा स्थापित है।

शृंगवेरपुर में चार पहियावाला रथ, सात अश्वों से जुड़ा हुआ है। उस पर सूर्य बैठे हुए दर्शाये गये हैं। यह कलाकारी दसवीं सदी की सिद्ध होती है।

कौशाम्बी, भीटा, गढ़वा, सिंगरौर, इलाहाबाद से सूर्य की प्रतिमाएँ प्राप्त हैं। भेलूपुर (वाराणसी), वराहपुरी (गाजीपुर) से उपलब्ध सूर्य प्रतिमाओं को द्वादशार्क की संज्ञा से विभूषित[23] किया गया है।

नियरिद्ध, वाराणसी के सर्वेक्षण से सूर्य मूर्ति उपलब्ध[24] हुई है, जो ग्यारहवीं सदी की है।

शुष्केश्वर मन्दिर वाराणसी के सूर्य समभंग मुद्रा में खड़े हैं। सूर्य के पार्श्वों में पिंगल, दण्ड और मूर्ति के छोरो पर धन के थैले से युक्त कुबेर की मूर्तियाँ उकेरी गयी हैं।

गोसाईंपुर, वाराणसी से प्राप्त, सम्प्रति भारत कला भवन, वाराणसी में सुरक्षित सूर्य प्रतिमा की शारीरिक रचना में स्पष्ट रूप से फैलाव दिखायी पड़ता है। सप्ता रथ के स्थान पर यहाँ सप्त रथ पीठिका के माध्यम से ही सप्ताश्वरथ की भावाभिव्यक्ति की गयी है। सूर्य के दोनों हाथ खण्डित हैं। ऊपर सनाल कमल दर्शनीय है। पैरों के पास छाया और दोनों पार्श्वों में दण्ड एवं पिंगल विराजमान है। अश्विनी कुमार चामरधारी सेविकाओं की मूर्तियाँ बनी हुई हैं। परिकर के ऊपरी भाग में ब्रह्मा, विष्णु तथा उड्डीयमान मालाधर

गन्धर्वो की आकृतियाँ उत्कीर्ण हैं। भारत कला भवन की सूर्य मूर्ति का शीर्ष भाग मन्दिर के शिखर रूप में निर्मित है। जिससे इस मूर्ति का महत्त्व सहज में ही बढ़ गया है। ये मूर्तियाँ गाहड़वाल काल की हैं।

सूर्य सप्तश्वरथारूढ़ गाहड़वाल, वाराणसी

सारनाथ से अग्नि और ब्रह्मा की भी मूर्तियाँ मिली हैं। रसड़ा, बलिया से प्राप्त एक पाषाण फलक पर कच्छप और बुद्ध के अवतार को दर्शाया गया है।

जहाँ पूर्वी उत्तर प्रदेश में शिल्पियों ने जिस प्रकार से बुद्ध तथा बौद्ध धर्म के अन्य सहचरों का रूपायन किया, वहीं जैन तीर्थङ्करों की पाषाण प्रतिमाओं की भी रचना की थी।

कोशल की अयोध्या नगरी को पाँच तीर्थङ्करों की जन्मभूमि होने का गौरव प्राप्त था।[25] पुरातत्त्ववेत्ता प्रो. लाल ने यहाँ के उत्खनन से कायोत्सर्ग मुद्रा में जिन केवलिन की मृण्प्रतिमा की खोज किया है, जो 400 ई. पू. यानी भारत में अपने किस्म की सबसे प्राचीन जैनमूर्ति है।[26] रामकथा संग्रहालय, अयोध्या में जैन तीर्थङ्कर सम्भवनाथ की प्रतिमा काले पत्थर पर उत्कीर्ण है। सम्भवनाथ पीठिका पर पालथी मारकर बैठे हुए हैं। उनकी छाती पर वत्स चिह्न अंकित है। पालकला से प्रभावित इस प्रतिमा का निर्माण 9वीं सदी प्रतीत होता है। यहाँ पर 84 × 39 सेमी. के फलक की छत्रधारी सम्भवनाथ की खड़ी मूर्ति भी अवलोकनीय है। ऊपरी भाग में उड़ते हुए विद्याधर और गन्धर्व देखे जा सकते हैं। पाल शैली की यह मूर्ति दसवीं सदी की है। जैन धर्मानुयायी राजा कुमारपाल चालुक्य ने अयोध्या आकर एक मन्दिर का निर्माण करवाया था। आधुनिक अयोध्या में वह कहाँ है? महत्त्वपूर्ण शोध विषय है।

दिगम्बर जैन मन्दिर में भी सम्भवनाथ तथा पार्श्वनाथ की प्राचीन मूर्तियाँ देखी जा सकती हैं। अयोध्या के समीप से सात जिन मूर्तियाँ प्राप्त हैं, जो राज्य संग्रहालय लखनऊ में हैं। दिगम्बर जैन बड़ा मन्दिर सरावगी, बाराबंकी से चन्द्रप्रभनाथ की श्वेत पाषाण 22.9 × 22.9 सेमी. के माप की मूर्ति प्राप्त हुई है। वे योगासन मुद्रा में बैठे हुए हैं। उनके सीने पर वत्स चिंह अंकित है। मध्य में शशि चिह्न है। विक्रम संवत 1222 का प्रशस्ति लेख भी उत्कीर्ण मिलता है। यहाँ से ऋषभदेव की मूर्ति 12वीं सदी की प्राप्त है। उनके सिर पर उण्णीश तथा सीने पर वत्स चिह्न अंकित है। सिर पर क्षत्र धारण किये हुए हैं। दोनों काल की लटें दोनों कन्धों को स्पर्श कर रही हैं। छत्र के ऊपर मृदंगवादक बना हुआ है तथा उनके दोनों ओर हाथी पर बैठे हुए दो राजकुमार चित्रित हैं। दोनों ओर विद्याधर तथा स्थानक मुद्रा में यक्ष और यक्षिणी दर्शनीय हैं। सिंहासन के नीचे बारहवीं सदी का लेख अभिलिखित मिलता है। कटरा, बाराबंकी से भी पूर्व मध्यकालीन ऋषभदेव मूर्ति प्राप्त है। श्रावस्ती में ऋषभनाथ और सम्भवनाथ की मूर्तियाँ मिली हैं।

स्कन्दगुप्त के कहाँव अभिलेख (देवरिया) के ऊपरी भाग पर चार मूर्तियाँ और नीचे भी एक मूर्ति उत्कीर्ण है। ये गुप्तकालीन जैन तीर्थङ्करों की मूर्तियाँ हैं।

चेतियाँवा, फाजिल नगर, असमनपुर, मीरविहार, झारमतिय, गंगीडीह, सरायटीला देवरिया आदि भू-भागों में यदि उत्खनन कार्य किया जाय तो निश्चित रूप से पूर्वी उत्तर प्रदेश की जैनोपासना के परिप्रेक्ष्य में नूतन दिशा मिलेगी। काशी क्षेत्र में भी समय-समय पर जैन कला का विकास होता रहा। राजघाट, काशी के उत्खनन में कतिपय जैन मूर्तियाँ प्राप्त हुई हैं, जो राज्य संग्रहालय लखनऊ में देखी जा सकती हैं।

यक्षी 200 ई. फैजाबाद

कायोत्सर्ग मुद्रा में एक जिन, उसके पैर और दाहिनी[27] भुजा गायब है। बाल घुँघराले तथा सँवारे हुए है। यह प्रतिमा गुप्तकाल की है।

पार्श्वनाथ की एक मूर्ति सुलभ है। वे कायोत्सर्ग मुद्रा में है। उनकी आँखें खुली हुई हैं। छाती पर श्रीवत्स[28] अंकित है पृष्ठ भाग में सात फणोंवाला सर्प उनकी रक्षा कर रहा है। दैवीय संगीतकार सर्प के ऊपर दुन्दुभि बजा रहा है। ऊपरी भाग में कोने में दो गन्धर्व उड़ रहे हैं। यक्ष-यक्षिणियाँ भी इसी पाषाण फलक पर अभिचित्रित हैं। यक्ष ने सिर के चारों ओर सर्प लपेटा है। उसके कानों में कुण्डल है। उसने मोती की माला तथा अन्य आभूषण धारण किया है। यक्षिणी ने चामर धारण किया है। उसने सर्प की टोपी पहनी है। उसका बहुमूल्य माला छाती को स्पर्श कर रहा है। यह कलाकारी सातवीं-आठवीं सदी की प्रमाणित होती है। एक अन्य फलक पर पाँच जैन तीर्थङ्कर ध्यानावस्था में कमलासीन प्रत्येक तीर्थङ्कर के साथ दो चामार हैं। वे देव दुन्दुभि बजा रही हैं।[29] इसका रचना काल आठवीं सदी सिद्ध होता है। इसी प्रकार पंच तीर्थङ्कर का एक अन्य फलक भी सुलभ है। एक फलक पर कायोत्सर्ग मुद्रा में तपस्या करता हुआ खड़ा तीर्थङ्कर हैं, जो 10-11वीं सदी की संरचना हैं। भारतकला भवन में लगभग 10वीं सदी की महावीर प्रतिमा देखी जा सकती है। छठें तीर्थङ्कर पद्मप्रभ का भी पुरातात्त्विक स्वरूप निहारा जा सकता है।

वह कायोत्सर्ग मुद्रा में हैं। बाल सँवारे हुए तथा छाती पर श्रीवत्स देखा जा सकता है। दो जिन देवता, देवदूत, यक्ष-यक्षणियाँ भी निर्मित हैं। एक कोने गोद में बच्चा लिये हुए अम्बिका का स्वरूप भी मुखर हो उठा है। यह कलाकारी बलुआ पत्थर, 36 × 32 सेमी. के माप की 10-11वीं सदी की है।

शिवपुर, विन्ध्याचल से 5 × 3 फुट के शिवाफलक पर एक नारी बच्चे को गोद में लिये हुए सिंहासनारूढ़ अभिचित्रित है। सिंहासन के बायें पैर की ओर एक शेर, प्रत्येक सात गन्धर्व हैं। जिनमें दो उड़ रहे हैं तथा पाँच खड़े हुए हैं। यह महावीर की माँ त्रिशला की मूर्ति सिद्ध होती है। इसका रचनाकाल लगभग आठवीं[30] सदी ठहरता है।

प्रयाग क्षेत्र में भी जैन धर्म और कला का विकास होता रहा। जैन पुराणों से ज्ञात होता है कि प्रयाग में ऋषभदेव की दीक्षा केवल ज्ञान तथा कल्याणक की प्राप्ति हुई थी।[31]

इस भूखण्ड में अवस्थित कौशाम्बी, श्रावस्ती, पभोसा, लच्छागिरि, भीटा और कड़ा जैन कला के केन्द्र रहे हैं। जैन साहित्य में तीर्थंकर पार्श्वनाथ, महावीर, आर्य सुहस्ति और आर्य महागिरि द्वारा कौशाम्बी में यात्रा करने का सन्दर्भ पढ़ा जा सकता हैं।[32] पद्मप्रभ का जन्म स्थान कौशाम्बी था। पार्श्वनाथ ने यहाँ तपस्या किया था। पभोसा का जैन आयाग पट्ट सांस्कृतिक प्रेरणा स्रोत रहा है जैसा कि उस पर उत्कीर्ण आलेख से पुष्टि समीचीन है।

प्रयाग मण्डल की प्राचीनतम जैन मूर्ति लच्छागिरि की युगल मूर्ति, आठवीं सदी की है। जिसमें किसी तीर्थङ्कर[33] के माता-पिता का अंकन मिलता है। अर्द्धपर्यंकासन में एक पीठिका पर पुरुष बैठा हुआ हे। जहाँ स्त्री का दाहिना हाथ अभय मुद्रा में है, वहीं बायाँ हाथ गोद में बैठे हुए बालक के ऊपर है। पीठिका पर लघु काय 6 आकृतियाँ भी खुदी

हुई हैं, जिनमें से कुछ के हाथ अभय मुद्रा में हैं तथा कुछ आकृतियाँ वार्त्तालाप की मुद्रा में अंकित हैं। ऊपरी भाग में वृक्ष की शाखाओं के मध्य एक लघु-ध्यायी तीर्थङ्कर अवलोकनीय है।

कौशाम्बी से 6 जिनों की प्रतिमाएँ प्राप्त हुई हैं। ये प्रतिमाएँ गुप्त काल की प्रतीत होती हैं। इनमें चन्द्रप्रभ, शान्तिनाथ और मुनि सुव्रत की प्रतिमाओं का लक्षण देखा जा सकता है। चन्द्रप्रभ का लांछन, अर्द्धचन्द्र पदमासन पर उत्कीर्ण हैं। शान्तिनाथ की मूर्ति में मृगलांछन की दो आकृतियाँ खुदी हुई हैं। मुनि सुव्रत की मूर्ति में पद्मासन के मध्य में शय्या पर लेटी हुई एक नारी का चित्रण अंकित है, जिसकी पहचान मुनि सुब्रत नाथ की यक्षी से की गयी है। यक्ष के स्वरूप में अपनी एक भुजा में धन का थैला लिये हुए सर्वानुभूति अथवा कुबेर अभिदर्शित हैं। यक्षी का बायाँ हाथ टूटा है। दायें हाथ में फूल धारण किया है। पीठिका के बायें कोने पर नग्न मुद्रा में उपासिका है। दाहिने कोने पर यक्ष का रूपायन है। कौशाम्बी से दसवीं सदी की एक जिन चौमुखी मूर्ति सर्वमोभद्रिका भी प्राप्त है। जिसमें चारों दिशाओं में चार अलग-अलग जिन प्रतिमाएँ कायोत्सर्ग मुद्रा में अभिचित्रित हैं। ये मूर्तियाँ निर्वस्त्र हैं। यही नहीं यहाँ से चौबीसी पट्ट भी मिला है। जिस पर 24 जिन ध्यान मुद्रा में निरूपित हैं। इस पट्ट का काल ग्यारहवीं सदी सिद्ध होता है।

कड़ा से प्राप्त जिन प्रतिमा, इलाहाबाद संग्रहालय में देखी जा सकती हैं। वह नग्न और कायोत्सर्ग मुद्रा में, दो चामरधारी सेवकों, प्रभा मण्डल, त्रिछत्र उड़ते हुए मालाधारी आदि के साथ विराजमान है। पभोसा से 10वीं-11वीं सदी की तीन जिन मूर्तियाँ उपलब्ध हुई हैं। शान्तिनाथ के मूर्ति की पहचान की जा चुकी है। भीटा से दसवीं सदी की ऋषभदेव की कायोत्सर्ग मुद्रा में मूर्ति मिली है।

इस दिशा में रोचक तथ्य यह है कि जहाँ ब्राह्मण धर्म की मूर्तियों में यक्ष-गन्धर्व का चित्रण मिलता है, वहीं बौद्ध तथा जैन धर्म की मूर्तियों में भी गन्धर्व, यक्ष और नाग[34] आदि शिल्पांकित हैं, जिससे विदित होता है कि बौद्ध अथवा जैन कलाओं का विकास ब्राह्मण धर्म, कला और तकनीकी विषयक पहलुओं की आधारशिला से ही सम्भव हो सका। यहाँ तक कि मृग जैसे जीव का चित्रण जैन कला में निहारा जा सकता है।

कोशल क्षेत्र में ब्राह्मण धर्म के समान बौद्ध का कलात्मक विकास हुआ। उस विकास का सांगोपांग स्वरूप मूर्तियों में मुखर हो उठा है। बौद्ध पाषाण स्तूपों ने कला[35] इतिहास को समय-समय पर सन्देश दिया है।

अयोध्या के मातगैण्ड स्थल से बुद्ध की निर्वाण मूर्ति प्राप्त हुई है। श्वेत पाषाण पर निर्मित इस प्रतिमा में पाल कला का प्रभाव देखा जा सकता है। इसका रचनाकाल दसवीं सदी सिद्ध होता है। कार्लायल ने सन् 1876 ई. कसया-देवरिया से निर्वाण शैली

की बुद्ध प्रतिमा की खोज किया है। यह मूर्ति 20 फुट लम्बी है और हलके लाल रंग के बलुए पत्थर की एक ही शिला से बनी हुई है जो शायद चुनार के खानों से लायी गयी थी। इस मूर्ति के ठीक नीचे पाँचवीं सदी का लेख है; जिसमें यह उत्कीर्ण मिलता है कि यह मूर्ति महाविहार स्वामी हरबल का दान है।

शान्तिनाथ, पभोसा, इलाहाबाद, 12वीं सदी

माथा कुँअर मन्दिर में बुद्ध की मूर्ति है, जिसे लोग माथा कुँअर कहते हैं। यह प्रतिमा 10 फुट ऊँची है तथा गया क्षेत्र के नीले पत्थर की एक शिला से निर्मित हुई है। मूर्ति के पीठ पर काफी घिसा हुआ लेख है, जो पढ़ा नहीं जा सका है, जिसका काल लगभग 10वीं-11वीं सदी आँका गया है।

यद्यपि पिपरहवा-तिलौराकोट के उत्खनन से स्थापत्य कला की परिपुष्टि होती है; फिर भी ह्वेनसांग के विवरण में प्रस्तुत कतिपय देवालय और मूर्तियों की खोज नहीं हो पायी है। इस परिप्रेक्ष्य में पुरातत्त्ववेत्ताओं को प्रयास करना चाहिए। हाँ! रूम्मिनदेई में बाद का बना हुआ मन्दिर है जिसमें बुद्ध जन्म का मनोहारी दृश्य एक शिलापट्ट पर अंकित किया गया है। भरहुत स्तूप के उच्चित्रों में भी तथागत के जन्म का दृश्य उक्त चित्र से कुछ हद तक मेल खाता है। हाँ! अन्तर इतना है कि माया देवी के दायें हाथ में दो पुरुष

तथा बायें हाथ में दो अनुचरियाँ हैं। पहली अनुचरी उनके पेट को दबा रही है। बायें भाग का पहला पुरुष जन्म लेते हुए सिद्धार्थ को अपने हाथों से पकड़ रहा है। ऐसा ही गनवरिया के उत्खनन से एक सुसज्जित पाषाण तश्तरी प्राप्त हुई है, जिस पर अशोक के स्तम्भों जैसा चक्र साथ में बैल, हाथी और शेर का चित्रण सुलभ है। गुप्तकालीन अश्वमेध परम्परा को उद्‌भासित करनेवाला पाषाण अश्व राज्य संग्रहालय लखनऊ में देखा जा सकता है।

राजघाट, वाराणसी के पुरातात्त्विक सर्वेक्षण से बौद्ध बिहार प्राप्त हुआ है। पाषाण स्तम्भों पर अलंकृत चित्रकारी अवलोकनीय है। पूर्ण खिला कमल का पौधा, उसकी पत्तियाँ तथा पवित्र हंस पक्षी से लेकर सिंहासन तक प्राप्त हुआ है। यहाँ साँची के स्तम्भों जैसी चित्रकारी रूपांकित है।

सारनाथ का गुप्तकालीन धमेख स्तूप पाषाण निर्मित है। यहाँ बुद्ध के जीवन से पाषाण प्रतिमाओं, पशुजीवन, कमल का पौधा कलियों सहित, कमलासीन मानव आकृति, कमल के दो शाखाओं को हाथों से पकड़े हुए, हंस और चकवा पक्षी-कमल पौधों पर बैठे हुए दर्शाये गये हैं। वहीं एक मेंढक भी अभिचित्रित मिलता है।

गुप्तकालीन धमेख स्तूप : वानस्पतिक एवं पशु समाज

सचमुच में यह कलाकृति कला इतिहास में वनस्पति विज्ञान तथा प्राणि विज्ञान का समन्वयकारी प्रारूप प्रस्तुत करती है।

सारनाथ से बौद्ध धर्म की तीन प्रतिमाएँ प्राप्त हुई हैं। गुप्तकालीन बौधिसत्व की खड़ी प्रतिमा अवलोकनीय है। उनका दाहिना हाथ टूटा हुआ है। वे पारदर्शी वस्त्र और संघाटी धारण किये हुए हैं। दूसरी मूर्ति, पीठिका पर आसीन ध्यायी बुद्ध की है। इसमें बुद्ध को चारों ओर धम्म चक्र प्रवर्तन में दर्शाया गया है। यह कृति गुप्त काल की मालूम पड़ती है। जम्भल, तारा और वसुन्धरा जैसे बौद्ध देवताओं की गाहड़वालकालीन प्रतिमाएँ यहाँ के संग्रहालय में दर्शनीय हैं।

काकोरिया, वाराणसी के उत्खनन से पाषाण शिल्प की लोकप्रियता सिद्ध होती है। खैराडीह, बलिया के उत्खनन से पत्थर के मनके और बहुमूल्य पाषाण मिले हैं। आजमगढ़ का गोविन्दचन्द्र के राज्य काल का हथियादाहलाट बौद्ध जातकों में वर्णित पाषाण हस्तिपूजा की परिपुष्टि करता है।

गंगा घाटी के तटवर्ती भू-भाग के सर्वेक्षण से भी पाषाण कला का सुन्दरतम रूप निहारा जा सकता है।[36]

इलाहाबाद के चोपनीमाण्डो स्थल की खुदाई से पाषाण मार्ग, गेंद और पाषाण की अँगूठी प्राप्त हुई है। देवगढ़ पहाड़—मिर्जापुर से लघु पाषाण उपकरण, भगाही में परवर्ती युग में निर्मित देवालयों और देव प्रतिमाओं को देख सकते हैं। इस क्षेत्र से प्राप्त प्रतिमाएँ, वैष्णव, शैव, शाक्त, बौद्ध तथा जैनधर्मपरक हैं। मन्दिर के पुरातात्त्विक स्वरूप में द्वार स्तम्भ, भूमि आमलक, शुकनासिकाएँ, शिखर आमलक तथा वितान के अंश पाये जाते हैं।

खजुरी तथा कन्धरा गाँव के पुरातात्त्विक सर्वेक्षण से प्राचीन देवालय के द्वारा स्तम्भों की शाखाओं के अलंकरण मनमोहक हैं। खजुरी गाँव के द्वार स्तम्भ पर निरूपित पत्र वल्ली, स्तम्भ शाखा, रूप शाखा, करबद्ध नागी, मकरवाहिनी गंगा, मांगल्य विहग, शैव द्वारपाल तथा गण आदि पूर्वी उत्तर प्रदेश के पाषाण कला को लोकमानस के समक्ष प्रस्तुत करते हैं। हेतुनपुर गाँव, मिर्जापुर के एक शिला फलक पर मानव और नारियाँ नृत्य करते हुए दर्शाये गये हैं। एक नारी अस्त्र के साथ खेल रही है। एक आदमी जानवर मार रहा है। घर के पास एक आदमी खड़ा है। मछली के साथ मानवाकृतियाँ उत्कीर्ण मिलती हैं। यहाँ के शैल चित्रों में विविध पशु-पक्षी समाज, गैण्डा से सारस, शिकारियों, योद्धाओं आदि का रूप अवलोकनीय है। कौशाम्बी उत्तर भारत में कला की एक महान् केन्द्रस्थली रही है। यहाँ परवर्ती मौर्य कला के ऐसे उदाहरण मिलते हैं, जिन पर मौर्यकालीन चमकीली पालिश उकेरी गयी है; जैसे तालध्वज[37] स्तम्भ शीर्ष अथवा खण्डित सिरवाला अश्व स्तम्भ शीर्ष। यहाँ शुंग काल से लेकर राजपूत काल के बहुतेरे अवशेष मिले हैं। यहाँ से प्राप्त पाषाण मूर्तियों का पुष्पालंकरण भी अनोखी संरचना से कला को सन्देश देता है।

यहाँ से प्राप्त शुंगकालीन एक पाषाण फलक पर बुद्ध जन्म का दृश्य अभिचित्रित है। माया देवी, लुम्बिनी वन में शालवृक्ष की शाखा को पकड़े हुए हैं। उनके बायीं ओर इन्द्रादि देवता नवजात शिशु को ग्रहण करने के लिए तैयार हैं। एक अन्य फलक में दो यक्षिणी और राजदम्पति का चित्रण सुलभ है। यह शालभंजिका सम्बन्धी फलक है। इस

प्रकार की शालभंजिका परम्परा बौद्धकाल से लेकर राजपूत काल तक प्रचलित रही। रामकथा संग्रहालय, अयोध्या में भी शालभंजिका मूर्ति देखी जा सकती है।

कनिष्क और भद्रमघ के काल की बौद्ध प्रतिमाएँ यहाँ मिली हैं। गुप्तकाल में कौशाम्बी की कला अजन्ता और एलोरा जैसी उन्नति की चरम सीमा पर पहुँच गयी थीं। इस काल की त्रिभंग मुद्रा में बोधिसत्व की दो प्रतिमाएँ प्राप्त हुई हैं,[38] जिसमें एक प्रतिमा खण्डित शीर्ष है। दूसरी बोधिसत्व प्रतिमा के दोनों हाथ खण्डित हैं। उनके अधोवस्त्र को बहुत ही बारीकी से लहरदार महीन रेखाओं द्वारा प्रस्तुत किया गया है। केश विन्यास और अलंकरण मनमोहक है। दाहिनी ओर मस्तक के ऊपर रत्न जड़ित केशबन्ध, जो गुप्त मूर्ति कला की महत्त्वपूर्ण विरासत है, का अंकन मिलता है। गले में मोतियों की माला है। खण्डित शीर्ष मूर्ति अपने में अद्भुत है। त्रिभंग मुद्रा में अंगों का सुन्दर सामञ्जस्य दिखायी पड़ता है। यहाँ से कतिपय भग्न सिर वैसे ही प्राप्त हुए हैं, जैसा कि कोशल क्षेत्र में। ये अवशेष गुप्तकालीन अंग विन्यास और शिरोभूषा का प्रतिपादन करते हैं। गुप्तकालीन खड़ी और बैठी हुई बुद्ध मूर्तियाँ भी प्राप्त हैं। बुद्ध की संघाटी और वस्त्र दर्शाने के लिए सारनाथ और मथुरा दोनों ही शैलियों को पिरोया गया है। अभय मुद्रा में खड़ी हुई बुद्ध मूर्ति की संघाटी उनके एड़ी को स्पर्श कर रही है। कटि प्रदेश की दोहरी रेखा अधोवस्त्र की ओर इशारा करती है; जो गुप्तकालीन प्रमुख विशेषता है। एक अन्य प्रतिमा में बुद्ध त्रिभंग मुद्रा में दर्शाये गये हैं। दायाँ हाथ आशीर्वचन मुद्रा में है। उन्होंने बायें हाथ से संघाटी का एक किनारा पकड़ा है। बुद्ध प्रतिमा के पीछे दो मूर्तियाँ हैं। एक प्रतिमा में भग्न सिर है जिसके वस्त्रों का मथुरा शैली के आधार पर बारीकी से अंकन किया है। बुद्ध की धम्मचक्र प्रवर्तन मुद्रा की भी मूर्ति प्राप्त है। इसी प्रकार दो खण्डित सिर भी प्राप्त हैं। पाषाण से महलों की साज-सज्जा[39] भी की जाती थी।

वस्तुतः कौशाम्बी की मूर्ति कला ह्वेनसांग के शब्दों में वहाँ के निवासियों को कला प्रेमी और सांस्कृतिक चेतना से युक्त प्रमाणित करती है।

कनिंघम ने 1862-63 ई. में सहेट-महेट के पुरातात्त्विक सर्वेक्षण के दौरान में बोधिसत्व की दीर्घकाय मूर्ति प्राप्त किया है। यह मूर्ति अब इण्डियन म्यूजियम, कलकत्ता में सुरक्षित है। इसकी ऊँचाई 6 फुट है। बुद्ध उपदेशावस्था में चित्रित किये गये हैं। चरण चौकी की चौड़ाई 2 फुट 8 इंच है और ऊँचाई 9 इंच है। चौकी पर लेख उल्लिखित है। लेख में व्याकरण के दृष्टिकोण से त्रुटियाँ हैं। जिसकी ऊपर की तीन पंक्तियाँ सुरक्षित हैं, जिनमें लिखा है कि–

सयशोवधरस्य च भ्राविणा मं्
क्षत्रियनारम् बेलिष्टानमृधमनंद पुत्रानम् दानं
श्रावास्त्-जेतावने बोधिसत्वा मथुरा
(वा)

बुद्ध जेतवन कुषाण काल

तात्रर्व-वधुनाम् पुजयम् माता पित्रो
पुरस्क्रिच, सब—सल हित्यमूचंद (ए)
मतीसथ-बीचक्षणा असराकाच भोगनाम्।
जीवितम् च सेरामिय कुशला
भुयकुशलम-अचीनिम् आ युरेन्दोलन

रूप

कारनेश (ई) वभिनेत्र बोधिसत्व कृता—जे.ए.एस.बी. 1898 पृष्ठ 278, क्षत्रियनां, भातृणां, बेलिष्टानां बहुवचन द्योतक है किन्तु शिवधर का ही नाम मिलता है। पं. दयाराम साहनी के अनुवाद में यह स्वीकार किया गया है कि क्षत्रिय बन्धुओं ने जो उपहार दिया था। बोधिसत्वाः बहुवचन का गलत प्रयोग किया गया है।[40] बुद्ध की दूसरी प्रतिमा अभय मुद्रा में देखने को मिलती है; इस मूर्ति में बुद्ध सिंहासन पर अभय मुद्रा में विराजमान हैं।

ऐसा प्रतीत होता है कि प्रभा मण्डल विकसित कमल से सजा हुआ था। दोनों चिह्नों के बीच में दोनों ओर दो द्वारपालों के साथ बैठी हुई बोधिसत्व की मूर्ति शिल्पयुक्त है। द्वारपाल हार पहने हुए हैं और इन मूर्तियों के नीचे कुषाण शैली का एक छोटा-सा लेख है, जिससे विदित होता है कि साकेत के चद्दर बुननेवाले सिहदेव ने इस प्रतिमा को भेंट किया था।[41]

ऐसी ही बोधिसत्व की खड़ी हुई मूर्ति सुलभ है। इस मूर्ति में मात्र पैरों के भाग शेष हैं। यह साढ़े तीन इंच ऊँची और 4 इंच चौड़ी है। मूर्ति के दोनों पैरों के बीच में कोई अपरिचित वस्तु है, जो सिंह के मुण्ड के समान है।

मार्शल मे इसे शाक्य मुनि की मूर्ति बतलाया है, जिसके सम्मुख ज्ञान उपस्थित है। चरण चौकी पर कुषाण लिपि में एक छोटा-सा लेख अंकित है। जिसके अनुसार वह मूर्ति भिक्षुणी रजी द्वारा अर्पित की गयी थी। मूर्ति लाल बलुए पत्थर की बनी हुई है। इसकी शैली मथुरा कला की है। ध्यातव्य है कि यह मूर्ति[12] इमारत संख्या दो के पूर्व की ओर फेंकी गयी मिट्टी में प्राप्त हुई थी। जहाँ सारनाथ में तारा, जम्भल, कुबेर दर्शनीय हैं, वहीं श्रावस्ती के चितेरे कलावन्तों के चितवन से लोकनाथ भी नहीं बच पाये हैं। सहेट-महेट से प्राप्त लोकनाथ के मूर्ति का ऊपरी भाग ही शेष है। वे छाती पर आभूषण पहने हुए हैं। उनके पीछे प्रभामण्डल है। वे सिर पर मुकुट धारण किये हुए हैं। मूर्ति का बायाँ अंग झुका हुआ है। वे बायें हाथ में सनाल कमल पकड़े हुए हैं। दायाँ हाथ टूटा हुआ है, मार्शल के अनुसार यह हाथ वरद मुद्रा में रहा होगा। वामपाद नीचे लटक रहा है। बायीं ओर किनारे पर एक पुरुष की मूर्ति है। इसकी पहचान हयग्रीव मूर्ति से की गयी है। इस प्रकार के पत्थर का प्रयोग मगध के शिल्पियों ने किया था।

मार्शल के अनुसार सम्भवतः यह शिल्पयुक्त मूर्ति मगध से निर्मित होकर किसी दानकर्त्ता द्वारा श्रावस्ती में उपहार हेतु आयी हो। मार्शल इसे त्रैलोक्य विजय की मूर्ति मानते हैं। प्रतिमा शास्त्रीय अनुसन्धान के फलस्वरूप अन्वेषक इसे सम्भवनाथ की नवीं सदी की मूर्ति मानता है। ऐसे ही मुण्ड मूर्ति देखने को मिलती है। यह भूरे पत्थर से निर्मित देवता की मूर्ति है। इस देवता के चार मुख हैं। चौथा मुख पीछे की ओर है मुण्ड के ऊपर जुड़े हुए ध्यायी बुद्ध का आभास होता है। शैली के परीक्षण से शिल्पकारी आठवीं या नवीं शदी की प्रतीत होती है।

बुद्ध की दूसरी मूर्ति एक चिकने पत्थर पर प्राप्त हुई है। बुद्ध कमलासन पर भूमि स्पर्श मुद्रा में विराजमान हैं। उनके दोनों ओर एक-एक रक्षक हैं। प्रस्तर की पीठिका के किनारे पर ताल बने हुए हैं। बीच में शिल्प सज्जा है साथ ही ब्रज अंकित है। मूर्ति के पीछे देवनागरी लिपि के एक लेख अंकित है। यह अपवाद प्रतीत होता है। यह मूर्ति कोठरी संख्या 19 से प्राप्त हुई थी।

बुद्ध की एक तीसरी मूर्ति प्राप्त हुई है। यह मूर्ति कड़े पत्थर की बनी हुई है। बुद्ध छत्र के नीचे ध्यानावस्था में बैठे हुए हैं। वह एक प्याला को हाथ से पकड़कर गोद में रखे हैं। प्याले को उन्हें बन्दर ने उपहार में दिया है। तली में कुछ अंकित है। यह चित्रांकन वैशाली में बुद्ध के मधुदान की ओर संकेत करता है।

मूर्ति के पीठिका के मध्य भाग में सजावट है और बौद्ध लिपि का अपभ्रंश लेख तीन पंक्तियों में अंकित है। यह लिपि आठवीं सदी की आँकी गयी है।

यह मूर्ति बिहार (कोठरी) संख्या 16 में उपलब्ध हुई थी। अवलोकितेश्वर की मूर्तियाँ भी खनन से प्राप्त हुई हैं। नीली चट्टान की तह में अवलोकितेश्वर की कमलासीन मूर्ति लीलासन में प्राप्त हुई है।[43] मूर्ति का दाहिना पद एक छोटे कमल पर अंकित है जो कि उसी के तने से निकल रहा है। जिस पर वल विराजमान हैं। अवलोकितेश्वर के दाहिने तथा बायें दो कमल के द्रव्य हैं। जो देवीरक्षकों को लिये जा रहे हैं। इनके चरण मात्र शेष हैं। नीचे की ओर घुटने टेके हुए दो मूर्तियाँ बैठी हुई हैं। यह सम्भवतः पुजारी हैं। बोगेल के अनुसार प्रेत का भी चित्र दिखायी पड़ता है। नीचे की ओर नागरी लिपि में एक अस्पष्ट लेख है जो सम्भवतः 11वीं-12वीं सदी का प्रतीत होता है। यह मूर्ति भूमि के धरातल पर पायी गयी थी, जिनमें उनके चार हाथ हैं और टहनी पकड़े हुए हैं। मूर्ति का मुँह और बायाँ हाथ नहीं है। मूर्ति का दायाँ हाथ वरद मुद्रा में है। बड़े तोंदवाला प्रेत हाथ जोड़े हुए है। मूर्ति के नीचे एक लेख 8वीं या 9वीं सदी का मिला है। यह कोठरी संख्या 18 में पाया गया था।

सइवासेक की पुत्रवधू का पवित्र उपहार कुबेर की 22 इंच की मूर्ति मथुरा के लाल पत्थर की बनी हुई यूरोपियन फैशन में बैठी हुई (अर्द्धपर्यंकासन) पायी गयी है। देवता बायें हाथ में नींबू पकड़े हुए हैं। नींबू टूटा हुआ है। दायें हाथ में रुपयों की थैली लिये हुए हैं। प्रभामण्डल के दोनों ओर नागरी लिपि में 8वीं या 9वीं सदी का बौद्ध मत से सम्बन्धित अभिलेख अंकित है। यह विहार संख्या 19 के बाहर पाया गया था।

कमल पर बुद्ध पालथी मारे बैठे हुए हैं। वे शिक्षा दे रहे हैं। इस प्रकार की मुद्रा में उनके एक पाषाण मूर्ति बलरामपुर से इकौना जानेवाले सड़क के दक्षिण सहेट के निकट से प्राप्त हुई है। इस शिल्प मूर्ति का मुख वक्षःस्थल हस्त और उसके किनारे टूटे हुए हैं। पहनावे के किनारे से प्रतीत होता है कि वह चरणों से ऊपर तक ही थी। मूर्ति के पेदी तक लेटा हुआ हिरण तथा साधारण चक्र स्पष्ट दृष्टिगोचर होता है। पीछे की ओर दो पंक्तियों में एक लेख अंकित है, जो बौद्ध मत से सम्बन्धित हैं। लेख आधा नष्ट हो चुका है। केवल देवा शेष है। लिपि नवीं या दसवीं सदी की बतलायी जाती है। ऐसे ही सहेट के मन्दिर संख्या एक के निकट चार इंच की ऊँची काले पत्थर की मूर्ति का ऊपरी भाग एक विहार में मिला था। सिर के ऊपर बौद्ध वृक्ष है। हाथों की स्थिति से प्रतीत है कि यह ध्यान मुद्रा की बुद्ध मूर्ति रही होगी। दाहिने हाथ के निकट अंकित लिपि को परख करके मार्शल ने इसे 11वीं सदी का आँका है।

इसी प्रकार कोशल की प्यारी राजधानी श्रावस्ती का पुरा वैभव भारतीय भास्कर्य कला में भी मुखर हो उठा है। भरहुत के एक स्तम्भ पर जेतवन का चित्रण सुलभ है। यह वर्तुलाकार मुद्रा में आज भी इण्डियन म्यूजियम, कलकत्ता के प्रवेश द्वार से सटे हुए कक्ष में देखा जा सकता है। यह वास्तुकला की अद्भुत देन है।

शिल्प प्रस्तर के अधो भाग में अभिलेख उत्कीर्ण है; जिससे विहार के नाम और उसके निर्माता का पता चलता है। उल्लेखनीय है कि जेतवन का निर्माता राजकुमार जेत

था। अनाथपिण्डक ने इस उद्यान को राजकुमार जेत से 11 करोड़ स्वर्ण मुद्राओं में खरीदा था। यह धनराशि गाड़ियों में भर-भरकर लायी गयी थी। इसी दृश्य का चित्रण भरहुत स्तूप में सर्वप्रथम कनिघंम द्वारा देखा गया।

सामने के पृष्ठ भाग में बैलगाड़ी के समीप[44] बैल चित्रित हैं। गाड़ी का जुआ ऊपर की ओर उठा है। गाड़ी खाली है। उसके सम्मुख दो आदमी हैं जो किसी वस्तु को अँगुलियों और अँगूठों के बीच दबाये हुए हैं। कनिंघम ने एक की पहचान अनाथपिण्डक से की है तथा दूसरे की पहचान उसके कोषाध्यक्ष से किया है।

चित्र के ऊपरी भाग में दो लोग बैठे बगीचे के धरातल को स्वर्ण मुद्रा से ढक रहे हैं। स्वर्ण मुद्राएँ चौकोर हैं और कोरों से कोरें मिली हुई दिखायी पड़ती हैं। चित्र में बायीं ओर 6 व्यक्ति के चित्र हैं। राजकुमार जेत और उसके मित्रगण, मध्य में अनाथपिण्डक चायदानी जैसा पात्र दोनों हाथ से पकड़े हुए हैं। दो मन्दिर और चार वृक्ष उद्यान के द्योतक हैं। मन्दिरों की पहचान गन्धकुटी और कोसम्बकुटी से की गयी है। कोसम्बकुटी के बायें ओर गन्धकुटी के नीचे एक आम्रवृक्ष है, जो रेलिंग से घिरा हुआ है, जिसे बुद्ध की आज्ञा से आनन्द ने लगाया था। शेष तीन वृक्ष चन्दन के हैं; जो खड़े हैं। सम्पूर्ण दृश्य जेतवन उद्यान के विक्रय की कथा को प्रस्तुत करता है।

भरहुत स्तूप के दक्षिणी रेलिंग पर कोशल सम्राट् प्रसेनजित् और बुद्ध के मिलन का चित्रांकन मुखर हो उठा है। यही नहीं साँची स्तूप के ऊपरी द्वार के बायें (पूर्व) वाले द्वार (द्वार के पीछे) पर कोशल की राजधानी श्रावस्ती नगरी का चित्रण किया गया है।[45] जेतवन का उपहार और प्रसेनजित् के आगमन की चित्र कथा को चतुर शिल्पियों ने प्रस्तुत किया है।

श्रावस्ती के समीप अवस्थित टण्डवा की माया प्रतिमा भी अत्यन्त मनमोहक है। माया देवी शालवृक्ष की डालों को पकड़े हुए हैं। उनका बायाँ पैर नर्तन मुद्रा में है। बायां हाथ उनके कमर पर है। दायाँ हाथ उठकर उनके सिर पर है। इस हाथ से वे शालवृक्ष के टहनियों को पकड़े हुए हैं। बायीं भुजा पर शाल-वृक्ष की शाखा के नीचे तोता बैठा हुआ है। इस प्रतिमा की ऊँचाई 3 फुट 4 इंच है। मायादेवी के स्तन बड़े-बड़े निर्मित हैं। गले में हार बायें हाथ में चूड़ियाँ पैरों में कड़ा है। उल्लेखनीय है कि मायादेवी के चरण किसी पुरुष के पीठ पर टिके हुए हैं।

पुरुष पैरों को ठुड्डी में सटाकर पेट के बल लेटा हुआ है। यह मूर्ति सीकरी के लाल बलुवे के पत्थर से निर्मित जान पड़ती है। यह चित्रकारी आठवीं या नवीं सदी की मालूम पड़ती है।

टण्डवा की एक नाग चित्रकारी भी मनमोहक है। इस प्रकार यदि देखा जाये तो पूरा वैभव सम्पन्न श्रावस्ती उत्तर भारत की लोकप्रिय कला तीर्थ प्रमाणित होती है।

यहाँ के निवासी भूत बैताल को भी समादृत किये थे। अगण्डवा गाँव, मिर्जापुर में नहर और खेतों के बीच में एक वृक्ष के नीचे रखी हुई उत्तरमध्यकालीन बैताल की प्रतिमा का भयावह स्वरूप है। बड़ी-बड़ी आँखें बाहर की ओर निकली हुई हैं। अस्थियुक्त कंकाल वक्ष, बायें हाथ से उल्टा लटकाये हुए आदमी का पैर चबाते हुए पाषाण में अंकित है। उसके बायें पार्श्व के शव पर कुत्ता झपटते हुए निरूपित किया गया है।

नाग प्रतिमाएँ भी टण्डवा, सारनाथ, पभोसा, वाराणसी आदि स्थलों के कलाकृतियों में दर्शायी गयी हैं।

यहाँ से प्राप्त पत्थरों में सामाजिक जीवन के विविध क्रियाकलापों का प्रदर्शन खास तौर से उत्सवों के अवसर पर पाषाण शिल्पांकन अत्यन्त ही मनमोहक लगता है।

कौशाम्बी से दसवीं सदी का प्रस्तर पाद उपलब्ध है, जिसमें कुछ विद्याधर उड़ रहे हैं। कुछ वेणु बजा रहे हैं। नीचे की ओर एक जुलूस का परिदृश्य, जिसमें पैदल, सैनिक तथा हाथियों का प्रदर्शन अंकित मिलता है।

कहीं-कहीं पाषाण उतरंग विविध फूल पत्तियों और मानवाकृतियों से सुसज्जित प्राप्त हुए हैं।

पाषाण स्तूप, पाषाण दीप और जय स्तम्भ का भी निर्माण इस भू-भाग में काफी लोकप्रिय रहा। अन्वेषक ने अभी हाल में आधुनिक अयोध्या में राजपूतकालीन पाषाण महल की खोज किया है।

इस भू-भाग के कलाकारों ने नारी समाज को पाषाण शिल्पों में उकेरा। श्री कुलवन्त सिंह, फैजाबाद के संग्रह में नारी प्रतिमा स्तम्भ पर चित्रित हैं। उसके स्तन काफी बड़े-बड़े

जेतवन क्रय दृश्य : भरहुत स्तूप, शुंग काल

हैं। पेट में तोदी दर्शायी गयी है। पैर दिव्य भंग मुद्रा में हैं। कमर में मेखला है। चेहरे की बनावट काफी प्रभावशाली है। यह कृति गाहड़वाल काल की प्रतीत होती है। श्रीमती कुमुद श्रीवास्तव, फैजाबाद के संग्रह में शिलापट्ट पर बैठी हुई मुद्रा में नायक-नायिका की पाषाण मूर्ति 20.4 × 26.7 सेमी. के माप की है। श्री रमाशंकर मिश्र, फैजाबाद के संग्रह में एक नायिका की मूर्ति शिलाखण्ड पर चित्रित है। उसके दोनों बाहु खण्डित हैं। सिर पर जूड़ा का कुछ अंश खण्डित है। नायिका ने कानों में कुण्डल पहना है। गले में माला पहना है। यह प्रतिमा 12वीं सदी की है। श्रीमती कुमुद श्रीवास्तव, फैजाबाद के संग्रह में नायिका की पाषाण मूर्तियाँ सुलभ हैं। नायिका का सुन्दर मुखमण्डल है। उसने कानों में सुन्दर पत्र कुण्डल धारण किया है। उसके केश सज्जायुक्त हैं। उसके गले में हार और एकावली सुशोभित है। यह मूर्ति लगभग 11वीं सदी की है।

श्री कुलवन्त सिंह, फैजाबाद के संग्रह में मुकुट धारिणी नारी प्रतिमा प्राप्त है; जो नवीं सदी की सिद्ध होती है।

राजघाट-वाराणसी के खुदाई से उष्णीश धारण किये हुए और आभूषणों से सुसज्जित 13 सेमी. ऊँची, लगभग आठवीं सदी की मूर्ति प्राप्त हुई है।

जमसोत, नगरपालिका संग्रहालय, इलाहाबाद और कौशाम्बी से भी नारी की कतिपय पाषाण प्रतिमाएँ प्राप्त हुई हैं; जिनको देख करके बौद्धयुगीन विशाखा की याद आ जाती है; जिसने अपने विवाह के समय सिर पर सुन्दर मोर के आकार का आभूषण धारण किया था, जिसके पंखे मूल्यवान् पत्थर के बने हुए थे। इस प्रतिमा में ऐसी सजीवता थी कि पवन के प्रवाह के साथ में इसमें ध्वनि निकलती रहती थी।

इन विवरणों से पाषाण प्रतिमाओं के ऐतिहासिक महत्त्व का आकलन सहज भाव से होने के साथ में उनकी उपयोगिता पर भी प्रकाश पड़ता है।

वस्तुतः मूर्तियाँ समकालीन राजनीति, संस्कृति, कला, विज्ञान, प्रशासन और समाज को खुली किताब जैसा प्रभासित करती हैं, अब भी इस दिशा में पुरातात्त्विक प्रयास किया जाना चाहिए।

सन्दर्भ

1. तुलनीय, ऋग्वेद 2/41/5 वही 5/62/6: वही 7/88/5 वाल्मीकि रामायण 1/5, स्कन्दपुराण, काशीखण्ड, आचार्य, पी.के. ग्लोरीज ऑफ इण्डिया ऑन इण्डियन कल्चर ऐण्ड सिविलाइजेशन, पृ. 79-80 अग्रवाल, बी.एस., भारतीय कला, पृ. 51.
2. एन्शॅण्ट इण्डिया, संख्या 4, जुलाई 1948, पृ. 94.
3. तुलनीय, वृहत्संहिता 57/42, वनजी, जे. एन. डेवलपमेण्ट ऑफ हिन्दू आइकनोग्राफी, पृ. 149.
4. द्रष्टव्य, गोपनाथ, राव, टी, इलीमेण्ट्स ऑफ हिन्दू आइकनोग्राफी, जिल्द 2, परिशिष्ट ब, पृ. 263-65.
5. कुमार स्वामी, ए.के., हिस्ट्री ऑफ इण्डियन ऐण्ड इण्डोनेशियन आर्ट, (दिल्ली, 1972)

पृ. 11.
6. द्रष्टव्य, पाण्डेय, राजबली, हिस्टारिकल ऐण्ड लिटरेरी इन्सक्रिप्शन्स, मन्दसौर अभिलेख, पंक्ति 17, स्कन्दगुप्त का भीतरी अभिलेख, पंक्ति 13, हतरिपुरिव कृष्णो।
7. द्रष्टव्य, इपीग्राफिया इण्डिका, (कलकत्ता 1894) जिल्द 2, संख्या 2, पृ. 362, श्लोक 5, पाण्डेय, राजबली, हिस्टारिकल ऐण्ड लिटरेरी इन्सक्रिप्शन्स, पृ. 177, श्लोक 5, इपीग्राफियसा इण्डिका, जिल्द 14, पृ. 194.
8. बिब्लिओग्राफी ऑफ इण्डियन हिस्ट्री, पृ. 41-51.
9. मोतीचन्द, काशी का इतिहास, पृ. 99.
10. जर्नल ऑव एशियाटिक सोसाइटी ऑफ बंगाल, भाग 31, पृ. 123.
11. राज्य संग्रहालय लखनऊ 48.185.
12. एन्शॅण्ट इण्डिया, सं. 6, (दिल्ली 1984) पृ. 21.
13. द्रष्टव्य, वाकणकर, वी. एस. वाराणसी थ्रू द एजेज (वाराणसी, 1986).
14. कनिंघम, अलेक्जेण्डर, आर्क्यालॉजिकल सर्वे ऑफ इण्डिया, 1871-72, जिल्द 3, पृ. 58-60.
15. एलन, जान, ब्रिटिश म्यूजियम कैटलाग ऑफ द क्वायन्स ऑफ एन्शॅण्ट इण्डिया (दिल्ली, 1975) फलक 16, 14.
16. विष्णु धर्मोत्तर पुराण 3/82/7.
17. इण्डियन आर्क्यालॉजी, 1963-69, पृ. 38.
18. इलाहाबाद थ्रू द एजेज, इलाहाबाद 1965, पृ. 20.
19. फुहरर, ए., द मानूमेण्टल एण्टीक्वटीज ऐण्ड इन्सक्रिप्शन्स ऑफ द नार्थ-वेस्टर्न प्राविन्सेज ऐण्ड अवध (वाराणसी, 1969) पृ. 142.
20. तिवारी, मारुति नन्दन, मध्यकालीन भारतीय मूर्ति कला (वाराणसी, 1991) पृ. 131-2.
21. आर्क्यालॉजिकल सर्वे ऐनुअल रिपोर्ट 1910-11, पृ. 17, फलक 9, चित्र।
22. जर्नल ऑफ उत्तर प्रदेश हिस्टारिकल सोसाइटी (1958) जिल्द 6, भाग 2, पृ. 48.
23. तुलनीय, पाण्डेय, एल.पी. सन वरशिप इन एन्शॅण्ट इण्डिया, पृ. 194-198.
24. इण्डियन आर्क्यालाजी, 1961-62, पृ. 53.
25. उपाध्याय, रामबिहारी, अवधी भाषा साहित्य एवं संस्कृति (फैजाबाद, 1988) पृ. 207-208.
26. इण्डियन आर्क्यालाजी, : ए रिव्यू, 1976-77, पृ. 53.
27. राज्य संग्रहालय लखनऊ फलक 48/184.
28. राज्य संग्रहालय लखनऊ फलक 48/182.
29. पूर्वोद्धत फलक 48/143.
30. फुहरर, ए., पूर्वोद्धत, पृ. 257.
31. हरिवंश पुराण 9/96, पदम पुराण 13/28.
32. नाया धम्मकहावो, भाग 2/10, पृ. 230, निशीथ चूर्ण 5, पृ. 437, त्रिषष्टि शलाका पुरुष चरित 2/5/16-197.
33. इलाहाबाद संग्रहालय ए. एम. 244, चन्द्र, प्रमोद, स्टोन स्कल्पचर इन द इलाहाबाद म्यूजियम, (पूना, 1970) पृ. 153-54.
34. संयुक्त निकाय 10/4, कुमार स्वामी, आनन्द, दि ओरिजिन ऑफ द बुद्ध इमेज, (दिल्ली, 1972) पृ. 12-13.
35. फर्गुसन, जेम्स, हिस्ट्री ऑफ इण्डियन ऐण्ड ईस्टर्न आर्कीटेक्चर, जिल्द-एक, पृ. 53-54.
36. इण्डियन आर्क्यालॉजी, : ए रिव्यू, 1971-72, पृ. 43.

37. रे, निहार रंजन, मौर्य ऐण्ड पोस्ट मौर्य आर्ट, 1975, पृ. 43, चित्र संख्या 13.
38. कौशाम्बी संग्रहालय, बुद्ध पादपीठिका, बुद्ध प्रतिमा।
39. तुलनीय, इण्डियन आर्क्यालॉजी, ए रिव्यू, 1960-1961, पृ. 34, वही, 1961-62, पृ. 51.
40. आर्क्यालॉजिकल सर्वे ऑफ इण्डिया, प्रतिवेदन 1908-09, पृ. 133.
41. आर. स. इ. रि. 1910-11, पृ. 12 फलक 6, चित्र-ब।
42. आ. स. इ. रि. 1910-11, पृ. 17, फलक 9 अ।
43. आ. स. इ. रि. 1907-08, पृ. 127.
44. द्रष्टव्य, कनिंघम, द स्तूप ऑफ भरहुत, फलक 2, चित्र 3.
45. मार्शल, मानूमेण्ट्स ऑफ साँची, जिल्द 1, पृ. 219-220.

अध्याय-5

पूर्वी उत्तर प्रदेश के अभिलेख

हर्ष का विषय है कि कोशल, काशी और वत्स के भौगोलिक कलेवर से निर्मित पूर्वी उत्तर प्रदेश के अतीत की पृष्ठभूमि को प्रशस्त करने में अभिलेखों की महत्त्वपूर्ण भूमिका रही है।

पाषाण, स्तम्भ, मूर्ति, सिक्का, मुहर, ईंट, मृग तथा कतिपय धातुओं पर अभिलेखों का जीता-जागता स्वरूप निहारा जा सकता है, जिनके विहंगमावलोकन से क्षेत्रीय इतिहास, विज्ञान, कला, व्यापार, समाज, वित्त, प्रशासन, तकनीकी, धर्म तथा भौतिक संस्कृति को प्रभाषित करनेवाले कतिपय अन्यान्य पक्षों को नूतन आयाम मिलता है।

अशोक प्रथम भारतीय सम्राट् हैं, जिसके बारे में सर्वाधिक आभिलेखिक साक्ष्य मिलते हैं। उसके स्तम्भ 30 फुट लम्बे और 20 टन वजन हैं, जिनकी पालिश आज भी पूर्व है। अभिलेखों में कतिपय नगरों का वर्णन मिलता है। लुम्बिनी स्तम्भ अभिलेख से बुद्ध की जन्मभूमि कपिलवस्तु न होकर लुम्बिनी प्रमाणित[1] होती है। उसके सारनाथ स्तम्भ अभिलेख में पाटलिपुत्र की चर्चा आयी है।[2] पड़ेरिया अभिलेख से लुम्बिनी और कपिलवस्तु की ऐतिहासिकता[3] पर रोशनी पड़ती है। अशोक के प्रयाग लघु स्तम्भ लेख में कौशाम्बी नगर का स्मरण किया गया है।[4] प्राक् अशोक साहगौरा कांस्य फलक में श्रावस्ती का स्मरण किया गया है। उसके अभिलेखों से प्रादेशिकता का उद्‌बोध होता है। धनदेव का अयोध्या अभिलेख पुष्यमित्र को सेनापति और कोशलाधिप कहता है, जिससे कोशल की पुरातात्त्विक[5] सम्पुष्टि होती है। साकेत का प्रथम पुरातात्त्विक स्मरण सहेट-महेट से प्राप्त बुद्ध प्रतिमा अभिलेख में किया गया है।[6] कनिष्क के सहेट-महेट बुद्ध पाषाण अभिलेख में श्रावस्ती की चर्चा आयी है।[7] उसके सारनाथ बुद्ध प्रतिमा अभिलेख में वाराणसी का स्मरण किया गया है।[8] रेह अभिलेख से ज्ञात होता है कि मेनाण्डर ने समूचे गंगाघाटी पर कब्जा कर लिया था।[9] रोचक तथ्य यह है कि गुप्त राजवंश के शिलालेखों में विजय की चर्चा के परिप्रेक्ष्य में अनेक प्रदेश के स्मरण मिलते हैं।[10] कुमारगुप्त के करमदण्डाभिलेख में अयोध्या का वर्णन आया है।[11] उसके गढ़वा अभिलेख में पाटलिपुत्र नगर का स्मरण किया गया

है।[12] स्कन्दगुप्त के भीतरी स्तम्भ अभिलेख से उत्तराधिकार युद्ध, पुष्यमित्र जाति का आक्रमण और गुप्त वंश वृक्ष पर प्रकाश पड़ता है। बुद्ध गुप्तकालीन दामोदरपुर ताम्रफलक में अयोध्या के कुल पुत्रक अमृतदेव चर्चित[13] है। एन. जी. मजूमदार की खोज से सन् 1938 ई. में पाषाण स्तम्भ लेख चौथी सदी का मिला है, जिसमें कौशाम्बी के राजा वैश्रवण का प्रथम परिचय[14] तथा शुक्तिमती नगरी का सन्दर्भ सुरक्षित मिलता है। उत्तर गुप्त कालीन अपसद अभिलेख में प्रयाग नगर विवेचित हे। मौखरि शासक ईषानवर्मा के हरहा अभिलेख में आन्ध्र, शूलिक, गौड आदि प्रदेशों[15] की जानकारी पढ़ी जा सकती है। हर्ष का मधुबन ताम्र लेख श्रावस्ती भुक्ति जानता है।[16]

आठवीं सदी के पभोसा अभिलेख में प्रयाग सन्दर्भित है।[17] प्रतिहार शासक महेन्द्रपाल के दिधवा दुबौली अभिलेख में श्रावस्ती भुक्ति और पानीयक[18] ग्राम का स्मरण किया गया है। उड़ीसा के शासक महाभवगुप्त के कटक ताम्रफला का अभिलेख[19] में श्रावस्ती मण्डल अभिलिखित मिलता है; जिससे राजपूत-काल में उत्तर भारत में श्रावस्ती की लोकप्रियता का प्रतिभान होता है। गांगेय देव के बनारस प्रशस्ति से ज्ञात होता है कि चेदिराज गांगेयदेव डेढ़ सौ पटरानियों के साथ प्रयाग आकर गंगा में पारलौकिक सुख निमित्त, डूबकर प्राण विसर्जन किया था।[20]

गाहड़वालकालीन ताम्रफलक वाराणसी, फैजाबाद, बाराबंकी, गोरखपुर, देवरिया आदि जैसे भू-भागों से प्राप्त हुए हैं, जिनमें काशी, कोशल, कन्नौज, श्रावस्ती, इन्द्रप्रस्थ, प्रयाग, वाराणसी आदि नगरों का जहाँ स्मरण किया[21] गया है; वहीं दान के प्रसंग में ब्राह्मणों के गोत्र, प्रवर, शाखा, चरण, यमुना, गंगा, सरयू, घाघरा आदि नदियों, आदि केश्वर, कपाल मोचन, त्रिलोचन घाट, वेदेश्वर घाट, अघोरेश्वर, इन्द्रमाधव, लौड़ेश्वर, स्वर्गद्वार, पंचोकार, विश्वनाथ, मुरैठ घाट, त्रिवेणी आदि घाटों और मन्दिरों का सलोना रूप भी मुखर हो उठा है।[22] इन ताम्रफलकों में अमुबली पत्तला, असुरेस पत्तला, अन्तरालय पत्तला, हलदोय पत्तला, पण्डल पत्तला और पश्चिम छप्पन पत्तला[23] से लेकर कतिपय गाँवों का वर्णन दान के प्रसंग में मिलता है। इस काल में ब्राह्मणों को पौराणिक तथा गुप्तकालीन भारत जैसा हाथी, घोड़ा, सोना, मछली, युवतियाँ, वन, उद्यान, सरोवर आदि भौतिक संस्कृति से जुड़े हुए वस्तुओं के दान के बहुल सन्दर्भ पढ़े जा सकते हैं, किन्तु गाहड़वालकालीन ताम्रफलकों में वर्णित पत्तलाओं और गाँवों का भौगोलिक प्रत्यभिज्ञान आज भी इतिहासकारों के लिए महत्त्वपूर्ण शोध चिन्तन है, इस दिशा में अनुसन्धान किया जाना चाहिए।

इस भू-भाग में वैष्णव, शैव, बौद्ध, जैन धर्मपरक मूर्तियाँ प्राप्त हुई हैं। इन मूर्तियों पर महत्त्वपूर्ण लेखों का अंकन किया गया है, जिससे इतिहास एवं संस्कृति को सन्देश मिलता है। सारनाथ से प्राप्त एक पाषाण छत्र पर खुदे अभिलेख में बौद्ध धर्म के चार आर्य सत्यों का उल्लेख मिलता है, जिसकी लिपि कुषाण-काल[24] की है। सहेट-महेट से प्राप्त बुद्ध प्रतिमा अभिलेख के अनुशीलन से श्रावस्ती और कोसम्बकुटी की ऐतिहासिकता

प्रमाणित होती है, बुद्ध के प्रातःकालीन बिहार स्थल, त्रिपिटक ज्ञाता बल भिक्षु द्वारा सर्वस्ति वादिन आचार्यो का सन्दर्भ भी निरूपित मिलता है। यहाँ से प्राप्त विशाल बोधिसत्व प्रतिमा के चरण चौकी पर उत्कीर्ण आलेख से क्षत्रिय बन्धुओं के उपहार की परिपुष्टि होती है। ऐसे ही बुद्ध की एक दूसरी मूर्ति पर कुषाणकालीन लिपि में, साकेत के चद्दर बुननेवाले सिंह देव का स्मरण किया गया है। बोधिसत्व की एक खड़ी प्रतिमा के चरण चौकी पर कुषाण लिपि के अभिलेख से ज्ञात होता है कि वह मूर्ति भिक्षुणीरजी द्वारा अर्पित की गयी थी।[25] अवलोकितेश्वर की मूर्ति पर उत्कीर्ण आलेख में सई वासेक की पुत्रवधू का पवित्र उपहार अभिलिखित मिलता है। अनाथपिण्डक द्वारा जेतवन क्रय किये जाने की चित्रकथा भरहुत स्तूप में उत्कीर्ण मिलती है।[26] इसी प्रकार सारनाथ से प्राप्त एक बुद्ध मूर्ति पर देय धर्मोयम् कुमार गुप्तस्य लेख उत्कीर्ण है, जिससे ज्ञात होता है कि वह मूर्ति कुमार गुप्त के नाम से बनी थी। यहाँ से प्राप्त एक मूर्ति के पीठिका लेख से विदित होता है कि लगभग 5वीं सदी में गृहस्वामी ने इसकी स्थापना की थी। सन् 1836 ई. में धमेख स्तूप के भीतर से ये धर्मः हेतु प्रभवः इत्यादि बौद्ध मन्त्र से अभिलिखित एक शिलापट्ट प्राप्त है। यही मन्त्र कुशीनगर से प्राप्त शिलापट्ट में भी मिलता है। बसन्तपाल के 1026 ई. के अभिलेख में धर्मराजिका स्तूप के जीर्णोद्धार का प्रसंग विवेचित है। इस अभिलेख में बुद्ध के प्रातःकालीन भ्रमण स्थल चंकम का वैसे ही वर्णन है जैसा कि श्रावस्ती और कौशाम्बी से प्राप्त अभिलेखों में। गाहड़वालकालीन राजमहिषी कुमारदेवी का एक शिलालेख भी यहाँ मिला है। इस शिलालेख में मूलगन्ध कुटी महाविहार का स्मरण किया गया है। कुशीनगर में अशोक के स्तूपों और स्तम्भों के निर्माण का सन्दर्भ पढ़ने को मिलता है। मौर्य राजवंश के पतन के लगभग 800 वर्ष बाद चीनी यात्री ह्वेनसांग ने यहाँ अवस्थित तीनों स्तूपों और दो स्तम्भों को देखा था, किन्तु मौर्यकालीन स्तूप एवं स्तम्भों की खोज आज भी पुरातत्त्व जगत् के लिए महत्त्वपूर्ण चुनौती है। यहाँ से प्राप्त निर्वाण प्रतिमा के नीचे महाविहार स्वामिन हरिबल का धार्मिक दान का आलेख उत्कीर्ण मिलता है। गुप्त कालीन बुद्ध की एक खड़ी प्रतिमा के चरणपीठ पर पाँचवीं सदी का मथुरा के एक दीन का दान उत्कीर्ण मिलता है। कौशाम्बी से कुषाणकालीन प्रतिमाएँ प्राप्त हैं। बोधिसत्व की एक प्रतिमा के चरण पीठिका पर कनिष्क के राज्यकाल के दूसरे वर्ष[27] का लेख वैसे ही पढ़ा जा सकता है जैसा कि सारनाथ और श्रावस्ती से प्राप्त प्रतिमा लेख। यहाँ से प्राप्त स्तम्भों पर लेख उत्कीर्ण मिलते हैं। मूर्तियों का पुष्पालंकरण मनमोहक दिखायी पड़ता है। यहाँ से प्राप्त तोरमाण द्वारा जारी किये गये एक मुहर पर घोषिताराम महाविहारे भिक्षु संघस्य आलेख से इस विहार के काल-कवलित होने का संकेत मिलता है। कौशाम्बी से भिक्षु फगल का आयाग पट्ट अभिलेख, भिक्षुणी बुद्ध मित्रा का बौद्ध अभिलेख आदि प्राप्त हैं; जिससे इस भू-भाग में बौद्ध धर्म के विकास की पुष्टि होती है। अभी हाल ही में प्रो. अजय मित्र शास्त्री की खोज से कौशाम्बी में काकदेव, प्रथम सदी, विज्ञान नन्दिन, गुप्तकालीन

राजाओं के सिक्के प्राप्त हुए हैं। इनकी पहचान से कौशाम्बी में इन राजाओं के शासन की पुष्टि होती है। ऐसे ही मानकुँअर बौद्ध प्रतिमा अभिलेख में बुद्ध को नमस्कार, भिक्षु बुद्ध मित्र द्वारा प्रतिमा स्थापना, महाराज कुमारगुप्त के राज्यकाल संवत् 129, ज्येष्ठ मास का अट्ठारहवाँ दिन आदि लिखा मिलता है।[28] भीटा से भी बौद्ध धर्मपरक लेख प्राप्त है। एक मूर्ति अभिलेख में भगवान् पितामह की यह प्रतिमा उगहक नामक श्रेष्ठि की पत्नी उर्यन्तति द्वारा प्रतिष्ठित किये जाने का प्रसंग निरूपित है। देवरिया, भीटा के एक अभिलेख में भी श्री क्षेत्र का सन्दर्भ आया है।

सहेट से प्राप्त गोविन्दचन्द्र के ताम्रफलकाभिलेख में जेतवन महाविहार निमित्त 6 गाँवों के दान दिये जाने का सन्दर्भ पढ़ा जा सकता है।[29]

गढ़वा के एक प्रस्तर फलक पर उकेरे गये परिदृश्य में भिक्षुओं की पंक्ति, हाथों में भिक्षापात्र और उसमें वे भोज्य अन्नों का दान प्राप्त कर रहे हैं आदि का अंकन मिलता है। महाराज वैश्रवण के राज्यकाल का कौशाम्बी स्तम्भ अभिलेख जो चौथी सदी का है, से व्यापारी सूरपाय के पुत्र माघ द्वारा बुद्ध के सम्मान में पाषाण छत्र स्थापित किये जाने की परिपुष्टि होती है। ज्ञातव्य है कि सारनाथ और श्रावस्ती में भी छत्र स्थापना के अभिलेख मिले हैं। इलाहाबाद नगर पालिका संग्रहालय यूप अभिलेख में किसी अज्ञातनामा राजा और उसके मन्त्री शिवदत्त द्वारा अग्निष्टोम किये जाने की चर्चा आयी है।[30] यह राजा कौन है? इस दिशा में अभी तक इतिहासकार मौन हैं। प्रयाग विश्वविद्यालय के संग्रहालय में सुरक्षित भद्रमघ का मूर्ति अभिलेख, मघों को बौद्धोपासक सिद्ध करता है। यहाँ से प्राप्त एक अभिलेख में महाराजस्य श्रीभद्रमघस्य संवत्सरे 83 व (डि.) एतये पुवये जुवासवस्य उमसकस्य खुणुक पुत्रस्य उंझकस्य देय धम इमेण दीयए महासंघे मातपित शव सत्वानं हित सुखए ममच मितिक विहारानं परिग्रहा, आलेख लिपिबद्ध मिलता है,[31] जो व्याकरण के दृष्टिकोण से त्रुटिपूर्ण है।

जहाँ पुराणों[32] में शुंग, मघ तथा गुप्त राजवंश का विवरण पढ़ते है, वहीं आभिलेखिक साक्ष्यों से इन राजवंशों का इतिहास जानने में साहित्य की अपेक्षा अधिक रोशनी पड़ती है। पुराणों में पुष्यमित्र को अश्वमेधकर्त्ता स्वीकार किया गया है, अयोध्या अभिलेख उसे द्विरश्वमेध याजिन[33] कहता है। इसी प्रकार पुराणों में मघों के बुद्धि-वैभव और शक्ति प्रकरण की गौरवपूर्ण पृष्ठभूमि मुखर हो उठी है। विचारणीय तथ्य है कि पुराणों में जहाँ मेघ[34] शब्द है वहीं अभिलेखों और मुद्राओं में मघ राजवंश का स्मरण किया गया है। कतिपय विद्वान्[35] मघ को इस राजवंश का वैसे ही संस्थापक स्वीकार करते हैं जैसा कि गुप्त वंश का संस्थापक श्री गुप्त।

अभिलेखों में वाशिष्ठी पुत्र भीमसेन, पोठश्री भद्रमघ वैश्रवण, शिवमघ तथा भीमवर्मन और मुद्राओं मुहरों में शतमघ, मघ, विजय मघ आदि संयोग से राजानोनवस्य की परिपुष्टि होती है। इलाहाबाद संग्रहालय में भद्रमघ के अभिलेख सुरक्षित मिलते हैं। दो अभिलेख

भग्न हैं तथा तीसरा पूर्णरूपेण शेष है। इन अभिलेखों में महाराजस्य श्री भद्रमघस्य संवत्सरे सप्तांशी, वर्षा पक्ष तृतीये 3 दिवस 5 आदि आलेख मिलता है। ऐसे ही कौशाम्बी के घोषिताराम उत्खनन से भी कतिपय राजाओं के सिक्के और मुहरें प्राप्त हुई हैं जो मघ राजवंश की हैं। यहाँ से प्राप्त कौत्सी पुत्र शिवमघ, धनभूति, वद्धपाल की लेखयुक्त मुहरें प्राप्त हैं, जिनसे इन राजाओं की ऐतिहासिकता प्रमाणित होती है। हस्तिपाल राजा की भी एक मुहर मिली है।[36] भीटा से प्राप्त एक मुहर पर राजानो वाशिष्ठी पुत्रस्य श्री भीमसेनस्य आलेख, तीसरी सदी का मिलता है।[37] भारत कला भवन, वाराणसी में मघवंश के कृष्णसेन, हरिषेण, यज्ञश्री आदि राजाओं की मुहरें सुरक्षित मिलती हैं।

इन सन्दर्भों से गुप्त शक्ति अभ्युदय के पूर्व मघ राजवंश के अस्तित्व की परिपुष्टि होती है। इतिहास की यह जटिल समस्या है कि गुप्तों के अभ्युदय के पूर्व पूर्वी उत्तर प्रदेश में उत्तर शुंग शासकों, नागों, कुषाणों, मघों आदि जैसी शक्तियों में कौन शक्ति हमारे शासक के रूप में जनमानस को आकर्षित करती है? इस परिप्रेक्ष्य में काशीप्रसाद जायसवाल, बेला लाहिरी, सुधाकर चट्टोपाध्याय और किरण कुमार थपलियाल आदि जैसे इतिहासकारों ने उक्त समस्या के हल निमित्त प्रयास किया है, फिर भी इस दिशा में इतिहासकारों का सफल प्रयास नहीं कहा जा सकता है, अभी इस दिशा में खोज की आवश्यकता है। फिलहाल कौशाम्बी से प्राप्त एक पकी हुई मिट्टी की चौकोर मुहर पर महाराजस्य राजति राजस्य देव पुत्रस्य 'कणिष्कस्यं' आलेख भी पढ़ा जा सकता है। यही नहीं गंगा घाटी में आक्रमण करनेवाले मिहिरकुल और तोरमाण की मुहरें भी कौशाम्बी से प्राप्त हुई हैं। यहाँ से प्राप्त एक मुहर पर ब्राह्मी लिपि में प्रथम सदी का आलेख स्थमितस उत्कीर्ण मिलता है। एक मुहर पर राजानो पर्वतस्य लेख जहाँ खुदा हुआ है वहीं सिक्के पर भी पर्वत राजा का उल्लेख उसके ऐतिहासिक स्वरूप को स्वीकार करता है। राजघाट, वाराणसी से प्राप्त एक मुहर पर भी पर्वतकस्य, 200 ई.पू. आलेख प्राप्त है। यह पर्वतक राजा कौन है? जिसके अवशेष कौशाम्बी और वाराणसी से प्राप्त हुए हैं, शोध का विषय है। श्रावस्ती से प्राप्त एक मुहर बलदत्तस, 300-200 ई.पू. का लेख उत्कीर्ण है।[38] इन राजाओं के सिक्कों और मुहरों पर यद्यपि इतिहासकारों ने प्रकाश डाला है फिर भी सामाजिक, वैज्ञानिक तथा कलात्मक दृष्टिकोण से अपूर्ण प्रयास रहा है।

काशी में अयोध्या के राजाओं की मुहरें प्राप्त हुई हैं जहाँ, यहाँ के उत्तर शुंग शासक मित्रदेव, नामान्तधारी सिक्कों पर वर्णित है वहीं राजघाट की खुदाई से इन राजाओं की मुहरें भी मिली हैं। एक मुहर पर ज्येष्ठ मित्रस्य 200 ई. का लेख मिलता है। राजा अश्वघोष की मुहर प्राप्त है; जिसे इलाहाबाद संग्रहालय में देखा जा सकता है। अभय राजा के मुहर पर राजानो अभय आलेख पठनीय है। एक पकी हुई मुहर के ऊपरी भाग में धनदेवस्य लेख खुदा हुआ है। अयोध्या के सिक्कों में भी धनदेव का परिचय मिलता है। भारत कला भवन, वाराणसी में सुरक्षित अयोध्या के राजा फल्गुमित्र की मुहर पर फल्गुमित्रस्य लेख लिखा हुआ

है। इसी प्रकार विजयमित्र, शिवमित्र, विष्णुमित्र, संघमित्र, पुष्यमित्र आदि राजाओं की मुहरें अयोध्या के उत्तर शुंग शासकों के वंश वृक्ष पर अच्छा-खासा प्रकाश डालती हैं, भीतरी गाजीपुर से प्राप्त गुप्त शासक कुमारगुप्त तृतीय के ताम्र-चांदी के मुहर पर गुप्त राजाओं का वंश वृक्ष निरूपित मिलता है।[39] कभी-कभी मुहरों से नगरों की ऐतिहासिकता भी प्रमाणित होती है, जैसे पिपरहवा को खुदाई से ओं देवपुत्र विहारे कपिलवस्तु भिक्षु संघस्य, ब्राह्मी लिपि प्रथम सदी के लेख से कपिलवस्तु नगरी की ऐतिहासिकता सिद्ध होती है।[40] गनवरिया, बस्ती से प्राप्त एक मुहर पर अग्र भाग में त्रिशूलधारी देवता और पृष्ठ भाग में कफुसुत विमस आलेख प्रथम सदी के खुदे हुए हैं।[41] शृंगवेरपुर से प्राप्त एक मुहर पर ब्राह्मी लिपि में शवरकस्य, तीसरी सदी का लेख मिलता है।[42]

कसया से प्राप्त दो पकी हुई मुहरों जिन पर बुद्ध के कफन का प्रतीक दो शाल वृक्षों के बीच में अंकित मिलता है। इन पर महापरिनिर्वाण भिक्षु संघ[43] और महापरिनिर्वाण भिक्षु संघस्य आलेख मिलते हैं। इसी प्रकार सारनाथ में मिट्टी की एक मुहर मिली है जिस पर 12वीं सदी की लिपि में धमांकं जयतु आलेख के आधार पर प्रो. वी. एस. अग्रवाल इसे धमेख स्तूप से जोड़ते हैं। पिलीण्डिका, राजगृह स्थान से प्राप्त एक मुहर पर श्रावस्ती भुक्ति न्यायाधिकरणस्य गुप्त शैली के आलेख से श्रावस्ती भुक्ति के न्यायाधिकारी का परिचय मिलता है। इसी प्रकार राजघाट, वाराणसी से प्राप्त तथा भारत कला भवन में सुरक्षित एक मुहर पर जहाँ गज लक्ष्मी का अभिषेक करते हुए चित्रित है, वहीं वाराणस्याधिकरणस्य लेख गुप्त शैली में पढ़ा जा सकता है जिससे वाराणसी के अधिकारी की जानकारी होती है। कभी-कभी रानियों का नाम भी मुहर पर खोदा जाता था। राजघाट मुहर पर औखारिका रानी की चर्चा आयी है।[44]

शैक्षिक गतिविधियों की भी जानकारी मुहरों से मिलती है। इस परिप्रेक्ष्य में कहरहार, प्रतापगढ़ से प्राप्त एक मुहर पर त्रैविद्या और राजघाट से प्राप्त मुहर पर उत्कीर्ण चरण आलेख उदाहरण के रूप में हैं। ऐसे ही इलाहाबाद संग्रहालय में एक ऐसी मुहर प्राप्त है जिस पर आचार्य और दो शिशु छात्र वृक्ष की छाया में बैठकर अध्ययनरत अंकित किये गये हैं। छान्दोग्य चरण और सामवेद के सम्बन्ध में राजघाट से मुहर प्राप्त है। इसी प्रकार व्यापार और भौतिक प्रगति को प्रमाणित करनेवाली निगम प्रकार की मुहरें भीटा, राजघाट और झूँसी से मिली हुई हैं। कनिष्क की कौशाम्बी और कपिलवस्तु से प्राप्त मुहरों पर देव पुत्र उत्कीर्ण लेख से राजा के देवत्व का परिचय मिलता है। राजा की उपाधियाँ श्री, राजन, नृपति, महाराज, महाराजाधिराज, क्षत्रप आदि सिक्कों, शिलालेखों और मुहरों में भी दर्शायी गयी है।[45]

मधुबन ताम्रफलकाभिलेख में हर्ष को परमभट्टारक महाराजाधिराज कहा गया है।[46] गाहड़वाल काल के आते-आते ताम्रफलकों पर परमभट्टारक महाराजाधिराज, परमभट्टारक

महाराजाधिराज परमेश्वर परम माहेश्वर अश्वपति गजपति नरपति राजत्रयाधिपति विविधि विद्या विचार वाचस्पति[47] आदि जैसी उपाधियों को धारण करने में चन्द्रदेव, गोविन्दचन्द्र और जयचन्द गर्व का अनुभव करते थे। जहाँ मुहरों पर रानी को महादेवी के रूप में गौरवान्वित किया गया है, वहीं गुप्तकालीन शिलालेखों में भी रानी को महादेवी की उपाधि प्रदान की गयी है। युवराज का सन्दर्भ भी पढ़ा जा सकता है। राजघाट, वाराणसी से प्राप्त एक मुहर में युवराज मधु का सन्दर्भ[48] आया है। कसया, भीटा और राजघाट से प्राप्त मुहरों पर प्रतिहार, अमात्य, आयुक्त, अश्वपति, महाश्वपति, कुमारामात्य, दण्डनायक, सेनापति, महासेनापति आदि का परिचय जहाँ सुरक्षित मिलता है, वहीं गुप्तकालीन शिलालेखों में खाद्यतट पाकिक, महादण्डनायक, सान्धिविग्रहिक, कुमारामात्य आदि जैसे प्रशासनिक अधिकारियों का परिचय मिलता है। कुमारगुप्त के करमदण्डाभिलेख में कुमारामात्य पृथ्वीषेण[49] और मानकुँवर अभिलेख में कुमारगुप्त के महाराज उपाधि का सन्दर्भ भी पढ़ा जा सकता है। पुष्यमित्र शुंग प्रथम आभिलेखिक सेनापति हैं जिसकी चर्चा अयोध्या अभिलेख करता है। गढ़वा से प्राप्त अभिलेखों में चन्द्रगुप्त द्वितीय और कुमारगुप्त को परमभागवत तथा महाराजाधिराज, उपाधि से विभूषित किया गया है; वहीं मातृदास को दीनार दान दिये जाने तथा स्कन्दगुप्त के भीतरी अभिलेख में अनन्त स्वामी पादं प्रतिष्ठाप्य आदि की पुरातात्त्विक पृष्ठभूमि से विष्णु मन्दिर निर्माण की सम्पुष्टि होती है। समुद्र गुप्त के प्रयाग प्रशस्ति में प्रशस्ति रचनाकार हरिषेण, महादण्डनायक ध्रुवभूति का पुत्र और समुद्रगुप्त का कुमारामात्य एवं सान्धिविग्रहिक का भी परिचय सुरक्षित मिलता है। स्कन्दगुप्त का कहोम अभिलेख उसके समृद्धिशाली तथा शान्तिमय प्रशासन की ओर इशारा करता है।[50] ईषान वर्मा का हरहा अभिलेख मौखरियों का सम्बन्ध सूर्यवंश से जोड़ता है जिसके राजा अश्वपति थे, उन्हीं अश्वपति के सैकड़ों पुत्रों में मुखर भी था। जिससे मौखरियों की उत्पत्ति हुई। इस अभिलेख में मौखरिवंश वृक्ष, शिव मन्दिर[51] निर्माण, ईषान वर्मा के विजयों का अतिरंजनापूर्ण वर्णन मिलता है। ईषान वर्मा के काल में गुप्त शासकों जैसा ही यज्ञीय क्रिया-कलाप और वेद सुप्रतिष्ठित थे। ईश्वर वर्मा का जौनपुर अभिलेख उसके व्यक्तित्व और विजयों को प्रभासित करता है। इसी प्रकार सम्राट् हर्ष के राजनीति एवं सांस्कृतिक गतिविधियों की जहाँ बाणभट्ट एवं ह्वेनसांग ने जानकारी दी है वहीं मधुबन ताम्रफलकाभिलेख से उसके वंश वृक्ष पर नयी रोशनी पड़ती है। वंश वृक्ष नरवर्द्धन और उसकी राजमहिषी वज्रिणी देवी से जारी होता है, वहीं प्रभाकरवर्द्धन, यशोमती देवी, राजवर्द्धन और हर्ष के सन्दर्भ से अन्त होता है। हर्ष की परमभट्टारक महाराजाधिराज उपाधि अंकित है। श्रावस्ती भुक्ति, कुण्डधानी विषय, सोमकुण्डिका गाँव का भी सन्दर्भ मिलता है। इस गाँव के दान के समय उपस्थित महासामन्त महाराजा प्रमातार, कुमारामात्य, परिकर विषयपति भट चाट, सेवक, दूत, महासामन्त श्री स्कन्दगुप्त महाक्षपटलिक सामन्त महाराजेश्वर गुप्त आदि जैसे अधिकारियों और सेवकों की जानकारी मिलती है। आठवीं सदी के एक अभिलेख से ज्ञात होता है कि अयोध्या के तीन व्यापारी बन्धु व्यापार के

सिलसिले में ताम्रलिप्ति गये। वहाँ वे एक गाँव में रुके थे। भाग्य में परिवर्तन आया और वे वहीं स्थानीय राजा हो गये।[52]

गाहड़वालकालीन ताम्रफलकों में भी राज्य के समस्त अधिकारियों का दान के समय उपस्थित होना दर्शाया गया है; इसके साथ-साथ विष्णु, शिव, लक्ष्मी, रामभद्र, गरुड़ और वसुधा आदि देवी-देवताओं की वन्दना, भाग-भोग, हिरण्य, प्रावरणा और तुरुष्क दण्ड जैसे कराभिधान, वनस्पतियों, जीव-जन्तु, धातुओं, रासायनिक पदार्थों आदि के वितरण से तत्कालीन भौतिक प्रगति का सहज ही आकलन होता है। इस भू-भाग में स्तम्भों और कांस्यफलकों पर भी प्रशासनिक आदेश उत्कीर्ण किये जाने की परम्परा विद्यमान थी। अशोक की रानी का प्रयाग स्तम्भ लेख में देवताओं के प्रिय अशोक की आज्ञा महामात्रों को सर्वत्र कहने के लिए निरूपण मिलता है। द्वितीय देवी, तीवर माता, कालुवा की द्वारा प्रदत्त आम्रवाटिका, विश्रामगृह और दानगृह आदि की गणना अवश्य की जानी चाहिए; विशेष रूप से अंकित है। साहगौरा कांस्यफलक में मनवसिति जय स्कन्धावार से श्रावस्ती के महामात्र को वंशग्राम में स्थापित कोष्ठागार से तिकबेनी, माधुर, चंचु, मयुदाम और भल्लक ग्रामों में दुर्भिक्ष और आपत्ति काल में अनाज वितरित किये जाने का आदेश अभिलिखित मिलता है।[53]

अशोक के प्रयाग लघुस्तम्भ अभिलेख में कौशाम्बी के महामात्य के प्रति आदेशात्मक कार्यवाही का वर्णन आया है। अभिलेखों से धार्मिक पहलुओं पर भी प्रकाश पड़ता है। साहित्य में जिन देवी-देवताओं के पूजा का प्रसंग दर्शाया गया है; शिलालेखों, सिक्कों और मुहरों में भी ये देवता पूजा के विषय रहे हैं। इस भू-भाग में विष्णु, शिव, गणेश, कार्तिकेय, लक्ष्मी, सरस्वती, यक्ष, यक्षिणी, नाग और नागिन जैसे देवी-देवता, मूर्तियों, भित्तिचित्रों से लेकर सिक्कों पर जनमानस पर आस्था एवं आकर्षण के केन्द्र के रूप में सम्पूज्य रहे हैं। पिपरहवा अस्थिकलश अभिलेख में बुद्ध के परिवारजनों द्वारा उनके अवशेष को कलश में रखने का[54] वर्णन है। अशोक का रूम्मिनदेई स्तम्भ लेख उसके लुम्बिनी यात्रा और भूमि कर 1/8 करने की चर्चा करता है।

पुष्यमित्र शुंग ने दो अश्वमेध सम्पादित किया था; इस तथ्य की जानकारी धनदेव के अयोध्या पाषाण अभिलेख से होती हे। उत्तर शुंग शासक मित्र और देव नामान्तधारी राजाओं के सिक्कों पर लक्ष्मी, वायु, हाथी, इन्द्र, वेदिका, नन्दी, नदी आदि के चित्रण से उनके उपासना का परिचय मिलता है।[55] गुप्त राजाओं को अभिलेखों में परम भागवत कहा गया है, वहीं कुमारगुप्त के करमदण्डाभिलेख से उसके शैव धर्म होने का संकेत मिलता है। सारनाथ से प्राप्त बुद्ध प्रतिमा अभिलेख से वह बौद्ध धर्म के प्रति भी सहिष्णु सिद्ध होता है। स्कन्दगुप्त का भीतरी स्तम्भ अभिलेख, उसके द्वारा भगवान् शार्डिन के प्रतिमा स्थापना का सन्दर्भ प्रस्तुत करता है, अभी हाल ही में प्रो. वी. पी. सिन्हा ने भीतरी स्तम्भ से थोड़ी दूर पर उत्खनन के माध्यम से कृष्ण, वसुदेव और देवकी का शिलाफलक प्राप्त

किया है, जिसमें वसुदेव, बालकृष्ण को देवकी के हाथ से ग्रहण कर रहे हैं, का चित्र उकेरा गया है। इसी प्रकार गुप्तकाल से लेकर लगभग 12वीं सदी तक इस क्षेत्र में विष्णु उपासना प्रचलित रही। गढ़वा से प्राचीन मन्दिर का अवशेष प्राप्त हुआ है जो गाहड़वाल शासक गोविन्दचन्द्र के राज्यकाल का है, जैसा कि शिलालेख से पुष्टि समोचीन है। गुप्तकालीन सिक्कों पर लक्ष्मी, दुर्गा, जलजन्तुवाहिनी, मकरवाहिनी आदि जैसी देवियों[55] का चित्रण जहाँ सुलभ है वहीं शिलालेखों के आधार पर बौद्ध तथा जैन धर्म के विकास सम्बन्धी तथ्यों की पुष्टि होती है। ईषान वर्मा के हरहा अभिलेख से इस क्षेत्र में शैव पूजा का परिचय मिलता है। काशी में शैवधर्मपरक प्राप्त कतिपय मुहरें इस भू-भाग को शैवोपासना का केन्द्र सिद्ध करती हैं। श्रावस्ती से प्राप्त एक शिवलिंग पर गुप्तकालीन आलेख भगवतो अन्धकेश्वरस्य पठनीय है। प्रतिहार शासक मिहिरभोज के आदि वाराह प्रकार के सिक्के गोण्डा जनपद से प्राप्त हुए हैं, जिससे विष्णु पूजा का प्रतिभान होता है। गाहड़वालकालीन ताम्रफलकों में लक्ष्मी, विष्णु, वासुदेव, शिव, रामभद्र तथा वसुन्धरा आदि जैसे देवताओं और देवियों की वन्दना की गयी है। विष्णु के वाहन तथा वाद्य गरुड़ एवं शंख का चिह्न भी कहीं-कहीं इन ताम्रफलकों, अभिलेखों पर उत्कीर्ण मिलता है, फिलहाल इससे यह निष्कर्ष नहीं निकालना चाहिए कि इस काल में वैदिक देवता ही पूजा के विषय थे। कतिपय ऐसे प्रमाण भी मिलते हैं जिनके आलोक में बौद्ध धर्म के प्रचलन की पुष्टि जैसा कि कुशीनगर से प्राप्त कलचुरिकालीन अभिलेख पर उत्कीर्ण ओम् नमो रुद्राय, नमो बुद्धाय आलेख से होती है। तदन्तर पुरूरवा-आयु-कार्तवीर्य, शंकरगण... लक्ष्मण राजदेव तृतीय का वंशवृक्ष पठनीय है।[56]

कौशाम्बी से प्राप्त एक अभिलेख से विदित होता है कि कुशपाल के पुत्र गोती पुत गृहस्थ व्यापारी[57] ने यक्ष मणिभर की एक वेदिका बनवाया था। यहाँ के एक स्तम्भ पर लगभग सातवीं सदी का ओं यक्षते स्तम्भ इदं आलेख इस भू-भाग में यक्ष पूजा की परिपुष्टि करता है। यक्षों की भाँति नाग पूजा भी इस क्षेत्र की महत्त्वपूर्ण उपासना थी। साहित्य में नागों का जहाँ बार-बार सन्दर्भ पढ़ने को मिलता है, वहीं बौद्ध जैन धर्मपरक मूर्तियों में नाग देवता, उनके रक्षक के रूप में अभिचित्रित हैं। राज्य संग्रहालय लखनऊ में तक्षक मूर्ति है, जिस पर सिद्धम्... श्री तक्षक नाग दण्ड,[58] आठवीं सदी के उत्कीर्ण अभिलेख से तक्षक नाग की ऐतिहासिकता पर रोशनी पड़ती है। इस क्षेत्र में जैनोपासना के कतिपय पुरातात्त्विक सन्दर्भ मिलते हैं। प्रो. लाल की खोज से अयोध्या में, कायोत्सर्ग मुद्रा में जिन केवलिन की प्रतिमा प्राप्त है, जो भारत में अपने किस्म की सबसे प्राचीनतम जैन मूर्ति यानी 400 ई. पूर्व की है। बाराबंकी, गढ़वा, काशी तथा श्रावस्ती जैनोपासना के केन्द्र रहे हैं। इस तथ्य की पुष्टि यहाँ से प्राप्त प्रतिमाओं से की जा सकती है। स्कन्दगुप्त के कहौम स्तम्भ अभिलेख के ऊपर भाग पर पाँच नग्न जैन मूर्ति खुदी हुई हैं, जो गुप्तकाल में जैनोपासना को सिद्ध करती हैं।

गुप्तों के अश्वमेध की परिपुष्टि राजसंग्रहालय लखनऊ में सुरक्षित एक अश्वमेध प्रकार के पाषाण अश्व मूर्ति के समीचीन हैं, जिस पर शंखलिपि में महेन्द्रादित्य लेख पढ़ा जा सकता है। बिट्रिश संग्रहालय लन्दन के एक शिलापट्ट पर प्रयाग का तीर्थराज के रूप में अंकन मिलता है। इस भू-भाग में गुप्त और गाहड़वाल काल में कतिपय मन्दिर और विहार निश्चित रूप से विद्यमान रहे हैं, जैसाकि चीनी यात्री ह्वेनसांग ने अपने यात्रा विवरण में यहाँ के कौशाम्बी, कपिलवस्तु, कुशीनगर और वाराणसी आदि जैसे नगरों में मन्दिरों और विहारों की चर्चा करता है, इनकी खोज करना पुरातत्त्ववेत्ताओं के लिए महत्त्वपूर्ण देन होगी।

इस भू-भाग में मुस्लिम राजवंशों के शिलालेख भी प्राप्त हुए हैं। लोरपुर, फैजाबाद से फिरोजशाह तुगलककालीन ताज फरीद द्वारा सजोली कस्बे के निर्माण विषयक शिलालेख को आठ खम्भे पर टिके हुए मकबरा में आज भी देखा जा सकता है। इस शिलालेख में उस्त्र-इ-दोहआबी का सन्दर्भ भी पढ़ा जा सकता है।[59]

अयोध्या के एक ऐतिहासिक इमारत में बाबर का शिलालेख उट्टंकित था; जैसा कि इतिहासकारों की अवधारणा रही है, किन्तु अन्वेषक की नूतन गवेषणा से विदित होता है कि बाबर अयोध्या कभी नहीं आया था। उसने यहाँ मस्जिद नहीं बनवायी थी। भीतरी शिलालेख में बु अद खेर बाकी चुसाले विनायस से इमारत के निर्माण की अवधि 735 हिजरी यानी 1357 ई. ठहरती है। मजे की बात तो यह है कि उस समय बाबर का जन्म भी नहीं हुआ था तो फिर कैसे मस्जिद बनवाया? बाहरी शिलालेख में फसाना दर जहाँ बाबर कलन्दर के काव्यपाठ से ज्ञात होता है कि इस स्मारक के निर्माण के पहले ही बाबर और कलन्दर दिवंगत हो चुके थे। ऐसी अवस्था में यह शिलालेख नकली सिद्ध होता है। शाह आलम द्वितीय के काल (1785-86 ई.) के एक शिलालेख में वजीर याहया खाँ के नायब अमरूद्दौला द्वारा अयोध्या में एक मस्जिद निर्माण की चर्चा आयी है। नवाब शुजा, आसफुद्दौला के काल में जबरदस्त खाँ, और मिर्जा नूरबेग द्वारा अयोध्या में मस्जिद निर्माण के शिलालेख मिलते हैं। लगभग 1656 के रसूलपुर दरगाह शिलालेख से इस क्षेत्र में इस्लाम धर्म की आभिलेखिक सम्पुष्टि होती है। जहाँ आइने अकबरी में अयोध्या में शीश और अयूब की मजारें चर्चित हैं, वहीं यहाँ के मणिपर्वत स्थल से दो शिलालेख प्राप्त हैं। एक शिलापट्ट पर फारसी लिपि में आगा मुहम्मद शैद निशापुरी की पुत्री शमशुनिशाँ खाँ और दूसरे शिलालेख में सद कुलवंशजा बीबी नामक महिला के दिवंगत होने की चर्चा है। अयोध्या से प्राप्त कतिपय फरमानों के अनुशीलन से ज्ञात होता है कि आधुनिक अयोध्या के निर्माता नवाब थे। इसी प्रकार इलाहाबाद में अवस्थित कड़ा स्थान से प्राप्त अकबरकालीन ताम्रफलकाभिलेख में रीवा के राजा रामचन्द्र का दान अभिलिखित मिलता है।[60] राजा यशपाल का अभिलेख, भारतीय संग्रहालय कलकत्ता में देखा जा सकता है। ख्वाजा कड़क की मजार का अरबीलेख इस्लाम धर्म के फैलाव को दर्शाता है। फिरोज शाह

तुगलक के समय काजी हसमुद्दीन द्वारा कोई इनाम में एक मस्जिद निर्माण की चर्चा एक फारसी शिलालेख में आयी है।

कौशाम्बी से प्राप्त अकबरकालीन एक अभिलेख में जहाँ एक स्वर्णकार का वंश वृक्ष निरूपित है, वहीं कौशाम्बीपुर का भी वर्णन मिलता है।[61]

जौनपुर के जामा मस्जिद के शिलालेख से उसके निर्माण की अवधि 778 हिजरी[62] प्रकट होती है। मौखरि शासक ईश्वर वर्मा का भी शिलालेख इस मस्जिद में उत्कीर्ण है। अटाला मस्जिद के शिलालेख उसे फिरोज शाह द्वारा निर्मित सिद्ध[63] करते हैं। जामी और बीबी राजी मस्जिदों में भी शिलालेख जड़े हुए हैं। जाफराबाद में मखदूमशाह के दरगाह के अग्रभाग में फारसी लिपि में उत्कीर्ण लेख इसकी ऐतिहासिकता प्रमाणित करता है। आजमगढ़ के कस्बा निगुन गाँव से एक मस्जिद में हुमायूँकालीन लेख उत्कीर्ण मिलता है। बंगाल के प्रशासक हुसेनशाह के पुत्र नुसरत के काल में खान-इ-आजम खान द्वारा एक मस्जिद निर्माण सम्बन्धित शिलालेख खरीद गाँव में प्राप्त है। राजघाट, वाराणसी में स्थित बिहार के दो मेहराब पर कुरान की आयतें[64] लिखी मिलती हैं। यहाँ अवस्थित द्रौपदी कुण्ड का निर्माण टोडरमल के आदेश पर गोविन्ददास ने किया था, जैसा कि संवत् 1646 के एक संस्कृत शिलालेख से पुष्टि होती है। पिण्डरा स्थल से शाहजहाँकालीन शिलालेख मिलता है जिसमें मस्जिद निर्माण की बात अभिलिखित है। सैय्यद राज दरगाह से भी शिलालेख प्राप्त है। प्रतापगढ़ के मानिकपुर स्थल में राजा सैय्यद नूर के मजार पर उत्कीर्ण शिलालेख से इस कस्बे में मस्जिदों के बाहुल्य होने के प्रमाण मिलते है। बाराबंकी के सराय अकबराबाद में एक शिलालेख से अकबर द्वारा मस्जिद निर्माण का सन्दर्भ पठनीय है। कुरसी में शाहजहाँ, आलमगीर और सआदत अली खॉ द्वारा मस्जिद निर्माण के फारसी शिलालेख पढ़े जा सकते हैं। चुनार, मिर्जापुर से प्राप्त मुगल और नवाबी काल के शिलालेख, भवन निर्माण की[65] पुष्टि करते हैं। प्राचीन अभिलेखों में तिथि, मास, संवत्, पक्ष, ऋतुओं, वनस्पतियों और जीव-जन्तुओं आदि के विवरण से तत्कालीन भौतिक प्रगति का परिचय मिलता है।

रोचक तथ्य यह है कि इस भू-भाग में कभी-कभी ईंटों पर राजा का नाम उत्कीर्ण किये जाने की परम्परा लोकमानस में विद्यमान थी। भीतरी, गाजीपुर से प्राप्त एक ईंट पर कुमारगुप्त का नाम खुदा हुआ मिलता है। प्रो. के. डी. वाजपेयी ने अग्निमित्र उत्कीर्ण ईंटों की खोज किया है।

सिक्कों पर उत्कीर्ण लेखों से राजाओं का नाम, शासन, कला और समृद्ध वित्त व्यवस्था का परिचय मिलता है। प्राक् मौर्य एवं मौर्यकालीन सिक्कों का पुरातात्त्विक अनुशीलन पुरातत्त्व के लिए महत्त्वपूर्ण चुनौती है। अयोध्या से प्राप्त उत्तर शुंग शासकों के सिक्कों पर मूलदेव, विशाखदेव, धनदेव, वायुदेव, शिवदत्त, नरदत्त, सत्यमित्र और राजन्य कुमुदसेन आलेख उत्कीर्ण मिलता है। अन्वेषक की खोज से सत्यमित्र और आयुमित्र के

सिक्के प्राप्त हुए हैं। विशाखदेव और शिवदत्त के सिक्कों पर लक्ष्मी सम्मुख खड़ी और बैठी हुई हैं। हाथी उसका अभिषेक कर रहा है। जिससे समृद्ध राज्य व्यवस्था की परिपुष्टि होती है। कुषाण शासकों के सिक्के समूचे पूर्वी उत्तर प्रदेश में पाये गये हैं। चन्द्रगुप्त के राजा-रानी प्रकार के सिक्कों पर राजा का नाम बायें हाथ के नीचे चन्द्र, राजमहिषी कुमारदेवी का नाम उसकी खड़ी आकृति के पीछे श्री कुमारदेवी उत्कीर्ण मिलता है।

समुद्रगुप्त के दण्डधर सिक्कों पर राजा के बाँह के नीचे समुद्र और ध्वजदण्ड के बाहर गुप्त लेख पढ़ा जा सकता है। उसके अश्वमेध प्रकार के सिक्कों पर राजाधिराज पृथिवीमजित्वा दिवं जयत्य आलेख कलात्मक दृष्टिकोण से सराहनीय एवं पठनीय है। चन्द्रगुप्त द्वितीय के धनुर्धारी प्रकार के स्वर्ण सिक्कों पर देव श्री महाराजाधिराज श्री चन्द्रगुप्तः तथा श्री विक्रमः आलेख पठनीय है। चन्द्रगुप्त द्वितीय के सिंह निहन्ता सिक्के, जौनपुर, कोटवा, मिर्जापुर से प्राप्त हैं। इस कोटि के सिक्कों पर नरेन्द्रचन्द्रः प्रथित रणो रणे जयत्य जेयो भुवि सिंह विक्रमः आलेख लिपिबद्ध मिलता है। चन्द्रगुप्त द्वितीय के अश्वारोही प्रकार के सिक्कों पर परम भागवत महाराजाधिराज श्री चन्द्रगुप्त आलेख मिलता है। उसके राजा-रानी प्रकार, पर्यंकासीन पर परम ...भग...श्री चन्द्रगुप्तः लेख टंकित है। राजा के पीछे किनारे पर श्रीवि राजा के पीछे क्रमः लेख उसके उपाधि की ओर इशारा करता है। ध्वजधारी प्रकार की मुद्रा में राजा के बायें हाथ के नीचे लम्बाई में चन्द्रगुप्त लिखा है। साथ-साथ वसुधा-विजित्य जयत्त्रदव पृथवस्वरः तथा पृष्ठ भाग पर परम भागदेव लेख खुदा हुआ है। चन्द्रगुप्त द्वितीय का चाँदी का सिक्का अयोध्या से प्राप्त हुआ है। इस पर परम भागवत महाराजाधिराज श्री चन्द्रगुप्त लेख पढ़ा जा सकता है। उसके छत्रधारी प्रकार के ताँबे के सिक्के पर महाराज श्री चन्द्रगुप्तः लेख पढ़ा जा सकता है।

कुमारगुप्त प्रथम की धनुर्धारी प्रकार की स्वर्ण मुद्रा पर राजा के बायें हाथ के नीचे 'कुमार' लेख पठनीय है। पृष्ठ भाग पर विजितांवनि निखनपति कुमार गुप्तो दिवं जयति लेख खुदा हुआ है। उसके अश्वारोही प्रकार के सिक्के पर गुप्तकुलामलचन्द्रो महेन्द्र कुर्माजितो जयति आलेख टंकित मिलता है। उसके कार्तिकेय प्रकार के सिक्कों पर कुमारगुप्त मोर को खिलाता हुआ दर्शाया गया है। पुरोभाग में जयति स्व गुणों गुण ... महेन्द्र कुमार लेख जहाँ उत्कीर्ण है, वहीं पृष्ठ भाग पर[66] कार्तिकेय का चित्र अवलोकनीय है। गुप्तकालीन सिक्के, पूर्वी उत्तर प्रदेश के टाण्डा, बस्ती, गोरखपुर, कोटवा, अयोध्या और जौनपुर से प्राप्त हैं। भितौरा से जहाँ मौखरियों के सिक्कों का ढेर मिला है, वहीं भितौरा (अम्बेडकर नगर) से प्रतापशील और शीलादित्य के सिक्के भी प्राप्त हुए हैं, जो हर्ष के काल के हैं।

शृंगवेरपुर से गाहड़वालकालीन 13 चाँदी के सिक्के प्राप्त हुए हैं।[67] यद्यपि गाहड़वाल के राजनीतिक इतिहास पर रोमा नियोगी ने सराहनीय कार्य किया है, किन्तु गाहड़वालकालीन पूर्वी उत्तर प्रदेश के अयोध्या, काशी, प्रयाग, जौनपुर आदि जैसे नगरों में पुरातात्त्विक शोध से निश्चित रूप से तत्कालीन सांस्कृतिक इतिहास को नूतन दिशा मिलेगी।

दिल्ली के सुल्तान, मुगल और नवाबी शासन के सिक्के भी इस क्षेत्र से प्राप्त हुए हैं। अन्वेषक की खोज से टाण्डा क्षेत्र से मसूद शाह का एक सिक्का प्राप्त हुआ है। सिक्के के अग्रभाग पर अज सुल्तानुलआजम अलाउदुनिया व दीन तथा पृष्ठ भाग पर अलमुतसिन अमीरआलमिनीन आलेख लिपिबद्ध मिलता है। गुलामवंश के शासक इल्तुतमिश के एक सिक्के की खोज अन्वेषक ने किया है। अयोध्या से प्राप्त सिक्के के अग्र भाग पर सुरिताण स्त्री समस दिण तथा पृष्ठ भाग पर स्त्री हमीर आलेख के साथ-साथ अश्वारोही चौहान अभिवर्णित[68] है, जिससे इल्तुतमिश द्वारा अवध के राजपूतों पर विजय की परिपुष्टि होती है। टाण्डा, फैजाबाद से दिल्ली के सुल्तानों के 250 चाँदी के सिक्के प्राप्त हुए हैं। अयोध्या से प्राप्त एक सिक्के पर दास्ल खिलाफत लेख उत्कीर्ण मिलता है। उल्लेखनीय है कि हुमायूँ से लेकर फर्रुखसियर तक के सिक्कों पर यह आलेख लखनऊ नगर के लिए प्रयुक्त हुआ है। जौनपुर के शर्की सुल्तान इब्राहीम शाह का एक सिक्का अन्वेषक के सर्वेक्षण से अयोध्या में प्राप्त हुआ है। सिक्के के पृष्ठ भाग पर खलीफा अब्दुल फतह लेख पढ़ा जा सकता है, जिससे विदित होता है कि खलीफा अब्दुल फतह इब्राहीम शाह के काल में अवध का सूबेदार रहा होगा।

यहाँ से प्राप्त ताँबे के सिक्के पर अग्र भाग पर 911 हिजरी और पृष्ठ भाग पर सुल्तान मोहम्मद जलाल आलेख लिपिबद्ध मिलता है। चाँदी के एक सिक्के पर अग्र में 1116 हिजरी और पृष्ठ भाग में 48 जूलूस लेख खुदा है। अयोध्या से प्राप्त एक चौकोर सिक्के पर मध्य भाग में लाइला-ही इल्लल्लाह मुहम्मद रसूल्लाह लेख खुदा हुआ है। चारों कोनों पर मुहम्मद साहब के चारों खलीफा अबूबकर, उमर उसमान और अली अभिलिखित हैं। सिक्के के पृष्ठ भाग पर मुहम्मद बादशाह जलालुउद्दीन गाजी लेख टंकित है। ऐसा प्रतीत होता है कि यह सिक्का जहाँगीर के धार्मिक विश्वास की ओर इशारा करता है।[69]

अन्वेषक की खोज से अयोध्या में औरंगजेब का एक सिक्का मिला है, सिक्के के अग्रभाग पर सिक्क-ए-औरंग तथा पृष्ठ भाग पर जेब लेख उत्कीर्ण मिलता है। मुस्लिम आक्रान्ता नादिरशाह और माधवराव पेशवा के सिक्के भी अन्वेषक की खोज से प्राप्त हुए हैं। प्रथम सिक्के के अग्रभाग पर नादिरशाह और पृष्ठ भाग पर पुष्पालंकरण एवं चाँद (पवित्रता का सूचक) का मनमोहक चित्रण अवलोकनीय है। मुहम्मदशाह के समय अवध को अख्तरनगर कहा जाता था। अयोध्या से अख्तरनगर अवध प्रकार के सिक्के प्राप्त हुए हैं। अन्वेषक की खोज से अयोध्या में मुहम्मद अली, गाजीउद्दीन हैदर जैसे नवाबों के सिक्के भी प्राप्त हुए हैं। श्रीमती नसरीन खान, फैजाबाद के संग्रह से प्राप्त माधवराव के सिक्के के अग्रभाग पर श्री माधवराव मारिड, शालिनीनगर आलेख उत्कीर्ण हैं। मध्य भाग के घेरे में पेशवाई वेशभूषा धारण किये हुए राजा का चित्रांकन मुखर हो उठा है। इस सिक्के से अवध और महाराष्ट्र के राजनीतिक सम्बन्ध की परिपुष्टि होती है। मुगलकाल में इलाहाबाद में इलाही प्रकार के सिक्के जारी किये गये। औरंगजेब की एक स्वर्ण मुहर पर

इलाहाबास नगर आलेख पढ़ा जा सकता है। शाह आलम का एक चाँदी का सिक्का प्राप्त है।[70] फर्रुखसियर के रुपये प्राप्त हुए हैं। बहराइच से अकबर के ताम्र सिक्के प्राप्त हुए हैं। अकबर के किन्हीं-किन्हीं सिक्कों पर उसे विश्व और विश्वास का रक्षक कहा गया है। बाबर और हुमायूँ के काल में जौनपुर में टकसाल था। यहाँ से मुहम्मद आदिल शूर के सिक्के भी प्राप्त हैं। मुहम्मद शाह के कारण बनारस नगर का नाम मुहम्मदाबाद पड़ा, जैसा कि यहाँ से प्राप्त सिक्कों के ऊपरी भाग पर बनारस और नीचे मुहम्मदाबाद आलेख उत्कीर्ण होने से परिपुष्टि समीचीन है। मुहम्मदाबाद से शाह आलम द्वितीय के सिक्के, अवध के नवाब आसफुद्दौला के राज्यारोहण तिथि के सिक्के तथा गाजीउद्दीन हैदर के भी सिक्के प्राप्त हैं।

चुनार, मिर्जापुर से शेरशाह सूरी के सिक्के प्राप्त हैं। जौनपुर से मुहम्मद आदिल शाह सूर के सिक्के मिले हैं।[71] प्रतापगढ़ और गोरखपुर से मुगलकाल के क्रमशः 39 और 120 चाँदी के सिक्के प्राप्त हुए हैं।

वस्तुतः पूर्वी और उत्तर प्रदेश पुरातत्त्व के मामले में काफी धनी हैं। यहाँ से प्राप्त अभिलेखों में राजाओं के व्यक्तित्व और उनके विजयों की चर्चा के प्रसंग में प्राचीन और मध्यकालीन कवियों जैसी अतिरंजना प्रकट होती है।[72] इन पर पुनर्दृष्टिपात की आवश्यकता है। मौर्यकालीन नगरों, प्राचीन सड़कों, वनस्पतियों, जीव-जन्तु तथा रासायनिक तत्त्वों आदि के सम्बन्ध में भी अभी तक खोज नहीं की गयी है। ह्वेनसांग ने अपने यात्रा-विवरण में कौशाम्बी, विशाखा, कपिलवस्तु, श्रावस्ती, कुशीनगर तथा सारनाथ के प्राचीन मन्दिरों और विहारों का छाया चित्र प्रस्तुत किया है, किन्तु इतिहासकारों को इन मन्दिरों और विहारों के पहचान में सफलता नहीं मिली है, इस दिशा में अनुसन्धान की आवश्यकता है।

उपरिवर्णित सारे तथ्यों पर दृष्टिपात करने से विदित होता है कि कोशल, काशी एवं वत्स के राजवंश पारस्परिक अन्तर्विरोध प्रकट करते रहे, कोशल के विजिगीषु सम्राट् जहाँ काशी को जीतने से चूकते नहीं थे वहीं काशी के बिम्बिसार और अजातशत्रु जैसे शासकों की सेनाएँ श्रावस्ती भी पहुँच ही जाती थीं, अन्ततोगत्वा कोशल, काशी और वत्स के विशाल मगध साम्राज्य में विलीनोपरान्त ऐतिहासिक शासक अशोक, पुष्यमित्र, साम्राज्यवादी गुप्त सम्राट् और गाहड़वाल शासकों ने इस भू-भाग में स्तम्भों, सिक्कों, मूर्तियों, शिलालेखों, ताम्रलेखों, मुहरों और ईंटों पर अभिलेखों को खुदवाकर अपनी राजनीतिक एवं सांस्कृतिक विरासत को हमारे धरोहर के रूप में छोड़ दिया है, जिनसे इस भू-भाग के अतीतकालीन भौतिक प्रगति, प्रशासन, शिक्षा और कला का सम्यक् ज्ञान होता है।

सन्दर्भ

1. हिदभगवा जातेति लुमिनि गामे उवलिके कटे अठभागिये च। – इपीग्राफिया इण्डिका, जिल्द 5, पृ. 4.
2. इपीग्राफिया इण्डिका, जिल्द 8, पृ. 168.
3. इपीग्राफिया इण्डिका, जिल्द 5, पृ. 4.

4. सवतियानं महमतससने – इपीग्राफिया इण्डिका, जिल्द 22, पृ. 2.

5. कोसलाधिपेन द्विरश्वमेध याजिनः सेनापतेः पुष्यमित्रस्य – इपीग्राफिया इण्डिका, जिल्द 20, पृ.57.

6. सिंहदेवस्य पु (अ) (वार) कस्य साकेतस्य देय धम–राज्य संग्रहालय लखनऊ, वीथिका सं.-2, फलक संख्या - 66/183.

7. शावतिये भगवतो चकमें – को – सम्बकुटिये। – इपीग्राफिया इण्डिका, जिल्द 8, पृ. 181.

8. वही पृ. 176.

9. द्रष्टव्य, शर्मा, जी.आर., रेह इन्सक्रिप्शन्स ऑफ मेनाण्डर ऐण्ड द इण्डोग्रीक इनवेजन ऑफ द गंगा वैली (इलाहाबाद, 1980), पृ. 7, 81-84.

10. द्रष्टव्य, फ्लीट, इन्सक्रिप्शन्स ऑफ द अर्ली गुप्ता किंग्स, जिल्द 3 (भारतीय पुरातत्त्व सर्वेक्षण दिल्ली - 1981), पृ. 213-14.

11. वही, पृ. 281.

12. वही, पृ. 294.

13. इपीग्राफिया इण्डिका, जिल्द 15, (एफ, डब्ल्यू. थामस द्वारा सम्पादित ब्रिटिश इण्डिया प्रेस बम्बई, 1925) पृ. 143, श्लोक-6.

14. इपीग्राफिया इण्डिका, जिल्द 24 (1937-38) महानिदेशक, भारतीय पुरातत्त्व सर्वेक्षण, दिल्ली 1984, पृ.147.

15. इपीग्राफिया इण्डिका, जिल्द 14, (1917-18) दिल्ली, 1982, पृ. 117, पंक्ति 12-13.

16. श्रावस्ती भुक्ति कुण्डधानी विषय सोमकुण्डिका ग्राम–इपीग्राफिया इण्डिका, जिल्द 1 (1892), महानिदेशक, भारतीय पुरातत्त्व सर्वेक्षण दिल्ली-1983, पृ. 72, पंक्ति–8.

17. इपीग्राफिया इण्डिका, जिल्द 2, पृ. 480.

18. इण्डियन एण्टीक्वेरी, जिल्द 15, 1886, पृ. 112.

19. श्रावस्ती मण्डले कासील्ली भट्टग्राम विर्निगताय– इपीग्राफिया इण्डिका, जिल्द 3, पृ. 357, पंक्ति 38

20. प्राप्ते प्रयाग वट मूल निवेश बन्धोः। सार्धं शतेन गृहिणीभिरमुत्रमुक्तिम् – इपीग्राफिया इण्डिका, जिल्द 2, पृ.4.

21. द्रष्टव्य, – इपीग्राफिया इण्डिका, जिल्द 11, पृ. 23, वही जिल्द 14, पृ. 194, वही जिल्द 2, पृ. 362, श्लोक 4.

22. द्रष्टव्य, इपीग्राफिया इण्डिका, जिल्द 8, पृ. 154, इण्डियन एण्टीक्वेरी, जिल्द 14 पृ. 103, पंक्ति 9, इपीग्राफिया इण्डिका, जिल्द 14, पृ. 194, पंक्ति 21, ज.रा.ए.सो. 1896, पृ. 787, इण्डियन एण्टीक्वेरी, जिल्द 4, पृ. 110, पंक्ति 13, वही, जिल्द 18, पृ. 11, वही, जिल्द 4, पृ. 114, इपीग्राफिया इण्डिका, जिल्द 8, पृ. 153, पंक्ति 8-9, इण्डियन एण्टीक्वेरी, जिल्द 4, पृ. 122, पंक्ति 22.

23. इण्डियन एण्टीक्वेरी, जिल्द 18, पृ. 138, पंक्ति 20, ज.ए.सो.बं. जिल्द 31, पृ. 123, इण्डियन एण्टीक्वेरी, जिल्द 14, पृ. 11, ज.ए.सो.बं. जिल्द 27, पृ. 243, वही, जिल्द 7, पृ. 49, इण्डियन एण्टीक्वेरी, जिल्द पृ. 135.

24. अग्रवाल, वासुदेव शरण, सारनाथ (भारतीय पुरातत्त्व सर्वेक्षण, नयी दिल्ली, 1982) पृ.1.

25. भिक्षुणियेरज (इ) ऐ दानं–आस इरि. 1910-11, पृ.7.

26. द्रष्टव्य, कनिंघम, ए., द स्तूप ऑफ भरहुत, फलक 2, चित्र-3.

27. इपीग्राफिया इण्डिका, जिल्द 24, पृ. 212.

28. फ्लीट कार्पस इन्सक्रिप्शन्स इण्डिकेरम, भाग 3, पृ. 46.

29. इपीग्राफिया इण्डिका, जिल्द 11, पृ. 24.

30. वही, जिल्द 24, पृ. 250.

31. शर्मा, जी.आर., हिस्ट्री टू प्रीहिस्ट्री, पृ. 36.

32. विष्णुपुराण 4/24/34, पार्जिटर, एफ.ए. डायनेस्टीज ऑफ द कलिएज, पृ. 31.

33. सरकार, डी.सी. सेलेक्टेड इन्सक्रिप्शन्स, (कलकत्ता, 1942), जिल्द 1, पृ. 96.

34. कोसलायां तु राजानो भवष्यन्ति महाबलाः।
मेघा इति समाख्याता बुद्धिमन्तो नवैवतु। – वायुपुराण 99/373-382, विष्णु पुराण 4/24/17-18, भागवत पुराण 12/1/34-37, ब्रह्माण्ड पुराण 3/74/186-193, पार्जिटर, वही, पृ. 32.

35. शास्त्री, अजय मित्र, कौशाम्बी होर्ड ऑफ मघ क्वायन्स, पृ. 41-42.

36. ज. न्यू.सो.इ., जिल्द 24, पृ. 136.

37. आ.स.इ.रि. 1911-12, पृ. 51, सं. 27.

38. सिन्हा, के.के. इक्जेवेशन्स एट श्रावस्ती– 1959 (का.हि.वि.वि. वाराणसी, 1967) पृ. 71.

39. फ्लीट, वही, पृ. 360.

40. इण्डियन आर्क्यालॉजी, 1972-73, ए रिव्यू, पृ. 33.

41. इण्डियन आर्क्यालॉजी, 1976-77, ए रिव्यू, पृ. 51.

42. वही, 1981-82, पृ. 67.

43. आ.स.इ.रि. 1910-11, पृ. 71.

44. थपलियाल, किरण कुमार, स्टडीज इन एनूशॅण्ट इण्डियन सील्स, (अखिल भारतीय संस्कृत परिषद्, लखनऊ, 1972) पृ. 132, 295.

45. तुलनीय, एलन, जान, कैट लाग ऑफ द क्वायन्स ऑफ एनूशॅण्ट इण्डिका (दिल्ली, 1975) पृ. 137, इपीग्राफिया इण्डिका, जिल्द 8, पृ. 176, अल्टेकर, ए. एस., गुप्तकालीन मुद्राएँ (पटना, 1972) पृ. 45, 63, 85, फ्लीट, वही, पृ. 215, 245, 271, 294.

46. इपीग्राफिया इण्डिका, जिल्द 1, पृ. 72, पंक्ति 4.

47. इपीग्राफिया इण्डिका, जिल्द 14, पृ. 194, वही, जिल्द 11, पृ. 23, वही, जिल्द 2, पृ. 310, वही, जिल्द 8, पृ. 154 – इपीग्राफिया इण्डिका, जिल्द 24, पृ. 212, वही, जिल्द 5, पृ. 115 राज्य संग्रहालय लखनऊ, पुरातत्त्व विभाग 53.4.

48. जे.एन.एस.आई. जिल्द 23, पृ. 411.

49. फ्लीट, वही, पृ. 282.

50. दृष्टव्य, फ्लीट, वही, पृ. 215, 245, 271, 294, 304.

51. मृगया गतेन दृष्टवाघमन्धक भिदो भवनं विशीर्णम्।
स्वेच्छासमुन्नतम कारि ललाम भूर्मेः क्षेमेश्वर प्रथितनाम शशाङ्क शुभ्रम् - इपीग्राफिया इण्डिका, जिल्द 14, पृ. 117, श्लोक 20.

52. इपीग्राफिया इण्डिका, जिल्द 2, पृ. 343-347.

53. वही, जिल्द 22, पृ. 2.

54. ज.रा.ए.सो. 1898, पृ. 586, 598.

55. एलन, जानं, पूर्वोद्धृत, पृ. 130-135.

56. इपीग्राफिया इण्डिका, जिल्द 18, पृ. 130-137.

57. पूर्वोद्धृत, पृ. 139.

58. वही, जिल्द 30, पृ. 240.

59. इण्डियन आर्क्यालॉजी, 1982-83, ए रिव्यू, पृ. 128.

60. फुहरर, ए., दमानूमेण्टल एण्टीक्विटीज ऐण्ड इन्सक्रिप्शन्स ऑफ नार्थ वेस्टर्न प्राविन्सेस ऐण्ड अवध, पृ. 138.

61. प्रासडिंग्स ऑफ एशियाटिक सोसाइटी ऑफ बंगाल, 1880, पृ. 72.

62. वही, 1875, पृ. 14.
63. फुहरर, वही, पृ. 181.
64. वही, पृ. 204.
65. वही, पृ. 67.
66. अल्तेकर, अनन्त सदाशिव, वही, पृ. 20, 33, 45, 63, 85, 98, 109, 116, 122.
67. इण्डियन आर्क्यालॉजी, 1977-78, ए रिव्यू, पृ. 56.
68. नवभारत टाइम्स, 16 जुलाई 1990, पृ. 9.
69. नवभारत टाइम्स, 15 सितम्बर, 1990, पृ. 9.
70. राइट, एच. एन., मुगल इम्परर्स ऑफ इण्डिया, प्रस्तावना।
71. राइट, एच. एन., कैटलाग ऑफ द क्वायन्स इन द इण्डियन म्यूजियम कलकत्ता द सुल्तान ऑफ देहली, जिल्द 2, पृ. 125.
72. सुरपतिरिव भूभृत पक्ष विच्छेद दक्षाः।
    भुवन दलन हेला हर्म्य हम्मीर : नारि नयन जला : 11– इपीग्राफिया इण्डिका, जिल्द 24 पृ. 294, श्लोक 9, वही, जिल्द 14, पृ. 117.

अध्याय-6

पूर्वी उत्तर प्रदेश की पुरावनस्पतियाँ

हर्ष का विषय है, कि काशी, कोशल और वत्स महाजनपद के भौगोलिक कलेवर से निर्मित पूर्वी उत्तर प्रदेश के खेत, खलिहान, गाँव, नगर, पहाड़, नदी, सरोवर और मैदानी भू-भागों में सोम कुमुद, कुमुदिनी, लतागुल्म, आम, मधु, वन, वाटिका, विटप, चरागाह, कटहल, जामुन, कैत्थ, आँवला, इमली, धान, मटर, गेहूँ, ईख, जौ, चना, अलसी, उड़द, सरसों, कोदों और अरहर आदि जैसी फसलें, नाना प्रकार के आराम विहार और पुष्पित वनों में चम्पा, गुलाब तथा कमल जैसे फूल अंगूर, केला और सेब जैसे फल कदम्ब, शाल, वेत नारियल, अखरोट, इंगुद, पीपल, नीम, बरगद, पलाश आदि जैसी वनस्पतियाँ शाला से लेकर राजमहल तक यहाँ तक कि सम्राट् के राज्याभिषेक[1] और लोक-जीवन के सामाजिक, धार्मिक और राजनीतिक पहलुओं को प्रभावित करने के लिए महत्त्वपूर्ण धरोहर सिद्ध हुई हैं।

इनका सलोना स्वरूप साहित्य के साथ-साथ इस क्षेत्र के सिक्कों पाषाण शिल्प, मुहरों, शिलालेखों और अरण्य संस्कृति में निहारा जा सकता है। ऋग्वेद में वनदेवी का काव्यात्मक वर्णन इसके महत्त्व को रेखांकित करता है, यथा हे वनदेवी– तुम देखते-ही-देखते दृष्टि से ओझल हो जाती हो। तुम गाँव के मार्ग पर क्यों नहीं जाती। वीणा के प्रत्येक स्वर अरण्यानी का यशोगान करते हैं। इस जंगल में कही गायें चरती हुई दिखायी पड़ती हैं तो कहीं लता गुल्म से निर्मित दिखलायी पड़ती हैं। सायंकाल को वन मार्ग से अनेक शकट निकलते हुए दिखायी पड़ते हैं जैसे एक पुरुष रात्रि में दूसरे व्यक्ति द्वारा वृक्ष काटने का शब्द सुनता हो।

अरण्यानी को मृगों की माता सुवासित अंजन, सुगन्धित भोक्ष्य सामग्री से युक्त कहा है।[2] ऋग्वेद में जड़ी-बूटियों, खाद्य एवं सोम जैसे पौधों का स्मरण किया गया है। खेत में उत्पन्न होने अन्न को यव और धान्य, अथर्ववेद में यव का उल्लेख व्रीहि माष और तिल के साथ स्मरणीय है। शतपथ ब्राह्मण में यव की चर्चा ब्रीहि और श्यामक के साथ आयी है। शतपथ ब्राह्मण और बृहदारण्यकोपनिषद् में 10 प्रकार के धानों का उल्लेख मिलता है।

ब्रीहि, यव, तिल, उड़द, गेहूँ, मसूर, चना, प्रियंगु, खल्व और खल आदि। वाजसनेयी संहिता और कात्क संहिता में चावल, जौ, मूँग, उड़द, तिल, गेहूँ और मूँग इत्यादि का उल्लेख आया है। तैत्तिरीयोपनिषद्[3] में कई बार यह अन्न कहा गया है। शतपथ ब्राह्मण अन्न को आत्मा कहता है। वायुपुराण में अन्न को ब्रह्म कहा गया है। विष्णु, वायु और मत्स्य पुराण में ब्रीहि, यव, गोधूम, अणु, तिल, प्रियंगु, उदार (ज्वार) बोदो, बोनक (मटर), माष (उड़द), मुदंग (मूँग), मयूर, आढ़क्य (अरहर), चणक (चना), शण (सन), श्यामक, नीवार और मर्कटक आदि जैसे फसलों की चर्चा आयी है। मत्स्यपुराण[4] के अनुसार वाराणसी नगरी अनेक प्रकार के वृक्षों के लगे होने के कारण विशाल प्रतीत होता थी। अयोध्या नगरी में बाग-बगीचों की अधिकता थी। यहाँ के बगीचों में शाल, ताल, नारियल, कटहल, आँवला, जामुन, कैंथ, मल्लिका, मालती, चमेली, नागकेशर, चम्पा, कनेर, केला और नींबू आदि के फल और फूल थे। कोशल सम्राट् पृथु, कृषि[5] कर्म के कारण पृथ्वी के पिता और मात के रूप में प्रतिष्ठित हुए। राम वन गमन के समय अयोध्या के नागरिकों ने कहा था कि हम अपने खेतों, घरों और बगीचों[6] को छोड़कर राम का अनुगमन करेंगे। अयोध्या की जनता तण्डुल, ईख, आम, शाल, खैर, पलाश, बहेड़ा, देवदारू, क्षौम (अलसी अथवा सन) धार्मिक एवं सामाजिक क्रिया कलापों से जुड़े हुए कमण्डल, मूँज की मेखला, आसन, चीर, कौपीन, जटा, बाँधने के लिए रस्सी, समिधा निमित्त डोरी, गूलर की लकड़ी, वेदिका के चारों ओर फूल, गन्ध स्वर्ण पल्लिकाएँ यव के अन्दर से सिंचित कलश, अर्घ्य, लावा से भरा पात्र, राज्याभिषेक के अवसर पर गूलर के लकड़ी का भद्र पीठ, सभी प्रकार के बजी, वेत गन्ध, भाँति-भाँति के रत्न, लावा, कुश, फूल, पालकी, श्वेत छत्र, चंवर, सिंहासन, समिधाएँ, वाद्य यन्त्र, चन्दन, अंगूर, गन्ध, धूप, पुष्प, पुष्प मुकुट, पुष्प हार तथा प्रतिदिन प्रयुक्त होनेवाले कसैले, कड़वा फल[7], रसीले फलों यथा आग– कन्दमूल आदि से भली-भाँति परिचित थी। धार्मिक कृत्यों के सम्पादन के अवसर पर प्रथमतः सोमलता के रस का पान किया जाता था। राम वन में प्रस्थान करते समय सरयू के पुष्पित वनों को देखकर कहते हैं।....मैं कब पुनः लौटकर माता-पिता के दर्शन करूँगा।[8] सरयू के पुष्पित वनों में पशुओं का शिकार करूँगा। राजमार्गों का वर्णन करते हुए कवि वृक्षों की भाँति अनेक शाखाओं, दीप स्तम्भों का प्रसंग कहता है। दशरथ के अन्तःपुर में हाथ में बेंत की छड़ी लिये हुए गेरुआ वस्त्र पहने हुए अन्तःपुर अध्यक्ष का स्मरण करने से चूकता नहीं है। कँटीलीदार झाड़ियाँ और जंगली लकड़ी बेचकर जीविका चलानेवाले लकड़हारों की चर्चा मिलती है। तमसा का तटवर्ती भू-भाग वन से आच्छादित था। वृक्षों के पत्ते से शय्या बनती थी। गोमती के कछार में गायें चरती थीं। इसी प्रकार गण्डक के कछार में भी पशु चरा करते थे। निषादराज गुह राम के लिए भक्ष्य, भोज्य, पेय, लेह्य और उत्तम शय्याओं को प्रस्तुत करता है किन्तु राम घोड़ों के लिए चना-घास ही स्वीकार करते हैं। वे सीता के साथ तृण पर सोते हैं। वाल्मीकि शृंगवेरपुर में इंगुदी वृक्ष का प्रसंग करते हैं। लोक मानस में फूलों से मुकुट बनाने की परम्परा प्रचलित थी। संन्यासी लोग जटाओं में बरगद का

दूध लगाते थे। राम, गंगाजल में नील कमल देखते हैं। गंगा के तटवर्ती वृक्ष मालाकार रूप में उसकी शोभा बढ़ाते हैं। कुमुद कलिकाएँ, फल, फूल, किसलय, गुल्म और कमल वन की परिचर्चा भी उभारी गयी है। प्रयाग में राम सीता के साथ प्रथमतः महान् वृक्ष पौराणिक वटवृक्ष के नीचे शयन करते हैं। तदन्तर प्रयाग वन देखते हैं। भरत के सैनिक भरद्वाज आश्रम में पुष्प धारण किये थे।

वटवृक्ष, प्रयाग

आधुनिक युग की भाँति उस काल में भी वराही कन्द और आम दाल में पड़ते थे।[9] साम्राज्यवादी राम, दक्षिण में इक्ष्वाकूणाम इयम भूमिः सशैल वन काननाः। तेषामृ भरतः प्रशस्ति की घोषणा करके पर्वतों वनों और काननों के महत्त्व को प्रतिपादित करते हैं। महाभारत में भी यत्र-तत्र वनस्पति जीवन वर्णित है। रोचक तथ्य यह है कि सरयू गंगा और अचिरवती जैसी नदियों के तट पर केवट की बस्तियाँ नदियों में यात्रियों को ढोती हुई नौकाओं का प्रसंग भी इस भू-भाग से जुड़ा रहा है। वाल्मीकि रामायण में भरत को गंगा पार कराने के लिए 500 नौकाओं का उपस्थित रहना, बुद्ध का भी गंगा के तट पर संघ के साथ नाव पर बैठना[10] उल्लेखनीय है। वहीं समुद्रगुप्त से लेकर गोविन्दचन्द्र गाहड़वाल ही नहीं अपितु इब्नबतूता का सरयू नदी में तैरती नौका जिसमें 300 यात्री आते थे, कभी-कभी नौकाओं का डूब[11] जाना जैसी घटनाओं का देखना आदि जैसे प्रसंगों की साहित्य जहाँ चर्चा करता है, वहीं पुरातत्त्व पुष्टि करता है।

परिजात वृक्ष, बाराबंकी

बौद्ध साहित्य में काशी को पुष्पवती कहा[12] गया है। समुद्र-यात्रा के लिए काशी से नावें चलती थीं। वनस्पतियों से वस्त्रों का निर्माण भी होता था। संयुक्त निकाय में काशी का बना कपड़ा अन्य समस्त स्थलों से निर्मित वस्त्रों में श्रेष्ठ स्वीकार[13] किया गया हैं। मज्झिम निकाय की अट्ठकथा में वाराणसी के वस्त्रों की प्रशंसा की गयी है।[14] थेरी गाथा[15] में चापा अपने संन्यासी पति को लौटाने की चेष्टा में कहती है... काशी के उत्तम वस्त्रों को धारण करनेवाली मुझ रूपसी को छोड़कर तुम कहाँ जा रहे हो? मिलिन्दपन्हों से ज्ञात होता है कि काशी के वस्त्र विक्रय निमित्त शाकल जाते थे। बौद्ध साहित्य काशि विलेपन और काशि चन्दन के सन्दर्भ की पुष्टि करता है।[16] बौद्ध साहित्य से ज्ञात होता है कि बुद्ध ऐसे गाँवों में रुकते हैं जिनके नाम ही वहाँ के पेड़ों और वनस्पतियों पर पड़े थे, जैसे आम्रवन, वेणुवन, जम्बुवन, केराकीवन, शालवन और पिप्पलिवन।[17] आज भी पूर्वी उत्तर प्रदेश में पेड़ों के नाम पर ग्राम्य नाम की परम्परा लोकजीवन में देखी जा सकती है। अचिरवती के तट पर अंजीर, आम का बाग और गेहूँ की अच्छी खेती होती थी।[18]

कभी-कभी बाढ़ के चपेट में फसलें और वनस्पतियाँ नष्ट हो जाती थीं।[19] दिव्यावदान में चावल, तण्डुल, कुमुदिनी, तमालपत्र, उत्पल, पुण्डरीक, पद्म, अगुरू, चन्दन[20], तगर, मन्दार आदि पुष्प जैसे भोज्य एवं फूलों का वर्णन मिलता है। ललित विस्तार में कपिलवस्तु के उद्यान स्मरणीय हैं। लुम्बिनी वन महत्त्वपूर्ण रहा है। उस काल

में यद्यपि निर्धन वर्ग के लोग दूब और घास से छायी हुई झोंपड़ियों में निवास करते थे। तथापि धनाढ्य वर्ग के घरों में अग्निशाला वालकक्ष, शयन, रसोई छप्परदार कुएँ, विभिन्न प्रकार की कुर्सियाँ[21] तथा विविध प्रकार के काष्ठ उद्योग की विकासशीलता को देखते हुए वनस्पतियों के महत्त्व का सहज आकलन होता है। अनाथपिण्डक के शकट पूर्व में राजगृह और पश्चिम में तक्षशिला तक जाते थे। कभी-कभी शकटों के पीछे पाँच-पाँच सौ बैलगाड़ियाँ चलती थीं। रस्सी से राज पाश से लेकर अश्वों को हाँकने के लिए चाबुक भी बनते थे। नानच्छन्द जातक से पता चलता है कि किसी ब्राह्मण की पुण्णिका नामक दासी ने अपने ब्राह्मण स्वामी से उखल माँगा था। राजा ने स्निग्ध स्नेह के साथ पुण्णिका दासी के लिए उखल देने का आदेश[22] दिया था। बलराम का मूसल लोकप्रिय रहा है। इसी प्रकार वत्स महाजनपद और उसके प्रिय शासक उदयन के उद्यान प्रेम के बहुतेरे प्रसंग मिलते हैं। दिव्यावदान के अनुसार माकन्दिका कौशाम्बी के राजकीय उद्यान में पहुँचती है। उसके पहुँचने की सूचना उद्यान पालक उदयन को देता है। बुद्ध भी कौशाम्बी के वनों में भ्रमण करने से चूकते नहीं हैं। जेतवन, श्रावस्ती का बौधिवृक्ष लोक पूजित रहा है।

बोधिवृक्ष, जेतवन, श्रावस्ती

तत्कालीन जनता भी ईख, आम, जामुन पौधे और कुमुदिनी का शर्बत बड़े शौक[23] से पीती थी। दशरथ और बुद्ध के शरीर को तेल द्रोणि में रखा जाना जन्म से मृत्युपर्यन्त लकड़ियों की उपयोगिता को प्रमाणित करता है। रामायण जहाँ चैत्य वृक्ष से परिचित है

वहीं जातकों में वृक्ष देवता स्मरणीय हैं। विनय पिटक में शाक्यों के महानाम और बुद्ध के चचेरे भाई भद्दिय खेतों में कृषि कर्म के अभ्यास का निरीक्षण करते हुए जहाँ अभिचित्रित हैं, वहीं मज्झिम निकाय में शुद्धोधन के मक्का के खेत निरूपित[24] हैं। बुद्ध भी जामुन के पेड़ के नीचे बैठकर कृषि के विभिन्न कर्मों को देखते थे। उस काल की धान, गेहूँ, चावल, श्यामक और मक्का जैसी फसलें और खेतों से सम्बन्धित कतिपय शैलियाँ आज भी जीवित रही हैं। अनाज रखने के लिए कोष्ठागार होते थे। सुत्त निपात के धनिय गोपसुत्त में बौद्धकालीन कृषक, उनके झोंपड़ियों के सामने खूँटों में बैल के बाँधे रहने, गायों का नदी की कछार में चरना, चावल, खीर, वर्षा का मनोहारी चित्रण सुलभ है। जहाँ रामायण काल में कृषक लोग शरद कालीन फसल काटने के उपलक्ष्य में इन्द्रध्वज महोत्सव आयोजित करते थे।[25] यहाँ बौद्धकाल में शालमंजिकोत्सव की परम्परा लोकमानस में जन्मी। इसी प्रकार फसलों से सम्बन्धित पुष्प भंजन, अभ्युखादिका इक्षुशालि, यव काटने, चुतलिका, इक्षुभंजिका, कदम्ब युद्ध और गोधूम पुंजिका जैसे राष्ट्रीय त्योहारों का आयोजन यहाँ किसी जनता द्वारा किया जाना वनस्पतियों के राष्ट्रीय महत्त्व को प्रमाणित करता है।[26] बौद्ध-काल में पारिलेय्यकवन, ऋषिपत्तन, महावन एक, अन्धकी वन, जालन वन, अंजनबाग से लेकर न्यग्रोधाराम (कपिलवस्तु) और काल्काराम (साकेत) जैसे वन उपवन तथा आराम इस भू-भाग के प्राकृतिक सौन्दर्य में अभिवृद्धि करते थे। महावस्तु में मालियों के दुकानों और शिल्पायतन में मालाकारों के गणना का प्रसंग मिलता है। केशों को फूलों तथा मालाओं से सजाने की प्रक्रिया को तत्कालीन जनता ने पुष्प शिखर की संज्ञा दी थी। हरताल घिसकर पीला सिन्दूर बनाया जाता था।

फूलों से इत्र बनाने की कला लोकजीवन में प्रचलित थी।[27] गाय, बैल, हाथी, घोड़ा, ऊँट तथा भेड़ जैसे जानवरों के चरागाहों का विवरण साहित्य में मिलता है। बौद्ध-काल में समूचा पूर्वी उत्तर प्रदेश वनों से आच्छादित था। जहाँ इन वनों में स्वाहा और स्वधा की ध्वनियाँ सुनायी देती थीं; वहीं अंगुलिमाल के क्रिया-कलापों से प्रभावित रहा। जैन आगमन साहित्य में 17 प्रकार के धान्य ब्रीहि, जौ, चावल, मसूर, गोधूम, मूँग, तिल, माष, चण्क (चना), प्रियंगु, अणु (चावल की एक किस्म) को द्रव, कुट्रट, शालि, आढ़की, कलाय, मटर, कुलत्थ सर्षप आदि तत्कालीन समाज में काफी उपयोगी थी।[28] शृंग्वेर (अदरक), सुण्ठ, लवंग, हरिद्रा (हल्दी), बेसन, मरिय (मिर्च), पिप्पल (पीपल) और सरसों जैसे मसालों की भी चर्चा पढ़ी जा सकती है। वृक्षों में नीम, आम, पुत्र जीवा, जामुन, शाल, अंकोर, पीलू, सल्लकी, मोचकी, बकुल, पलाश, करंज, अरीठा, बहेरा, हर्र, भिलावा, घातिकी, सीसम, पुन्नाग, नागवृक्ष, अशोक, तिन्दुक, कपित्थक, आम्वाडक, मातुलिंग, बेल, आँवला फसंग, दाडिम, पीपल, उदुम्बर, न्यग्रोध, नन्दिवृक्ष, पिप्ली, शतरी पिलक्खु, कुसुतुम्बरी दैवदाली, तिलक, लकुच, छलौध, दधिपण्ण, लोध, धव, चन्दन, अर्जुन, कुटज, कदम्ब और बबूल[29] तथा गुच्छों में वाइंगिणी सल्लकी थुण्डकी, कच्छुरी, जासुमंणा, सपी, आदकी, नीली, तुलसी,

मांतुलिंगी, पिप्पलिका, अलसी, वल्ली, काकमाची, पटोल, कान्दली, सन, श्यामा, तिन्दुवार, करमर्द, अदस्तग, करीर, मण्डी, जीवन्सी, केतकी, पाटला, अकोला, नवमलिका, कोरण्टक, वन्धु, जीवक मनोज, कणेर कुब्जक, मोगरा (बेला), यूथिंका (जूही) मल्लिका, वासन्ती भृगदन्तिका, चम्पक और कुन्द आदि जहाँ निरूपित हैं; वहीं लताओं में माध्वी, झुमुकी, पद्मलता, नाग, अशोक, चम्पक चूत, बन, बासन्ती कुन्द और श्याम लताएँ भी लोकप्रिय रही हैं। वल्लियों में कालिंगी (तरबूज बेल), तुम्बी, त्रपुसी (लकड़ी के बेल) एक वालुकी, घोषतिकी, पण्डोला, नीली, करेला, सुभगा, नागलता, कृष्णा, सूर्यवल्ली, अंगूर और गुंजा वल्ली स्मरणीय हैं। तृणों में दर्भ, कुश, अर्जुन, अषाढक और क्षुरक तथा वलय में ताल, तमाल, सरल, शाल्मलि, जावती, केतकी, कदली, भोजवृक्ष, हिंगुवृक्ष, पुगफली, खजूर और नारियल के सन्दर्भ पठनीय हैं। हरित वनस्पतियों में मार्जारक, पालक, जलपीपल, मूली, सरसों, जीवन्तक, तुलसी, मखा, शतपुष्प, इन्दीवर आदि लोकजीवन की अमूल्य निधि के रूप में अभिचर्चित हैं। बाँस की प्रजातियों में वंश, वेणु कनक रहे हैं। सन, नारियल मंजू, कुश, वेत वास के छोके बनाये जाते थे। वृक्षों की लकड़ियों से घर, यान, वाहन, कोयला, साधुओं के दण्डयष्टि बनाये जाते थे। बाँस के कोठे में अनाज रखे जाते थे। लकड़हारों, जंगल में सूखा पत्ता चुननेवाले (पत्तहारक) और घसिहारों (तणहारक) के प्रसंग मिलते हैं। राजा-रानी और धनाढ्य लोग जहाँ स्वर्ण पालकी में बैठते थे, वहीं आधुनिक काल जैसा ही निर्धन लोग लकड़ी की डोली, जिसे गिल्ली कहा जाता था, में बैठते थे। महाबीर ने चन्द्रप्रभ शिविका में बैठकर दीक्षा[30] ली थी। लकड़ी से वीणा, वल्लकी, भ्रमरी और नाना प्रकार के खिलौने बनते थे। कभी-कभी उद्यानों में अभिनय, नाटक और शृंगार काव्य जहाँ पढ़े जाते थे; वहीं वृक्ष और लताओं की ओट में दम्पति, तरुण और तरुणियाँ क्रीड़ा करते थे।[31]

जैनागंगों में वाराणसी के समीप विद्यमान आश्रम पद, कोष्ठक, अम्बशालवन, काम महावन, और तेन्दुक नामक उद्यान और वन खण्ड दर्शाये गये हैं। चरक[32], सुश्रुत, धनवन्तरि, और जीवक ने जड़ी-बूटियों और वृक्षों के माध्यम से बौद्ध काल में रोगियों का अद्भुत निदान किया था। इस प्रकार बुद्ध से पूर्व वनस्पतियों के परिप्रेक्ष्य में डॉ. सत्य प्रकार की अवधारणा, 'चरक संहिता' में वर्णित कुमार शिरा भारद्वाज ने लगभग 700 ई. पू. में हिमालय की तलहटी, पूर्वी उत्तर प्रदेश का भू-भाग में प्रथम वानस्पतिक गोष्ठी की अध्यक्षता की थी, पूर्णतया न्यायसंगत है। चरक संहिता में विविध प्रकार के पेड़ और पौधों का वर्णन मिलता है।

कौटिल्य के अपने अर्थशास्त्र में चमेली, आँवला, शण, अलसी, कन्दमूल, आदि के फल फूलों का वर्णन मिलता है। सावन, अर्जुन, खैर, तिनिश, मधूक, देवरारु, आम, कदम्ब, बेत बाँस और चन्दन की लकड़ियों से व्यापार[33] होता था। जूट, कपास, केला, अलसी और भाँग से कपड़े बनते थे। वैदिक तथा रामायण काल जैसा मौर्य-युग में सामान्यतया उपज का 1/6 भाग कर के रूप में ग्रहण किया जाता था। शुंगकालीन कवि कालिदास के

रघुवंश[34] के सोलहवें सर्ग में यवनों द्वारा लुटी हुई अयोध्या का छायाचित्र वहाँ की राजलक्ष्मी कुश के समक्ष प्रस्तुत करती हैं। वैभवशालिनी अट्टालिकाएँ खँडहरों में परिवर्तित हो रही हैं। उनके भित्तियों, पर हाथी कमल के ताल में उतर रहे हैं और हथिनियाँ उन्हें कमल का डण्ठल तोड़ करके दे रही हैं। अट्टालिकाओं के सीढ़ियों पर सुन्दरियाँ अपने महावर लगे लाल-लाल पैर रखते हुए चलती थीं। खिड़कियों से सुन्दरियों के मुँह दिखायी पड़ते थे। वशिष्ठाश्रम में कुश, समिधा, कन्दमूल नीवार तथा ऋषि कन्याओं द्वारा आश्रम वृक्षों की सिंचाई अभिचित्रित है। कुमारसम्भव में पार्वती के विवाह के समय दूब के अंकुर, सरसों के फूल तेल के लोथ की बुकनी, गीले तथा सुगन्धित लेप, अगर, चन्दन, पीले महुए के फलो की माला, शरीर पर अंगराग और गोरोचन आदि का वर्णन मिलता है। विरहिणियाँ प्रेमी की याद में वीणा के तारों को बजाया करती थीं।[34]

अभिज्ञानशाकुन्तलम् और मालविकाग्निमित्रम् में पैरो में महावर लगाने तथा रेशमी वस्त्र[35] का प्रसंग मिलता है। अभिज्ञानशाकुन्तलम् में दर्भ, पुष्प, किसलय, शाखा, वृक्ष आदि की चर्चा के साथ-साथ वृक्षों से रेशमी वस्त्र और महावर लगाने की जानकारी मिलती है। ऋषि कण्व ने वृक्षों के प्रति शकुन्तला के विदाई के समय भावविह्वल होकर कहा था, जो शकुन्तला तुम्हें जल पिलाये बिना स्वयं जल पाने का विचार नहीं करती थी, जो आभूषण प्रेमी होने पर भी तुम्हारे प्रति प्रेम के कारण नये पत्तों को नहीं तोड़ती थी, तुम्हारे प्रथम पुष्पोद्भव के समय जिसका उत्सव होता था। वही यह शकुन्तला पति गृह को जा रही है।[36] तुम सब अपनी स्वीकृति दो। उनका यह कथन वानस्पतिक वातावरण में रहते हुए मानव और वृक्ष के बन्धुत्व की भावना को प्रमाणित करता है।

शुंगकालीन धान्य सम्पदा का अभिचित्रण करते हुए कालिदास, रघुवंश में कहते हैं, आकाश में उड़ते हुए हंसों की पंक्तियाँ, रात्रि में टिमटिमाते हुए तारों, सरोवरों में खिली हुई कुमुदिनियाँ, ईख की छाया में बैठकर धान की रखवाली करनेवाली रमणियाँ, उन सम्राटों[37] के बाल्यावस्था से लेकर कीर्त्ति का गान करती थीं। बुद्ध चरित में महाभिनिष्क्रमण[38] के समय बुद्ध, कपिलवस्तु के हल से जुते हुए खेतों, जिसके कारण घास-पतवार नष्ट हो गये थे का दर्शन करते हैं। धार्मिक लोग उपवनों का निर्माण बहुजनहिताय करते थे। लोग सोम पौधे के रस का पान करते थे। राजमार्गों पर मालाएँ और पताकाएँ फहरती थी। तुरही, वीणा और मृदंग वाद्ययन्त्र के रूप में लोकप्रिय थे। स्त्रियाँ नाखून में लाली लगाती थीं। सौन्दरनन्द में वर्णन मिलता है कि तमोला की पत्तियों को भिगोकर उसके रस को गाल पर मल-मलकर लगाया जाता था। फूलों से इत्र भी बनता था। पौराणिक भारत जैसा ही उस काल में मुमुक्षु लोग वन अथवा वृक्ष की जड़ में शान्ति प्राप्त करते थे।[39] कभी-कभी राजवंश और नगरों का नाम वनस्पतियों और वृक्षों के अनुरूप पड़ जाता था, जैसे शुंग (अंजीर), पल्लव और कदम्बवंश तथा कोसम्ब वृक्षों से घिरी हुई कौशाम्बी नगरी, शृंगवेर से शृंगवेरपुर। बौद्ध युग में बुद्ध अनुप्रिया के आम्र वन में रुके थे। काशी काल के खिलौने

प्रसिद्ध रहे हैं। कुशीनगर में शाल वृक्ष की शाखाओं को पकड़कर बुद्ध का महापरिनिर्वाण ग्रहण करना, कुशीनगर में खजूर के 7 निकुंज का होना तथा कोशल सम्राट् प्रसेनजित् द्वारा बुद्ध के सम्मान में मुकुट पुष्प चढ़ाना पूर्व चर्चित विचारधारा की पुष्टि में सहायक सिद्ध हुए हैं। गुप्त और राजपूत युग में कस्तूरी[40] से लेकर लताओं[41] तक की महिमा थी। इस भू-भाग में समय-समय पर हेरोडोटस, मेगस्थनीज, प्लिनी, स्ट्रैबो, फाह्यान और ह्वेनसांग जैसे विदेशी विद्वानों की दृष्टि पड़ी जिन्होंने अपने विवरण में यहाँ के वनस्पतियों की चर्चा उभारी है। एथीनियस से ज्ञात होता है कि यूनानी सम्राट् एण्टी ओकस से भारतीय सम्राट् बिन्दुसार ने अंजीर मदिरा और दार्शनिक की माँग किया था।

यूनानी सम्राट् ने अंजीर और मदिरा भेजना पसन्द किया किन्तु दार्शनिक नहीं। आश्चर्य की बात है कि मेगस्थनीज और स्पूनर जैसे विद्वान् चन्द्रगुप्त के पाटलिपुत्र के राजमहल में लकड़ी देखते हैं। किन्तु अन्वेषक की खोज से अशोक मौर्यकालीन राजप्रसाद निश्चित रूप से पाषाण से निर्मित रहा सिद्ध होता है। हेरोडोटस नरकुल की नाव जानता है। जबकि भारतीय काव्य में नौकायन का सुन्दर वर्णन पढ़ने को मिलता है। वह चटाई माला और अखरोट जैसा अनाज जानता है। प्लिनी, कोविदार, अंजीर और बड़ी-बड़ी शाखाओंवाला वृक्ष ओजेनटीज, जटामासी, पीपर, अदरख, नरकुल, शीशम, चावल और अखरोट एवं सेब जैसे फल फसलों से परिचित है। स्ट्रैबो चार पहियावाला रथ, छोटे-छोटे वृक्षों को ढोने में प्रयुक्त किया जाता था, से परिचित है।[42] इसी प्रकार प्लिनी कँटीलीदार झाड़ियों को वैसे ही जानता है[43] जैसा कि वाल्मीकि, फाह्यान, शाचे (अयोध्या) सात हाथ लम्बा वृक्ष जो काटने पर उग गया था से परिचित है। वह श्रावस्ती और कुशीनगर में भी छायादार वृक्ष देखता है।[44] ह्वेनसांग ने विशाखा (साकेत) में आम्र वन देखा था वह प्रयाग में वटवृक्ष देखता है। जिससे अलबेरुनी भी परिचित है।[45] गुप्त सम्राट् कुमारगुप्त, धंग और गांगेयदेव ने प्रयाग के वटवृक्ष के नीचे, पारलौकिक सुख निमित्त, प्राण विर्सजन करते हैं।

मौर्य सम्राट् अशोक[46] से लेकर शेरशाह सूरी तक सड़कों के किनारे-किनारे छायादार वृक्ष लगवाने की परम्परा इतिहास में पढ़ी जा सकती है। प्राचीन विवरणों के आधार पर उन सड़कों एवं वृक्षों की खोज भी की जा सकती है। समय-समय पर इस भू-भाग के कतिपय स्थलों के सर्वेक्षण और उत्खनन से प्राप्त कांस्य, शिला, ताम्र, मुद्रा, मुहर और विविध धर्मपरक मूर्तियों में वनस्पतियों का स्वरूप उभर आया है। जिससे साहित्यिक प्रसंगों में निरूपित वानस्पतिक सम्पदा को पुरातात्त्विक वातायन से निहारा जा सकता है। प्राक् अशोककालीन साहगौरा कांस्य फलक के ऊपरी भाग में कमल की कली और वेदिका से परिवेष्ठित वृक्ष दर्शाया गया है; वहीं अनाज रखने के लिए तीन मंजिला कोठा भी बना हुआ है। लेख में श्रावस्ती के महामात्र को अकाल के समय धान्यों को वितरित किये जाने का आदेश निरूपित है। रोचक तथ्य यह है कि साहगौरा, गोरखपुर के उत्खनन से नीवार

और चावल के अवशेष मिले हैं।[47] शृंगवेरपुर में चावल, जौ, शीशम, कपड़ा, कुश, ताड़ का पत्ता, आम, सिरस, गेहूँ, चना, वास और मूँग जैसे खाद्य पदार्थ से लेकर वन सम्पदा 1000 ई.पू.– 700 ई. पू. की प्राप्ति से बुद्ध से पूर्व खेती-बाड़ी और वनस्पतियों की पुष्टि होती है।[48] कोलडिहवा में चावल 6480+185 ई.पू. का प्राप्त है। प्रतापगढ़ में लगभग 8000 वर्ष प्राचीन चावल के अवशेष मिले हैं। काकोरिया, वाराणसी से चावल, औरैज्या, रूफीपूगन सिताव मिले हैं।[49] बेलन घाटी, इलाहाबाद के घास के बीज और पौधे मिले हैं। मिर्जापुर के लेखनियाँ स्थल से एनोजिसस पेण्डुला, लैग्रसटोमिया और फलोवरी जिनवयी जैसे पौधे प्राप्त हुए हैं। बरौनहा से चावल के अवशेष मिले हैं।[50]

शृंगवेरपुर की खुदाई में मेसुआ महुआ, फेरा, बेतुला, यूटिलस, सेमल, आम, सिरस और वास के अवशेष मिले हैं। नरहन गोरखपुर में प्रो. पुरुषोत्तम सिंह के नेतृत्व में हुए पुरातात्त्विक उत्खनन से एक अनुपम वानस्पतिक सम्पदा मिली काले एवं लाल वेयर फेज पर 17 प्रकार की फसलों के पौधे तथा चार प्रकार के फलों के अवशेष मिले हैं, जिनमें अधजली लकड़ी का कोयला, मधूक, आम, बेर, कटहल, बबूल, कुचला, इमली, खैर, अंगूर, खजूर, वांस, शहतूत, सरसों, तिल, अलसी, जौ, चावल, चना, कोदों, मूँग, मटर और बाजरा के बीज प्राप्त हुए हैं। बाली युक्त धान की पत्तियाँ और नरकुल भी मिले हैं।[51] मनोगार मिर्जापुर से साँवाँ, कैलीकोर्पा का वृक्ष गोरखपुर से प्राप्त हुआ है। बेलनघाटी से ऐसे पौधे, जिनमें बीज नहीं बनते थे, प्राप्त हुए हैं। तौलिहवाँ, लुम्बिनी तथा लोहरादेव, से कोयला और चावल के अवशेष मिले हैं।

तिलौराकोट, अयोध्या, कौशाम्बी और श्रावस्ती से प्राप्त कतिपय सिक्कों पर वृक्ष और पुष्प अंकन मिलता है। मौर्यकालीन अलिखित आहत प्रकार के सिक्के, जो अयोध्या से प्राप्त हुए हैं, पर पूर्ण खिला हुआ कमल दर्शाया गया है। उत्तर शुंग शासक मूलदेव, धनदेव और शिवदत्त के सिक्कों पर घेरे में वृक्ष मिलता है। शिवदत्त और विशाख देव के सिक्कों पर लक्ष्मी और कमल अवलोकनीय हैं। किन्हीं-किन्हीं सिक्कों पर ताड़ वृक्ष हैं। इसी प्रकार कौशाम्बी से प्राप्त 200 ई. पू. के कतिपय सिक्कों पर लक्ष्मी कमल के फूल पर खड़ी हुई हैं। दोनों ओर लघु कमल पर सूँड़ उठाये हुए हाथी उसका अभिषेक कर रही है। ऐसी ही यहाँ से प्राप्त गजलक्ष्मी पाषाण प्रतिमा पर लक्ष्मी पूर्ण खिले हुए कमल पर चित्रित[53] मिलती है। श्रावस्ती से प्राप्त आहत प्रकार के सिक्कों पर घेरे में वृक्ष और फूल का अंकन मिलता है। सहेट के उत्खनन से नारी की मृण्यमूर्ति प्राप्त है। नारी खड़ी हुई मुद्रा में दाहिने हाथ से फूल[54] पकड़े है। गुप्तकालीन सिक्कों पर भी वानस्पतिक स्वरूप मुखर हो उठा है। चन्द्रगुप्त के राजा-रानी प्रकार के सिक्कों पर राजा रानी को कुछ दे रहा है। यह वस्तु कहीं कंकण, अँगूठी, सिन्दूरदानी और पुष्प कली प्रतीत होती है। समुद्रगुप्त के दण्डधारी प्रकार के सिक्कों पर कहीं-कहीं वेदी फूल के गमले के सदृश है। जिसमें पौधे की शाखाएँ दिखलायी पड़ती हैं। पृष्ठ भाग पर बैठी लक्ष्मी अपने हाथ में कमल लिये हुए

है। धनुर्धारी प्रकार के सिक्कों पर भी लक्ष्मी कमल फूल लिये है। परशुधारी प्रकार के सिक्कों पर लक्ष्मी बायें हाथ से कमल की कली पकड़े हुए हैं। उसका पैर कमल पर टिका है। उसके व्याघ्र पराक्रम शैली के सिक्कों के पृष्ठ भाग पर मकरवाहिनी गंगा बायें हाथ में कमल लिये हुए हैं। वीणा प्रकार के सिक्कों पर राजा गद्देदार पलँग पर बैठकर गोद में रखी हुई वीणा को बजा रहा है। पृष्ठ भाग में देवी बायें हाथ में कमल कली पकड़े हैं।

चन्द्रगुप्त द्वितीय के धनुर्धारी प्रकार स्वर्ण सिक्कों के पृष्ठ भाग पर अंकित लक्ष्मी के पैरों के नीचे कमल का आसन है। देवी के बायें हाथ में कमल है। सिंह नियन्ता प्रकार के स्वर्ण सिक्कों के पृष्ठ भाग पर सिंहारूढ़ देवी ने हाथ में कमल धारण किया है। अश्वारोही प्रकार के मुद्राओं में देवी ने बायें हाथ में डण्ठल और पत्तियों से युक्त कमल धारण किया है। उसके ध्वजधारी प्रकार स्वर्ण मुद्रा के पृष्ठ भाग में लक्ष्मी बायें हाथ से कमल की कली धारण किये हुए चित्रित है।[55] कुमारगुप्त के धनुर्धारी प्रकार के स्वर्ण मुद्रा के पृष्ठ भाग पर लक्ष्मी कमलासीन अंकित है। कुमारगुप्त के अश्वारोही प्रकार के स्वर्ण सिक्कों के पृष्ठ भाग पर देवी तीन-चार अंगूर का गुच्छा लिये हुए मोर को खिला रही हैं। बायें हाथ में सनाल कमल लिये हुए दर्शाया गया है। उसके कार्तिकेय प्रकार की स्वर्णमुद्राओं पर मोर को दाना चुगाते हुए राजा का चित्रण अवलोकनीय है। उसके वीणा प्रकार के सिक्कों पर चार तारवाली वीणा अंकित है। लक्ष्मी दाहिने हाथ में सनाल कमल लिये हुए है। कलाप्रेमी गुप्त सम्राटों ने दैनिक जीवन से लेकर सांस्कृतिक जीवन में निखार लाने के लिए वीणा का भरपूर सहयोग लिया। प्रयाग प्रशस्ति में समुद्रगुप्त की वीणा वाद्य कला नारद और तुम्बरु को भी लानेवाली थी, अभिलिखित मिलता है।

कभी-कभी मुहरों पर भी वनस्पतियाँ अंकित करने की कला प्राचीन मानव और वनस्पतियों के साहचर्य को प्रमाणित करता है। इलाहाबाद संग्रहालय में प्राप्त एक मुहर पर वृक्ष की छाया में आचार्य दो शिशु छात्रों को पढ़ाते हुए दर्शाया गया है। राजघाट वाराणसी में एक मुहर पर एक आदमी पीतिका रूढ़ है। दायें हाथ से गुलाब का फूल पकड़े है।

मिर्जापुर की गुफाओं में वन्य जीव के शैल चित्रों की प्राप्ति से इस क्षेत्र के दक्षिण भाग में वनों की ऐतिहासिकता सिद्ध होती है। भीटा इलाहाबाद की खुदाई से एक मुहर प्राप्त हुई है, जिसमें शुंगकालीन कवि कालिदास की रचना अभिज्ञानशाकुन्तलम् में अभिचित्रित महर्षि कण्व का आश्रम, फूल, पौधे, वृक्ष, हिरण शरण लिये हैं, दुष्यन्त सारथि के साथ आश्रम में प्रवेश कर रहे हैं, का उच्चित्र रूपायित है।[56] राजघाट वाराण आरण्यक शैली की मुहरों की प्राप्ति से काशी क्षेत्र के वन सम्पदा की पुरातात्त्विक पुष्टि होती है। इसी प्रकार कौशाम्बी से तेल, फुलेल बेचनेवाले गन्धिकों की मुहरें मिली हैं। जिससे वस्त्र उद्योग की सफलता का परिचय मिलता है।

सम्राटों के शिलालेखों में भी वनस्पतियों का प्रसंग निरूपित मिलता है। अशोक के सारनाथ अभिलेख में भी वनस्पतियों का प्रसंग निरूपित मिलता है। अशोक के सारनाथ

अभिलेख में प्रयुक्त कोटि विश वेषु कृषिप्रधान नगर और ग्राम्य से समीकृत है। हाथियों के लिए नागवान हुआ करते थे। अशोक की द्वितीय रानी कालुवाकी के प्रयाग-स्तम्भ लेख में उसके द्वारा प्रदत्त दानों में आम्रवाटिका का प्रसंग[57] आया है। कनिष्क के सहेट-महेट, कौशाम्बी तथा सारनाथ से प्राप्त पाषाण लेखों में छत्र और दण्ड के स्थापना का संकेत मिलता है।[58] मौखरि शासक ईषान वर्मा के हरहा अभिलेख में कमल और कुमुदिनी विवेचित है। उसके द्वारा क्षेमीश्वर शिव मन्दिर निर्माण के समय बिजली गरज रही थी। इन्द्रधनुष, वज्रपात, पवन के प्रवाह के साथ कदम्ब, फूलों की अधिकता के कारण शाखा सहित नीचे झुके हुए थे।[59] मिहिरभोज के ग्वालियर प्रशस्ति में उद्यान के फल से ताजा बीज उपजाऊ भूमि में बोने से विविध जड़ोंवाला कल्पवृक्ष जैसा भव्य वृक्ष उगता है, का प्रसंग विवेचित मिलता है।[60] वत्सराज के पत्नी की आँखों के सौन्दर्य की तुलना कमल से की गयी है।[61] कलचुरि शासक नन्नराज के यश के प्रसंग में तिलक वृक्ष लता वितान की चर्चा पढ़ने को मिलती है।[62] राजघाट, वाराणसी से प्राप्त लगभग 12वीं सदी का उत्तरार्द्ध, भीमदेव शिलालेख में तिलक वृक्ष का स्मरण किया गया है। वहीं गांगेय कलश ध्वज भी वर्णित है। यहाँ से प्राप्त आठवीं सदी के पन्थ अभिलेख में ध्वज और चामर का वर्णन मिलता है। गाहड़वाल रानी कुमारदेवी के सारनाथ अभिलेख में कुमुद[63] प्रसंगित है। राजघाट, वाराणसी की खुदाई में गंगा की बाढ़ से रोकने के लिए लकड़ी का बाड़ा मिलता है।[64] इसी प्रकार इस भू-भाग के ताम्रफलक सम्राट् हर्ष से लेकर गाहड़वाल शासक चन्द्रदेव, गोविन्दचन्द्र, मदनपाल, जयचन्द और आस्फोटचन्द्र तक के राज्य काल में समय-समय पर दान के प्रसंग में विभिन्न फसलों और वनस्पतियों से जुड़ने की बात कहते हैं। हर्ष का मधुवन ताम्रफल का अभिलेख में नाव, हाथी, घोड़ा और फसलों का हिस्सा राजकीय कर के रूप में विवेचित[65] है। जिससे विदित होता है कि पौराणिक काल जैसा ही सम्राट् फसलों का स्वामी माना गया है। उसे भूमिदान सम्बन्धी पूर्ण अधिकार प्राप्त थे। लगभग आठवीं सदी गढ़वा से प्राप्त एक पाषाण फलक पर भिक्षुओं के अन्य दान का चित्रण सुलभ मिला है। जिसमें भिक्षु लोग पंक्तिबद्ध होकर बैठकर अन्न खा रहे हैं, का चित्र अवलोकनीय है।

चन्द्रदेव[66] का चन्द्रावती, गोविन्दचन्द्र कमौली, सहेट, पाली, दान, बुजुर्ग, बनगवाँ तथा बनारस से प्राप्त ताम्रफलकों में मधूक, आम, वन, वाटिका, विटप चरागाह, नाव और तृण जैसी वनस्पतियाँ जहाँ अभिलिखित हैं वहीं इनके उत्तराधिकारी जयचन्द के ताम्रफलक भी दान के अवसर पर इन वनस्पतियों का स्मरण करते हैं।[67]

कलचुरि शासक कर्ण के बनारस ताम्र लेख में आम और महुआ स्मरणीय है। इस प्रकार गाहड़वाल काल में वानस्पतिक जीवन के महत्त्व का सहज ही आकलन मिल जाता है। इसी प्रकार इस क्षेत्र के विविध धर्मकारक मूर्तियों देवालयों और विहारों में भी

वनस्पतियों का कलात्मक ढंग से आकलन किया जाता है। अयोध्या, वाराणसी, प्रयाग और देवरिया जैसे भू-भागों से प्राप्त किन्हीं-किन्हीं विष्णु प्रतिमाओं में विष्णु गदा, माला और सनाल कमल धारण किये हैं। मालाधारी गन्धर्व उड़ रहे हैं। कभी-कभी उनकी वनमाला घुटनों तक दिखायी पड़ती है, जैसा कि राजघाट की खुदाई से प्राप्त विष्णु प्रतिमा में यह रूप सँवारा गया है। वरहज (देवरिया) से प्राप्त विष्णु प्रतिमा में विष्णु दोहरे कमलासन पर खड़े हुए दशाये गये हैं। सारनाथ से प्राप्त सरस्वती प्रतिमा में उसने वीणा धारण किया है। अष्टभुजी, मिर्जापुर और जमसोत जैसे स्थलों से प्राप्त सरस्वती प्रतिमाओं में भी वीणा प्रकट होती है। जमसोत से प्राप्त सरस्वती ने एक हाथ में कमल धारण किया है। गोरखपुर से प्राप्त सरस्वती प्रतिमा में वह अर्द्धपर्यंकासन मुद्रा में दर्शायी गयी है।

वृक्ष के नीचे नाटक खेलने के साहित्यिक प्रसंग की पुष्टि प्रतापगढ़ से प्राप्त कुषाणकालीन मन्दिर के भित्तिचित्रों के नाटकीय परिदृश्य से होती है। जिसमें वृक्ष के नीचे कतिपय नर और नारी, लीला को देखते हुए प्रस्तुत हैं। गढ़वा से प्राप्त एक वैष्णव मन्दिर का द्वारपाल गदा धारण किये हुए है। गर्भगृह का वितान सँजोया हुआ है। उसके किनारे कमल के फूल से अलंकृत हैं। अयोध्या से प्राप्त द्वारपाल की मूर्ति में उसने गदा धारण किया है। कौशाम्बी से प्राप्त लक्ष्मी की पाषाण प्रतिमाओं में कमल अवलोकनीय है। वर्तमान अयोध्या, काशी की राजपूतकालीन देवमूर्तियाँ यथा विष्णु, गणेश, हनुमान, स्कन्द, गदा धारण किये हैं। विष्णु के अवतार राम की कतिपय मूर्तियाँ इस क्षेत्र में मिली हैं। शिवदार गाँव, मिर्जापुर के पाषाणफलक में धनुर्धर राम, सीता और लक्ष्मण के साथ कुटिया में बैठे हुए ऋषि का हाथ जोड़कर स्वागत कर रहे हैं। राम के सहायक हनुमान की मूर्ति भैसी से प्राप्त है। जिसमें हनुमान वनमाला पहने हुए दर्शाये गये हैं। कौशाम्बी से सीता हरण का फलक, जिसमें रावण को आभूषणों से सुसज्जित दिखाया गया है। उसके साथ यक्ष भी है। जिसने छोट़ी-सी माला पहनी है। किनारे-किनारे पुष्पालंकरण है। महेट की खुदाई से प्राप्त पाँचवीं सदी का अहिल्योद्धार पाषाण फलक में राम माला पहने हुए हैं तथा दाहिने हाथ में फूल धारण किये हैं। शृंगवेरपुर से प्राप्त एक पाषाणफलक पर राम सुग्रीव वानरों के साथ हैं। वे वृक्ष के नीचे खड़े हैं। अपसद से प्राप्त एक शिलाफलक पर राम, लक्ष्मण, सीता और गुह नौका से गंगा पार कर रहे हैं के अभिचित्रण से नौकायन की पुरातात्त्विक सम्पुष्टि होती है। राजघाट-वाराणसी से प्राप्त उमामाहेश्वर प्रतिमा में शिव माला पहने हुए हैं। पार्वती के बायें हाथ में कमल है। अयोध्या तथा फैजाबाद से प्राप्त गणेश प्रतिमाओं में उन्होंने कण्ठी सनाल कमल, मेखला, गदा, पुष्प और चँवर जैसी वानस्पतिक सम्पदा को धारण किया है। विल्वहरि, फैजाबाद से प्राप्त कार्तिकेय प्रतिमा में कार्तिकेय ने हाथ में माला धारण किया है। सूर्य प्रतिमाओं में कहीं-कहीं सूर्य के हाथों में कमलनाल, गले में जाँघों तक लटकी माला, हाथ में दण्ड और परिकर में मालाधारी गन्धर्व भी अवलोकनीय है।

इसी प्रकार जैन प्रतिमाओं में वनस्पतियों का साहचर्य देखा जा सकता है। लच्छगिरि के फलक में पर्यटक ऊपरी भाग में वृक्ष कौशाम्बी से प्राप्त मुनि सुब्रुत की प्रतिमा में पद्मासन के मध्य में शय्या पर लेटी हुई मुनि सुब्रत की यक्षी ने दाये हाथ में फूल को धारण किया है। काशी से प्राप्त फलक प्रतिमाओं में पाँच तीर्थङ्करों को कमल पर बैठे हुए दर्शाया गया है। यहाँ के विहारों और स्तूपों पर भी वनस्पतियाँ स्थापित रही है।

सारनाथ से गुप्तकालीन स्तूप में कमल का पौधा और उसकी पंक्तियाँ, हंस तथा चकवा पक्षी कमल के पौधे पर बैठे हुए दर्शाये गये हैं। कमलाकृति कमल के दो शाखाओं को पकड़े हुए है। वहीं राजघाट, वाराणसी से प्राप्त बौद्ध विहार के स्तम्भों पर पूर्ण रूप से खिला हुआ कमल का पौधा और उसकी पंक्तियाँ अभिचित्रित मिलती हैं। कौशाम्बी से प्राप्त अशोक स्तम्भ 300 ई.पू. में मुकुन्द का विभाजन क्रमागत सुन्दर कमल कलियों से बना हुआ है। मुकुचन्द पुष्प की सात पंखुड़ियों को पुष्पकोष से निकलते हुए दर्शाया गया है। जिसके नीचे अधः पत्र तथा दोनों ओर पुष्पवृत्त निकल रहे हैं। कली अध्यारोपित पत्तियों से निर्मित है। जिसके चारों ओर अधखिले फूल की पंखुड़ियाँ अवलोकनीय हैं। यहाँ से 200 ई.पू. की प्राप्त वेदिका पर कमल प्रकन्द शोभायमान है। यहाँ के मैनहाई तालध्वज में चारों तरफ बहुत ही सुन्दर ताड़ के पत्ते डण्ठल से निकलते हुए दर्शाये गये हैं। चारों कोनों पर भी चार तने हैं जिसमें नीचे की ओर बेल के फल सदृश गोलफलक हैं। इस चित्रकारी की पत्ते को डण्डी के साथ तने से किंचित् हटाकर, गोलार्द्ध में चित्रित करना प्रमुख विशेषता है। तीसरी सदी के ई.पू. के एक पाषाण खण्ड पर पूर्ण विकसित कमल-कलियाँ चारों ओर के अलंकृत भाग ग्रन्थियाँ तथा पुष्कर की पंखुड़ियाँ पुरावनस्पति दृष्टिकोण से महत्त्वपूर्ण सिद्ध होती है। एक अन्य छत्र पर पत्तियों का समूह और पुष्प मालाएँ बनी हुई हैं। पाँचवीं सदी के एक स्तम्भ पर घटपल्लव, गुह्य, वल्लरियाँ, पुष्पधारियाँ एवं पद्मपुष्प अवलोकनीय हैं। नवीं सदी की जैन तीर्थङ्कर को कमल पीठिका पर बैठे हुए दर्शाया गया है। ऊपरी भाग में पुष्प पर्क लिये समतल कमल है; जिससे पंक्तिबद्ध पंखुड़ियाँ नीचे की ओर लटक रही है। पत्तों के गुच्छे दिखायी पड़ते हैं, का सुलभ चित्रण है। यहाँ से प्राप्त 10वीं सदी के एक प्रस्तरपाद पर तुरही, बाँसुरी आदि जैसे वाद्य यन्त्रों के साथ जुलूस दिखायी पड़ता है। और दोनों किनारों पर घुमावदार पुण्डरीक निकल रहे हैं। कुशीनगर से प्राप्त बुद्ध निर्वाण प्रतिमा में पहियों के बीच में कमल का फूल अंकित मिलता है। इसी प्रकार अयोध्या से प्राप्त 11वीं सदी के एक स्तम्भ पर वनमाला पहने हुए विष्णु प्रकट होते हैं।

श्रावस्ती से प्राप्त अभयमुद्रा की बुद्ध प्रतिमा का प्रभा मण्डल कमल से सँजोया हुआ है। यहाँ से लोकनाथ (कुबेर) की मूर्ति में बायें हाथ में कुबेर कमल लिये हुए हैं। वहीं यूरोपियन फैशन में (अर्द्धपर्यकासीन) कुबेर बायें हाथ में नींबू लिये हुए हैं। नींबू टूटा हुआ है। बुद्ध एक अन्य मूर्ति में कमलासीन हैं। अवलोकितेश्वर की मूर्ति कमलासीन तथा

लीलातन मुद्रा में प्राप्त हुई है। मूर्ति का दाहिना पद एक छोटे कमल पर अंकित है जो कि दसी के तने से निकल रहा है, जिस पर बल विराजमान है। अवलोकितेश्वर के दाहिने और बायें दो कमल के द्रव्य हैं जो दैवी रक्षकों को लिये जा रहे हैं। एक अन्य मूर्ति में कमल पर बुद्ध पालथी मारे बैठे हुए हैं। वे शिक्षा दे रहे हैं। बुद्ध की एक प्रतिमा के सिर के ऊपरी भाग में बौद्ध वृक्ष का अंकन किया गया है।

श्रावस्ती के जेतवन का चित्रण भरहुत के भास्कर्यकला में मुखर हो उठा है। राजकुमार जेत का जेतवन उद्यान अनाथपिण्डक ने 11 करोड़ स्वर्णमुद्राओं में खरीदा था। यह धनराशि गाड़ियों में भर-भर कर लायी गयी थी। इसी दृश्य का चित्रण भरहुत स्तम्भ पर सर्वप्रथम कनिंघम द्वारा देखा गया। सामने के पृष्ठ भाग में बैलगाड़ी के समीप बैल है। सामने आदमी खड़े हैं। कनिंघम ने एक की पहचान अनाथपिण्डक से, दूसरे की पहचान उसके कोषाध्यक्ष से किया है। चित्र के ऊपरी भाग में दो लोग बैठे बगीचे के धरातल को स्वर्ण मुद्रा से ढँक रहे हैं। दो मन्दिर और चार वृक्ष मन्दिर तथा उद्यान के द्योतक हैं, जिनमें एक आम्र वृक्ष तथा शेष वृक्ष चन्दन के हैं, जो खड़े हैं।[68] सम्पूर्ण दृश्य उद्यान के विक्रय की कथा को प्रस्तुत करता है। श्रावस्ती के समीप अवस्थित टण्डवा की माया प्रतिमा में माया का बायाँ पैर और हाथ नर्तन मुद्रा में कमर पर है। वहीं दायाँ हाथ उठ करके उनके सिर पर है। इस हाथ से विशाल वृक्ष की टहनियों को पकड़े हैं। बायीं भुजा पर शाल की शाखा के नीचे तोता बैठा हुआ है। यह चित्रकारी आठवीं सदी की है, उत्तरंगों पर कहीं-कहीं शालभंजिका दृश्य अंकित है। मिट्टी की मूर्तियों में भी वनस्पतियाँ उभरती हैं। सहेट के उत्खनन से नारी की मृण्यमूर्ति प्राप्त है। नारी खड़ी हुई मुद्रा में दाहिने हाथ से फूल पकड़े है। कौशाम्बी से प्राप्त कुषाणकालीन मृण नारी बायें हाथ से फूल पकड़े हुए है, जिससे शालभंजिका की पुष्टि होती है। गौरा, प्रतापगढ़ से प्राप्त ईंट पर फूल तथा पत्तियों की चित्रकारी मिलती है।

वस्तुतः खाद्य सामग्री से लेकर ओषधि के क्षेत्र में वनस्पतियों का प्रयोग जहाँ होता रहा है, वहीं इनसे सामाजिक, सांस्कृतिक तथा राजनीतिक क्रिया-कलापों के सम्पादन की जानकारी मिलती है। सम्राटों के राज्याभिषेक के अवसर पर विविध वनस्पतियों की आवश्यकता उनकी उपयोगिता और महत्त्व को रेखांकित करती है। यदा-कदा आनेवाली प्राकृतिक आपदाओं जैसे बाढ़, भूस्खलन और भूमि के फटने आदि से बड़े पैमाने पर वनस्पतियों का क्षरण होता रहा है। साम्राज्यवादी प्रवृत्ति के कारण काशी, कोशल और वत्सराज के हाथी, घोड़ा, ऊँट, बैल और गायों से लेकर प्रजा के पशु निरन्तर इसका उपयोग करते रहे हैं। सैन्य अभियान के समय असंख्य संख्या में शामिल घोड़ों के पद चापों से अनेक वनस्पतियाँ, जो मुख्य रूप से छोटी-छोटी होती थीं, नष्ट हो जाया करती थीं। सेनाओं के जानवरों के खाने में उपयुक्त होने के कारण अनेक वनस्पतियाँ कुछ ही दिनों में समाप्त हो जाया करती थीं। निरन्तर फूलों के उपयोग के कारण अनेक अमूल्य वनस्पतियाँ नष्ट

होती रहती रही हैं। परतों के आधार पर वृक्षों के आयु की खोज इटली के वैज्ञानिक लियोनार्दा दाविन्ती ने किया। ऐसे ही अमेरिका के खगोल विज्ञानी डगलस ने पुराने वृक्षों का अध्ययन, सूखा वृक्ष, अकाल और बाढ़ जैसी प्राकृतिक सम्पदा और आपदा के अध्ययन के लिए डेण्ड्रो क्रोनाल्जी की स्थापना किया। भारतीय वैज्ञानिक भी धीरे-धीरे वनस्पतियों का अनुशीलन कर रहे हैं। प्रो. जगदीशचन्द्र वसु ने साहित्य में वर्णित वृक्षों तथा पौधों के रूदन को वैज्ञानिक प्रयोग द्वारा सिद्ध किया है। बीरबल साहनी पुरा वनस्पति वैज्ञानिक संस्थान, लखनऊ भी प्राचीन वनस्पतियों के सम्बन्ध में अनुसन्धान की दिशा में प्रयास कर रहा है।

इस परिप्रेक्ष्य में अनुसन्धान करने से पुरावैभव सम्पन्न पूर्वी उत्तर प्रदेश की प्राचीन वनस्पतियों के विविध स्वरूपों का रहस्योद्‌घाटन, वनस्पतियों की उपयोगिता और वनस्पति जगत् से सम्बन्धित कतिपय महत्त्वपूर्ण पक्षों को सम्बल मिला, जिसके कारण प्राकृतिक इतिहास को नयी दिशा तथा रोशनी मिलेगी।

सन्दर्भ

1. अथर्ववेद 9/3/17 : 9/3/21, वाल्मीकि रामायण 2/14/34-49.
2. ऋग्वेद 10/146/1-6.
3. ऋग्वेद 1/117/21, पं.वि.ब्रा. 5/5, तैत्तिरीय संहिता 7/2/10/3, अथर्ववेद 6/140/2, शतपथ ब्राह्मण 10/4/6/2 वही 14/9/3/22, बृहदारण्यकोपनिषद् 6/3/22, वाजसनेयी संहिता 18/12 काठक संहिता 10/6/11, तैत्तिरीयोपनिषद् 3/10/7, शतपथ ब्राह्मण 1/4/1-2.
4. वायुपुराण 15/11-13, वायुपुराण 8/143-149, विष्णुपुराण 1/6/21-26, मत्स्य पुराण 74/6/60 वही 180/44.
5. नृसिंह पुराण 24/8-10, विष्णुपुराण 1/13/89, मनुस्मृति 9/44.
6. उद्यानिनि परित्यज्य क्षेत्राणि च गृहाणि च 1- वाल्मीकि रामायण 2/33/17.
7. द्रष्टव्य, वाल्मीकि रामायणः 1/5/17, 1/5/12, 1/14/22-23, 2/17/3-6, 1/4/22-25, 2/14/34-39, 1/73/21-23, 2/17/16, 2/3/44.
8. कदाहं पुनरागम्य सरय्वाः पुष्पिते वने।
   मृगयां पर्यटिष्यामि मात्रा पित्रा च संगतः।। – वाल्मीकि रामायण 2/49/15.
   वाल्मीकि रामायण 2/50/39, 2/50/28, वही 2/50/18-24, 2/54/1-18.
9. वाल्मीकि रामायण 4/18/6.
10. वाल्मीकि रामायण 2/89/10, गंगातीरम्हि माण्वो सत्यापयाग पट्‌टने स संघो नावमारूहि—महावंशटीका, पृ. 516.
11. हुसेन, ए.एम.द रेहल ऑफ इब्नबतूता, पृ. 110.
12. जातक भाग 4, पृ. 177.
13. संयुक्त निकाय, भाग 2, पृ. 641.
14. मज्झिम निकाय 2/3/6.
15. थेरीगाथा, पृ. 298.

16. जातक भाग 1, पृ. 505, मिलिन्द पन्हो, पृ. 143-248.
17. सुत्तनिपात टीका 1, पृ. 19, दीर्घनिकाय, भाग 1, पृ. 235.
18. जातक, भाग 4, पृ. 167.
19. दिव्यावदान (कावेल व नील, द्वारा सम्पादित वाराणसी 1987) पृ. 120, 158.
20. चुल्लवग्ग 5/14/3, 6/2/2, 6/2/4, 6/10, रीजडेविड्स, टी. डब्ल्यू, बुद्धिस्ट इण्डिया, पृ. 51, राय, अमिता विलेज्स, टाउन्स ऐण्ड सेक्युलर बिल्डिंग्स इन एन्शॅण्ट इण्डिया, पृ. 37-38.
21. जातक, भाग 3 (कौशल्यायन संस्करण), पृ. 148.
22. विनयपिटक भाग 2 पृ. 132-133, सै.बु.इ. जिल्द 17.
23. चुल्लवग्ग 7.1.1, मज्झिम निकाय, पृ. 349.
24. साप्ताहिक हिन्दुस्तान 2 नवम्बर, 1952.
25. प्रासडिंग्स ऑफ इण्डियन हिस्ट्री कांग्रेस 1939, पृ. 241-261.
26. महावस्तु 2, पृ. 462, अंगुत्तर निकाय पृ. 116, ललित विस्तर 16/18.
27. बृहत्कल्पसूत्र 2/4, उत्तराध्ययन सूत्र 8/12, उत्तराध्ययन टीका 3, पृ. 58 निशीथभाष्य 2/10/29-30.
28. प्रज्ञापना सूत्र 1/23, राप्रश्नीय 3, पृ. 12.
29. आवश्यक चूर्णि, पृ. 258.
30. व्याख्या प्रज्ञप्ति टीका 5/7.
31. कल्पसूत्र 153, उपासक दर्शांग 3/124, निरयावलि 3/3.
32. फाउण्डर्स ऑफ साइन्सेज इन एन्शॅण्ट इण्डिया, (दिल्ली, 1967), पृ. 141-153.
33. अर्थशास्त्र 2/17.
34. रघुवंश 16/16, 16/20 कुमारसम्भव 7/6-9, मेघदूत 2/33.
35. अभिज्ञान शाकुन्तलम् 4/5, मालविकाग्निमित्रम् 5/6.
36. पातुं न प्रथमं व्यवयति जलंयुष्मास्पीतेष्वा नादत्ते प्रियमण्डनापि भवतां स्नेहेन या पल्लवम्। आघेवंः कुसुम प्रसूति समये यस्या भवत्युत्सव सेयंयाति शकुन्तला पतिगृहं सर्वैरनुज्ञायताम्।।– अभिज्ञान शाकुन्तलम् 4/9.
37. हंसश्रेणीषु तारासु कुमुदत्स च वारिषु, विभूतयस्तदीयानां पर्यस्ता यश सामिव। इच्छुछाय निषादिन्यः तस्य गोप्तुर्गुणोदयम्। आकुमार कथोपदघातं शालि गोप्योजगुर्यशः।। – रघुवंश 4/19-20.
38. हल भिन्न विकीर्ण शष्य दर्भाहल सूक्ष्म क्रिमिकीट कोर्णाम- बुद्धचरित 5/5.
39. बुद्धचरित 2/37, 3/9, 2/29-30, सौन्दरनन्द 4/20, 4/26, बुद्ध चरित 5/19.
40. कथासरित्सागर उत्तर 12/42/23.
41. दशकुमारचरित उत्तर पीठिका, पृ. 192-184.
42. द एज ऑफ इम्पीरियल यूनिटी, (आर. सी. मजूमदार द्वारा सम्पदा.) पृ. 70.
43. मैकक्रिण्डल, जे. डब्ल्यू. एनुशॅण्ट इण्डिया एज डिस्क्राइब्ड इन क्लासिकल लिटरेचर (दिल्ली, 1979), पृ. 1, 2, 119-27, 75.
44. लेगे, जेम्स, 'द ट्रेवेल्स ऑफ फाह्यान, पृ. 54-56, 70.
45. वाटर्स, टी, आन य्वान चांग्स ट्रेवेल्स इन इण्डिया, भाग 1, पृ. 362 सचाउ, अलबेरुनी इण्डिया, पृ. 200-20.
46. हुल्टज इ., द इन्सक्रिप्शन्स ऑफ अशोक जिल्द 1, पृ. 28, 102, 128.

47. ज.रा.ए.सो. 1907 पृ. 51, इण्डियन आर्क्यालॉजी 1983-84, ए रिव्यू, पृ. 178, वही 1982-83, पृ. 106.
48. इण्डियन आर्क्यालॉजी 1983-84, ए रिव्यू, पृ. 178, वही 1984-85, पृ. 161 वही 182-83, पृ. 149.
49. इण्डियन आर्क्यालॉजी 1981-82, ए रिव्यू पृ. 106.
50. इण्डियन आर्क्यालॉजी 1982-83, ए रिव्यू पृ. 149.
51. वही 1984-85, पृ. 162-63.
52. एलन, जान, कैटलाग ऑफ द क्वायन्स ऑफ एनूशॅण्ट इण्डिया, पृ. 129, 130, 131, 132 एवं फलक।
53. एलन, जान पूर्वोद्धृत फलक 36, इण्डियन आर्क्यालॉजी 1956-57, फलक 39 अ
54. सिन्हा, के.के. इक्जेवेशन्स एट श्रावस्ती, पृ. 75, 53.
55. द्रष्टव्य, अल्तेकर, ए. एस. गुप्त कालीन मुद्राएँ पृ. 19, 36, 37, 38, 41, 45, 50, 51, 63, 72, 98 व आगे।
56. थयलियाल, किरण कुमार, स्टडीज इन एनूशॅण्ट इण्डियन सील्स, पृ. 279.
57. हुल्टज, इ. पूर्वोद्धृत, पृ. 158.
58. इपि.इ. जिल्द 8, पृ. 181, 176, वही, जिल्द 24, पृ. 212.
59. वाताश्च वान्ति नीचान्नवकुसुम चयान्नमुर्वी – इपि.इ. जिल्द 14, पृ. 118 श्लोक 22.
60. इपि.इ. जिल्द 18, पृ. 107.
61. वही पृ. 108, श्लोक 6.
62. वही पृ. 133, श्लोक 15-16.
63. सहकुमुद वनी मुद्राया मानिनीनाम् 1- इपि.इ. जिल्द 9, पृ. 323, पंक्ति–3.
64. इण्डियन आर्क्यालॉजी 1963-64, ए. रिव्यू पृ. 58.
65. इपीग्राफिया इण्डिका, जिल्द 1, पृ. 72-73.
66. इपी.इ. जिल्द 9, पृ. 305.
67. द्रष्टव्य, इपी.इ. जिल्द-8, पृ. 153, जिल्द 11, पृ. 24 इपी.इ. जिल्द 5, पृ. 114, 117,
68. इपी.इ. जिल्द 2, पृ. 362, इपी.इ. जिल्द 5, पृ. 117.

सन्दर्भ-ग्रन्थ सूची

मौलिक ग्रन्थ : संस्कृत/पालि/प्राकृत साहित्य

अग्निपुराण : मोर प्रकाशन कलकत्ता, संवत् 2014.
अंगुत्तर निकाय : पालिटेक्ट्स सोसाइटी, लन्दन 1885-1900 (5 जिल्दों में).
अर्थशास्त्र (कौटिल्य) : महाभारत कार्यालय मालीवाड़ा, दिल्ली, संवत् 1997.
अथर्ववेद संहिता : सम्पादक श्रीपाद शर्मा, औधराज्य, 1943.
अट्ठशालिनी : पी.वी. वापत एवं आर. डी. वाडेकर द्वारा सम्पादित, पूना 1942.
अवदान शतक : जे.एस.स्पेयर, प्राग 1959.
अष्टाध्यायी (पाणिनि) : वाराणसी 1958.
आदिपुराण (भाग 1-2) : भारतीय ज्ञानपीठ, काशी, 1963.
उत्तर पुराण (गुणभद्र) : भारतीय ज्ञानपीठ, काशी, 1954.
उत्तर रामचरित (भवभूति) : चौखम्भा संस्कृत सीरीज, वाराणसी, 1971.
उत्तराध्ययन सूत्र : साध्वी चन्दना द्वारा सम्पादित, वीरायतन प्रकाशन, आगरा, संवत् 2029.
ऐतरेय ब्राह्मण : निर्णय सागर प्रेस, बम्बई, 1925.
ऋग्वेद संहिता : आर्य साहित्य मण्डल अजमेर, संवत् 1993-2008.
कथा सरित्सागर (सोमदेव) : विहार राष्ट्रभाषा परिषद् पटना 1960.
कल्पसूत्र : सैक्रेड बुक्स ऑफ द ईस्ट, जिल्द 22, मैक्समूलर, द्वारा सम्पादित, वाराणसी, 1973.
कल्कि पुराण : वेंकटेश्वर प्रेस बम्बई, संवत् 1963.
काठक संहिता :
काव्य मीमांसा (राजेश्वर) : विहार राष्ट्रभाषा परिषद् पटना, 1954.
कुमार सम्भव (कालिदास)
कूर्म पुराण : मोर प्रकाशन कलकत्ता, 1962.
कौटिल्याज अर्थशास्त्र : शाम शास्त्री द्वारा अनूदित, मैसूर, 1956.
गउडवहो (वाक्यपतिराज) : भण्डारकर ओरियण्टल रिसर्च इन्स्टीट्यूट, पूना 1917.
गरुड़ पुराण : पण्डित पुस्तकालय काशी, 1963.
गोपथ ब्राह्मण : अथर्ववेद भाष्य कार्यालय इलाहाबाद, 1977.
गौतम धर्म सूत्र : आनन्दाश्रम संस्कृत सीरीज पूना, 1910.
चण्ड कौशिक (क्षेमीश्वर) : जगदीश मिश्र द्वारा सम्पादित, 1965.
जानकी हरण (कुमारदास) : बम्बई, 1907.
जातक (6 भाग) : बी. फजबोल, द्वारा सम्पादित, लन्दन 1877-97.

जातक (3 भाग) : कौशल्यायन संस्करण, प्रयाग, 1946.
जातक कथा माला : काशी, संवत् 1981 जैमिनीय उपनिषद् ब्राह्मण : पं. रामदेव द्वारा सम्पादित, लाहौर, 1912.
तैत्तिरीय उपनिषद्
तैत्तिरीय ब्राह्मण : आनन्दाश्रम, पूना, 1898.
थेरगाथा एन.के. भागवत द्वारा सम्पादित बम्बई विश्वविद्यालय प्रकाशन बम्बई 1939.
थेर एण्ड थेरीगाथा पालि, टेक्स्ट सोसाइटी लन्दन 1883.
दशकुमार चरित (दण्डी) : बम्बई संवत् 1993.
दिव्यावदान : कावेल व नील कैम्ब्रिज 1886.
दीघनिकाय : 3 जिल्द, पालिटेक्स्ट सोसाइटी लन्दन 1890-1911, राहुल सांकृत्यायन, हिन्दी अनुवाद महाबोधि सोसाइटी सारनाथ 1936, बम्बई, विश्वविद्यालय प्रकाशन जिल्द, 1936, 1914.
धम्मपद : वाराणसी संवत् 2025.
धम्मपद अट्ठकथा : बुद्धघोष टीका, 5 जिल्दों में, पालिटिक्स सोसाइटी लन्दन 1906-15.
निरूक्त : इण्डालोजिकल बुक हाउस वाराणसी 1972.
पउमचरियम, (प्रथम भाग), एच. याकोबी द्वारा सम्पादित, प्राकृतग्रन्थ परिषद् वाराणसी, 1962.
पद्म पुराण : (5 भागों में), मोर प्रकाशन कलकत्ता, संवत् 2013-2015.
पद्म पुराण : 3 भाग : भारतीय ज्ञानपीठ काशी 1958-59.
(रविषेणाचार्य) पपंचसूदनी (बुद्धघोष) : लन्दन 1922-38.
ब्रह्म पुराण : मोर प्रकाशन कलकत्ता 1954.
ब्रह्माण्ड पुराण : मोतीलाल बनारसी दास, दिल्ली, 1973.
वृहत्संहिता (वराहमिहिर) : भाग 1, संस्कृत विश्वविद्यालय वाराणसी 1968.
बृहदारण्यकोपनिषद् : गीता प्रेस, गोरखपुर।
बुद्धचरित (अश्वघोष) : ई.ए.एस., जानशन, दिल्ली 1972.
बुद्धिस्ट सुताज : सैक्रेड बुक्स ऑफ द ईस्ट, वाल्यूम 11, मैक्समूलर अनुवादकः टी. डब्ल्यू. रीजडेविड्स, आक्सफोर्ड
भागवतपुराण : (दो भाग) : गीता प्रेस, संवत् 2008.
मज्झिम निकाय महाबोधिसभा सारनाथ 1964.
मत्स्य पुराण : मोर प्रकाशन कलकत्ता 1954.
मनुस्मृति : निर्णय सागर प्रेस बम्बई 1946.
महाभाष्य (पतंजलि) : दिल्ली, 1967.
महाभारत (4 भागो में) : गीता प्रेस, संवत् 2013-2015.
महावंशटीका : नालन्दामहाविहार, 1971.
महावग्ग (विनय पिटक, भाग 2), एन.के. भागवत द्वारा सम्पादित बम्बई विश्वविद्यालय 1952.
महावस्तु : एस, सेनार्ट द्वारा सम्पादित, 3 जिल्द, पेरिस 1882-97.
मार्कण्डेय पुराण : मोर प्रकाशन कलकत्ता 1962.
महालविकाग्निमित्रम् : वाराणसी, 1965.
मुद्राराक्षस (विशाखदत्त) : कान्ति प्रकाशन इलाहाबाद 1972.
याज्ञवल्क्य स्मृति : निर्णय सागर प्रेस बम्बई, 1949.
युक्ति कल्पतरु : राजाभोज।

रघुवंश (कालिदास) : खेमराज श्री कृष्णदास, बम्बई, संवत् 1980.
रत्नावली (सम्राट हर्ष) : मोतीलाल बनारसी दास, वाराणसी, 1960.
राजतरंगिणी (कल्हण) : पाण्डेय रामतेज द्वारा सम्पादित, पण्डित पुस्तकालय काशी 1960.
रामकीर्ति : सत्यानन्द पुरी, सस्ता साहित्य मण्डल, संवत् 1983.
रामानन्द दिग्विजय (भगवुददास) : आबू पहाड़ संवत् 1983.
रामायण ऑफ वाल्मीकि : आर.टी.एच. ग्रिफिथ द्वारा अनूदित, वाराणसी 1963.
ललित विस्तर : आर.एल. मित्र द्वारा अनूदित, विवलि ओथिका, इण्डिका सीरीज, 1886.
वामन पुराण : बम्बई 1960.
वायु पुराण (दो भाग) : संस्कृति संस्थान बरेली 1967.
वाल्मीकि रामायण (दो भाग) : गीता प्रेस, गोरखपुर।
वाल्मीकि रामायण (6 भाग) : तिलकभूषण, शिरोमणिटीकाएँ, द न्यूज प्रिण्टिंग प्रेस बम्बई।
वाल्मीकि रामायण (10 भाग) : द्वारका प्रसाद शर्मा, इलाहाबाद।
विनय पिटक : सैक्रेड बुक्स ऑफ द ईस्ट, जिल्द 13.17.20.
(3 भाग) मैक्समूलर द्वारा सम्पादित टी. डब्ल्यू, रीजडेविड्स, द्वारा अनूदित, आक्सफोर्ड 1881-85 महाबोधि सभा सारनाथ 1935.
विविध तीर्थ कल्प : (जिनप्रभ सूरि) बम्बई 1934.
विष्णुपुराण : गीता प्रेस गोरखपुर संवत् 1993.
शतपथ ब्राह्मण : दो भाग, अच्युतग्रंथ माला वाराणसी, संवत् 1944-97.
शिवपुराण भाग 2 : हीरालाल श्यामकाशी प्रेस मथुरा, संवत् 1997 शुक्रनीतिसार।
स्कन्दपुराण भाग 2-3 मोर प्रकाशन कलकत्ता, 1960-61.
सद्धर्भ पुण्डरीक : सैक्रेड बुक्स ऑफ द ईस्ट, आक्सफोर्ड 1884.
समन्त पासदिका (बुद्धघोष टीका) : पालि टेक्ट्स सोसाइटी, लन्दन 1924-47.
स्वप्न वासवदत्ता (सुबन्धु) : वाराणसी संवत् 1993.
संयुक्त निकाय : महाबोधि सभा, सारनाथ, संवत्, 1954.
सुत्त निपात : महाबोधिसभा सारनाथ 1951.
सुमंगलविलासिनी : पालिटेक्स्ट सोसाइटी, लन्दन 1886-1932
सौन्दरनन्द : (अश्वघोष) कठौतिया, विहार।
हरिवंशपुराण : गीताप्रेस, गोरखपुर।
हरिवंशपुराण : (जिनसेनाचार्य) भारतीय ज्ञानपीठ, काशी 1962.
हर्ष चरित : (वाणभट्ट) चौखम्भा विद्या भवन, वाराणसी, 1964.
त्रिषष्टिशलाका पुरुष चरित : (हेमचन्द) एच. एम. जानसन, गायकवाड़, ओरयिण्टल सीरीज दो जिल्द, बड़ौदा 1931, 1937.

मौलिक ग्रन्थ : अरबी/तुर्की/फारसी साहित्य

अलबेरुनीज इण्डिया . सचाऊ द्वारा अनूदित
आइने अकबरी, अबुलफजल, एच ब्लाक मैन द्वारा सम्पादित एशियाटिक सोसाइटी, कलकत्ता 1873
अकबरनामा : (जिल्द दो) अबुल फजल, एच. बीव्रिज द्वारा अनुदित, दिल्ली 1989
तबाकाते नासिरी : मिनहाज, कलकत्ता 1863-64.
तारीखे फिरोजशाही : जियाउद्दीन बरनी, कलकत्ता 1860-62.

तुजुके जहाँगीरी : एच.बी.ब्रिज द्वारा सम्पादित, रायल एशियाटिक, सोसाइटी लन्दन।
दि रेहेल ऑफ इब्नबतूता : आगा मेंहदी हुसेन द्वारा अनूदित, दिल्ली, 1976.
बाबरनामा : (जिल्द दो) बीब्रिज द्वारा अनूदित, दिल्ली 1979.
भारत : अलबेरुनी, कयामुद्दीन अहमद द्वारा सम्पादित।
मसिरी जहाँगीरी : इलियट एवं डाउसन द्वारा सम्पादित हिस्ट्री ऑफ इण्डिया एज टोल्ड बाई इट्स ओन हिस्टोरियन्स, वाल्यूम 2 प्रथम भारतीय संस्करण इलाहाबाद 1964.
मुन्तखवुत तवारीख (दो जिल्द) : अलबदायूनी डब्लू. एच. लोहना द्वारा अंग्रेजी अनुवाद, जार्ज एस.ए. द्वारा? सम्पादित दिल्ली 1973.
हिस्ट्री ऑफ इण्डिया : अलरशीदुद्दीन, कार्ल जान द्वारा अनूदित, लन्दन 1965.

आधुनिक ग्रन्थ

अग्रवाल, वासुदेव शरण : पाणिनि कालीन भारतवर्ष, काशी, संवत् 2012.
भारतीय कला, पृथ्वी प्रकाशन वाराणसी 1977, सारनाथ, भारतीय पुरातत्त्व सर्वेक्षण, नयी दिल्ली, 1918.
अल्तेकर, अनन्त सदाशिव : गुप्तकालीन मुद्राएँ, पटना 1972 प्राचीन भारतीय शासन पद्धति, इलाहाबाद, संवत् 2026.
अली, सैय्यद, मुजफ्फर : द ज्याग्राफी ऑफ द पुरानाज, पीपुल्स पब्लिशिंग हाउस, नयी दिल्ली 1966.
अवस्थी, अवध बिहारी लाल : प्राचीन भारतीय भूगोल, लखनऊ 1972.
आचार्य, देशभूषण : भगवान महावीर और उनका तत्त्व दर्शन पच्चीस सौवाँ महावीर निर्वाण महोत्सव दिल्ली।
आचार्य, प्रसन्न कुमार : ग्लोरीज ऑफ इण्डिया आन इण्डियन कल्चर एण्ड सिविलाइजेशन, इलाहाबाद 1952.
आयंगर, एस.के. एनूशेण्ट इण्डिया, मद्रास, 1911.
उटगीकर, नारायण बापू जी : कलेक्टेड वर्क्स ऑफ सर आर.जी. भण्डारकर, भाग 1 पूना 1933 (सम्पादक)।
एलन, जान, ब्रिटिश म्यूजियम् कैटलाग ऑफ द क्वायन्स ऑफ एनूशॅण्ट इण्डिया दिल्ली 1975.
कनिघंम अलेक्जेण्डर : एनूशॅण्ट ज्याग्राफी, वाराणसी 1963.
हिस्ट्री ऑफ एनूशॅण्ट ज्याग्राफी, एस.एन. मजूमदार द्वारा हिन्दी अनुवाद, इलाहाबाद1971.
हिस्ट्री ऑफ एनूशॅण्ट इण्डिया वाराणसी 1963.
कलाम अब्दुल पाकिर जैनुल आब्दीन : भारत 2030 नव निर्माण की रूपरेखा, दिल्ली 2003.
कुमारस्वामी, आनन्द, द ओरेजिन ऑफ बुद्धा इमेज, दिल्ली 1972.
चट्टोपाध्याय, सुधाकर : अर्ली हिस्ट्री ऑफ नार्थ इण्डिया।
चमनलाल : हिन्दू अमेरिका, बी.बी. रिसर्च इन्स्टीट्यूट होशियारपुर, 1956.
चन्द्र, प्रमोद : स्टोन स्कल्पचर इन द इलाहाबाद म्यूजियम, पूना 1970.
जायसवाल, काशीप्रसाद : हिस्ट्री ऑफ इण्डिया लाहौर 1934.
हिन्दू पालिटी बंगलौर 1978.
हिन्दू राजतन्त्र, भाग 2, काशी, संवत् 2022.
काणे, पाण्डुरंग वामन : हिस्ट्री ऑफ धर्मशास्त्र (जिन्द 4) भण्डारकर ओरियण्टल रिसर्च इन्स्टीट्यूट, पूना 1935.
गुप्त परमेश्वरीलाल : द गंगेटिक वैली टेराकोटा आर्ट, वाराणसी 1963.
गोरख प्रसाद : भारतीय ज्योतिष का इतिहास, लखनऊ 1974.

घोष.ए. : द सिटी इन अर्ली हिस्टारिकल पीरियड, शिमला, 1966.
घोष, एन.एन. : एन अर्ली हिस्ट्री ऑफ कौशाम्बी 1935.
ताराचन्द : ए शार्ट हिस्ट्री ऑफ इण्डियन पीपुल, मैकामिलेन ऐण्ड कम्पनी, कलकत्ता 1953.
तिवारी, गौरीशंकर : उत्तरी भारत के ब्राह्मणों का सामाजिक अध्ययन, फैजाबाद 1982.
तिवारी मारुतिनन्दन : मध्यकालीन भारतीय मूर्तिकला वाराणसी 1991.
थपलियाल, किरण कुमार : स्टडीज एनूशॅण्ट इण्डियन सील्स, लखनऊ 1972.
थापर रोमिला : अशोका ऐण्ड डेक्लाइन ऑफ मौर्याज, दिल्ली 1989 वंश के राज्य तक दिल्ली 1997.
दास, अविनाश चन्द्र : ऋग्वैदिक इण्डिया, आर. कैम्ब्रे एण्ड कम्पनी, कलकत्ता 1927.
दीक्षितार, वी.आर.आर. : वार इन एनूशॅण्ट इण्डिया।
देशराज उपाध्याय : फैजाबाद इतिहास कला एवं संस्कृति, फैजाबाद 2012.
नारायण, ए.के. : द इण्डो ग्रीक्स ऑक्सफोर्ड 1962, एक्जेवेशन एट राजघाट, भाग 1-4, काशी हिन्दू विश्वविद्यालय 1976, 1977, 1978.
ठाकुर, उपेन्द्र : मिण्ट्स एण्ड मीटिंग इन इण्डिया, चौखम्भा, वाराणसी, 1972.
पर्सी ब्राउन : इण्डियन आर्कीटेक्चर, बम्बई 1956.
प्रसाद, ईश्वरी : हिस्ट्री ऑफ मेडिवल इण्डिया इलाहाबाद 1942.
पार्जिटर, एफ.ए. : एनूशॅण्ट इण्डियन हिस्टारिकल ट्रेडिशन्स, लन्दन 1922.
द पुराण टेक्स्ट ऑफ द डायनेस्टडीज कालि एज, वाराणसी 1962.
पाटिल, डी.के.आर. द एण्टीक्वेरियन्स रिमेन्स इन बिहार, काशीप्रसाद जायसवाल रिसर्च इन्स्टीट्यूट पटना 1963.
पाठक विशुद्धानन्द : हिस्ट्री ऑफ कोशल, वाराणसी, 1963 राजनीतिक इतिहास लखनऊ 1977.
पाण्डेय राजबली : गोरखपुर जनपद और उसकी क्षत्रिय जातियां, गोरखपुर संवत् 2003.
हिस्टारिकल एण्ड लिटरेरी इन्सक्रिप्सन्स, वाराणसी 1962.
पाण्डेय, लालता प्रसाद : सन वरशिप इन एनूशॅण्ट इण्डिया।
पाण्डेय, श्यामलाल : जनतन्त्रवाद, लखनऊ, संवत् 2007.
पिल्लनी, जी.के. : ओरिजिन ऐण्ड डेवलपमेण्ट ऑफ कास्ट, किताब महल इलाहाबाद 1959.
पुरी, बैजनाथ : इण्डिया अण्डर द कुषानाज, बम्बई 1965.
फरग्युसन, जेम्स : हिस्ट्री ऑफ इण्डियन एण्ड ईस्टर्न आर्कीटेक्चर, दिल्ली, 1972, आर्क्यालॉजी इन इण्डिया, लन्दन 1884.
फ्लीट, एफ : कार्पस इन्सक्रिप्शन्स इण्डिकेरम, जिल्द 3, इन्सक्रिप्शन्स ऑफ द अर्ली गुप्ता किंग्स, वाराणसी 1963.
फुहरर, ए. : मानूमेण्टल एण्टीक्वटीज एण्ड इन्सक्रिप्शन्स ऑफ नार्थ वेस्टर्न प्राविन्सेज ऐण्ड अवध वाराणसी 1969.
बार्नेट, एल.डी. : एण्टीक्वटीज़ ऑफ इण्डिया, कलकत्ता 1964.
बील, सैमुअल, बुद्धिस्ट रिकार्ड ऑफ वेस्टर्न वर्ल्ड दिल्ली 1969.
बैशम, ए.एल. द वण्डर दैड वाज इण्डिया।
भार्गव एम.एल. : ज्याग्राफी ऑफ ऋग्वैदिक इण्डिया, लखनऊ 1964.
भार्गव, पी.एल. : इण्डिया इन द वैदिक एज, लखनऊ 1971.
मजूमदार, अक्षयकुमार : द हिन्दू हिस्ट्री, इलाहाबाद 1977.
मजूमदार, डी.एन. : रेसेज एण्ड कल्चर्स इन इण्डिया, बम्बई 1965.

मजूमदार, रमेशचन्द्र : क्लासिकल एकाउण्ट्स ऑफ इण्डिया, कलकत्ता 1981, कारपोरेट लाइफ इन एनूशॅण्ट इण्डिया, दिल्ली 1964, हिन्दू कालोनीज इन द फार ईस्ट, कलकत्ता 1963, द हिस्ट्री ऐण्ड कल्चर ऑफ इण्डियन पीपुल, जिल्द 5, भारतीय विद्याभवन बम्बई 1966.

महाजन, जगमोहन : द गंगा ट्रेल, दिल्ली 1984.

मार्श मैन, जान क्लैर्क : हिस्ट्री ऑफ इण्डिया, कलकत्ता 1876.

मिश्र, सुदामा : प्राचीन भारत में जनपद राज्य, काशी विद्यापीठ 1972.

मुखर्जी, पूर्णचन्द्र : ए रिपोर्ट ऑन ए टूर ऑफ द एण्टीक्वटीज इन द तराई नेपाल द रीजन ऑफ कपिलवस्तु, कलकत्ता 1901.

मुखर्जी, राधाकुमुद : हिन्दू सभ्यता, दिल्ली 1966.

द हिस्ट्री ऑफ इण्डियन शिपिंग, कलकत्ता 1957.

लोकल गवर्नमेण्ट इन एनूशॅण्ट इण्डिया, दिल्ली 1956.

मुन्शी के.एम. : द एज ऑफ इम्पीरियल यूनिटी, भारतीय विद्या भवन, बम्बई 1968.

मैकक्रिण्डल, जे.डब्ल्यू : एनूशॅण्ट इण्डिया एज डिस्क्राइब्ड इन क्लासिकल लिटरेचर, दिल्ली, 1997.

एनूशॅण्ट इण्डिया एज डिस्क्राइब्ड बाई लन्दन 1885.

मोतीचन्द्र : काशी का इतिहास, वाराणसी 1985 ट्रेड एण्ड ट्रेडरूट्स इन इण्डिया, नयी दिल्ली 1977.

राइट, एच. एन. : कैटलाग ऑफ द क्वायन्स इन इण्डियन म्यूजियम कलकत्ता, द सुल्तान ऑफ डेलही, जिल्द 2, मुगल इम्परर्स ऑफ इण्डिया, वाराणसी 1972.

राकहिल, डब्ल्यू. द लाइफ ऑफ बुद्धा, वाराणसी 1972.

राधाकृष्णन सर्वपल्ली : द हिन्दू व्यू ऑफ लाइफ, लन्दन 1949.

राय अनीता : विल्जेस, टाउन्स ऐण्ड सेक्युलर्स बिल्डिंग्स इन एनूशॅण्ट इण्डिया, कलकत्ता 1964.

राय, टी.एन. : द गंगाज सिविलाइजेशन, नयी दिल्ली 1983.

राय चौधरी, हेमचन्द्र : पोलिटिकल हिस्ट्री ऑफ एनूशॅण्ट इण्डिया, कलकत्ता 1950, प्राचीन भारत का राजनैतिक इतिहास इलाहाबाद 1976.

राव गोपीनाथ टी : एलीमेण्ट्स ऑफ हिन्दू आइनोग्राफी ।

रिजवी, एस.ए.ए. : द बण्डर दैट वाज इण्डिया, लन्दन 1987.

रिजले, एच : द पीपुल ऑफ इण्डिया, कलकत्ता 1915.

रीजडेविड्स, टी.डब्ल्यू : बुद्धिस्ट इण्डिया, कलकत्ता 1950.

रे, एच.सी. : डायनेस्टिक हिस्ट्री ऑफ नार्दर्न इण्डिया, जिल्द 1, दिल्ली 1973.

रैगोजीन : वैदिक इण्डिया।

ला, वी.सी. : बोमेन इन बुद्धिस्ट लिटरेचर, सीलेन 1927, ज्याग्राफी ऑफ अर्ली बुद्धिज्म ट्राइब्स इन एनूशॅण्ट इण्डिया, भण्डारकर ओरिण्टेल रिसर्च इन्स्टीट्यूट पूना 1943.

महावीर : हिज लाइफ ऐण्ड टीचिंग, लुजाक एण्ड कम्पनी, लन्दन 1937.

लाहिरी, बेला : इण्डीजिनियस स्टेट्स ऑफ नार्दर्न इण्डिया, कलकत्ता 1974.

लेजे, जेम्स : ट्रेवेल्स ऑफ फाह्यान, दिल्ली 1974.

बनर्जी, जे एन : डेवलेपमेण्ट ऑफ हिन्दू आइनोग्राफी।

वर्मा, धीरेन्द्र : मध्यप्रदेश, पटना 1955.

वाकणकर, बी.एस. : वाराणसी थ्रू द एजेज, वाराणसी 1986.

वाटर्स टी. : आन य्वान चांग्स ट्रेवेल्स इन इण्डिया, दो जिल्द लन्दन 1904-5.

वेंकट रमैय्या एम. : श्रावस्ती, डाइरेक्टर जनरल आर्क्यालॉजिकल सर्वे ऑफ इण्डिया नयी दिल्ली 1981

वैद्य सी.वी. : द रिडिल ऑफ रामायन, दिल्ली 1972
हिस्ट्री ऑफ मेडिवल हिन्दू इण्डिया, जिल्द 2, पूना 1924
शर्मा, गोवर्धन राय, इक्जेवेशन एट कौशाम्बी : 1949-50, 1957-58, इलाहाबाद 1960, दिल्ली 1969,
रेह इन्स क्रिप्शन्स ऑफ मेनाण्डर ऐण्ड इण्डोग्रीक
इनवेजन ऑफ गंगा वैली : इलाहाबाद 1980, भारतीय
संस्कृति पुरातात्त्विक आधार, नयी दिल्ली 1985
शर्मा, ठाकुर प्रसाद : ह्वेनसांग का भारत भ्रमण, प्रयाग 1929
शर्मा, बी.एन. : हर्ष ऐण्ड हिज टाइम्स, वाराणसी 1970
शर्मा, रघुनन्दन : वैदिक सम्पत्ति, बम्बई संवत् 2008
शर्मा राम शरण : प्राचीन भारत में भौतिक प्रगति एवं सामाजिक संरचनाएँ, नयी दिल्ली 1990
: अरबन डिके इन इण्डिया दिल्ली 1987
: आर्य संस्कृति की खोज, दिल्ली 1995
शास्त्री, अजयमित्र : कौशाम्बी होर्ड ऑफ मघ क्वायन्स
: त्रिपुरी भोपाल 1971
सरकार डी.सी. : सेलेक्ट इन्सक्रिप्शन्स, जिल्द 1, कलकत्ता 1942.
सत्यप्रकाश : फाउण्डर्स ऑफ साइन्सेज इन एनूशॅण्ट इण्डिया, दिल्ली 1967.
संकालिया एच. डी. : इण्डियन आर्क्यालॉजी टुडे, दिल्ली 1979.
सांकृत्यायन, राहुल : ऋग्वैदिक आर्य, इलाहाबाद 1957
सिंह एम. आर. : ज्याग्राफिकल डाटा इन पुरानाज, कलकत्ता 1972
सिंह, रामलोचन : इण्डिया : ए रीजनल ज्याग्राफी काशी हिन्दू विश्व विद्यालय वाराणसी 1971
सिंह, रामवृक्ष : द ओरिजिन ऑफ द राजपूत्स, साहित्य संसार प्रकाशन, गोरखपुर 1975
सिन्हा, के.के. : एक्जेवेशन एट श्रावस्ती 1959, वाराणसी 1976
सिन्हा, विनोद चन्द्र : हिन्ट्री ऑफ शुंग डायनेस्टी, वाराणसी 1977
सिन्हा, वी.पी. : डैक्लाइन ऑफ मगध, पटना 1954
रीडिंग्स इन हिस्ट्री ऐण्ड कल्चर, दिल्ली 1978
आर्क्यालॉजी ऐण्ड आर्ट ऑफ इण्डिया, दिल्ली 1979
स्मिथ, आर.एम. : डैट्स ऐण्ड डायनेस्टीज इन अर्लियस्ट इण्डिया, दिल्ली 1971
स्मिथ, वी.ए. : अरली हिस्ट्री ऑफ इण्डिया, लन्दन 1904
: क्वायन्स ऑफ एनूशॅण्ट इण्डिया, दिल्ली 1972
: फाइन आर्ट इन इण्डिया ऐण्ड सीलोन, बम्बई 1969
सूर्यवंशी, भगवान सिंह : ज्याग्राफी ऑफ महाभारत, दिल्ली 1986
हट्टन, जे. एच. : कास्ट इन इण्डिया लन्दन, 1963
ह्वीलर जे. टाल. ब्वायज : इण्डिया ऑफ द ब्रह्मनिक एज विद रिफरेन्स टू द रामायन, दिल्ली 1973
: इण्डिया फ्राम द अर्लियस्ट एजेज, दिल्ली 1973
हार्डी, आर.स्पेन्स : मैनुवल ऑफ बुद्धिज्म, चौखम्भा संस्कृति सीरीज वाराणसी 1967
हुल्टज, इ : दि इन्सक्रिप्शन्स ऑफ अशोका, जिल्द 1, वाराणसी 1969
हुसैन, आगा मेंहदी : तुगलक डायनेस्टी, कलकत्ता 1963
हैवेल, इ.वी. : इण्डियन आर्कीटेक्चर फ्राम द फर्स्ट मोहम्मडैन इनवेजन टू प्रजेण्ट डे, दिल्ली
त्रिपाठी, आर.एस. : हिस्ट्री ऑफ कन्नौज, दिल्ली 1959

त्रिपाठी, मायाप्रसाद : डेवलपमेण्ट ऑफ ज्याग्राफिकल नालेज इन एन्शॅण्ट इण्डिया, भारतीय विद्या प्रकाशन वाराणसी 1969
त्रिपाठी, राधिका प्रसाद : अवधी भाषा साहित्य एवं संस्कृति, फैजाबाद 1988
त्रिपाठी, रामप्रसाद : मुगल साम्राज्य का उत्थान और पतन इलाहाबाद 1976
त्रिपाठी, शीला, मैरी टाइम आर्क्यालॉजी, कावेरी बुक्स, नयी दिल्ली 2000
त्रिपाठी, हवलदार : बिहार की नदियाँ, हिन्दी ग्रन्थ अकादमी, पटना 1977
त्रिवेद, देवसहाय : प्राक्मौर्य विहार, विहार राष्ट्रभाषा परिषद् पटना, 1954
त्रिवेदी, राम गोविन्द : वैदिक साहित्य, भारतीय ज्ञानपीठ, काशी 1950

शब्दकोश

अमर कोष : निर्णय सागर प्रेस बम्बई 1929
इपीग्राफिकल ग्लासरी : डी.सी. सरकार दिल्ली 1960
एन्शॅण्ट ज्याग्राफी : अलेक्जेण्डर कनिंघम, वाराणसी 1963
कल्पद्रुम : राजा राधाकान्त देव द्वारा सम्पादित वाराणसी, शकाब्द 1808
डिक्शनरी ऑफ पालिप्रापर नेम्स (दो भाग) : जी.पी. मलोल शंकर, लन्दन 1937-38
डिक्शनरी ऑफ हिन्दू आर्किटेक्चर, लन्दन 1927
द ज्याग्राफिकल डिक्शनरी ऑफ एन्शॅण्ट ऐण्ड मेडिवल इण्डिया, एन.एल.डे, नयी दिल्ली 1971,
द स्टूडेण्ट संस्कृत इंग्लिश डिक्शनरी, वी. एस. आप्टे दिल्ली 1959
पौराणिक कोश : ज्ञान मण्डल वाराणसी, संवत् 2028
भारतवर्षीय प्राचीन चरित्र कोश : भारतीय चरित्र कोश मण्डल, पूना, संवत् 2021
मानू मेण्टल एण्टीक्वटीज एण्ट इन्सक्रिप्सन्स ऑफ नार्थ वेस्टर्न प्राविन्सेज ऐण्ड अवध फुहरर, इलाहाबाद 1891
वाचस्पत्यम (6 भाग) : तारानाथ भट्टाचार्य, चौखम्भा संस्कृत सीरीज, वाराणसी
वाल्मीकि रामायण कोष : रामकुमार, चौखम्भा वाराणसी, संवत् 2021
वैदिक इण्डेक्स : (दो भाग) मैक्दानल व कीथ, लन्दन 1972
वैदिक कोष : सूर्यकान्त
स्टडीज इन द ज्याग्राफी ऑफ एन्शॅण्ट एण्ड मेडिवल इण्डिया, डी.सी. सरकार, मोतीलाल बनारसी दास दिल्ली 1960
हिस्टारिकल ज्याग्राफी ऑफ एन्शण्ट इण्डिया, वी.सी.ला., दिल्ली 1976
त्रिकाण्ड कोष :

शोध पत्रिकाएँ/रिपोर्ताज/पत्र

अवध विश्वविद्यालय शोध पत्रिका-कला अंक
आर्क्यालॉजिकल सर्वे ऑफ इण्डिया
इण्डियन ऐण्टीक्वेरी
इण्डियन हिस्ट्रीप्रासिडिंग्स
इण्डियन हिस्ट्रारिकल क्वार्टरली
इम्पीरियल गजेटियर्स ऑफ इण्डिया
इपीग्राफिया इण्डिका
एनल्स ऑफ भण्डारकार ओरियण्टेल रिसर्च इन्स्टीट्यूट, पूना
एण्टीक्वेटी
एन्शॅण्ट इण्डिया

एशियाटिक रिसर्चेज
जर्नल ऑफ इकोनामिक ऐण्ड सोशल हिस्ट्री ऑफ ओरियण्ट
जर्नल ऑफ उत्तर प्रदेश हिस्टारिकल सोसाइटी
जर्नल ऑफ गंगानाथ रिसर्च इन्स्टीट्यूट
जर्नल ऑफ न्यूमिसमेटिक्स सोसाइटी ऑफ इण्डिया
जर्नल ऑफ प्रासिडिंग्स ऑफ द एशियाटिक सोसाइटी ऑफ बंगाल
जर्नल ऑफ रायल एशियाटिक सोसाइटी ऑफ ग्रेटब्रिटेन एण्ड आयरलैण्ड
डिस्ट्रिक्ट गजेटियर्स
नागरी प्राचारिणी पत्रिका
नये लोगा
नव जीवन
नव भारत टाइम्स
प्रासिडिंग्स ऑफ इण्डियन हिस्ट्री कांग्रेस
पुरातत्त्व : बुलेटिन ऑफ द इण्डियन आर्क्यालोजिकल सोसाइटी बनारस हिन्दू विश्वविद्यालय
भारतीय इतिहास संकलन समिति पत्रिका
राज्य संग्रहालय पुरातत्त्व पत्रिका